医药商品学

第4版

（供药学类及相关专业使用）

主　编　刘　勇

副主编　易红焱　田丽娟

编　者　（以姓氏笔画为序）

邓　卅（大连医科大学）

田丽娟（沈阳药科大学）

华　卉（中国药科大学）

刘　勇（国药控股股份有限公司）

李　军（中国药科大学）

张厚利（大连医科大学）

林津晶（福建中医药大学）

易红焱（中国药科大学）

倪开勤（湖北中医药大学）

曹　燕（华中科技大学）

甄宇红（大连医科大学）

中国健康传媒集团

中国医药科技出版社

内容提要

　　本教材是"全国高等医药院校药学类专业第五轮规划教材"之一，系根据本套教材的编写指导思想和原则要求编写而成。本教材内容分总论和各论两部分，共 22 章。总论内容包括概述、医药商品的分类与编码、医药商品的质量与质量管理、医药商品的包装、医药商品的储存养护和运输以及药物的相互作用与合理使用；各论选择十六大类重要的药品种类进行论述，所选择的品种以市场上的畅销药和新版《国家基本药物目录》为依据，详细介绍这些药品的名称、作用与适应症、制剂、不良反应、用药指导、商品信息及贮藏等内容。本教材为书网融合教材，即纸质教材有机融合电子教材，教学配套资源（PPT、微课、视频、图片等）、题库系统、数字化教学服务（在线教学、在线作业等）。

　　本教材主要供全国高等医药院校药学类专业师生使用，也可作为医药商品经营管理人员学习参考资料。

图书在版编目（CIP）数据

医药商品学／刘勇主编 . —4 版 . —北京：中国医药科技出版社，2019. 12
全国高等医药院校药学类专业第五轮规划教材
ISBN 978 - 7 - 5214 - 1461 - 5

Ⅰ . ①医…　Ⅱ . ①刘…　Ⅲ . ①药品 - 商品学 - 医学院校 - 教材　Ⅳ . ①F763

中国版本图书馆 CIP 数据核字（2019）第 287473 号

美术编辑　陈君杞
版式设计　友全图文

出版　**中国健康传媒集团** | **中国医药科技出版社**
地址　北京市海淀区文慧园北路甲 22 号
邮编　100082
电话　发行：010 - 62227427　邮购：010 - 62236938
网址　www. cmstp. com
规格　889 × 1194 mm $^{1}/_{16}$
印张　20
字数　441 千字
初版　2003 年 8 月第 1 版
版次　2019 年 12 月第 4 版
印次　2021 年 8 月第 2 次印刷
印刷　三河市航远印刷有限公司
经销　全国各地新华书店
书号　ISBN 978 - 7 - 5214 - 1461 - 5
定价　**55. 00 元**

获取新书信息、投稿、为图书纠错，请扫码联系我们。

数字化教材编委会

出版说明

"全国高等医药院校药学类规划教材"，于20世纪90年代启动建设，是在教育部、国家药品监督管理局的领导和指导下，由中国医药科技出版社组织中国药科大学、沈阳药科大学、北京大学药学院、复旦大学药学院、四川大学华西药学院、广东药科大学等20余所院校和医疗单位的领导和权威专家成立教材常务委员会共同规划而成。

本套教材坚持"紧密结合药学类专业培养目标以及行业对人才的需求，借鉴国内外药学教育、教学的经验和成果"的编写思路，近30年来历经四轮编写修订，逐渐完善，形成了一套行业特色鲜明、课程门类齐全、学科系统优化、内容衔接合理的高质量精品教材，深受广大师生的欢迎，其中多数教材入选普通高等教育"十一五""十二五"国家级规划教材，为药学本科教育和药学人才培养做出了积极贡献。

为进一步提升教材质量，紧跟学科发展，建设符合教育部相关教学标准和要求，以及可更好地服务于院校教学的教材，我们在广泛调研和充分论证的基础上，于2019年5月对第三轮和第四轮规划教材的品种进行整合修订，启动"全国高等医药院校药学类专业第五轮规划教材"的编写工作，本套教材共56门，主要供全国高等院校药学类、中药学类专业教学使用。

全国高等医药院校药学类专业第五轮规划教材，是在深入贯彻落实教育部高等教育教学改革精神，依据高等药学教育培养目标及满足新时期医药行业高素质技术型、复合型、创新型人才需求，紧密结合《中国药典》《药品生产质量管理规范》（GMP）、《药品经营质量管理规范》（GSP）等新版国家药品标准、法律法规和《国家执业药师资格考试大纲》进行编写，体现医药行业最新要求，更好地服务于各院校药学教学与人才培养的需要。

本套教材定位清晰、特色鲜明，主要体现在以下方面。

1. 契合人才需求，体现行业要求　契合新时期药学人才需求的变化，以培养创新型、应用型人才并重为目标，适应医药行业要求，及时体现新版《中国药典》及新版GMP、新版GSP等国家标准、法规和规范以及新版《国家执业药师资格考试大纲》等行业最新要求。

2. 充实完善内容，打造教材精品　专家们在上一轮教材基础上进一步优化、精炼和充实内容，坚持"三基、五性、三特定"，注重整套教材的系统科学性、学科的衔接性，精炼教材内容，突出重点，强调理论与实际需求相结合，进一步提升教材质量。

3. 创新编写形式，便于学生学习　本轮教材设有"学习目标""知识拓展""重点小结""复习题"等模块，以增强教材的可读性及学生学习的主动性，提升学习效率。

4. 配套增值服务，丰富教学资源　本套教材为书网融合教材，即纸质教材有机融合数字教材，配套教学资源、题库系统、数字化教学服务，使教学资源更加多样化、立体化，满足信息化教学的需求。通过"一书一码"的强关联，为读者提供免费增值服务。按教材封底的提示激活教材后，读者可通过PC、手机阅读电子教材和配套课程资源（PPT、微课、视频、图片等），并可在线进行同步练习，实时反馈答案和解析。同时，读者也可以直接扫描书中二维码，阅读与教材内容关联的课程资源（"扫码学一学"，轻松学习PPT课件；"扫码看一看"，即可浏览微课、视频等教学资源；"扫码练一练"，随时做题检测学习效果），从而丰富学习体验，使学习更便捷。

编写出版本套高质量的全国本科药学类专业规划教材，得到了药学专家的精心指导，以及全国各有关院校领导和编者的大力支持，在此一并表示衷心感谢。希望本套教材的出版，能受到广大师生的欢迎，为促进我国药学类专业教育教学改革和人才培养做出积极贡献。希望广大师生在教学中积极使用本套教材，并提出宝贵意见，以便修订完善，共同打造精品教材。

中国医药科技出版社

2019年9月

前　言

医药产业是我国国民经济的重要组成部分，是人民健康的重要保障。目前，我国市场经济和医药商品生产的快速发展，不仅对医药商品的研发、生产、质量控制、标准化体系建设、流通及市场营销能力等方面提出了新的要求，而且要求医药商品的生产者和经营者必须具有丰富的商品学知识。

医药商品学是研究医药商品的使用价值及其在流通过程中实现医药商品使用价值规律，指导消费者合理用药，分析医药商品市场信息以提高医药企业的经济与社会效益的一门综合性应用性边缘学科。本教材的编写根据我国医药产业现状及市场发展要求，以国家对药品质量相关的一系列政策法规为基础，在综合现有教学研究与成果的基础上，结合各参编学校的相关教学实践，广泛吸取现行相关教材的优点，采用分工合作方式编写，经多次讨论修改后定稿。本教材将商品学基本理论与医药商品的特殊性相结合，并反映当前国家医药政策和医药市场的变化，力求达到科学性和实用性的统一。本教材主要供全国高等医药院校药学类专业师生使用。

本版教材紧密结合 2020 年版《中国药典》及新版 GMP、新版 GSP 等国家标准、法规和规范以及新版《国家基本药物目录》等行业最新要求进行修订，在上一轮教材基础上进一步优化、精炼和充实内容，在编写形式上设有学习目标、重点小结等模块。本教材为书网融合教材，即纸质教材有机融合电子教材，教学配套资源（PPT、微课、视频、图片等）、题库系统、数字化教学服务（在线教学、在线作业等）。

本教材由刘勇担任主编。编写分工如下：刘勇（第一章）、易红焱（第一章、第二章、第三章、第五章）、田丽娟（第二章、第六章、第七章、第十一章、第十五章、第十六章）、曹燕（第四章）、华卉（第五章）、李军（第五章）、倪开勤（第八章、第十七章、第十八章）、甄宇红（第九章、第十章、第十九章）、张厚利（第十二章、第十三章、第二十章）、林津晶（第十四章、第二十一章、第二十二章）、邓卅（第十五章、第十六章）。

在本教材的编写过程中借鉴和引用了同行前辈的思想精华和研究成果，在此表示衷心的感谢。由于编者水平有限，书中难免有疏漏和不足之处，恳请专家学者和广大读者批评指正，以期不断完善。

编　者
2019 年 12 月

目 录

总 论

第一章　绪论 ··· 2

第一节　医药商品的概念 ··· 2

一、商品的概念 ··· 2

二、医药商品的概念 ··· 3

第二节　医药商品学概述 ··· 6

一、医药商品学的研究对象 ······································· 6

二、医药商品学的研究内容 ······································· 6

三、医药商品学的任务 ··· 8

四、学习医药商品学的意义 ······································· 8

第二章　医药商品的分类与编码 ····································· 10

第一节　医药商品的分类 ··· 10

一、商品分类概述 ··· 10

二、医药商品的分类 ··· 12

第二节　医药商品的编码 ··· 19

一、医药商品编码的概念和意义 ··································· 19

二、医药商品编码的原则 ··· 19

三、医药商品编码的种类 ··· 20

四、商品条形码 ··· 21

五、药品追溯码 ··· 26

第三章　医药商品的质量与质量管理 ································· 29

第一节　医药商品的质量 ··· 29

一、商品质量的概念 ··· 29

二、医药商品的质量 ··· 31

第二节　医药商品的质量管理 ······································· 32

一、医药商品的质量管理概念 ····································· 32

二、医药商品的质量管理规范 ····································· 34

第三节　医药商品的标准与质量监督检验 ····························· 45

一、医药商品的标准 ··· 45

二、医药商品的质量监督检验 ································· 48

第四章　医药商品的包装 ··· 52

第一节　医药商品包装的功能及分类 ····················· 52

一、医药商品包装的意义、基本要求与功能 ··············· 52

二、医药商品包装的类别 ································· 55

第二节　医药商品包装标识 ····························· 58

一、商品包装上的常见标识 ······························ 58

二、商标的分类 ·· 59

三、商标的作用 ·· 61

四、我国医药商品商标的现状 ···························· 62

第三节　医药包装及我国医药包装行业的发展趋势 ········· 63

一、绿色包装 ·· 63

二、防伪包装 ·· 65

三、我国医药包装行业的发展趋势 ························ 66

第五章　医药商品的运输与储存养护 ··························· 71

第一节　医药商品的运输 ······························· 71

一、医药商品运输的功能和原理 ·························· 71

二、医药商品运输的意义和原则 ·························· 72

三、医药商品运输的内容 ································ 73

第二节　医药商品的储存 ······························· 77

一、医药商品储存的作用和原则 ·························· 77

二、医药商品储存的场所 ································ 78

三、医药商品储存的管理 ································ 80

第三节　医药商品的养护 ······························· 84

一、医药商品养护的概念 ································ 84

二、影响医药商品稳定性的因素 ·························· 84

三、药品养护常规 ······································ 86

四、不同药品剂型的保管养护 ···························· 87

第六章　药物的相互作用与合理使用 ··························· 91

第一节　药物的相互作用 ······························· 91

一、联合用药 ·· 91

二、药物相互作用概述 ·································· 92

第二节　药品的合理使用 ······························· 95

一、合理用药的概念 ···································· 96

二、合理用药的基本要素 ································ 96

三、不合理用药的危害和表现形式 ························ 97

四、合理用药的生物医学标准 ·· 97

五、WHO 促进临床合理用药的十二项建议 ························· 97

第三节　药源性疾病 ··· 98

一、药源性疾病的基本概念 ··· 99

二、药源性疾病的发展历史 ··· 99

三、药源性疾病的分类 ··· 100

四、诱发药源性疾病的原因 ··· 100

五、药源性疾病的预防与治疗 ··· 100

各　论

第七章　抗感染类药 ·· 104

第一节　概述 ·· 104

一、感染和感染性疾病 ··· 104

二、抗感染药 ··· 104

三、抗感染药的发展历史及现状 ··· 105

第二节　抗生素 ··· 106

一、概述 ··· 106

二、β-内酰胺类抗生素 ··· 107

三、氨基糖苷类抗生素 ··· 114

四、四环素类抗生素 ··· 115

五、酰胺醇类（氯霉素类）抗生素 ······································· 117

六、大环内酯类抗生素 ··· 118

七、其他类抗生素 ··· 120

第三节　人工合成抗菌药 ·· 121

一、磺胺类及甲氧苄啶 ··· 121

二、喹诺酮类药 ··· 123

三、呋喃类药 ··· 124

四、硝基咪唑类药 ··· 124

第四节　抗结核病和抗麻风病类药 ·· 124

一、抗结核病药 ··· 124

二、抗麻风病药 ··· 126

第五节　抗真菌药 ··· 127

一、抗真菌药物的分类 ··· 127

二、典型抗真菌药 ··· 127

第六节　抗病毒药 ··· 128

一、抗病毒药的分类 ··· 129

二、抗流感及呼吸道病毒药 ··· 129

三、抗肝炎病毒药 ………………………………………………………… 131

四、抗人类免疫缺陷病毒药 ………………………………………………… 132

五、抗疱疹病毒药 ………………………………………………………… 134

第七节 抗寄生虫病药 ……………………………………………………… 135

一、抗疟药 ………………………………………………………………… 135

二、抗阿米巴病与抗滴虫病药 …………………………………………… 136

三、抗血吸虫病药 ………………………………………………………… 137

四、驱肠虫药 ……………………………………………………………… 137

第八章 镇痛药、解热镇痛抗炎药和抗痛风药 …………………………… 139

第一节 镇痛药 ……………………………………………………………… 139

一、镇痛药概述 …………………………………………………………… 139

二、典型麻醉性镇痛药 …………………………………………………… 140

三、典型非麻醉性镇痛药 ………………………………………………… 141

第二节 解热镇痛抗炎药 …………………………………………………… 142

一、解热镇痛抗炎药的作用与分类 ……………………………………… 142

二、典型水杨酸类药 ……………………………………………………… 143

三、典型苯胺类药 ………………………………………………………… 144

四、典型乙酸类药 ………………………………………………………… 145

五、典型芳基丙酸类药 …………………………………………………… 145

六、典型烯醇酸类药 ……………………………………………………… 146

七、典型吡唑酮类药 ……………………………………………………… 147

八、典型选择性环氧化酶抑制药 ………………………………………… 147

第三节 抗痛风药 …………………………………………………………… 149

一、抗痛风药分类 ………………………………………………………… 149

二、典型抗痛风药 ………………………………………………………… 149

第九章 神经系统用药 ……………………………………………………… 152

第一节 中枢兴奋药 ………………………………………………………… 152

一、典型中枢兴奋药 ……………………………………………………… 153

二、其他中枢兴奋药 ……………………………………………………… 154

第二节 抗癫痫药 …………………………………………………………… 154

一、抗癫痫药的分类 ……………………………………………………… 154

二、典型抗癫痫药 ………………………………………………………… 155

三、其他抗癫痫药 ………………………………………………………… 156

第三节 抗帕金森病药 ……………………………………………………… 156

一、抗帕金森病药的分类 ………………………………………………… 156

二、典型抗帕金森病药 …………………………………………………… 157

三、其他抗帕金森病药 …………………………………………………… 158

　　第四节　阿尔茨海默病治疗药 ·· 159
　　　　一、阿尔茨海默病治疗药的分类 ·· 159
　　　　二、典型阿尔茨海默病治疗药 ·· 160
　　　　三、其他阿尔茨海默病治疗药 ·· 161

第十章　治疗精神障碍药 ·· 162
　　第一节　抗精神病药 ·· 162
　　　　一、抗精神病药的分类 ·· 162
　　　　二、典型抗精神病药 ·· 163
　　　　三、其他抗精神病药 ·· 163
　　第二节　抗抑郁药 ·· 165
　　　　一、抗抑郁药的分类 ·· 165
　　　　二、典型抗抑郁药 ··· 166
　　　　三、其他抗抑郁药 ··· 167
　　第三节　抗焦虑药 ·· 167
　　　　一、抗焦虑药的分类 ·· 168
　　　　二、典型抗焦虑药 ··· 168
　　　　三、其他抗焦虑药 ··· 169
　　第四节　镇静催眠药 ·· 169
　　　　一、镇静催眠药的分类 ·· 169
　　　　二、典型镇静催眠药 ·· 170
　　　　三、其他镇静催眠药 ·· 171

第十一章　心血管类药 ·· 173
　　第一节　心血管类药概述 ·· 173
　　第二节　抗高血压药 ·· 174
　　　　一、抗高血压药的分类 ·· 174
　　　　二、血管紧张素转换酶抑制剂 ·· 174
　　　　三、血管紧张素Ⅱ受体阻断药 ·· 175
　　　　四、钙离子通道阻滞药 ·· 176
　　第三节　抗心绞痛药 ·· 178
　　　　一、抗心绞痛药的分类 ·· 178
　　　　二、硝酸酯类 ·· 178
　　　　三、钙通道阻滞药 ··· 179
　　　　四、β受体阻断药 ··· 180
　　第四节　抗心律失常药 ··· 181
　　　　一、抗心律失常药的分类 ··· 181
　　　　二、典型抗心律失常药 ·· 181
　　第五节　抗心力衰竭药 ··· 182

一、抗心力衰竭药的分类 ·· 183

二、典型抗心力衰竭药 ·· 183

第六节 抗休克药 ·· 184

一、抗休克药的分类 ·· 184

二、典型抗休克药 ·· 184

第七节 调血脂及抗动脉粥样硬化药 ································ 185

一、调血脂药的分类 ·· 185

二、典型调血脂药 ·· 186

第十二章 呼吸系统用药 ··· 189

第一节 祛痰药 ·· 189

一、祛痰药的分类 ·· 189

二、典型祛痰药 ·· 190

三、其他祛痰药 ·· 190

第二节 镇咳药 ·· 191

一、典型中枢性镇咳药 ·· 191

二、典型外周性镇咳药 ·· 193

第三节 平喘药 ·· 193

一、平喘药的分类 ·· 193

二、典型β肾上腺素受体激动剂 ···································· 194

三、典型M胆碱受体阻断剂 ·· 195

四、典型磷酸二酯酶抑制剂 ·· 196

五、典型过敏介质阻释剂 ·· 196

六、典型肾上腺皮质激素 ·· 197

第十三章 消化系统用药 ··· 199

第一节 治疗消化性溃疡药 ·· 199

一、治疗消化性溃疡药的分类 ······································ 199

二、抗酸药 ·· 200

三、胃酸分泌抑制剂 ·· 200

四、胃黏膜保护剂 ·· 203

第二节 胃肠解痉药 ·· 204

一、典型胃肠解痉药 ·· 204

二、其他胃肠解痉药 ·· 205

第三节 胃肠促动力药 ·· 205

一、典型胃肠促动力药 ·· 205

二、其他胃动力药 ·· 206

第四节 助消化药 ·· 206

第五节 泻药与止泻药 ·· 207

　　一、泻药 ……………………………………………………………………………………… 207

　　二、止泻药 ……………………………………………………………………………………… 208

　第六节　肝胆疾病辅助用药 ………………………………………………………………………… 209

　　一、治疗肝炎辅助用药 ………………………………………………………………………… 209

　　二、利胆药 ……………………………………………………………………………………… 210

第十四章　血液系统用药 …………………………………………………………………………… 212

　第一节　抗贫血药 …………………………………………………………………………………… 212

　　一、典型抗贫血药 ……………………………………………………………………………… 212

　　二、其他抗贫血药 ……………………………………………………………………………… 214

　第二节　抗血小板药 ………………………………………………………………………………… 215

　　一、抗血小板药的作用机制 …………………………………………………………………… 215

　　二、典型抗血小板药 …………………………………………………………………………… 215

　　三、其他抗血小板药 …………………………………………………………………………… 217

　第三节　促凝血药 …………………………………………………………………………………… 218

　　一、典型促凝血药 ……………………………………………………………………………… 218

　　二、其他促凝血药 ……………………………………………………………………………… 219

　第四节　抗凝血药 …………………………………………………………………………………… 220

　　一、典型抗凝血药 ……………………………………………………………………………… 220

　　二、其他抗凝血药 ……………………………………………………………………………… 223

第十五章　泌尿系统用药 …………………………………………………………………………… 225

　第一节　利尿药 ……………………………………………………………………………………… 225

　　一、利尿药的分类 ……………………………………………………………………………… 225

　　二、高效利尿药 ………………………………………………………………………………… 226

　　三、中效利尿药 ………………………………………………………………………………… 227

　　四、弱效利尿药 ………………………………………………………………………………… 228

　第二节　脱水药 ……………………………………………………………………………………… 229

　　一、典型脱水药 ………………………………………………………………………………… 229

　　二、其他脱水药 ………………………………………………………………………………… 230

　第三节　尿崩症用药 ………………………………………………………………………………… 230

　第四节　良性前列腺增生用药 ……………………………………………………………………… 231

　　一、良性前列腺增生药的分类 ………………………………………………………………… 231

　　二、典型前列腺增生药 ………………………………………………………………………… 231

第十六章　激素及影响内分泌药 …………………………………………………………………… 234

　第一节　肾上腺皮质激素类药 ……………………………………………………………………… 234

　　一、糖皮质激素类药 …………………………………………………………………………… 235

　　二、盐皮质激素类药 …………………………………………………………………………… 236

　第二节　性激素类药 ………………………………………………………………………………… 237

一、雄激素及蛋白同化激素类药 ···················· 237

二、雌激素类药 ·································· 238

三、孕激素类药 ·································· 239

四、促性腺激素类药 ······························ 240

第三节　计划生育药 ································ 240

一、口服避孕药 ································· 240

二、抗早孕药 ·································· 241

第四节　胰岛素及其他降血糖药 ······················· 242

一、胰岛素类药 ································· 242

二、口服降糖药 ································· 244

第五节　甲状腺激素及抗甲状腺药 ····················· 247

一、甲状腺激素 ································· 247

二、抗甲状腺药 ································· 248

第十七章　抗变态反应药 ··························· 251

第一节　抗组胺药 ································· 251

一、抗组胺药的临床应用 ·························· 252

二、抗组胺药的分类 ····························· 252

三、典型抗组胺药 ······························ 253

第二节　过敏反应介质阻释剂 ························· 255

第三节　白三烯受体阻断剂 ··························· 256

第四节　其他抗变态反应药 ··························· 256

一、钙剂 ····································· 257

二、免疫抑制剂 ································· 257

三、脱敏制剂 ·································· 257

第十八章　免疫系统用药 ··························· 259

第一节　免疫抑制剂 ································ 259

第二节　免疫增强剂 ································ 261

第十九章　抗肿瘤药 ······························ 264

第一节　抗肿瘤药概述 ······························ 264

第二节　烷化剂 ·································· 265

一、典型烷化剂 ································· 265

二、其他烷化剂 ································· 266

第三节　抗代谢药 ································· 267

一、典型的抗代谢药 ····························· 267

二、其他常用抗代谢药 ··························· 268

第四节　抗肿瘤抗生素 ······························ 268

一、典型抗肿瘤抗生素 ··························· 269

　　二、其他抗肿瘤抗生素 ……………………………………………………………………… 269
　第五节　植物类抗肿瘤药 ……………………………………………………………………… 270
　　一、概述 ………………………………………………………………………………………… 270
　　二、典型植物类抗肿瘤药 ……………………………………………………………………… 270
　　三、其他植物类抗肿瘤药 ……………………………………………………………………… 272
　第六节　铂类抗肿瘤药 ………………………………………………………………………… 272
　　一、典型铂类抗肿瘤药 ………………………………………………………………………… 272
　　二、其他铂类抗肿瘤药 ………………………………………………………………………… 273
　第七节　激素类抗肿瘤药 ……………………………………………………………………… 273
　　一、激素类抗肿瘤药的分类 …………………………………………………………………… 274
　　二、典型激素类抗肿瘤药 ……………………………………………………………………… 274
　　三、其他激素类抗肿瘤药 ……………………………………………………………………… 275
　第八节　靶向抗肿瘤药 ………………………………………………………………………… 275
　　一、典型靶向抗肿瘤药 ………………………………………………………………………… 276
　　二、其他靶向抗肿瘤药 ………………………………………………………………………… 277

第二十章　维生素类及矿物类药 ……………………………………………………………… 279
　第一节　脂溶性维生素 ………………………………………………………………………… 279
　第二节　水溶性维生素 ………………………………………………………………………… 281
　第三节　矿物类药 ……………………………………………………………………………… 283

第二十一章　解毒药 …………………………………………………………………………… 286
　第一节　氰化物中毒解救药 …………………………………………………………………… 286
　第二节　有机磷酸酯类中毒解毒药 …………………………………………………………… 287
　第三节　亚硝酸盐中毒解毒药 ………………………………………………………………… 288
　第四节　阿片类中毒解毒药 …………………………………………………………………… 289
　　一、阿片类药中毒的治疗 ……………………………………………………………………… 289
　　二、典型阿片类药 ……………………………………………………………………………… 290

第二十二章　皮肤科用药 ……………………………………………………………………… 291
　第一节　外用皮质激素制剂 …………………………………………………………………… 291
　第二节　抗银屑病药 …………………………………………………………………………… 293
　　一、典型抗银屑病药物 ………………………………………………………………………… 293
　　二、其他抗银屑病药物 ………………………………………………………………………… 295
　第三节　角质溶解药 …………………………………………………………………………… 295

参考文献 ………………………………………………………………………………………… 297

总　论

第一章 绪 论

扫码"看一看"

扫码"学一学"

📖 **学习目标**

1. **掌握** 重点掌握商品和商品使用价值的概念；医药商品的概念；掌握医药商品的特殊性；医药商品学的研究对象、内容和任务。
2. **熟悉** 医药商品学的学科性质。
3. **了解** 学习医药商品学的意义。

第一节 医药商品的概念

一、商品的概念

（一）商品的含义

商品是社会生产发展到一定历史阶段的产物，是能够满足人们需要的，用来交换的劳动产品。首先，商品具有有用性，能够满足人们的物质需要和精神需要；其次，商品是为了交换而生产的劳动产品，即商品以进入流通领域为特征。

商品具有价值和使用价值两个基本属性，是两者的统一体。商品的价值，是指凝结在商品中的无差别的人类劳动，它反映了人和人之间的社会关系。商品的使用价值，是指商品的效用或物的效用，即"物的有用性"。对具体商品而言，商品使用价值是指该种商品具有能够满足人与社会生产、生活某种需要的用途与功能。

商品价值和使用价值是共存于同一商品体上的，是相互依存、不可分离的统一体。不存在只有价值没有使用价值的商品，也不存在只有使用价值没有价值的商品。

（二）商品的使用价值

商品的使用价值是指商品对其使用者（包括社会）的意义、作用或效用。商品使用价值是由商品具有的有用属性形成的，商品的属性可以分为自然属性和社会属性。商品作为有用途的物体，在形成使用价值时，起直接和主导作用的是商品的自然属性，主要包括商品的成分、结构、性质等；商品的社会属性是由商品的自然属性派生的，主要包括社会、经济、文化和艺术多方面的内容。

1. **商品使用价值具有二重性** 商品具有两方面的使用价值：一是商品对于它的生产者和经营者虽然没有直接的使用价值，但有一种间接的使用价值，即可以用来交换，称之为交换使用价值，也可以称为商家使用价值；二是商品对于它的消费者有直接的使用价值，即可满足人和社会的某种需要，这种使用价值称为商品的消费使用价值。人们所说的商品使用价值通常是指商品的消费使用价值。

2. **商品的使用价值具有动态性和历史性** 商品的使用价值要经过形成、转移、实现和消亡的运动历程，尤其是商品的使用价值如何实现是关键，关系到能否最大限度地满足人

2

们需要。随着社会科学技术进步和人类文明程度的提高，在不同时期，商品使用价值在发生变化，商品使用价值的作用、效用和意义随着人类社会的发展和进步不断提高。

3. **商品的使用价值具有双重功能** 商品的使用价值的双重功能是指由商品的自然属性决定的实用功能和由商品的社会属性决定的美化功能。人们日常生活中所需要的衣、食、住、行等各种商品，往往在具有特定的实用功能的同时，又具有美化的功能。现代商品观念要求，商品生产经营者不仅要注意满足人们的物质需要，同时还需要注意满足人们的精神需要。

（三）现代商品的整体概念

消费者购买商品，本质上是购买一种需要。这不仅体现在商品消费时，而且还表现在商品购买和消费的全过程。综合来说，商品不仅是使用价值和价值的统一，还是有形体和无形体的统一。商品能给人们带来的实际利益和心理利益构成了商品整体。因此，商品的整体由核心商品、形式商品和延伸商品组成。

1. **核心商品** 从商品消费的角度看，核心商品是指消费者购买某种商品所追求的利益，是人们购买商品的目的所在，故又称实质商品。从商品体的角度看，核心商品是商品所具有的满足某种用途的功能，如人们购买医药商品，并非单纯需要某种剂型、某种包装的医药商品本身，而是要购买防治疾病的功能。商品功能或者说商品的有用性是商品整个概念中最基本和最主要的部分。

2. **形式商品** 即满足消费者需要的具体商品形式，或商品的外观造型和表面质量，故又称实体商品。形式部分是商品的具体形态，主要包括商品的成分、结构、外观、质量、商标、品牌、使用说明书、标志、包装等。它是商品的外在形式，也是商品使用价值形成的客观物质基础。

3. **附加商品** 是指人们购买形式商品时所获得的各种服务和附加利益，是商品在流通过程中的延伸部分，又称无形商品。如商品信息咨询、送货上门、免费安装调试、免费培训、提供信贷、售后保证与维修服务、退换退赔承诺等。善于开发和利用商品的延伸部分，有利于满足消费者的综合需要，在激烈的市场竞争中立于不败之地。

二、医药商品的概念

（一）医药商品的定义

医药商品作为一种特殊的商品，是人们通过劳动创造医药产品，再将医药产品投入市场，通过流通交换而形成的医药商品。主要包括药品、保健食品、医疗器械等在内的、与人类健康相关的商品。

1. **药品** 2019 年新修订《药品管理法》中关于药品的定义是："药品指用于预防、治疗、诊断人的疾病，有目的地调节人的生理机能并规定有适应证或者功能主治、用法和用量的物质，包括中药、化学药和生物制品等。"

2. **保健食品** 是指声称具有特定保健功能或者以补充维生素、矿物质为目的的食品。即适宜于特定人群食用，具有调节机体功能，不以治疗疾病为目的，并且对人体不产生任何急性、亚急性或者慢性危害的食品。

3. **医疗器械** 是指单独或者组合使用于人体的仪器、设备、器具、材料或者其他物品，包括所需要的软件。医疗器械用于人体体表及体内的作用不是通过药理学、免疫学或

者代谢的手段获得，但是可能有这些手段参与并起一定的辅助作用。医疗器械的功能主要是通过物理的方式来完成，如机械作用、物理屏障和支持人体器官或人体某种功能等。而药物一般是通过药理学、免疫学、药物化学和药剂学等手段达到预期的目的。医疗器械的使用旨在达到下列预期目的：对疾病的预防、诊断、治疗、监护、缓解；对损伤或者残疾的诊断、治疗、监护、缓解、补偿；对解剖或者生理过程的研究、替代、调节；妊娠控制。

4. 保健化妆品 是指以涂擦、喷洒或者其他类似的方法，散布于人体表面任何部位（皮肤、毛发、指甲、口唇等），以达到清洁、消除不良气味、护肤、美容和修饰目的的日用化学工业产品。

本书主要研究和讨论医药商品中的药品。本书出现的"医药商品"和"医药"如果不做特别说明都指"药品"。

🔵 **知识链接**

《药品管理法》中关于药品的定义要点

（1）使用目的和使用方法是区别药品与食品、毒品等其他物质的关键。没有任何物质其本质就是药品，只有当人们为了防治疾病，遵照医嘱或说明书，按照一定方法和数量使用该物质，达到预防、治疗或诊断人的某种疾病，能有目的的调节某些生理功能时，才能称其为药品。而食品或毒品的使用目的与药品不同，使用方法也不同。

（2）我国法律上明确规定传统药（中药材、中药饮片、中成药）和现代药（化学药品、生物药品等）均是药品。这一规定有利于继承、整理、提高和发扬中医药文化，更有效地开发利用医药资源为现代医疗保健服务。

（3）确定了药品的使用对象是人。在我国，农用药和兽用药不属于《药品管理法》的管理范畴。《药品管理法》管理的是人用药品，不包括兽用药。

（二）国外关于药品的定义

1. 美国 美国《联邦食品药品与化妆品法》规定，药品是指法定的《美国药典》《美国顺势疗法药典》《国家处方集》或它们的补充本中收载的物品，或用于诊断、治愈、缓解、治疗或预防人或其他动物疾病的物品，或指用于影响人或其他动物的身体构造或功能的物品（食品除外），或用作上述三项所指物品的任何成分的物品之一，但不包括医疗用品或其组成部件或附件。

2. 英国 英国《药品法》规定，药品是指以医学目的应用于人体或动物的任何物质或物品，草药和民间用药亦是药物。制备药物的成分，同样亦作药物看待。

3. 日本 日本《药事法》规定药品包括医药品和类药品。关于医药品的定义为：《日本药局方》中所列的物品；为诊断、治疗、预防人或动物的疾病而使用的物品，但不包括医疗器械；以影响人或动物的结构或功能为目的的物品，但不包括医疗器械、化妆品。类药品是对人体起缓和作用而使用的物品，如漱口水、除臭剂、脱毛剂、染发剂、烫发剂、防止粉刺、皮肤粗糙、斑疹、冻伤、皮肤或口腔疾病的消毒灭菌剂，洗澡用剂等。

（三）医药商品的特殊性

医药商品具有一般商品的两个基本属性即使用价值与价值。在医药商品的生产和流通过程中，基本经济规律起着主导作用，按经济规律的沉浮变化。但是医药商品又不同于一

般商品，它是一种特殊商品，人们不能完全按照一般商品的经济规律来对待医药商品。医药商品具有以下特殊性。

1. 生命关联性 药品是以人为使用对象，预防、治疗、诊断人的疾病，有目的地调节人的生理功能，有规定的适用证、用法和用量要求。质量合格的药品通过正确合理使用可以治病救人、保证人的健康。质量不合格的药品或者使用不合理的药品可能会延误治疗或因毒副作用而损害人的健康甚至危及人的生命。因此，生命关联性是药品首要的特殊性。

知识链接

亮菌甲素注射液事件

2006年4月22日和30日，广州中山三院传染科住院的重症肝炎患者中先后出现2例急性肾功能衰竭症状，至4月29日、30日又出现多例相同病症患者，经肝肾疾病专家会诊，分析原因，怀疑可能与使用齐齐哈尔第二制药有限公司（下简称齐二药）生产的"亮菌甲素注射液"有关。经广东省药品检验所紧急检验查明，该批号亮菌甲素注射液中含有二甘醇。经原卫生部、原国家食品药品监督管理部门组织医学专家论证，二甘醇是导致事件中患者急性肾功能衰竭的元凶。二甘醇在体内会被氧化成草酸而引起肾损害，导致患者肾功能急性衰竭。1937年美田纳西Massengill公司用二甘醇代替乙醇和糖制备磺胺酊剂，曾造成358人中毒，107人死亡。

经调查，生产亮菌甲素注射液所需要的溶剂丙二醇，是齐二药采购员向江苏泰兴市的不法商人购入的。伪造产品注册证等证件，以中国地质矿业总公司泰兴化工总厂的名义，于2005年10月将工业原料二甘醇冒充药用辅料丙二醇出售给齐二药。假冒原料进厂后，化验室主任等人严重违反操作规程，未将检测图谱与标准图谱进行对比鉴别，并在发现检验样品相对密度与标准严重不符的情况下，将其改为正常值，签发合格证。致使假冒辅料投入生产，制造出毒药"亮菌甲素注射液"并投入市场，最终导致13人死亡，部分人肾毒害的惨剧。

2. 医用专属性 专属性表现在对疾病的对症治疗，患什么病，用什么药。处方药必须经医生开具处方、药师调剂后才能用于患者防治疾病；非处方药必须根据病情，患者自我诊断、自我治疗，合理选择药品，按照药品说明书、标签正确使用或在药师的指导下使用。药品不像一般商品，彼此之间不可互相替代。

3. 作用两重性 药品有防治疾病的一面，也具有不良反应的另一面。管理有方，用之得当，可以治病救人，造福人类；若失之管理，使用不当，则可致病，危及人体健康，甚至危及生命。例如阿片类药物可以镇痛，一旦成为毒品则能致瘾，有碍健康和危害社会。

4. 质量的重要性 由于药品与人们的生命有直接关系，确保药品质量尤为重要。药品只有合格品与不合格品之分，没有顶级品、优质品与等外品的划分。药品的质量指标必须符合规定的标准。低于或高于规定的质量标准都可能降低甚至失去药品的疗效或者加剧药品的毒副作用。由于药品的质量重要性，国家对药品的研制、生产、流通、使用等环节实行严格的质量监督管理以确保药品质量的安全。

5. 高度专业性 患者在用药前很少知道药品的质量标准是什么，更无法判断药品的质量。药品质量是否合格只能由药学专业技术人员利用其具备的药学及相关法律知识来判断，对于药品的内在质量是否合格的判断还必须借助专门的检验方法和检验仪器。此

外，从使用方法上说，除外观外患者无法辨认其内在质量，许多药品需要在具备专门医学、药学理论知识的执业医师和执业药师指导下使用，而不由患者选择决定。

6. 限时性 药品与人的生命相关的特殊性决定了药品具有需要的限时性。虽然人们只有防病治病时才需要用药，但药品生产、经营部门平时就应有适当储备。只有药品等患者，不能患者等药品。有些需用量很少、有效期短或者生产周期长的药品，宁可报废，也要有所储备；有些药品即使没有利润，也必须保证生产供应。

第二节　医药商品学概述

商品学是随着商品生产和商品交换的发展而逐步产生的，它是商品经济发展到一定阶段的必然产物。医药商品学融合了商品学、经济学、临床医学、市场营销学、消费心理学等学科的基本理论与基础知识，并与药物学有机结合，是连接医药工业产品与商品流通的桥梁与纽带。

一、医药商品学的研究对象

科学研究的对象是指观察、思考、研究的客体。商品学作为一门独立的科学，有着特定的研究对象和范畴。商品学研究的客体是商品，商品具有价值和使用价值双重属性。探讨商品的价值属于政治经济学、经济学及有关经济门类学科的研究范畴，而探讨商品的使用价值则属于商品学的研究范畴。由此，确认医药商品学的研究对象是医药商品的使用价值，即研究医药商品使用价值及影响其使用价值实现的各种因素及客观规律。

医药商品使用价值是以医药商品的属性为基础的，医药商品的属性包括自然属性和某些社会属性。自然属性构成医药商品的实体，是决定医药商品有用性的物质基础，没有这一物质基础，则医药商品就不存在。这就决定了医药商品学研究医药商品使用价值必须以商品的自然属性为基础。但是，医药商品学在研究商品使用价值时，尤其在研究促进医药商品使用价值的实现时，往往会涉及属于医药商品某些社会属性的问题。解决这些问题，将有利于医药商品使用价值的实现。因此，医药商品学研究商品的使用价值，要从医药商品的自然属性入手，以此为基础，并联系医药商品的某些社会属性，研究与医药商品使用价值有关的一系列问题。

由此可见，医药商品学作为一门独立的新兴学科，既不是单纯的自然科学，也不是单纯的社会科学，它是一门综合性的边缘学科。在研究医药商品的使用价值的过程中，还需要市场学、经济学、管理学、广告学、心理学、美学和地理学中有关的理论知识。因此，更确切地说，医药商品学是一门以自然科学为主，又与其他经济科学、社会科学密切关联的边缘学科。

二、医药商品学的研究内容

商品学研究的内容是由商品学研究的对象所决定的。商品学的研究对象——商品使用价值，是以商品的属性为主要依据的。因此，医药商品学研究的内容是围绕形成医药商品属性的诸因素而进行的。医药商品学的研究内容是以医药商品体为基础，以满足医药市场的需求为出发点，以医药商品整体内容为线索，以构成医药商品属性的质量问题为核心内容而展开的，主要研究医药商品在流通领域和消费领域中的商品质量及其变化规律。因此，

扫码"学一学"

医药商品学应该围绕医药商品的质量这个中心来研究以下内容。

（一）研究与医药商品质量有关的自然属性

医药商品的化学成分、结构和性质等自然属性等与医药商品的质量具有密切关系，是研究医药商品使用价值不可缺少的基本知识。医药商品质量包括内在质量和外在质量。决定医药商品内在质量的是化学性质、物理性质、生物性质等。决定医药商品外在质量的是规格、剂型、结构等。

（二）研究影响医药商品质量的因素

1. 研究医药商品标准 医药商品的标准是对医药商品质量和与质量有关的各个方面规定的典范与准则，是评价医药商品质量好坏的理论依据。因此，研究医药商品的使用价值，必须研究质量标准。

2. 研究医药商品的分类及编码 医药商品种类繁多，性质各异，用途复杂，因此必须采用科学的分类。主要包括研究医药商品分类中各类别的概念及相互关系，确立医药商品种类的划分依据，建立科学系统的分类体系，以适应医药企业经营和管理的需要。

3. 研究医药商品的包装 商品包装作为商品体的附加物，其质量好坏直接或间接地影响着医药商品的质量。医药商品的包装具有保证医药商品在流通过程中不变质、不减量，并具有美化商品、宣传商品、提高商品竞争力、便于储存运输和便于管理的重要作用，是医药商品不可缺少的组成部分。

4. 研究医药商品的储存养护与安全运输 商品的储存养护和运输是医药商品流通过程中的一个必不可少的环节，是降低商品损耗、维护医药商品质量的重要措施，是保证医药商品使用价值实现的主要手段之一。医药商品在储存、流通和运输过程中，由于受到各种外界因素的影响，往往会发生各种各样的质量变化的现象，如果采取科学的储存养护措施，控制外界条件对医药商品质量的不利影响，就可以使商品质量得以保持。

5. 研究药物的相互作用和合理使用 有益的药物间的相互作用能够增强疗效、减少不良反应和耐药性的发生，提高医药商品的使用价值；而不利的药物间的相互作用不仅降低了医药商品的使用价值，还可对患者产生危害，甚至危及生命。研究药物的相互作用与合理使用，掌握药物相互作用的机制和规律，可以正确指导合理用药，减少药品不良反应和药源性疾病的发生，最大限度地提高医药商品的使用价值，保障和促进公众的健康。

以上医药商品学研究的基本内容和医药商品质量的关系如图 1-1 所示。

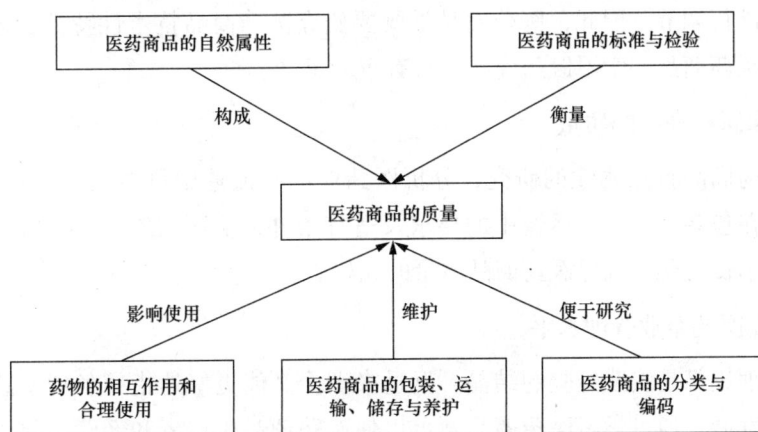

图 1-1 医药商品学的基本内容与医药商品质量的关系

此外，形成和影响医药商品质量的诸因素，如原料、生产工艺和流通领域的各个环节等，也是医药商品学研究的内容。同样的原料，采用不同的生产工艺会生产出不同品种的医药商品；不同水平的生产工艺生产的医药商品，在质量上也会不同；流通渠道的不同也会影响医药商品的质量。商品的使用价值具有由自然属性决定的使用功能和由社会属性决定的美化功能。这就要求医药商品的经营者不仅要满足消费者的物质需要，同时也要注意满足其精神需要。因此，医药商品的新产品开发、医药商品信息与预测等内容也是医药商品学所研究的范畴。

医药商品学研究医药商品使用价值的目的是为商品经济发展提供依据。为此，必须从系统的角度分析商品与商品、商品与技术、商品与社会、商品与人、商品与资源、商品与环境、商品与经济效益等之间的关系，全面研究医药商品的质量，实现系统的整体优化。

综上所述，医药商品学学科体系的总体框架由总论和各论构成。总论部分，即医药商品学学科体系框架的主体部分，包括医药商品的分类编码、质量和质量管理，医药商品包装、医药商品运输和储存养护、药物的相互作用和合理使用等。各论部分，即医药商品学学科体系的支架部分，选择十六大类重要的药品种类进行论述，详细介绍这些药品的作用与适应证、制剂、不良反应、用药指导、商品信息及贮藏等内容。商品学总论和商品学各论构成了商品学学科完整的科学体系。

三、医药商品学的任务

根据医药商品学的研究对象和内容，医药商品学的任务是：医药商品的经营人员和消费者通过掌握医药商品的知识，学会合理用药，促进医药商品使用价值的实现，推动医药经济的发展；科学而全面地评价医药商品的质量，指导医药商品质量的改进和新药开发，促进医药生产企业生产出满足消费者和社会需求的医药商品；研究医药商品的科学分类方法，实现对医药商品的科学分类管理；研究医药商品的包装、储存、运输，掌握不同医药商品在生产和流通过程中可能引起质量变化的各种因素，根据医药商品的特性确定适宜的包装，进行合理的储存与运输，以保护医药商品的质量；规范医药商品经营，保证为人们提供质量合格、安全有效的医药商品。

四、学习医药商品学的意义

医药商品学是一门技术经济应用科学，所研究的医药商品的生产、销售均是在国家管理下由市场来进行调节。因此，医药商品学既要研究医药商品技术性特征，也需要从市场的角度来研究医药商品。学习医药商品学具有重大意义。

（一）确保医药商品的质量

通过对医药商品自然属性的研究，分析医药商品在流通中可能发展质量变化的因素，明确医药商品在包装、储存、运输中的要求及适宜条件，从而实施科学管理、防止医药商品的质量发生不良变化，确保医药商品质量的完好。

（二）提高医药企业管理水平

一切科学理论都是实践经验的结晶，反过来理论又能更好地指导各项实践活动使其循着科学的轨迹发展。通过学习医药商品学可以使医药商品生产者和经营者熟悉和掌握医药商品的经营管理法规，可以了解医药商品生产、销售、包装、物流等方面的知识，掌握医

药商品经营管理的方法和手段，有助于提高医药企业管理水平。

（三）保护消费者利益

一方面，医药商品经营者通过医药商品学的学习，普及医药商品知识，向消费者进行科学的宣传、指导，正确地回答消费者提出的问题，起到促进生产与指导消费的积极作用，促进医药商品使用价值的充分发挥和实现。另一方面，通过对医药商品质量的研究，明确医药商品的质量标准以及检测方法，有利于全面准确的评价、识别、鉴定医药商品质量，有效杜绝假冒伪劣产品进入市场，保护消费者利益。

📱 知识链接

李时珍与《本草纲目》

李时珍（1518—1593）是中国古代医药学家，明朝人，字东璧，晚年自号濒湖山人，湖北蕲春县蕲州镇东长街之瓦屑坝（今博士街）人。

《本草纲目》是我国历史上较早的一部药物商品学专著，共有 52 卷；载有药物 1892 种，其中载有新药 374 种，收集医方 11096 个，书中还绘制了 1160 幅精美的插图，方剂 11096 首（其中 8100 余首是李时珍自己收集和拟定的），约 190 万字，分为 16 部、60 类。每种药物分列释名（确定名称）、集解（叙述产地）、正误（更正过去文献的错误）、修治（炮制方法）、气味、主治、发明（前三项指分析药物的功能）、附方（收集民间流传的药方）等项。《本草纲目》系统总结了我国 16 世纪以来药物学、植物学方面的经验知识，是我国医药宝库中的一份珍贵遗产。

《本草纲目》在医药商品学的产生与发展过程中有着重要的地位，对医药商品学的研究有重要的参考价值。其后相继被译成多种文字版本在国外流传，曾传入日本，并在日本普及。一些日本商品学学者认为，商品学是由本草学和物产学演变而发展起来的。

重点小结

商品是商品学的基础，具有价值和使用价值两种基本属性，具有"满足需要"和"用于交换"两种本质特征。商品的整体由核心商品、形式商品和延伸商品组成。医药商品包括药品、保健食品、医疗器械、保健化妆品等在内的、与人类健康相关的商品。医药商品具有与一般商品不同的特殊性：生命关联性、医用专属性、作用两重性、质量的重要性、高度专业性、限时性。

医药商品学的研究对象是医药商品的使用价值，研究的内容是医药商品在流通领域和消费领域中的商品质量及其变化规律，包括研究与医药商品质量有关的自然属性和研究影响医药商品质量的因素（医药商品标准、医药商品的分类及编码、医药商品的包装、医药商品的储存养护与安全运输、医药商品的相互作用和合理使用）。

学习医药商品学具有确保医药商品的质量、提高医药企业管理水平、保护消费者利益的意义。

（刘 勇 易红焱）

扫码"练一练"

第二章 医药商品的分类与编码

第一节 医药商品的分类

一、商品分类概述

（一）商品分类的概念

商品、材料、物质、现象乃至抽象概念等所有的事物都可概括一定范围的集合总体。任何集合总体都可以根据一定的标志或特征，科学系统地逐次划分或归纳成若干范围更小、特征更趋一致的局部集合体。这种将集合总体科学地、系统地逐次划分或归纳的过程称为分类。

商品分类是在商品生产的发展过程中形成的。随着社会分工的不断发展，商品生产和交换的范围和领域不断扩大，商品的数量和种类也在不断增加。为了合理地组织商品生产和流通，就需要对商品进行科学的分类，以提高社会生产的效率。

（二）商品分类的原则

1. 商品分类范围明确 在进行商品分类时，首先必须明确拟分类的商品集合体所包括的范围，这样进行的商品分类才能符合客观实际。在能够划分规定范围内的所有商品的同时，还要留有补充不断出现新商品的余地。

2. 商品分类目的明确 对商品进行分类时必须先明确商品分类的目的。分类的目的是为了方便和适用，要从商品生产、销售、经营出发，最大限度地实现商品的使用价值。

3. 商品分类标志恰当 对商品进行分类时，选择分类标志至关重要。通过选择恰当的分类标志，能够保证商品所属类别的专一性和稳定性，保证商品分类具有科学性和系统性。

（三）商品分类的方法

商品分类的基本方法有线分类法、面分类法和混合分类法。在实际应用中，常根据分类的目的和要求，选择合适的分类方法建立商品分类体系和编制商品分类目录。

1. 线分类法 又称层级分类法或垂直分类法，是将分类对象按照所选定的若干个属性

或特征逐次划分为相应的若干层级，每个层级内包含若干类目，形成一个层级相连、逐级展开的分类体系的分类方法。在这种分类方法中，被划分的类目（上位类）与划分后的类目（下位类）之间存在隶属的关系。上位类包含下位类，下位类必然包含在对应的上位类中。同一层级内的各类目（同位类）之间构成并列关系。

线分类法的基本要求如下。

（1）由某一个上位类类目划分出的下位类类目的总范围应与该上位类类目的范围相等。

（2）当某一个上位类类目划分成若干个下位类类目时，应选择同一种划分基准。

（3）同位类类目之间不交叉、不重复，并只对应于一个上位类类目。

（4）分类要依次进行，不能有空层或加层。

例如，药品剂型可以采用线分类法进行分类，见表 2-1，其中"丸剂"相对于"蜜丸"和"水蜜丸"为上位类类目，而"蜜丸"和"水蜜丸"相对于"丸剂"为下位类类目，"丸剂"和"散剂"为同位类类目。

表 2-1　剂型分类表

名　称
丸剂
蜜丸
水蜜丸
水丸
……
散剂
颗粒剂
混悬颗粒
泡腾颗粒
……

线分类法的优点是层次清楚，能较好地反映类目之间的逻辑关系，既符合手工处理的传统习惯，又便于计算机处理；但是线分类法结构弹性较差，一旦分类完成，不易改动。因此，采用线分类法进行商品分类时应预先留有足够的后备容量。

2. 面分类法　又称平行分类法，是将商品总体的若干属性或特征视为若干个"面"，若干个分类"面"相互之间没有隶属关系，每个分类"面"中又可分成彼此独立的若干个类目，将这些分类"面"的类目组合在一起，就形成一个新的复合类目。

面分类法的基本要求如下。

（1）根据需要选择分类对象本质的属性或特征作为分类对象的各个"面"。

（2）不同"面"内的类目不应相互交叉，也不能重复出现。

（3）每个"面"有严格的固定位置。

（4）"面"的选择以及位置的确定，根据实际需要而定。

例如，药品的分类可以采用面分类法，见表 2-2，选择药品的"处方药/非处方药"和"药品品种"作为两个"面"，每个"面"又可分成若干个类目，使用时，将有关类目组配起来。如处方药中的中药、天然药物，非处方药中的化学药品等。

表 2－2　药品分类

处方药/非处方药	药品品种
处方药	中药、天然药物
非处方药	化学药品
	生物制品
……	……

　　面分类法的优点是结构弹性好，能较好地适应计算机处理，易于添加和修改类目；缺点是各面的组配结构复杂，不便手工处理，不能充分利用容量。一般面分类法多作为线分类法的补充。

　　3. 混合分类法　是将线分类法和面分类法组合使用，以其中一种分类法为主，另一种为补充的分类方法。

二、医药商品的分类

　　医药商品分类是指根据一定的目的，为满足某种需要，选择适当的商品属性或特征作为分类标志，将医药商品集合体科学地、系统地逐次划分为不同层次类别的过程。

　　我国医药商品门类齐全、品种繁多，其技术、生产、销售、消费特点各不相同。对医药商品进行分类时，既要考虑分类医药商品的属性、特征，也要考虑医药商品在管理上的需要和要求，有时还要兼顾医药商品在传统和习惯上的管理方法等。

　　对医药商品实行正确的分类，可以帮助医药企业针对自己所生产和经营的产品类别，正确掌握其生产经营上的特征、特点，有利于提高医药企业经营管理、改善服务水平。医药商品根据不同的分类标准，可以有许多不同的分法，其主要原因是随着医药科学技术的发展，各类药品之间从理论、配伍、组方、加工技术等相互渗透现象越来越普遍。这些分类方法各有侧重，其目的都是为了深入研究医药商品的质量和性质，从而有利于医药商品使用价值的实现。

　　（一）按医药商品的来源和性状分类

　　药品按来源和性状可分为分为三大类：中药、化学药和生物制品。

　　1. 中药　是指在中医药（包括汉族和少数民族医药）理论指导下用以防病治病的药物，包括中药材、中药饮片、中成药。中药材是指药用植物、动物、矿物的药用部分采收后经产地初加工形成的原料药材。中药饮片是指在中医药理论指导下，根据辨证施治和调剂、制剂的需要，对中药材进行特殊加工炮制后的制成品。中成药是根据疗效确切、应用广泛的处方、验方或秘方，具备一定质量规格和剂型，批量生产供应的药物。

　　在中药中按不同的分类方法又可细分为许多种，如按来源可分为植物药、动物药和矿物药；按药用部位可分为根、根茎类、皮类、叶类、花类、种子果实类、全草类等；按药物毒性可分为普通中药、毒性中药；按药物功能可分为解表药、清热药、祛湿药、祛风湿药、温里药、理气药、止血药、活血祛瘀药、化痰止咳平喘药、安神药、平肝息风药、芳香开窍药、补益药、收涩药、泻下药、催吐药、消食药、驱虫药、外用药。

中药的来源分类

（1）动物性药　利用动物的全部或部分脏器以及其排泄物作为药用，如鹿茸、麝香、牛黄等。此外，还有提出纯品应用的，如各种内分泌制剂（胰岛素、甲状腺等制剂）、血浆制品等。

（2）植物性药　植物的各部分，皮、花、根、茎、叶、液汁及果实等都可采作药用，如人参用其根茎，阿片是罂粟果的液汁。中药中以植物药为最多，同时由于现代化学工业的发展，目前还广泛地提取出多种植物药的有效成分，如生物碱（如中药麻黄所含的有效成分麻黄碱，阿片中的吗啡，茶叶中的咖啡因等）、苷（如治疗心脏病的洋地黄毒苷）、皂苷、挥发油、黄酮类化合物等，作为药用。

（3）矿物药　一般是指直接利用矿物或经过加工而成的一种药物，如硫黄、氧化汞以及一些无机盐类、酸类、碱类等。

2. **化学药**　指以化学理论为指导，依据化学规律研究和生产的化学合成药，包括化学原料药及其制剂。化学药是具有明确元素组成和化学结构的化合物。近年来，随着制药工业的发展，化学药的种类越来越多，临床应用也日益广泛。其特点是对疾病治疗疗效快，效果显著。但由于人体是一个复杂系统，对人体本身结构的分子水平研究及各部分整体研究不够，常常具有程度不同的副作用。

3. **生物制品**　指以微生物、细胞、动物或人源组织和体液等为起始原材料，用生物学技术制成，用于预防、治疗和诊断人类疾病的制剂，如疫苗、血液制品、生物技术药物、微生态制剂、免疫调节剂、诊断制品等。包括治疗用生物制品、预防用生物制品和诊断用生物制品三大类。

（二）按药品剂型分类

原料药是不能直接供患者使用的，必须制成适合于患者应用的给药形式。将药物加工制成适合于患者使用的形式，并使其有效的化学成分不易发生变化，这种制品称为药物剂型，简称剂型。按剂型分类的方法能在一定程度上反映出药品的形态、用途、制备方法和保管储存方法。

1. **注射剂**　亦称为针剂，是指供注入人体内应用的一种制剂。注射剂疗效迅速、剂量准确，药物不受胃肠消化液和食物的影响，适用于一些不宜口服的药品，是使用最广泛的剂型之一。它可通过皮内、皮下、肌内静脉、动脉等多种途径注入体内，按形态可分为液体注射剂（水针）、固体注射剂（粉针）和输液剂。

2. **片剂**　是药物与赋形剂混合压制成片状的固体剂型，是最常用的口服剂型，具有服用方便、成本低、储存和运输方便等优点（如维生素C片、阿司匹林片等）。但口服剂型的吸收大都受消化液和食物的影响，药效均受到一定程度的影响。片剂主要有口服片、口腔用片、植入片、皮下注射用片、阴道片等。

3. **胶囊剂**　系指药物或加有辅料装于空胶囊或密封于软质囊材中制成的固体制剂。此剂型外观整洁、美观，易于吞服。胶囊剂可分为硬胶囊、软胶囊（胶丸）、肠溶胶囊、缓释和控释胶囊等。

4. **丸剂**　是由一种或一种以上的药物与赋形剂混合制成的圆球形或椭圆形的固体制

剂。常用的有大蜜丸、小蜜丸、水蜜丸和水丸等，是传统的中药剂型，如六味地黄丸、六神丸等。丸剂具有服用和携带方便、作用缓和持久等特点。

5. **颗粒剂** 可分散或溶解在水中或其他适宜的液体中服用。颗粒剂既具有固体制剂性质稳定，便于贮存、运输、携带等特点，又保持了液体制剂奏效快的特点。同时，制粒过程中还可加入适宜的矫味剂，尤其适用于小儿用药。目前常见的颗粒剂可分为可溶性颗粒、混悬颗粒、泡腾颗粒、肠溶性颗粒、缓释颗粒和控释颗粒等。

6. **溶液剂** 有内服和外用溶液剂之分。常用的内服溶液剂有口服液、合剂、糖浆剂等。此类剂型的共同特点是服用方便、吸收迅速和疗效稳定。

7. **气雾剂** 是将药物与液化气体或压缩空气一起装于带有阀门的封闭耐压的筒内，使用时借助于容器内的压力，将药物成雾状喷出，直至呼吸道或被皮肤吸收而发挥作用。

8. **栓剂** 是指药物和基质均匀混合制成的专供人体不同腔道使用的固体制剂。如用于肛门的痔疮栓或阴道用药的栓剂，也有通过直肠黏膜吸收而起全身作用的栓剂。

9. **软膏剂** 是将药物和凡士林等混合制成一种半固体剂型，涂于皮肤或黏膜上，起保护、润滑及局部治疗作用。

10. **滴眼剂** 系指药物制成的专供滴眼用的灭菌液体制剂。

11. **滴鼻剂和滴耳剂** 滴鼻剂是指专供滴入鼻腔的液体制剂，主要用作局部消毒、消炎和收缩血管等用途。滴耳剂是指滴入耳道内的外用液体制剂，起到润滑、清洁、消炎、收敛等效用。

知识链接

新型剂型

（1）缓释制剂 指用药后能在机体内缓慢释放药物，使吸收的药物在较长时间内维持有效血药浓度的制剂。

（2）控释制剂 指药物在规定溶剂中，按设计好的程序缓慢地恒速或接近恒速释放的制剂。

（3）迟释制剂 将药物运送到特定给药部位或预设特定时间释药的制剂，既可以起全身作用，也可以起局部作用。

（4）靶向给药制剂 指药物进入体循环系统之后，选择性地浓集于靶组织、靶器官、靶细胞或细胞内结构的制剂。

（5）经皮给药系统 指药物以一定的速率透过皮肤经毛细血管吸收进入体循环产生药效的一类制剂，一般指经皮给药新剂型，即透皮贴剂。

（6）黏膜给药 指使用适当的载体使药物透过人体的一些黏膜部位，如鼻黏膜、口腔黏膜、眼黏膜、直肠黏膜、子宫及阴道黏膜，转运至体循环而起全身作用的给药方式。

（三）按医药商业习惯分类

采用这类分类的目的在于使药品系统化，便于医药批发零售企业的经营业务，便于仓库的保管与养护，故习惯上将不同种类的各种制剂综合归纳为针片水粉四大类，其优点是从外观上容易区分，在包装、储存、保管、运输等方面均具有共同特点。虽然有些制剂外观上不完全符合某一类型，例如，将栓剂归于水剂显然不恰当，但是依照医药商业保管习惯仍然将其列入水剂类。

1. **针剂类**　包括注射液、注射用粉针及输液剂。
2. **片剂类**　包括片剂、丸剂及胶囊剂。
3. **水剂类**　包括液体制剂、半固体制、栓剂及气雾剂。
4. **粉剂类**　包括原料药、冲剂及散剂等。

（四）按我国传统习惯分类

1. **西药**　日常生活中，人们习惯于把国外研制生产的药品称为西药，如今，西药通常指以西医理论体系为基础的药品，主要包括化学药和生物制品。

2. **中药**　人们习惯于把我国传统使用的药物称为中药。

随着医药科学技术的发展，传统的西药、中药的分类方法越来越不能反映实际情况，例如不少中药的化学本质被阐明，它们或是当作提取西药的原料，或是直接被当成西药使用，这就使原有的中药、西药泾渭分明的局面已被动摇。此外，随着我国中药现代化工作的开展，中西结合的药物也不断涌现，用现代科学方法处理，用现代医学观点表述其特性的中成药不断出现。这些药物虽然以中药为主要成分，但因不再用传统的医学观点表述其特性，同时其生理、药理作用的化学本质、体内代谢过程还不完全清楚，所以既不是原来意义上的中药，也不是一般概念上的西药。因此，西药、中药的概念逐渐转化为现代药与传统药的概念。

（五）现代药与传统药

从药学的历史发展角度，将药品分为现代药和传统药。《药品管理法（2019 年版）》规定："国家发展现代药和传统药，充分发挥其在预防、医疗和保健中的作用。"

1. **现代药**　一般是指 19 世纪以来发展起来的化学药品、抗生素、生化药品、放射性药品、血清疫苗、血液制品等。其特点是用现代医学的理论和方法筛选确定其药效，并按照现代医学理论用以防治疾病。通常是用合成、分离提取、化学修饰、生物技术等方法制取，结构基本清楚，有控制质量的标准和方法。

2. **传统药**　是各国历史上流传下来的药物，能用传统医学观点表述其特性，能被传统医学使用的药物。世界上许多国家都有自己的传统药。我国的传统药包括中药材、中药饮片、传统中成药和民族药（如蒙药、藏药、维药、傣药等）。

（六）按我国药品管理制度分类

1. **处方药和非处方药**　这是从保证人民用药安全有效和提高药品监督管理水平的角度对药品进行的分类。为了保证公众用药安全、有效，同时方便群众自主购药、自我药疗，按照药品安全性、给药途径等不同将药品分为处方药和非处方药，并在注册、零售、使用等方面采用不同的管理模式。药品分类管理是国际上普遍认可与采用的管理模式。世界上第一个创建药品分类管理制度的国家是美国，这是由于当时（20 世纪 30～40 年代）发生了几起严重的"药害"事件，使其必须加强对药品安全性和有效性的管理，通过立法，严格划分处方药与非处方药，至 20 世纪 50 年代建立起分类管理制度。20 世纪 50 年代以后主要发达国家都相继建立了这一制度。目前，多数发展中国家与地区都建立了处方药与非处方药分类管理制度。

处方药和非处方药不是药品本质的属性，而是管理上的界定。实行处方药与非处方药分类管理，其核心目的就是有效地加强对处方药的监督管理，防止消费者因自我行为不当导致滥用药物和危及健康。通过规范对非处方药的管理，引导消费者科学、合理地进行自我保健。概括起来说，药品分类管理有以下重大意义：有利于保障人民用药安全有效，药

品是特殊的商品，它有一个合理使用问题，否则不仅浪费药品资源，还会给消费者带来许多不良反应，甚至危及生命，有的还会产生机体耐药性或耐受性而导致以后治疗的困难；有利于医药卫生事业健康发展，推动医药卫生制度改革，增强人们自我保健、自我药疗意识，促进我国"人人享有初级卫生保健"目标的实现，为医药行业调整产品结构，促进医药工业发展提供良好机遇；有利于逐步与国际上通行的药品管理模式接轨，有利于国际间合理用药的学术交流，提高用药水平。

（1）处方药 必须凭执业医师或执业助理医师处方才可调配、购买和使用的药品。处方药英语称 Prescription Drug，Ethical Drug。被列为处方药的药品一般是：特殊管理的药品；由于药品的毒性或其他潜在影响使用不安全的药品；因使用方法的规定（如注射剂、粉针剂），用药时有附加要求，患者自行使用不方便，需在医务人员指导下使用的药品；或是新化合物、新药等。

（2）非处方药 是不需要凭执业医师或执业助理医师处方即可自行判断、购买和使用的药品。非处方药英语称 Nonprescription Drug，在国外又称之为"可在柜台上买到的药物"（over the counter），简称 OTC，此已成为全球通用的俗称。被列为非处方药的药品具备以下特点：非处方药使用时不需要医务专业人员的指导和监督；非处方药的说明书文字应通俗易懂，便于消费者自行判断、选择和使用；非处方药的适应证是指那些能自我做出诊断的疾病，药品起效快速，疗效确切，能减轻患者不舒服的感觉；非处方药能减轻小疾病的初始症状或延缓病情的发展；非处方药有高度的安全性，不会引起药物依赖性，毒副反应发生率低，不在体内蓄积，不致诱导耐药性或抗药性；非处方药的药效、剂量都具有稳定性。

国家根据非处方药的安全性，将其划分为甲类非处方药和乙类非处方药。甲类非处方药须在药店由执业药师或药师指导下购买和使用；而对于非处方药中安全性更高的一些药品则划为乙类非处方药，乙类非处方药除可在药店出售外，还可在所在地区的市级批准的超市、宾馆、百货商店等处销售。

2. 国家基本药物和国家基本医疗保险药品 这是从国家对药品实行宏观管理与调控，实现药物的社会功能的角度对药品进行的分类。

（1）国家基本药物 1977 年，世界卫生组织首次提出了基本药物的理念，把基本药物定义为最重要的、基本的、不可缺少的、满足人民所必需的药品。我国从 1979 年开始引入"基本药物"的概念。

基本药物是适应基本医疗卫生需求，剂型适宜，价格合理，能够保障供应，公众可公平获得的药品。国家基本药物制度是对基本药物的遴选、生产、流通、使用、定价、报销、监测评价等环节实施有效管理的制度，与公共卫生、医疗服务、医疗保障体系相衔接。

坚持基本药物主导地位，强化医疗机构基本药物使用管理，以省为单位明确公立医疗机构基本药物使用比例，不断提高医疗机构基本药物使用量。公立医疗机构根据功能定位和诊疗范围，合理配备基本药物，保障临床基本用药需求。药品集中采购平台和医疗机构信息系统应对基本药物进行标注，提示医疗机构优先采购、医生优先使用。将基本药物使用情况作为处方点评的重点内容，对无正当理由不首选基本药物的予以通报。对医师、药师和管理人员加大基本药物制度和基本药物临床应用指南、处方集培训力度，提高基本药物合理使用和管理水平。鼓励其他医疗机构配备使用基本药物。

优化基本药物目录遴选调整程序，综合药品临床应用实践、药品标准变化、药品新上

市情况等因素，对基本药物目录定期评估、动态调整，调整周期原则上不超过 3 年。对新审批上市、疗效较已上市药品有显著改善且价格合理的药品，可适时启动调入程序。我国历版《国家基本药物目录》收载药品情况见表 2-3。

表 2-3　我国历版《国家基本药物目录》收载药品情况

发布（调整）时间	西药品种数（个）	中药品种数（个）
1982 年	278	未遴选
1996 年	699	1699
1998 年	740	1333
2000 年	770	1249
2002 年	759	1242
2004 年	773	1260
2009 年	205	102
2012 年	317	203
2018 年	417	268

2018 年版目录主要是在 2012 年版目录基础上进行调整完善。总体来看，2018 年版目录具有以下特点：①增加了品种数量，能够更好地服务各级各类医疗卫生机构，推动全面配备、优先使用基本药物。②优化了结构，突出常见病、慢性病以及负担重、危害大疾病和公共卫生等方面的基本用药需求，注重儿童等特殊人群用药，新增品种包括了肿瘤用药12 种、临床急需儿童用药 22 种等。③进一步规范剂型、规格，685 种药品涉及剂型 1110余个、规格 1810 余个，这对于指导基本药物生产流通、招标采购、合理用药、支付报销、全程监管等将具有重要意义。④继续坚持中西药并重，增加了功能主治范围，覆盖更多中医临床症候。⑤强化了临床必需，这次目录调整新增的药品品种中，有 11 个药品为非医保药品，主要是临床必需、疗效确切的药品，比如直接抗病毒药物索磷布韦维帕他韦，专家一致认为可以治愈丙肝，疗效确切。

🔲 **知识链接**

基本药物概念的演变

1977 年 WHO 提出基本药物的概念为：基本药物是能满足大部分人口卫生保健需要的药物。WHO 最初将基本药物概念推荐给一些比较落后、药品生产能力低的国家，使它们能够按照国家卫生需要，以有限的资源购买并合理使用质量和疗效都有保障的基本药物。

1985 年，WHO 在内罗毕会议上扩展了基本药物的概念，基本药物不仅是能够满足大多数人口卫生保健需要的药物，国家应保证生产和供应，还应高度重视合理用药，即基本药物还必须与合理用药相结合。并推荐把基本药物的遴选同处方集和标准治疗指南的制定相结合。

2002 年，WHO 为了更精确地表述基本药物，将基本药物从 essential drugs 改成 essential medicines，并进一步定义为：基本药物是满足人民群众重点卫生保健需要的药物。基本药物的选择要考虑到公共卫生实用性、效率和安全方面的依据以及相对的成本效益。在运转良好的卫生系统中，应当能随时获取足够数量、适当剂型、质量有保证并具有充分信息的基本药物，其价格能够被个人和社会接受。

（2）国家基本医疗保险药品 1999 年，我国颁布了《城镇职工基本医疗保险用药范围管理管理暂行办法》（劳社部［1999］15 号），其中第 2 条规定："基本医疗保险用药范围通过制定《基本医疗保险药品目录》进行管理"。以此为依据，2000 年，我国正式制定了第一版《国家基本医疗保险药品目录》，2004 年、2009 年、2017 年和 2019 年根据临床用药需求对目录做了四次调整。2019 年基本医疗保险药品目录全称是《国家基本医疗保险、工伤保险和生育保险药品目录》。

纳入《基本医疗保险药品目录》的药品，是临床必需的、安全有效、价格合理、使用方便、市场能够保证供应的药品，并且具备下列条件之一：《中华人民共和国药典》（现行版）收载的药品；符合国家药品监督管理部门颁发标准的药品；国家药品监督管理部门批准正式进口的药品。《基本医疗保险药品目录》药品包括西药、中成药、中药饮片。这些药品在国家基本药物基础上遴选而定，并分为"甲类目录"和"乙类目录"。"甲类目录"药品是临床必需、使用广泛、疗效好、同类药品中价格最低的药品。由国家统一制定，各地不得调整。"乙类目录"药品可供临床选择使用，药价比"甲类目录"药品略高。"乙类目录"药品由国家制定，各省、自治区、直辖市可适当调整（不超过其总数的 15％）。

3. 普通药品和特殊管理的药品 药品按特殊性一般可分为普通药品和特殊管理的药品（麻醉药品、精神药品、医用毒性药品、放射性药品）。

（1）普通药品 是指毒性较小、不良反应较少、安全范围较大的药品，如葡萄糖、阿司匹林等。需要指出的是任何药品凡无必要或过多使用，都是不安全的。

（2）特殊管理的药品 是指对生产、经营、使用有其特殊要求，购销、储运过程中需实施非常规的方式方法进行特殊管理，否则可能导致人体损害和社会危害。

1）医用毒性药品 是指毒性剧烈、治疗剂量与中毒剂量相近，使用不当会致人中毒或死亡的药品，如阿托品。

2）麻醉药品 是指连续使用后易产生生理依赖性、能成瘾的药品，如临床上常用的镇痛药吗啡、哌替啶等。

3）放射性药品 是指用于临床诊断或治疗的放射性核素制剂或者其他标记药品。

4）精神药品 是指直接作用于中枢神经系统，使之兴奋或抑制，连续使用可产生依赖性的药品。依据精神药品使人体产生的依赖性和危害人体健康的程度，分为第一类精神药品和第二类精神药品。

除了上述的麻醉药品、精神药品、医用毒性药品、放射性药品需要特殊管理外，国家对戒毒药品、药品类易制毒化学品、蛋白同化制剂、肽类激素、疫苗、含麻黄碱、地芬诺酯、可待因的复方制剂等也实施严格管理。

4. 新药、仿制药、进口药、医疗机构制剂 《药品注册管理办法》（2007 年版）将药品注册申请分为新药申请、仿制药申请、进口药品申请及其补充申请和再注册申请五大类。此外，《医疗机构制剂注册管理办法》也指出医疗机构制剂的配制、调剂使用需要得到有关部门的注册审批。据此，从国家对药品注册管理的角度，将药品分为新药、仿制药、进口药和医疗机构制剂。

（1）新药 指中国境内外均未上市的药品，分为创新药和改良型新药。创新药指含有新的结构明确的、具有药理作用的化合物，且具有临床价值的药品；改良型新药指在已知活性成份的基础上，对其结构、剂型、处方工艺、给药途径、适应证等进行优化，且具有明显临床优势的药品。

（2）仿制药　是指仿制已上市原研药品的药品，分为两类，一是仿制境外已上市境内未上市原研药品，二是仿制境内已上市原研药品。仿制药要求与原研药品质量和疗效一致。原研药品指境内外首个获准上市，且具有完整和充分的安全性、有效性数据作为上市依据的药品。

（3）进口药　是指境外上市的药品申请在中国境内上市，分为进口原研药品和进口非原研药品两类。

（4）医疗机构制剂　是指医疗机构根据本单位临床需要经批准而配制、自用的固定处方制剂。不得将其在市场上销售，未经允许不得在医疗机构之间调剂使用，不允许做相应的广告。

（七）按药物作用部位和作用机制分类

此种分类的优点是使不同疾病的药物名目清晰，方便药品的经营和指导使用。缺点在于不同剂型混杂，不便储存管理。一般医药院校的药理学教科书均是按此种分类法。具体可分为作用于中枢神经系统、周围神经系统、心血管系统、呼吸系统、消化系统、泌尿系统、生殖系统、血液系统、内分泌系统、免疫系统的药物和抗微生物、抗寄生虫药以及诊断用药等。

第二节　医药商品的编码

一、医药商品编码的概念和意义

扫码"学一学"

医药商品编码是在医药商品分类的基础之上，赋予某种医药商品（或某类医药商品）以某种代表符号或代码的过程。对某一类商品赋予统一的符号系列称为商品编码化或商品代码化。

医药商品分类和医药商品编码是密切相关的，医药商品分类是建立医药商品分类体系和编制医药商品目录的基础，是医药商品编码的前提；而医药商品编码是医药商品分类科学体系和医药商品目录的一个重要组成部分。

对医药商品进行编码可以使医药商品分类体系中名目繁多的商品便于计算机系统的识别和记忆，根据医药商品不同属性所对应的代码，通过计算机系统的存储、处理、统计，为医药商品的经营管理提供科学准确的药品信息，提高工作效率和可靠性，也为计算机自动处理医药商品信息和开展医药商品的电子商务活动打下基础。科学的商品编码可以使医药商品在产、供、用、管等各环节实现信息共享，促进药品信息资源的交流，提高药品的监督管理、统计分析、科学研发水平，保障人类健康事业的发展。

二、医药商品编码的原则

医药商品的分类和编码是分别进行的，商品分类在先，编码在后。医药商品科学分类为编码的合理性创造了前提条件，但是，编码内容不当会直接影响医药商品分类体系的实用价值。好的医药商品分类体系如果没有一套使用方便的代码，就会给组织商品信息和运用商品信息，以及商品流通合理化和经济管理现代化带来困难和麻烦。并且，医药商品是一种特殊的商品，具有比一般商品更多的属性和特征，对医药商品进行编码，要比其他商品的编码更复杂、更严谨。因此，医药商品编码必须遵循以下原则。

1. **唯一性** 唯一性原则是商品编码的基本原则，也是最重要的一项原则，它是指医药商品项目与其标识代码——对应，即一个医药商品项目只有一个代码，一个代码只标识同一医药商品项目。基本特征相同的商品视为同一商品项目，基本特征不同的商品视为不同的商品项目。通常医药商品的基本特征包括医药商品名称、商标、种类、剂型、规格、数量、包装类型、生产标准等。

2. **层次性** 编制的医药商品代码要层次清楚，能清晰地反映医药商品分类体系和分类目录内部固有的逻辑关系。

3. **可扩性** 是指在医药商品代码结构体系中应留有足够的备用码，当需要增加新类目或删减旧类目时，不需要破坏该商品编码结构而重新编码，从而使分类和编码可以进行必要的修订和补充。

4. **简明性** 编制的医药商品代码应尽可能简明，即尽可能使代码的长度最短，便于识记和校验。这样既便于手工处理，也能降低差错率，还能节省计算机的处理时间和储存空间。

5. **稳定性** 稳定性原则是指商品标识代码一旦编制完成，只要医药商品的基本特征没有发生变化，就应保持不变。代码的频繁变动会造成人力、物力、财力的浪费。因此，在编码时，代码应考虑变化的最小可能性，保证编码体系的稳定性。同一医药商品项目，无论是长期连续生产、还是间断式生产，都必须采用相同的标识代码。即使该医药商品项目停止生产，其标识代码应在一定时期之内不能用于其他商品项目上。

6. **统一性和协调性** 商品编码要同国家商品分类编码标准相一致，与国际通用商品分类编码制度相协调，以利于在国际商品流通中实现信息交流和信息共享。

7. **自检能力** 商品编码必须具有检测差错的自身核对性能，以适应计算机的处理。

在编制医药商品分类体系和商品分类目录时，要根据使用的要求综合考虑以上原则，达到最优化的效果。

三、医药商品编码的种类

医药商品编码按照其所使用的符号类型可分为全数字型代码、全字母型代码、数字/字母混合型代码、条形码四大类。

（一）全数字型代码

全数字型代码是用一个或若干个阿拉伯数字表示分类对象（医药商品）的代码，其特点是结构简单，使用方便，易于推广，便于计算机进行处理。在各国际组织和世界各国的商品（产品）代码标准中普遍采用。使用数字代码进行商品分类编码，常用以下4种编码方法。

1. **顺序编码法** 是按商品类目在分类体系中先后出现的次序，依次赋予顺序代码。为了满足信息处理的要求，多采用代码数位相同的等长码。顺序编码法使用简便，通常用于容量不大的编码对象集合体。编码时应留有储备码，以便商品目录增加后使用。

2. **层次编码法** 是按商品类目在分类体系中的层级顺序，依次赋予对应的数字代码。层次编码法适用于线分类体系，反映分类层级间的逻辑关系。层次编码法的优点是代码较简单，逻辑性较强，信息容量大，能明确地反映出分类编码对象的属性或特征及其相互关系，便于机器汇总数据；层次编码法的缺点是弹性较差，为延长其使用寿命，往往要用延长代码长度的办法，预先留出相当数量的备用号，从而出现号码的冗余。所以，这种编码

方法最适用于编码对象相对稳定的商品集合体。例如,药品剂型的编码采用的是层次编码法,见表2-4。

表2-4 剂型代码

代 码	名 称
01	丸剂
0101	蜜丸
0102	水蜜丸
0103	水丸
……	……
02	散剂
03	颗粒剂
0301	混悬颗粒
0302	泡腾颗粒
……	……

3. 平行编码法 是指将每一个分类面确定一定数量的码位,代码标志各数列之间是并列平行关系。平行编码法多适用于面分类体系,其优点是编码结构有较好的弹性,可以比较简单地增加分类面的数目,必要时还可更换个别的类面;缺点是代码过长,冗余度大,不便于计算机控制和管理。

4. 混合编码法 是由层次编码法与平行编码法混合而成的。在商品分类的实践中,编码法与分类法一样,通常不单独使用。当把分类对象的各种属性或特性分列出来后,其中某些属性或特性用层次编码法表示,其余的属性或特性用平行编码法表示,通过混合编码能够取得更理想的效果。

(二) 全字母型代码

全字母型代码是用一个或若干个字母表示分类对象的代码。按字母顺序对商品进行分类编码时,一般用大写字母表示商品大类,小写字母表示其他类目。全字母型代码的特点是便于记忆,符合人们的使用习惯,但不利于计算机的识别与处理。因此,字母编码常用于分类对象较少的情况,在商品分类编码中较少使用。

(三) 数字/字母混合型代码

数字/字母混合型代码是由数字和字母混合组成的代码,它兼有数字型代码和字母型代码的优点,结构严谨,具有良好的直观性和表达性,符合人们使用上的习惯。但是由于代码组成形式复杂,给计算机输入带来不便,录入效率低,错码率高,目前其使用广度不高。

(四) 条形码

条形码是将表示一定信息的字符代码转换成用一组黑白(或彩色)相间的平行线条、按一定的规则排列组合而成的特殊图形符号。为了便于人们识别条形码符号所代表的字符,通常条形码符号下部对应印刷图形所代表的数字。

条形码的应用非常广泛,下面单列出来详细说明。

四、商品条形码

商品条形码简称条形码或条码,它是商品的一种代表符号。确切地说,商品条形码是

将表示一定信息的字符代码转换成用一组黑白（或深浅）相间的平行线条，按一定规则排列组合而成的特殊图形符号。条码的暗条，简称条，是条码中反射率较低的部分，一般指颜色较深通常为黑色的线条；条码的亮条，又称空，是条码中反射率较高部分，一般指条码中的空白处。条码可以由光电扫描阅读设备自动识读，并将条码所代表的相应信息传递给计算机。

（一）商品条形码的发展概况

条形码的研究始于 20 世纪中期。20 世纪 50 年代美国就在铁路车辆采用条形码标识，60 年代在食品零售业中推行条形码。1973 年，美国统一代码委员会（Uniform Code Council，UCC）从若干种条形码方案中选定了 IBM 公司提出的条形码系统，并将它作为北美地区的通用产品代码，简称 UPC 条形码（Universal Product Code），普遍用作食品杂货类商品和超级市场中绝大多数商品的编码。1977 年，欧洲共同体在 UPC 码基础上，制定出欧洲物品编码 EAN 码（European Article Number Bar Code），签署了"欧洲物品编码"协议备忘录，并正式成立了欧洲物品编码协会（European Article Numbering Association，EAN）。EAN 组织已经发展成为一个国际性组织，1992 年，欧洲物品编码协会改名为"国际物品编码协会"，简称 IAN。但由于历史原因和习惯，至今仍称为 EAN，后改为 EAN - International。

随着贸易全球化的发展，EAN 与 UCC 两大组织也从技术合作最终走向联合。2002 年 11 月，UCC 正式加入 EAN，2005 年更名为 GS1，并宣布从 2005 年 1 月 1 日起，EAN 码也能在北美地区正常使用，美国、加拿大新的条码用户将采用 EAN 条码标识商品，标志着国际物品编码协会真正成为全球化的编码组织。

中国的条码技术研究始于 20 世纪 70 年代末。从 80 年代中期开始，条形码技术逐步在图书、邮电、物资管理部门和外贸部门等领域开始应用。1988 年 12 月 28 日，经国务院批准，国家技术监督局成立了"中国物品编码中心"。该中心的任务是研究、推广条码技术；同意组织、开发、协调、管理我国的条码工作。1991 年 4 月 19 日，中国物品编码中心正式加入国际物品编码协会，同意采用 EAN 条码系统，为我国大规模推广应用条码技术创造了有利条件。

（二）应用商品条形码的意义

条形码是商品的"身份证"，是商品流通于国际市场的"共同语言"。商品条形码是计算机输入数据的一种特殊代码，包含有商品的生产国别、制造厂商、产地、名称、特性、价格、数量、生产日期等一系列商品信息。只要借助于光电扫描阅读设备，即可迅速地将条码所代表的信息，准确无误地输入电子计算机，并由计算机自动进行存储、分类排序、统计、打印或显示出来。这不仅实现了售货、仓储、订货的自动化管理，而且通过产、供、销信息系统把销售信息及时提供给生产厂家，实现了产、供、销之间的现代化管理。

条形码是进入 POS（point of sales）超市的入场券。当带有条码符号的商品通过结算台扫描时，条码所表示的信息被录入到计算机，计算机从数据库文件中查寻到该商品的名称、价格等，并经过数据处理，打印出收据。POS 系统的建立，可以采集到大量的商品信息，使批发商、零售商及时了解经营情况，减少库存，降低成本，使制造商获得准确的商品及市场销售信息，不断调整生产结构，提高竞争力，同时也为顾客提供了更加快捷、方便的服务。

条码技术还广泛地应用于交通管理、金融与商业文件管理、病历管理、血库血液管理

以及各种分类技术方面，条码技术作为数据标识和数据自动输入的一种手段已渗透到计算机管理的各个领域，为各行各业的自动化管理创造了有利条件。

（三）商品条形码的种类

条码的主要应用形式有消费单元的条码标识、物流单元的条码标识、系列运输包装箱标识、图书期刊的条码标识等。其中应用最广的是消费单元的条码标识，即通过超级市场、百货商店等零售渠道直接售给最终用户的商品单元。其中又以通用产品条形码（Universal Product Code，UPC）、国际物品条形码（International Article Number Bar Code，EAN）最为常见。

1. EAN 条码 是国际物品编码协会制定的一种商品用条形码，是国际通用的符号体系，是一种长度固定、无含意的条形码，所表达的信息全部为数字，主要应用于商品标识。EAN 条码符号有标准版（EAN-13）和缩短版（EAN-8）两种，如图 2-1 所示。我国的通用商品条形码一般就是 EAN 码。

图 2-1 标准版 EAN-13 与缩短版 EAN-8

EAN-13 条码也称为 EAN 标准版条码，既可用于销售包装，又可用于储运包装。这种条码由 13 位数字的字符代码构成。EAN-13 条码由前缀码、厂商识别码、商品项目代码和校验码组成，有 3 种代码结构（表 2-5）。前 3 位数字为国别代码（也称前缀码），用于标识商品来源的国家或地区，由国际物品编码协会分配管理（代码见表 2-6），目前，我国商品条形码的前缀码为 690~696；国别代码后面的 4~6 位数字是各国地区的 EAN 编码组织分配给其成员的标志代码，称为制造厂商代码，用于标识生产企业；厂商代码后面的 3~5 位数字为商品项目代码，用于标识商品的特征及属性或表示具体的商品项目，由制造厂商依据 EAN 的规则自行编制；最后一位数字为校验码，用于校验输入代码的正确性。

EAN-13 码的校验码计算方法如下。

步骤一：将 EAN-13 码的 13 位数从右至左顺序编号，校验字符为第 1 号；

步骤二：从第 2 号位置开始，将所有偶数号位置上的数字代码求和；

步骤三：将步骤二的结果乘以 3；

步骤四：从第 3 号位置开始，将所有奇数号位置上的数字代码求和；

步骤五：将步骤三与步骤四的结果相加；

步骤六：用 10 减去步骤五所得数值的个位数，所得余数为校验码。

表 2-5 EAN-13 条码 3 种代码结构

结构类型	厂商识别代码（前缀码+企业代码）	商品项目代码	校验码
结构一	$X_{13}X_{12}X_{11}X_{10}X_9X_8X_7$	$X_6X_5X_4X_3X_2$	X_1
结构二	$X_{13}X_{12}X_{11}X_{10}X_9X_8X_7X_6$	$X_5X_4X_3X_2$	X_1
结构三	$X_{13}X_{12}X_{11}X_{10}X_9X_8X_7X_6X_5$	$X_4X_3X_2$	X_1

表 2－6 前缀码及编码组织所在国家（或地区）／应用领域

000～019；030～039；060～139 美国	020～029；040～049；200～299 店内码
050～059 优惠券	300～379 法国
380 保加利亚	383 斯洛文尼亚
400～440 德国	450～459；490～499 日本
460～469 俄罗斯	470 吉尔吉斯斯坦
471 中国台湾地区	474 爱沙尼亚
479 斯里兰卡	480 菲律宾
481 白俄罗斯	482 乌克兰
489 中国香港特别行政区	500～509 英国
520 希腊	528 黎巴嫩
539 爱尔兰	540～549 比利时和卢森堡
560 葡萄牙	569 冰岛
570～579 丹麦	590 波兰
594 罗马尼亚	599 匈牙利
600、601 南非	603 加纳
609 毛里求斯	611 摩洛哥
622 埃及	626 伊朗
628 沙特阿拉伯	640～649 芬兰
690～699 中国内陆	700～709 挪威
729 以色列	730～739 瑞典
750 墨西哥	754～755 加拿大
760～769 瑞士	779 阿根廷
789～790 巴西	800～839 意大利
840～849 西班牙	850 古巴
860 南斯拉夫	865 蒙古
867 朝鲜	869 土耳其
870～879 荷兰	880 韩国
884 柬埔寨	885 泰国
888 新加坡	890 印度
893 越南	899 印度尼西亚
900～919 奥地利	930～939 澳大利亚
940～949 新西兰	955 马来西亚
958 中国澳门特别行政区	977 连续出版物
978、979 图书	980 应收票据
981、982 普通流通券	990～999 优惠券

EAN－8 条码的字符为 8 位。前 3 位为前缀码，最后 1 位为校验码，其余为商品项目代码。EAN－8 条码没有厂商识别代码，只有商品项目代码，由国家物品编码管理机构分配，在使用上有严格控制。根据国际物品编码协会规定，只有当 EAN－13 条码所占面积超过总印刷面积的 25% 时，使用 EAN－8 条码才是合理的。一些国际物品编码协会的成员，对使用 EAN－8 条码的条件还作了进一步的具体规定。由于缩短码不能直接表示生产厂家，因此商品条码系统成员只有在不得已时才能使用缩短码。缩短版 EAN－8 条码只有一种代码

结构，见表2-7。

表2-7 EAN-8条码代码结构

前缀码	商品项目代码	校验码
$X_8 X_7 X_6$	$X_5 X_4 X_3 X_2$	X_1

一个完整EAN条码的条空图形结构，其组成次序依次为：左侧空白区、起始符、左侧数据符、中间分割符、右侧数据符、校验符、终止符、右侧空白区。在条空图中，起始符、中间分割符、终止符线略长于其他条空图形。此条空图形结构部分是用于光电扫描仪识别的部分，EAN-13和EAN-8的条码结构分别如图2-2、图2-3所示。条码符号中的条或空的基本单位是模块，模块是一种代表规定长度的物理量，是确定条与空宽度的计量单位，因此EAN条码符号是按照特定的编码规则所组成的倍数模块宽度不同的条与空的组合。

图2-2 EAN-13条码结构

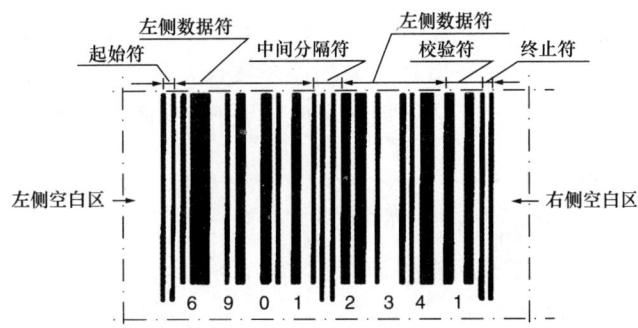

图2-3 EAN-8条码结构

2. UPC条形码 1970年，美国超级市场委员会制定了通用商品代码UPC码，它是世界上最早出现并投入应用的商品条形码，在北美地区得以广泛应用。美国统一编码委员会（UCC）于1973年建立了UPC条形码系统，并全面实现了该码制的标准化。UPC条形码成功地应用于商业流通领域中，对条形码的应用和普及起到了极大的推动作用。UPC码在技术上与EAN码完全一致，它的编码方法也是模块组合法，也是定长、纯数字型条形码。UPC码有5种版本，常用的商品条形码版本为UPC-A码和UPC-E码（图2-4）。UPC-A码是标准的UPC通用商品条形码版本，UPC-E码是UPC-A码的缩短版，是UPC-A码系统字符为0时，通过一定规则消"0"压缩而得到的。UPC商品条形码广泛应用于美国和加拿大商品流通领域。在我国市场中的美国商品上可见到。

图 2-4   UPC-A 码与 UPC-E 码

3. **店内码**   在自动扫描商店中，为便于 POS 系统对商品的自动扫描结算，商店对没有商品条码或商品条码不能被识读的商品，自行编码和印制条码，并只限在自己店内部使用。通常将这类条码称为商店条码，又叫店内码。店内码可分为两类，一类是用于变量消费单元的店内码，如鲜肉、水果、蔬菜、熟食品等商品是按基本计量单位计价，以随机数量销售的，其编码的任务不应由厂家承担，只能由零售商完成。零售商进货后，要根据顾客需要来包装商品，用专用设备对商品称重并自动编码和制成店内码、然后将其粘贴或悬挂到商品外包装上。另一类是用于定量消费单元的店内码。这类商品是按商品件数计价销售的，应由生产厂家编印条码，但因厂家生产的商品未申请使用条码或其印刷的条码不能被识读，为便于扫描结算，商店必须制作使用店内码。

五、药品追溯码

《药品管理法》（2019 年版）第十二条明确规定：国家建立健全药品追溯制度。国务院药品监督管理部门应当制定统一的药品追溯标准和规范，推进药品追溯信息互通互享，实现药品可追溯。

《国家药监局关于药品信息化追溯体系建设的指导意见》国药监药管〔2018〕35 号中明确规定：以保障公众用药安全为目标，以落实企业主体责任为基础，以实现"一物一码，物码同追"为方向，加快推进药品信息化追溯体系建设，强化追溯信息互通共享，实现全品种、全过程追溯，促进药品质量安全综合治理，提升药品质量安全保障水平。

（一）药品信息化追溯体系

药品信息化追溯体系是药品上市许可持有人、生产企业、经营企业、使用单位、药品监督管理部门、消费者等与药品质量安全相关的追溯相关方，通过信息化手段，对药品生产、流通和使用等各环节的信息进行追踪、溯源的有机整体。药品信息化追溯体系由药品追溯系统、药品追溯协同服务平台、药品追溯监管系统三个部分组成。

1. **药品追溯系统**   包含药品生产、流通及使用等全过程追溯信息，并具有对追溯信息的采集、存储和共享功能。药品信息化追溯系统可以由药品上市许可持有人和生产企业自建，也可以采用第三方技术机构的服务。药品经营企业和使用单位配合药品上市许可持有人和生产企业建设追溯系统，并将相应追溯信息上传到追溯系统。

2. **药品追溯协同服务平台**   通过提供不同药品追溯系统的访问地址解析、药品追溯码编码规则的备案和管理，以及药品、企业基础数据分发等服务，辅助实现药品追溯相关信息系统互联互通。

3. **药品追溯监管系统**   根据国家级和省级药品监管部门的各自监管需求采集其行政区域内药品追溯相关数据，充分发挥追溯数据在日常监管、风险防控、产品召回、应急处置等监管工作中的作用。

（二）药品追溯码

药品追溯码（drug traceability code）是用于唯一标识药品各级销售包装单元的代码，由一系列数字、字母和（或）符号组成。药品追溯码载体可以是一维条码、二维条码或 RFID 标签等，并需同时满足可被设备和人眼识读。

药品追溯码具有实用性、唯一性、可扩展性及通用性。编码对象为药品各级销售包装单元。药品追溯码关联了药品上市许可持有人名称、药品生产企业名称、药品通用名、药品批准文号、药品本位码、剂型、制剂规格、包装规格、生产日期、药品生产批号、有效期和单品序列号等信息。药品追溯码代码长度为 20 个字符，前 7 位为药品标识码（或者符合 ISO 相关国际标准的编码规则，如 ISO/IEC 15459 系列标准）。

药品追溯码的构成应满足以下要求：①可由数字、字母和（或）符号组成，包括 GB/T 1988—1998 表 2 中的所有字符；②包含药品标识码，并确保药品标识码在各级别的药品销售包装上保持唯一。药品标识码（drug identification code）是指用于标识特定于某种与药品上市许可持有人、生产企业、药品通用名、剂型、制剂规格和包装规格对应的药品的唯一性代码；③包含生产标识码，生产标识码（production identification code）是指用于识别药品在生产过程中相关数据的代码。生产标识码应包含单品序列号，并可根据实际需求，包含药品生产批号、生产日期、有效期或失效期等；④包含校验位，以验证药品追溯码的正确性。

药品上市许可持有人和生产企业对药品的各级销售包装单元赋码，并对各级销售包装单元的药品追溯码进行关联。在赋码前，药品上市许可持有人和生产企业向协同平台进行备案，服从协同平台统筹，保证药品追溯码的唯一性。药品批发企业在采购药品时，向上游企业索取相关追溯信息，在药品验收时进行核对，并将核对信息反馈上游企业；在销售药品时，向下游企业或使用单位提供相关追溯信息。药品零售企业和药品使用单位在采购药品时，向上游企业索取相关追溯信息，在药品验收时进行核对，并将核对信息反馈上游企业；在销售药品时，保存销售记录明细，并及时更新售出药品的状态标识。

重点小结

将集合总体科学地、系统地逐次划分或归纳的过程称为分类。商品分类应当符合分类范围明确、分类目的明确、分类标志恰当的原则。商品分类的基本方法有线分类法、面分类法和混合分类法。

医药商品分类是对千万种医药商品在商品生产与交换过程中实现科学化、系统化管理的重要手段，它必然对发展生产、促进流通、满足消费以及提高现代化管理水平和企业效益起到重要的作用。对医药商品进行分类时，要考虑分类医药商品的属性、特征，还要考虑医药商品在管理上的需要和要求，有时还要兼顾医药商品在传统和习惯上的管理方法等。

医药商品编码是在医药商品分类的基础之上，赋予某种医药商品（或某类医药商品）以某种代表符号或代码的过程。对某一类商品赋予统一的符号系列称为商品编码化或商品代码化。医药商品编码必须遵循唯一性、层次性、可扩性、简明性、稳定性、统一性和协调性、自检能力的原则。医药商品编码按照其所使用的符号类型可分为全数字型代码、全字母型代码、数字/字母混合型代码、条形码四大类。

条形码是将表示一定信息的字符代码转换成用一组黑白（或彩色）相间的平行线条、

按一定的规则排列组合而成的特殊图形符号，是商品流通于国际市场的"共同语言"。条码的主要应用形式有消费单元的条码标识、物流单元的条码标识、系列运输包装箱标识、图书期刊的条码标识等。其中以 UPC 条形码和 EAN 条形码最常见。

药品信息化追溯体系是药品上市许可持有人、生产企业、经营企业、使用单位、药品监督管理部门、消费者等与药品质量安全相关的追溯相关方，通过信息化手段，对药品生产、流通和使用等各环节的信息进行追踪、溯源的有机整体。药品追溯码是用于唯一标识药品各级销售包装单元的代码，由一系列数字、字母和（或）符号组成，具有实用性、唯一性、可扩展性及通用性。

（易红焱　田丽娟）

扫码"练一练"

第三章　医药商品的质量与质量管理

📖 **学习目标**

1. **掌握**　医药商品质量和质量管理的概念和内容。
2. **熟悉**　药品标准的概念和分类；药品质量监督检验的类型。
3. **了解**　商品检验的概念、内容与种类。

第一节　医药商品的质量

扫码"学一学"

一、商品质量的概念

（一）质量的概念

质量是质量管理中最基本的概念，是指"一组固有特性满足要求的程度"。此定义可以从以下几个方面来理解。

1. **质量的载体**　这里的质量并不仅限于产品和服务，而是泛指一切可以单独描述和研究的事物，既可以是产品的质量，也可以是某项活动的工作质量或某个过程的工作质量，还可以是指企业的信誉、体系的有效性。

2. **特性**　是指"可区分的特征"，它们可以是固有的或赋予的，也可以是定性的或定量的，有物质特性（如机械的、电的、化学的或生物学的特性）、功能特性（如飞机的最高速度）、感官特性（如嗅觉、触觉、味觉、视觉、听觉等感觉探测的特性）、人体工程学特性（如生理的特性或有关人身安全的特性）以及其他的类别特性。"固有特性"是指某事或某物本来就有的特性，而不是人们所赋予的特性。

3. **要求**　是指"明示的、通常隐含的或必须履行的需求或期望"。要求可由不同的相关方提出。明示的要求是指通过标准、规范、图样、合同等文件明确规定的要求；通常隐含的需求或期望是指组织、顾客或其他相关方不言自明的、无须规定的惯例或习惯做法；必须履行的要求是指法律、法规或强制性标准要求必须履行的有关健康、安全、环境、社会保障等方面的要求。

4. **质量要求是动态发展的**　顾客和其他相关方对产品、体系或过程的质量要求随着时间、地点、环境的变化而变化。所以，应定期评定质量要求，按照变化的需要和期望，相应地改进产品、体系或过程的质量，以满足已变化的质量要求。

🔗 **知识链接**

质量概念的演变

（1）符合性质量概念　认为质量只是符合标准的要求，是从生产者角度来定义质量。但是如果标准不先进，即使是百分之百符合，也只能说是制造出来的产品符合设计的要求。符合标准要求的产品不能等同于适用于顾客需求的产品。符合性质量是一种静态的质量观。难以全面地反映顾客的要求，特别是隐含的需求和期望。

（2）适用性质量概念　是以适合顾客需要的程度作为衡量依据，从使用的角度来定义质量，认为产品质量是产品在使用时能成功满足顾客需要的程度。最早是由著名质量管理专家朱兰提出的。顾客的要求包括生理的、心理的和伦理等多方面。因此，适用性的内涵也是在不断地拓展和丰富。

（3）广义的质量概念　综合了符合性和适用性的定义。质量是一组固有特性满足要求的程度，这一定义既反映了质量要符合标准的要求，也反映了质量要满足顾客的需要。好的质量不仅要符合技术标准的要求（符合性），同时还必须满足顾客的要求（适用性），还要满足社会（环境、卫生等）、员工等相关方的要求。广义的质量概念拓展到各个社会领域，其中包括人们赖以生存的环境质量、卫生保健质量，以及人们在社会活动中的精神需求和满意度等。

（二）商品质量的概念

商品质量也称为商品品质，是指商品满足规定或潜在要求的特性和特征的总和。这里的规定是指国家或国际有关法规、质量标准或买卖双方的合同要求等方面的人为界定；潜在要求（或需要）是指人和社会对商品的适用性、安全性、卫生性、可靠性、耐久性、美观性、经济性、信息性等方面的人为期望；特征是指用来区分同类商品不同品种的特别显著的标志；特性是指不同类别商品所特有的性质，即品质特性。不同的商品有不同的规定和要求，因而有不同的质量特性。

商品质量有狭义商品质量与广义商品质量之分。狭义商品质量仅指商品满足明确和隐含需要的能力的特性的总和，它是商品满足一定要求的各种自然属性的综合，主要指商品与其规定标准技术条件的符合程度，是商品质量的最低要求和合格依据，是由商品的自然属性决定的，所以习惯上又称商品品质、产品质量。广义商品质量是指商品适合一定用途，满足社会一定需要的各种属性的综合，包括自然属性、经济属性和社会属性等，具体表现为内在质量、美学质量、包装质量和市场质量等。

人们对商品质量的认识和理解是随着经济和社会的发展而变化的。在商品生产不发达、商品供不应求的社会经济条件下，人们的物质需求居主导地位，因而对商品质量评价的主要内容是商品的基本性能和寿命。随着商品经济的发展，商品由供不应求转变为供过于求，市场竞争日益激烈，消费者的需求也日益个性化和多元化，人们衡量商品质量的标准就不仅仅是商品的各种自然属性的综合，还将构成商品质量的经济属性和社会属性等作为衡量标准。人们对商品质量的要求不再满足于物质质量，而开始追求更多层次的精神质量。随着人类对环境问题的日益关注，质量概念也突破了原有的基本框架，不仅关注商品本身的各种特性，以及满足一定社会需要的各种属性，而且日益关注产品生产过程中对环境的影响，以及商品在使用过程中对环境的影响。

所以，现代意义上的商品质量是指商品满足消费者需要和使用用途的各种自然、经济、社会、服务质量的综合。

二、医药商品的质量

（一）医药商品质量的定义

医药商品的质量是指医药商品具有的能满足规定要求和需要的特征总和。是对形成医药商品使用价值的各种客观属性和消费者使用医药商品的主观满意程度的综合评价。医药商品的质量是一个动态的概念，即质量不是固定不变的。不同的药品或同一药品用途不同，其质量要求也就不同。

（二）医药商品的质量特性

医药商品的质量特性是指能满足规定要求和需要的特征总和。具体而言就是医药商品与满足预防、治疗、诊断人的疾病，有目的地调节人的生理功能的要求有关的固有特性，具体表现为以下 4 个方面。

1. **有效性**　是指在规定的适应证、用法和用量的条件下，能满足预防、治疗、诊断人的疾病，有目的地调节人的生理功能的要求。有效性是药品的固有特性，是评价药品质量的最重要的指标之一。若对防治疾病无效，则不能成为药品。我国对药品的有效性按在人体达到规定的效应程度分为"痊愈""显效""有效"。国外采用"完全缓解""部分缓解""稳定"来区别。

2. **安全性**　是指按照规定的适应证和用法、用量使用药品后，人体产生不良反应的程度。大多数药品均有不同程度的毒副作用。例如某些抗生素类药物在杀菌、抑菌的同时将产生耳、肾、肝等部位的毒性；不少镇痛剂及精神性药物在多次使用时将产生依赖性。药品只有在有效作用大于毒副作用，或可解除、缓解毒副作用的情况下才能使用。假如某种物质对防治、诊断疾病有效，但是对人体有致畸、致癌、致突变的严重损害，甚至致人死亡，那么该物质不能成为药品。药品的安全性是评价药品质量的最重要指标之一。

3. **稳定性**　是指药品在规定的条件下保持其有效性和安全性的能力。规定的条件包括药品的有效期以及药品生产、储存、运输和使用的条件。假如某些物质虽然具有防治、诊断疾病的有效性和安全性，但是极易变质、不稳定，因此该物质不能作为药品进入医药市场。稳定性是药品质量的重要特性。

4. **均一性**　是指药品每一单位产品（制剂的单位产品，如一片药、一支注射剂、一包冲剂、一瓶糖浆等），其组成和结构相同，都符合有效性和安全性的规定要求。由于人们用药剂量与药品的单位产品有密切关系，特别是有效成分在单位产品中含量很小的药品，若含量不均一，则可能造成用量过小而无效，或用量过大而中毒甚至死亡。只有药品具有均一性，才能保证给药剂量的准确性，进而保证药品使用中的有效性和安全性。所以，均一性也是药品质量的重要特性。

第二节　医药商品的质量管理

一、医药商品的质量管理概念

（一）质量管理的概念

质量管理是指在质量方面指挥和控制组织的协调活动，是企业管理活动中的一项重要的内容，贯穿于企业管理活动的全过程。在质量方面的指挥和控制活动通常包括：制定质量方针和质量目标、质量策划、质量控制、质量保证、质量改进。

1. 质量方针　是指由组织的最高管理者正式发布的总的质量宗旨与质量方向，是实施和改进质量管理体系的动力，是质量目标制定和评审的框架。对企业而言，质量方针是企业质量行为的指导准则，反映企业最高管理者的质量意识，也反映出企业质量经营的目的与文化，是企业的质量管理理念。

2. 质量目标　是建立在质量方针基础上的，是对质量方针的展开和具体体现，也是企业各职能部门和各层次人员所追求并努力实现的主要任务。质量目标必须是可测量的。

3. 质量策划　质量策划的目的是企业为了满足顾客需要去设计、开发产品和运作过程，并规定必要的相关资源以实现质量目标。

4. 质量控制　质量控制的目的是确保产品的质量能够满足顾客，包括企业和绩效有利益关系的相关方等方面所提出的质量要求。它是一个设定标准（根据质量要求）、测量结果、判定是否达到预期的要求、对质量问题采取措施并进行补救、防止再发生的过程，质量控制不是检验。

5. 质量保证　质量保证致力于提供质量要求会得到满足的信任。质量管理体系的建立与运行是提供质量保证的重要手段。质量保证的目的是要争取人们的信任。内部质量保证是组织向自己的管理者提供信任，外部质量保证是组织向顾客或其他方提供信任。

6. 质量改进　质量改进致力于增强满足质量要求的能力。质量改进的目的是为了进一步提高本组织的收益，向顾客提供更多的收益，提高质量活动和过程的效益和效率。

（二）质量管理的发展

质量管理是随着生产的发展和科学技术的进步而逐渐形成和发展起来的，其大致经历了以下三个阶段。

1. 质量检验管理阶段　该阶段从 20 世纪初期到 30 年代末期，是质量管理发展的初期阶段。20 世纪前，资本主义工业生产都采用手工业生产方式，规模较小，生产主要依靠操作者的手艺和经验，工人既是操作者也是检验者。20 世纪初期，由于垄断资本的发展，企业的规模不断扩大，机器逐渐代替了手工操作，原来的传统管理方法已经不适应生产发展的需要。为了保证产品的质量，质量检验任务开始从操作者转移到工长手中，称为"工长的质量管理"。后来随着企业规模的不断扩大和产量的增长，企业开始设置专门的质量检验部门，配备专职检验人员，使用专门的检验工具，称为"检验员的质量管理"。当时，人们对质量管理的理解还只限于质量的检验，方式是严格把关，进行百分之百的全数检验。质量检验管理只能做到事后把关，无法在生产过程中起到预防、控制的作用，对出现的质量问题不能全面分析其原因，同时进行百分之百的检验在时间和经

济上是难以办到的。

2. 统计质量管理阶段　统计质量管理产生于20世纪40年代至50年代。在这一阶段，社会生产力进一步发展，大规模生产方式形成，如何控制大批量产品的质量成为当时的一个突出问题。统计质量管理是运用数理统计和抽样检验方法，通过生产过程取得的大量数据进行统计分析处理，从中找出规律、发现问题，以保证产品质量，预防次品和废品的产生。这种统计质量管理是预防性管理，能够在设计和生产过程中发现并解决问题，是质量管理方法上的一次飞跃。但是统计质量管理仍然以满足产品标准为目的，而不是以满足用户需求为目的，偏重工序管理，没有对产品质量形成的整个过程进行管理，同时统计技术难度较大，难以调动广大工人参与质量管理的积极性。

3. 全面质量管理阶段　从20世纪60年代开始一直延续到现在。20世纪50年代以来，科学技术和管理理论的迅速发展促使统计质量管理向全面质量管理阶段过渡。其主要原因有以下几个方面：随着科学技术和工业生产的发展，出现了许多大型、精密、复杂的工业产品，例如火箭、人造卫星、宇宙飞船等，这些产品对安全性、可靠性要求很高，质量问题就更为突出；在生产技术和企业管理活动中引入了"系统"的概念，要求把质量问题作为一个有机整体加以综合分析研究，实行全员、全过程、全企业的质量管理；行为科学理论的出现使人的因素受到重视，主张改善人际关系，调动人的积极性，强调要依靠工人搞好质量管理；由于市场竞争激烈，消费者为了保护自身利益，发起了保护消费者利益运动，要求政府制定法律，制止企业生产、销售质量低劣的产品，要求企业为提供的产品对社会、对消费者承担质量责任和经济责任；各国企业为在激烈的竞争中取胜，迫使企业加强质量管理，出具"质量保证单"，保证产品使用的安全、可靠。

正是这种历史背景和社会、经济条件推动了质量管理的发展，许多企业开始了全面质量管理的实践。20世纪50年代末，美国通用电气公司的工程师费根堡姆和质量管理专家朱兰同时提出了"全面质量管理"（total quality management，TQM）的概念，认为"全面质量管理是为了能够在最经济的水平上，并考虑到充分满足客户要求的条件下进行生产和提供服务，把企业各部门在研制质量、维持质量和提高质量的活动中构成为一体的一种有效体系"。全面质量管理的理论和方法很快为世界各国所接受，发展成为风靡当今世界的现代质量管理方式。国际标准化组织对全面质量管理的定义是："一个组织以质量为中心，以全员参与为基础，目的在于通过让顾客满意和本组织所有成员及社会受益而达到长期成功的管理途径"。全面质量管理有以下特点。

（1）**全面质的管理**　就是对商品质量和工作质量同时进行管理，而且把工作质量作为管理的主要内容和工作重点，用工作质量保证产品质量。达到商品使用价值与价值的统一，质量、品种与经济效益的统一，用最经济的方法生产出用户满意的产品。

（2）**全过程的质量管理**　从商品市场调研、设计、制造到使用的全过程中，各个环节都可能出现商品质量管理问题。只有组织好各个环节的管理活动，既有明确分工又有密切合作，才能保证和提高商品质量。

（3）**全员参与的质量管理**　产品质量是企业各级部门、各级人员工作质量的综合反映，依靠全体员工的共同努力。只有做到全体员工重视产品质量和自身工作质量，发挥每个人的积极主动性，商品质量才能得到保证。

（4）**多种方法的质量管理**　影响产品质量和服务质量的因素很复杂：既有物质的因素，又有人的因素；既有技术的因素，又有管理的因素；既有企业内部的因素，又有随着现代

科学技术的发展，对产品质量和服务质量提出了越来越高要求的企业外部的因素。要对这一系列的因素系统地控制，就必须根据不同情况、区别不同的影响因素，广泛、灵活地运用多种多样的现代化管理办法来解决质量问题。

（三）医药商品质量管理的概念

医药商品质量管理是指在国家现有法律、法规的指导下，对医药商品质量形成的全过程的指挥和控制组织的协调活动，即从事医药商品科研、生产、经营、使用的企业和单位对确定或达到质量所必需的全部职能和活动的管理，包括对医药商品质量和工作质量的管理。医药商品质量形成的每一个环节（新药研发、生产、经营、使用）都相当于一个质量环，每一个质量环之间是依次紧密相连的，任何一个环出现缺口，这个质量链条都会断掉。因此，医药商品的质量管理是全面质量管理。

二、医药商品的质量管理规范

医药商品是保护人民身体健康的特殊商品，其质量的差异直接关系到人的生命安危，因此医药商品的质量管理较一般商品标准更高、要求更严格。为保障人体用药安全，维护人民身体健康和用药的合法权益，医药商品质量监督管理部门针对医药商品质量形成的各个环节颁发了一系列强制性的质量管理规范，如《药物非临床研究质量管理规范》《药物临床试验质量管理规范》《药品生产质量管理规范》《药品经营质量管理规范》《中药材生产质量管理规范》等，来规范医药商品研制、生产、经营和使用的行为。这一系列质量管理规范的制定，充分反映了当前国际上医药商品质量管理的发展趋势，对医药商品的质量管理已不仅仅针对生产过程，而是涵盖了医药商品上市前的质量管理和上市后的质量监督和再评价，以及医药商品经营、使用的全过程。现将这些质量管理规范简介如下。

（一）《药物非临床研究质量管理规范》

《药物非临床研究质量管理规范》的英文全称为 Good Laboratory Practice for non – clinical laboratory studies，即 GLP。

1. GLP 概述 药品是一种特殊的商品，安全性和有效性是构成其使用价值的两个侧面，缺一不可。药品临床前毒性试验的资料，是评价其安全性的主要依据。药品在进入临床之前，通过动物毒性试验获取尽可能多的毒副反应信息，以便在临床应用中尽可能避免和及时识别处理毒副作用，以确保用药者的安全。因此，为了提高药物非临床研究的质量，确保实验资料的真实性、完整性和可靠性，保障人民用药安全，并与国际上的新药管理相接轨，依据《中华人民共和国药品管理法》有关条款的规定，国家药品监督管理部门制定了《药物非临床研究质量管理规范》。它是为申请药品注册而进行的非临床研究必须遵守的规定。要求药物研究过程中，药物非临床安全性评价研究机构必须执行药物非临床研究质量管理规范。我国现行《药物非临床研究质量管理规范》于2017年6月20日经国家食品药品监督管理总局局务会议审议通过，自2017年9月1日起施行。

2. GLP 的主要内容 GLP 共12章，共计50条。第一章总则，共3条，阐明了 GLP 制定的目的、依据和适用范围，强调实验行为规范，数据真实、准确、完整。第二章术语及其定义，共1条。第三章组织机构与人员，共5条，要求非临床安全性评价研究机构应建立完善的组织管理体系，配备机构负责人、质量保证部门和相应的工作人员并明确人员职

责。第四章设施，共5条，要求非临床安全性评价研究机构根据所从事的非临床安全性评价研究的需要建立相应的设施，并确保设施的环境条件满足工作的需要。第五章仪器设备和实验材料，共5条，要求非临床安全性评价研究机构应根据研究工作的需要配备相应的仪器设备，建立完善的管理制度，确保仪器设备的性能符合要求，并对实验用的受试物和对照品的使用和管理、实验室的试剂、溶液等都作了规定。第六章实验系统，共2条，规定了实验动物的管理要求，对实验动物以外的其他实验系统的来源、数量（体积）、质量属性、接收日期等都作了规定。第七章标准操作规程，共4条，要求非临床安全性评价研究机构应制定与其业务相适应的标准操作规程，以确保数据的可靠性。第八章研究工作的实施，共9条，对非临床安全性评价研究机构所做的每个试验方案的主要内容、实施及研究工作结束后的总结报告等作了详细规定。第九章质量保证，共6条，非临床安全性评价研究机构应当确保质量保证工作的独立性。第十章资料档案，共8条，对研究资料的保存归档作了规定。第十一章委托方，共1条，规定委托方作为研究工作的发起者和研究结果的申报者，对用于申报注册的研究资料负责，并承担相应的责任。第十二章附则，共1条，明确了GLP规范的施行期及上一版的废止。

3. GLP所用术语的定义

（1）非临床研究质量管理规范　指有关非临床安全性评价研究机构运行管理和非临床安全性评价研究项目试验方案设计、组织实施、执行、检查、记录、存档和报告等全过程的质量管理要求。

（2）非临床安全性评价研究　指为评价药物安全性，在实验室条件下用实验系统进行的试验，包括安全药理学试验、单次给药毒性试验、重复给药毒性试验、生殖毒性试验、遗传毒性试验、致癌性试验、局部毒性试验、免疫原性试验、依赖性试验、毒代动力学试验以及与评价药物安全性有关的其他试验。

（3）非临床安全性评价研究机构　指具备开展非临床安全性评价研究的人员、设施设备及质量管理体系等条件，从事药物非临床安全性评价研究的单位。

（4）多场所研究　指在不同研究机构或者同一研究机构中不同场所内共同实施完成的研究项目。该类研究项目只有一个试验方案、专题负责人，形成一个总结报告，专题负责人和实验系统所处的研究机构或者场所为"主研究场所"，其他负责实施研究工作的研究机构或者场所为"分研究场所"。

（5）机构负责人　指按照本规范的要求全面负责某一研究机构的组织和运行管理的人员。

（6）专题负责人　指全面负责组织实施非临床安全性评价研究中某项试验的人员。

（7）主要研究者　指在多场所研究中，代表专题负责人在分研究场所实施试验的人员。

（8）委托方　指委托研究机构进行非临床安全性评价研究的单位或者个人。

（9）质量保证部门　指研究机构内履行有关非临床安全性评价研究工作质量保证职能的部门，负责对每项研究及相关的设施、设备、人员、方法、操作和记录等进行检查，以保证研究工作符合本规范的要求。

（10）标准操作规程　指描述研究机构运行管理以及试验操作的程序性文件。

（11）主计划表　指在研究机构内帮助掌握工作量和跟踪研究进程的信息汇总。

（12）试验方案　指详细描述研究目的及试验设计的文件，包括其变更文件。

（13）试验方案变更　指在试验方案批准之后，针对试验方案的内容所做的修改。

（14）偏离　指非故意的或者由不可预见的因素导致的不符合试验方案或者标准操作规程要求的情况。

（15）实验系统　指用于非临床安全性评价研究的动物、植物、微生物以及器官、组织、细胞、基因等。

（16）受试物/供试品　指通过非临床研究进行安全性评价的物质。

（17）对照品　指与受试物进行比较的物质。

（18）溶媒　指用以混合、分散或者溶解受试物、对照品，以便将其给予实验系统的媒介物质。

（19）批号　指用于识别"批"的一组数字或者字母加数字，以保证受试物或者对照品的可追溯性。

（20）原始数据　指在第一时间获得的，记载研究工作的原始记录和有关文书或者材料，或者经核实的副本，包括工作记录、各种照片、缩微胶片、计算机打印资料、磁性载体、仪器设备记录的数据等。

（21）标本　指来源于实验系统，用于分析、测定或者保存的材料。

（22）研究开始日期　指专题负责人签字批准试验方案的日期。

（23）研究完成日期　指专题负责人签字批准总结报告的日期。

（24）计算机化系统　指由计算机控制的一组硬件与软件，共同执行一个或者一组特定的功能。

（25）验证　指证明某流程能够持续满足预期目的和质量属性的活动。

（26）电子数据　指任何以电子形式表现的文本、图表、数据、声音、图像等信息，由计算机化系统来完成其建立、修改、备份、维护、归档、检索或者分发。

（27）电子签名　指用于代替手写签名的一组计算机代码，与手写签名具有相同的法律效力。

（28）稽查轨迹　指按照时间顺序对系统活动进行连续记录，该记录足以重建、回顾、检查系统活动的过程，以便于掌握可能影响最终结果的活动及操作环境的改变。

（29）同行评议　指为保证数据质量而采用的一种复核程序，由同一领域的其他专家学者对研究者的研究计划或者结果进行评审。

（二）《药物临床试验质量管理规范》

《药物临床试验质量管理规范》的英文全称是 Good Clinical Practice，即 GCP。

1. GCP 概述　临床试验是指任何在人体（患者或健康志愿者）进行药物的系统性研究，以证实或揭示试验药物的作用、不良反应及（或）试验药物的吸收、分布、代谢和排泄，目的是确定试验药物的疗效与安全性。为保证药物临床试验过程规范，结果科学可靠，保护受试者的权益并保障其安全，依据《中华人民共和国药品管理法》有关条款的规定并参照国际公认的原则，国家药品监督管理部门制定了《药物临床试验质量管理规范》。GCP 是临床试验全过程的标准规定，包括方案设计、组织实施、监查、稽查、记录、分析总结和报告。凡进行各期临床试验、人体生物利用度或生物等效性试验，均须按 GCP 规范执行。所有以人为对象的研究必须符合《世界医学大会赫尔辛基宣言》，即公正、尊重人格、力求使受试者最大程度受益和尽可能避免伤害。制定 GCP 的目的在于保证临床试验过程的规范，结果科学可靠，保护受试者的权益并保障其安全。我国现行的《药物临床试验质量管理规范》自 2003 年 9 月 1 日起施行。

2. GCP 的主要内容　GCP 共 13 章，共计 70 条。第一章总则，共 4 条，阐明了 GCP 制定的目的、依据和适用范围。第二章临床试验前的准备与必要条件，共 3 条，要求进行药物临床试验必须有充分的科学依据并对临床试验用药品的提供、试验药物的临床前研究资料的提供、开展药物临床试验机构的设施与条件等作了要求。第三章受试者的权益保障，共 8 条，规定在药物临床试验的过程中，必须对受试者的个人权益给予充分的保障，受试者的权益、安全和健康必须高于对科学和社会利益的考虑。伦理委员会与知情同意书是保障受试者权益的主要措施。对伦理委员会的组成和工作程序、对知情同意书的获得和作用等都作了要求。第四章试验方案，共 3 条，要求在临床试验开始前应制定试验方案，并规定了临床试验方案应包括的内容。第五章研究者的职责，共 13 条，规定了负责临床试验的研究者应具备的条件、职责和工作程序。第六章申办者的职责，共 13 条，规定了申办者的职责。第七章监察员的职责，共 3 条，明确了监察的目的和监查员应具备的素质和职责。第八章记录与报告，共 5 条，对病例报告表的记录、临床试验总结报告的内容和临床试验资料的保存年限都作了规定。第九章数据管理与统计分析，共 3 条，对临床试验的统计学方法、人员、工作过程和数据处理作出了规范化的要求。第十章试验用药品的管理，共 5 条，对试验用药品的使用、使用记录内容及管理作了明确的规定。第十一章质量保证，共 4 条，规定了申办者及研究者均应履行的各自职责。临床试验中有关所有观察结果和发现都应加以核实，在数据处理的每一阶段必须进行质量控制，以保证数据完整、准确、真实、可靠。第十二章多中心试验，共 3 条，明确了多中心试验的概念及相关实施要点。第十三章附则，共 3 条，明确了 GCP 规范所用术语的定义、解释权和施行期。

3. GCP 所用术语的定义

（1）临床试验（clinical trial）　是指任何在人体（患者或健康志愿者）进行药物的系统性研究，以证实或揭示试验药物的作用、不良反应及（或）试验药物的吸收、分布、代谢和排泄，目的是确定试验药物的疗效与安全性。

（2）试验方案（protocol）　叙述试验的背景、理论基础和目的，试验设计、方法和组织，包括统计学考虑、试验执行和完成的条件。方案必须由参加试验的主要研究者、研究机构和申办者签章并注明日期。

（3）研究者手册（investigator's brochure）　是有关试验药物在进行人体研究时已有的临床与非临床研究资料。

（4）知情同意（informed consent）　指向受试者告知一项试验的各方面情况后，受试者自愿确认其同意参加该项临床试验的过程，须以签名和注明日期的知情同意书作为文件证明。

（5）知情同意书（informed consent form）　是每位受试者表示自愿参加某一试验的文件证明。研究者需向受试者说明试验性质、试验目的、可能的受益和风险、可供选用的其他治疗方法以及符合《赫尔辛基宣言》规定的受试者的权利和义务等，使受试者充分了解后表达其同意。

（6）伦理委员会（ethics committee）　由医学专业人员、法律专家及非医务人员组成的独立组织，其职责为核查临床试验方案及附件是否合乎道德，并为之提供公众保证，确保受试者的安全、健康和权益受到保护。该委员会的组成和一切活动不应受临床试验组织和实施者的干扰或影响。

（7）研究者（investigator）　实施临床试验并对临床试验的质量及受试者安全和权益的

负责者。研究者必须经过资格审查，具有临床试验的专业特长、资格和能力。

（8）协调研究者（coordinating investigator）　在多中心临床试验中负责协调参加各中心研究者工作的一名研究者。

（9）申办者（sponsor）　发起一项临床试验，并对该试验的启动、管理、财务和监查负责的公司、机构或组织。

（10）监查员（monitor）　由申办者任命并对申办者负责的具备相关知识的人员，其任务是监查和报告试验的进行情况和核实数据。

（11）稽查（audit）　指由不直接涉及试验的人员所进行的一种系统性检查，以评价试验的实施、数据的记录和分析是否与试验方案、标准操作规程以及药物临床试验相关法规要求相符。

（12）视察（inspection）　药品监督管理部门对一项临床试验的有关文件、设施、记录和其他方面进行官方审阅，视察可以在试验单位、申办者所在地或合同研究组织所在地进行。

（13）病例报告表（case report form，CRF）　指按试验方案所规定设计的一种文件，用以记录每一名受试者在试验过程中的数据。

（14）试验用药品（investigational product）　用于临床试验中的试验药物、对照药品或安慰剂。

（15）不良事件（adverse event）　患者或临床试验受试者接受一种药品后出现的不良医学事件，但并不一定与治疗有因果关系。

（16）严重不良事件（serious adverse event）　临床试验过程中发生需住院治疗、延长住院时间、伤残、影响工作能力、危及生命或死亡、导致先天畸形等事件。

（17）标准操作规程（standard operating procedure，SOP）　为有效地实施和完成某一临床试验中每项工作所拟定的标准和详细的书面规程。

（18）设盲（blinding/masking）　临床试验中使一方或多方不知道受试者治疗分配的程序。单盲指受试者不知，双盲指受试者、研究者、监查员或数据分析者均不知治疗分配。

（19）合同研究组织（contract research organization，CRO）　一种学术性或商业性的科学机构。申办者可委托其执行临床试验中的某些工作和任务，此种委托必须作出书面规定。

💬 **知识链接**

临床试验的分期

临床试验分为Ⅰ、Ⅱ、Ⅲ、Ⅳ期。

Ⅰ期临床试验：初步的临床药理学及人体安全性评价试验。观察人体对于新药的耐受程度和药代动力学，为制定给药方案提供依据。

Ⅱ期临床试验：治疗作用初步评价阶段。其目的是初步评价药物对目标适应证患者的治疗作用和安全性，也包括为Ⅲ期临床试验研究设计和给药剂量方案的确定提供依据。此阶段的研究设计可以根据具体的研究目的，采用多种形式，包括随机盲法对照临床试验。

Ⅲ期临床试验：治疗作用确证阶段。其目的是进一步验证药物对目标适应证患者的治疗作用和安全性，评价利益与风险关系，最终为药物注册申请的审查提供充分的依据。试验一般应为具有足够样本量的随机盲法对照试验。

Ⅳ期临床试验：新药上市后应用研究阶段。其目的是考察在广泛使用条件下的药物的疗效和不良反应，评价在普通或者特殊人群中使用的利益与风险关系以及改进给药剂量等。

（三）《药品生产质量管理规范》

《药品生产质量管理规范》的英文全称为 Good Manufacturing Practice for Drugs，简称 GMP。

1. GMP 概述 药品生产是一门十分复杂的科学，在从原料到成品的生产过程中，要涉及到许多的技术细节和管理规范，其中任何一个环节的疏忽，都可能导致药品生产不符合质量要求，也就是有可能生产出劣质药品。GMP 是在药品生产过程实施质量管理，保证生产出优质药品的一整套系统的、科学的管理规范。GMP 作为质量管理体系的一部分，是药品生产管理和质量控制的基本要求，其目的在于最大限度地降低药品生产过程中污染、交叉污染以及混淆、差错等风险，确保持续稳定地生产出符合预定用途和注册要求的药品。制药企业实施 GMP 的目的，就是要把 GMP 的原则要求变成具体的操作过程，运用相关科学理论和技术手段，对生产中影响药品质量的各种因素进行具体的控制，以确保药品质量万无一失。推行 GMP 不仅是药品生产企业对人民用药安全高度负责的具体体现，也是企业和产品竞争力的重要保证，是与国际标准接轨，使医药产品进入国际市场的先决条件。

知识链接

GMP 的起源

GMP 是人类社会发展中医药实践经验教训的总结，也是人类智慧的结晶。

20 世纪 60 年代初，在西欧发生了震惊世界的"反应停事件"（即海豹胎事件）。反应停具有镇静剂、催眠作用，能够显著抑制孕妇的妊娠反应，由原联邦德国格仑南苏制药厂生产并于 1957 年 10 月正式投放欧洲市场，在此后的不到一年内，反应停风靡欧洲、非洲、澳大利亚和拉丁美洲，作为一种"没有任何副作用的抗妊娠反应药物"，成为"孕妇的理想选择"。

1959 年在联邦德国有 10 个诊所首次发现 17 例短肢畸胎，这些畸形婴儿没有臂和腿，手和脚直接连在身体上，很像海豹的肢体，故称为"海豹肢畸形儿"及"海豹胎"，接着出现更多的报告，直到 1961 年 11 月才确认是由于妊娠妇女服用反应停而引起的。确认后联邦德国立即停售该药，但据联邦德国卫生部估计，在原西德大约出生 10000 个海豹肢婴儿，其中 5000 个存活，全世界统计存活可能约 10000 个。反应停灾难波及澳大利亚、加拿大、瑞典、日本等十余个国家。这次畸婴事件引起公愤，患儿父母联合向法院提出控告，被称为"20 世纪最大的药物灾难"。美国当时的食品药品管理局在审查反应停时发现该药缺乏足够的临床试验数据而拒绝进口，但仍至少有 207 名孕妇服用了该药和造成 9 个以上畸胎。这一罕见的药物致畸事件受到社会舆论的强烈谴责，要求对药物严加管理。1963 年美国国会颁布了世界上第一部 GMP，经过多年实践，逐渐在世界范围内得到推广应用。

我国提出在制药企业中推行 GMP 是在 20 世纪 80 年代初。1982 年，中国医药工业公司参照一些先进国家的 GMP 制订了《药品生产管理规范》（试行稿），并开始在一些制药企业试行。1988 年，根据《药品管理法》，卫生部颁布了我国第一部《药品生产质量管理规范》（1988 年版），作为正式法规执行。1992 年，卫生部又对《药品生产质量管理规范》（1988 年版）进行修订，颁布了《药品生产质量管理规范》（1992 年修订）。1998 年，国家药品监督管理局总结几年来实施 GMP 的情况，对 1992 年修订的 GMP 进行修订，于 1999 年

6月18日颁布了《药品生产质量管理规范》(1998年修订),1999年8月1日起施行。随着经济发展和社会进步,新的理念和要求不断更新和涌现,我国药品GMP需要与时俱进,以适应国际药品GMP发展趋势,同时为了进一步强化药品生产企业的质量意识,建立药品质量管理体系,2011年1月17日,卫生部以第79号令发布了《药品生产质量管理规范(2010年修订)》,自2011年3月1日起施行。

2. GMP的基本框架 2010年修订的GMP分为14章共计313条。第一章总则,共4条,阐明了GMP制定的目的、依据和基本要求。第二章质量管理,共11条,主要包括原则、质量保证、质量控制和质量风险管理等内容。第三章机构与人员,共22条,主要包括原则、关键人员、培训和人员卫生等内容。第四章厂房与设施,共33条,主要包括原则、生产区、仓储区、质量控制区和辅助区等内容。第五章设备,共31条,主要包括原则、设计和安装、维护和维修、使用和清洁、校准及制药用水等内容。第六章物料与产品,共36条,主要包括原则、原辅料、中间产品和待包装产品、包装材料、成品、特殊管理的物料和产品及其他等内容。第七章确认与验证,共12条,主要包括确认与验证的要求和规定。第八章文件管理,共34条,主要包括原则、质量标准、工艺规程、批生产记录、批包装记录、操作规程和记录等内容。第九章生产管理,共33条,主要包括原则、防止生产过程中的污染和交叉污染、生产操作和包装操作等内容。第十章质量控制与质量保证,共61条,主要包括质量控制实验室管理、物料和产品放行、持续稳定性考察、变更控制、偏差处理、纠正措施和预防措施、供应商的评估和批准、产品质量回顾分析以及投诉与不良反应报告等内容。第十一章委托生产与委托检验,共15条、主要包括原则、委托方、受托方和合同等内容。第十二章产品发运与召回,共13条,主要包括原则、发运和召回等内容。第十三章自检,共4条,主要包括自检的原则和要求。第十四章附则,共4条,主要内容为GMP所包含的术语含义、施行期。

3. GMP所用术语的定义

(1) 包装 待包装产品变成成品所需的所有操作步骤,包括分装、贴签等。但无菌生产工艺中产品的无菌灌装,以及最终灭菌产品的灌装等不视为包装。

(2) 包装材料 药品包装所用的材料,包括与药品直接接触的包装材料和容器、印刷包装材料,但不包括发运用的外包装材料。

(3) 操作规程 经批准用来指导设备操作、维护与清洁、验证、环境控制、取样和检验等药品生产活动的通用性文件,也称标准操作规程。

(4) 产品 包括药品的中间产品、待包装产品和成品。

(5) 产品生命周期 产品从最初的研发、上市直至退市的所有阶段。

(6) 成品 已完成所有生产操作步骤和最终包装的产品。

(7) 重新加工 将某一生产工序生产的不符合质量标准的一批中间产品或待包装产品的一部分或全部,采用不同的生产工艺进行再加工,以符合预定的质量标准。

(8) 待包装产品 尚未进行包装但已完成所有其他加工工序的产品。

(9) 待验 指原辅料、包装材料、中间产品、待包装产品或成品,采用物理手段或其他有效方式将其隔离或区分,在允许用于投料生产或上市销售之前贮存、等待作出放行决定的状态。

(10) 发放 指生产过程中物料、中间产品、待包装产品、文件、生产用模具等在企业内部流转的一系列操作。

（11）复验期　原辅料、包装材料贮存一定时间后，为确保其仍适用于预定用途，由企业确定的需重新检验的日期。

（12）发运　指企业将产品发送到经销商或用户的一系列操作，包括配货、运输等。

（13）返工　将某一生产工序生产的不符合质量标准的一批中间产品或待包装产品、成品的一部分或全部返回到之前的工序，采用相同的生产工艺进行再加工，以符合预定的质量标准。

（14）放行　对一批物料或产品进行质量评价，作出批准使用或投放市场或其他决定的操作。

（15）高层管理人员　在企业内部最高层指挥和控制企业、具有调动资源的权力和职责的人员。

（16）工艺规程　为生产特定数量的成品而制定的一个或一套文件，包括生产处方、生产操作要求和包装操作要求，规定原辅料和包装材料的数量、工艺参数和条件、加工说明（包括中间控制）、注意事项等内容。

（17）供应商　指物料、设备、仪器、试剂、服务等的提供方，如生产商、经销商。

（18）回收　在某一特定的生产阶段，将以前生产的一批或数批符合相应质量要求的产品的一部分或全部，加入到另一批次中的操作。

（19）计算机化系统　用于报告或自动控制的集成系统，包括数据输入、电子处理和信息输出。

（20）交叉污染　不同原料、辅料及产品之间发生的相互污染。

（21）校准　在规定条件下，确定测量、记录、控制仪器或系统的示值（尤指称量）或实物量具所代表的量值，与对应的参照标准量值之间关系的一系列活动。

（22）阶段性生产方式　指在共用生产区内，在一段时间内集中生产某一产品，再对相应的共用生产区、设施、设备、工器具等进行彻底清洁，更换生产另一种产品的方式。

（23）洁净区　需要对环境中尘粒及微生物数量进行控制的房间（区域），其建筑结构、装备及其使用应当能够减少该区域内污染物的引入、产生和滞留。

（24）警戒限度　系统的关键参数超出正常范围，但未达到纠偏限度，需要引起警觉，可能需要采取纠正措施的限度标准。

（25）纠偏限度　系统的关键参数超出可接受标准，需要进行调查并采取纠正措施的限度标准。

（26）检验结果超标　检验结果超出法定标准及企业制定标准的所有情形。

（27）批　经一个或若干加工过程生产的、具有预期均一质量和特性的一定数量的原辅料、包装材料或成品。为完成某些生产操作步骤，可能有必要将一批产品分成若干亚批，最终合并成为一个均一的批。在连续生产情况下，批必须与生产中具有预期均一特性的确定数量的产品相对应，批量可以是固定数量或固定时间段内生产的产品量。例如：口服或外用的固体、半固体制剂在成型或分装前使用同一台混合设备一次混合所生产的均质产品为一批；口服或外用的液体制剂以灌装（封）前经最后混合的药液所生产的均质产品为一批。

（28）批号　用于识别一个特定批的具有唯一性的数字和（或）字母的组合。

（29）批记录　用于记述每批药品生产、质量检验和放行审核的所有文件和记录，可追溯所有与成品质量有关的历史信息。

（30）气锁间　设置于两个或数个房间之间（如不同洁净度级别的房间之间）的具有两扇或多扇门的隔离空间。设置气锁间的目的是在人员或物料出入时，对气流进行控制。气锁间有人员气锁间和物料气锁间。

（31）企业　在本规范中如无特别说明，企业特指药品生产企业。

（32）确认　证明厂房、设施、设备能正确运行并可达到预期结果的一系列活动。

（33）退货　将药品退还给企业的活动。

（34）文件　本规范所指的文件包括质量标准、工艺规程、操作规程、记录、报告等。

（35）物料　指原料、辅料和包装材料等。例如：化学药品制剂的原料是指原料药；生物制品的原料是指原材料；中药制剂的原料是指中药材、中药饮片和外购中药提取物；原料药的原料是指用于原料药生产的除包装材料以外的其他物料。

（36）物料平衡　产品或物料实际产量或实际用量及收集到的损耗之和与理论产量或理论用量之间的比较，并考虑可允许的偏差范围。

（37）污染　在生产、取样、包装或重新包装、贮存或运输等操作过程中，原辅料、中间产品、待包装产品、成品受到具有化学或微生物特性的杂质或异物的不利影响。

（38）验证　证明任何操作规程（或方法）、生产工艺或系统能够达到预期结果的一系列活动。

（39）印刷包装材料　指具有特定式样和印刷内容的包装材料，如印字铝箔、标签、说明书、纸盒等。

（40）原辅料　除包装材料之外，药品生产中使用的任何物料。

（41）中间产品　指完成部分加工步骤的产品，尚需进一步加工方可成为待包装产品。

（42）中间控制　也称过程控制，指为确保产品符合有关标准，生产中对工艺过程加以监控，以便在必要时进行调节而做的各项检查。可将对环境或设备控制视作中间控制的一部分。

（四）《药品经营质量管理规范》

《药品经营质量管理规范》的英文全称是 Good Supply Practice，简称 GSP。

1. GSP 概述　GSP 是药品经营管理和质量控制的基本准则。药品经营过程的质量管理，是药品生产质量管理的延伸，是控制、保证已形成的药品质量的保持，也是药品使用质量管理的前提和保证。药品经营过程质量管理的目的是，控制和保证药品的安全性、有效性、稳定性；防止药品在流通过程中发现差错、污染、混淆、变质、失效；控制和保证假药、劣药及一切不合格不合法的药品不进入流通领域，不到达使用者手中；做到按质、按量、按期、按品种、以合理的价格满足人们医疗保健的需求。

2000 年 4 月国家药品监督管理局发布了《药品经营质量管理规范》；2000 年 11 月国家药品监督管理局发布了《药品经营质量管理规范实施细则》。2013 年 1 月 22 日，卫生部公布了修订的《药品经营质量管理规范》（卫生部令第 90 号）。2015 年 7 月 1 日，国家食品药品监督管理总局发布了《药品经营质量管理规范》（国家食品药品监督管理总局令第 13 号），自公布之日起施行，卫生部 2013 年 6 月 1 日施行的《药品经营质量管理规范》（卫生部令第 90 号）同时废止。2016 年 6 月 30 日，《国家食品药品监督管理总局关于修改〈药品经营质量管理规范〉的决定》经国家食品药品监督管理总局局务会议审议通过，并自公布之日起施行。新修订的药品 GSP 主要适用于药品经营企业，药品生产企业销售药品、药品流通过程中其他涉及储存与运输药品的，也应当符合药品 GSP 相关要求。

2. GSP 的基本框架　新修订 GSP 共 4 章，包括总则、药品批发的质量管理、药品零售的质量管理、附则，共计 184 条。第一章总则，共 4 条，阐明了 GSP 制定的目的和依据，基本要求及适用范围。第二章药品批发的质量管理，共 115 条，主要包括质量管理体系、组织机构与质量管理职责、人员与培训、质量管理体系文件、设施与设备、校准与验证、计算机系统、采购、收货与验收、储存与养护、销售、出库、运输与配送和售后管理等内容。第三章药品零售的质量管理，共 58 条，主要包括质量管理与职责、人员管理、文件、设施与设备、采购与验收、陈列与储存、销售管理、售后管理等内容。第四章附则，共 7 条，主要内容为 GSP 所包含的术语含义、施行期。

新修订 GSP 集现行 GSP 及其实施细则为一体，虽然篇幅没有大的变化，但增加了许多新的管理内容。如新修订 GSP 借鉴了国外药品流通管理的先进经验，引入供应链管理理念，结合我国国情，增加了计算机信息化管理、仓储温湿度自动检测、药品冷链管理等新的管理要求，同时引入质量风险管理、体系内审、验证等理念和管理方法，从药品经营企业人员、机构、设施设备、文件体系等质量管理要素的各个方面，对药品的采购、验收、储存、养护、销售、运输、售后管理等环节作出了许多新的规定。修订的主要内容如下。

（1）全面提升软件和硬件要求　新修订 GSP 全面提升了企业经营的软硬件标准和要求，在保障药品质量的同时，也提高了市场准入门槛，有助于抑制低水平重复，促进行业结构调整，提高市场集中度：在软件方面，新修订 GSP 明确要求企业建立质量管理体系，设立质量管理部门或者配备质量管理人员，并对质量管理制度、岗位职责、操作规程、记录、凭证等一系列质量管理体系文件提出详细要求，并强调了文件的执行和实效；提高了企业负责人、质量负责人、质量管理部门负责人以及质管、验收、养护等岗位人员的资质要求。在硬件方面，新修订 GSP 全面推行计算机信息化管理，着重规定计算机管理的设施、网络环境、数据库及应用软件功能要求；明确规定企业应对药品仓库采用温湿度自动监测系统，对仓储环境实施持续、有效的实时监测；对储存、运输冷藏、冷冻药品要求配备特定的设施设备。

（2）针对薄弱环节增设一系列新制度　针对药品经营行为不规范、购销渠道不清、票据管理混乱等问题，新修订 GSP 明确要求药品购销过程必须开具发票，出库运输药品必须有随货同行单并在收货环节查验，物流活动要做到票、账、货相符，以达到药品经营行为，维护药品市场秩序的目的。针对委托第三方运输，新修订 GSP 要求委托方应考察承运方的运输能力和相关质量保证条件，签订明确质量责任的委托协议，并要求通过记录实现运输过程的质量追踪，强化了企业质量责任意识，提高了风险控制能力。针对冷链管理，新修订 GSP 提高了对冷链药品储存、运输设施设备的要求，特别规定了冷链药品运输、收货等环节的交接程序和温度监测、跟踪和查验要求，对高风险品种的质量保障能力提出了更高的要求。

（3）与医改及药品安全等新政策紧密衔接　新修订 GSP 规定了药品经营企业应当在药品采购、储存、销售、运输等环节采取有效的质量控制措施，确保药品质量，并按照国家有关要求建立药品追溯系统，实现药品可追溯。为配合药品安全"十二五"规划对执业药师配备的要求，新修订 GSP 规定了药品零售企业的法定代表人或企业负责人应当具备执业药师资格；企业应当按国家有关规定配备执业药师，负责处方审核，指导合理用药。

3. GSP 所用术语的定义

（1）在职　与企业确定劳动关系的在册人员。

（2）在岗　相关岗位人员在工作时间内在规定的岗位履行职责。

（3）首营企业　采购药品时，与本企业首次发生供需关系的药品生产或者经营企业。

（4）首营品种　本企业首次采购的药品。

（5）原印章　企业在购销活动中，为证明企业身份在相关文件或者凭证上加盖的企业公章、发票专用章、质量管理专用章、药品出库专用章的原始印记，不能是印刷、影印、复印等复制后的印记。

（6）待验　对到货、销后退回的药品采用有效的方式进行隔离或者区分，在入库前等待质量验收的状态。

（7）零货　指拆除了用于运输、储藏包装的药品。

（8）拼箱发货　将零货药品集中拼装至同一包装箱内发货的方式。

（9）拆零销售　将最小包装拆分销售的方式。

（10）国家有专门管理要求的药品　国家对蛋白同化制剂、肽类激素、含特殊药品复方制剂等品种实施特殊监管措施的药品。

（五）《中药材生产质量管理规范（试行）》

《中药材生产质量管理规范（试行）》的英文全称是 Good Agriculture Practice for Chinese Crude Drugs，简称 GAP。

1. GAP 概述　中药材是中药饮片、中成药生产的基础原料。实施 GAP，对中药材生产全过程进行有效的质量控制，是保证中药材质量稳定、可控，保障中医临床用药安全有效的重要措施；有利于中药资源保护和持续利用，促进中药材种植（养殖）的规模化、规范化和产业化发展。GAP 是对中药材生产全过程进行规范化的质量管理制度，它和 GLP、GCP、GMP、GSP 共同形成较为完备的药品质量规范化管理体系。GAP 实施的核心是：对中药材生产实施全面质量管理，最大限度地保证药材内在质量的可行性、稳定性，进而延伸至中药科研、生产、流通的所有质量领域，为整个中药材质量体系打下基础。实施 GAP 的目的，是从源头上保证中药材质量，控制影响药材生产质量的各种因素，规范药材市场各个环节及全过程，确保中药材的真实、安全、有效和质量稳定可控，以满足制药企业和医药保健事业的需要。我国现行的《中药材生产质量管理规范（试行）》自 2002 年 6 月 1 日起施行。

2. GAP 的主要内容　GAP 共 10 章，共计 57 条。第一章总则，共 3 条，阐明了 GAP 制定的目的、适用范围和基本原则。第二章产地生态环境，共 3 条，规定生产企业应按中药材产地适宜性优化原则，因地制宜，合理布局。中药材产地的环境应符合的国家相应标准，药用动物养殖企业应满足动物种群对生态因子的需求及与生活、繁殖等相适应的条件。第三章种质和繁殖材料，共 4 条，明确了对养殖、栽培或野生采集的药用动植物，应准确鉴定其物种；对种子、菌种和繁殖材料在生产、储运过程中应实行的制度以及药用动物的引种及驯化等做出了规定。第四章栽培与养殖管理，共 15 条，主要内容是包括药用植物栽培管理和药用动物养殖管理等内容。第五章采收与初加工，共 8 条，规定了野生药用动植物的采集原则、采收时间以及采收与初加工的具体要求。第六章包装、运输与贮藏，共 6 条，对中药材的包装、运输与贮藏作出了规定。第七章质量管理，共 5 条，要求生产企业应设质量管理部门，负责中药材生产全过程的监督管理和质量监控，并应配备与药材生产规模、品种检验要求相适应的人员、场所、仪器和设备，规定了质量管理部门的主要职责和工作要求。第八章人员和设备，共 7 条，规定了对相关人员和相应设备的要求。第九章

文件管理，共 3 条，规定了生产企业应有的生产管理、质量管理等标准操作规程。第十章附则，共 3 条，明确了 GAP 规范所用术语的定义、解释权和施行期。

3. GAP 所用术语的定义

（1）中药材　指药用植物、动物的药用部分采收后经产地初加工形成的原料药材。

（2）中药材生产企业　指具有一定规模、按一定程序进行药用植物栽培或动物养殖、药材初加工、包装、储存等生产过程的单位。

（3）最大持续产量　即不危害生态环境，可持续生产（采收）的最大产量。

（4）地道药材　传统中药材中具有特定的种质、特定的产区或特定的生产技术和加工方法所生产的中药材。

（5）种子、菌种和繁殖材料　植物（含菌物）可供繁殖用的器官、组织、细胞等，菌物的菌丝、子实体等；动物的种物、仔、卵等。

（6）病虫害综合防治　从生物与环境整体观点出发，本着预防为主的指导思想和安全、有效、经济、简便的原则，因地制宜，合理运用生物的、农业的、化学的方法及其他有效生态手段，把病虫的危害控制在经济阈值以下，以达到提高经济效益和生态效益之目的。

（7）半野生药用动植物　指野生或逸为野生的药用动植物辅以适当人工抚育和中耕、除草、施肥或喂料等管理的动植物种群。

第三节　医药商品的标准与质量监督检验

扫码"学一学"

一、医药商品的标准

医药商品的质量直接关系到消费者用药的安全与有效，医药商品的质量管理又涉及从研究到生产、流通和使用的多个环节，必须设定明确的、全面的、统一的方法和指标予以衡量。随着科学技术的发展，医药商品的质量已经逐步量化，能科学地进行度量，即通过一系列数据的指标直接或间接地反映出来。例如药品性状、含量测定、pH、安全试验、杂质检查、重量检查等。把这些反映医药商品质量的技术参数、指标明确规定下来，形成技术文件，就形成了医药商品的质量标准。

（一）标准概述

1. 标准的概念　标准是对重复性事物和概念所作的统一规定。它以科学、技术和实践经验的综合成果为基础，经有关各方面协商一致，由权威机构批准，以特定形式发布，作为共同遵守的准则和依据。标准化是在经济、技术、科学及管理等社会实践中，对重复性事物和概念通过制定、实施标准，达到统一，以获得最佳秩序和社会效益的过程。

2. 标准的分类

（1）按照标准化的对象　可以分为技术标准、管理标准和工作标准。

1）技术标准　是指对标准化领域中需要协调统一的技术事项所制定的标准。技术标准包括基础技术标准、产品标准、工艺标准、检测试验方法标准以及安全卫生、环保标准等。

2）管理标准　是指对标准化领域中需要协调统一的管理事项所制定的标准。管理标准包括管理基础标准、技术管理标准、经济管理标准、行政管理标准以及生产经营管理标准等。

3）工作标准　是指对工作的责任、权利、范围、质量要求、程序、效果、检查方法、考核办法所制定的标准。工作标准一般包括部门工作标准和岗位（个人）工作标准。

（2）按照标准的约束性　可以分为强制性标准和推荐性标准。

1）强制性标准　是由政府部门审定、批准与发布的。保障人体健康，人身、财产安全的标准和法律、行政法规规定强制执行的标准是强制性标准。从事科研、生产、经营的单位和个人，必须严格执行强制性标准。例如，药品标准、食品卫生标准、兽药标准；产品及产品生产、储运和使用中的安全、卫生标准，劳动安全、卫生标准，运输安全标准；工程建设的质量、安全、卫生标准及国家需要控制的其他工程建设标准；环境保护的污染物排放标准和环境质量标准；重要的涉及技术衔接的通用技术术语、符号、代号（含代码）、文件格式和制图方法；国家需要控制的通用的试验、检验方法标准；互换配合标准；国家需要控制的重要产品质量标准，这些都属于强制性标准。

2）推荐性标准　是强制性标准以外的标准，企业自愿采用，国家将采取优惠措施，鼓励企业采用推荐性标准。但是，推荐性标准一旦纳入指令性文件，将具有相应的行政约束力，例如国际标准属于推荐性标准。

3. **商品标准的概念**　商品标准是技术标准的一种，是指对商品质量和有关质量的各方面（如品种、规格、等级、成分、结构、用途、检验方法、包装、运输、储存条件等）所作的技术规定，是在一定时期和一定范围内具有约束力的商品生产技术依据，是评定商品质量的论据和准则。商品标准对商品的生产、检验、验收、监督、使用、维护和贸易有着重要的指导意义。

判断医药商品质量合格或不合格的法定依据就是药品标准，它也是医药商品质量保证和质量控制活动的重要依据。药品标准也是国家依法实施药品审批和医药商品质量监督、检查、检验的技术依据。以药典为代表的药品标准体系，是国家医药商品监督管理技术性法规体系的重要组成部分。

（二）药品标准的概念

药品是一种特殊的商品，它关系到人民群众用药的安全和有效。药品质量没有等级之分，要么质量合格，要么质量不合格。要判定一种药品质量是否合格，就需要专业人员按照一系列严密的技术规定进行专业的检验才能得出结论。检验人员参照的技术规定被称为"药品标准"。药品标准是指国家对药品的质量规格和其检验方法所作的技术规定，是药品生产、供应、使用、质量检验和监督管理部门共同遵循的法定依据。凡正式批准生产的药品、辅料和基质以及商品经营中的中药材，都要制定标准。

药品标准体现了国家经济科技社会发展的综合水平，药品标准水平的高低是一个国家药品质量控制水平和国家药品管理水平高低的具体体现。同时，药品标准也是参与国际药品技术经济贸易的重要技术保障。因而，加强药品标准管理与建设，在保障人民用药安全有效、促进经济发展、提升国际竞争力等方面都具有重要意义。

（三）药品标准的分类

依据《药品管理法》规定，我国的药品标准分为国家药品标准和中药饮片炮制规范。

1. **国家药品标准**　为了确保药品的质量，国家对药品有强制执行的质量标准，即国家药品标准。国家药品标准是国家为保证药品质量所制定的关于药品的质量指标、检验方法以及生产工艺的技术要求，是药品生产、经营、使用、检验和监督管理部门共同遵循的法定依据。

国家药品标准分为《中华人民共和国药典》、部颁或局颁标准和药品注册标准。

（1）《中华人民共和国药典》　《中华人民共和国药典》简称《中国药典》，由国家药典委员会编纂，国家药品监督管理部门颁布。《中国药典》是国家药品标准的核心，是国家为保证药品质量、保护人民用药安全有效而制定的法典。

药典标准直接反映了一个国家的药品先进水平和药品质量安全状况。而药典标准的提升和完善，是一个持续的过程。《中国药典》于 1953 年编纂出版第一版以后，相继于 1963 年、1977 年分别编纂出版。从 1985 年起，《中国药典》每 5 年修订颁布新版药典。2020 年版《中国药典》是新中国成立以来第 11 版药典。

（2）部颁或局颁标准　这类药品标准是指未列入《中国药典》而由国务院卫生部门或药品监督管理部门颁布的药品标准，以及与药品质量指标、生产工艺和检验方法相关的技术指导原则和规范。

（3）药品注册标准　是指国家药品监督管理部门批准给申请人特定药品的标准，生产该药品的生产企业必须执行该注册标准。根据《标准化法》规定和国际惯例，国家标准是市场准入的最低标准，原则上行业标准高于国家标准，企业标准应高于行业标准。所以，药品注册标准不得低于《中国药典》的规定。

2. 中药饮片炮制规范　《药品管理法》规定，中药饮片必须按照国家药品标准炮制；国家药品标准没有规定的，必须按照省、自治区、直辖市人民政府药品监督管理部门制定的炮制规范炮制。省、自治区、直辖市人民政府药品监督管理部门制定的炮制规范应当报国务院药品监督管理部门备案。

3. 医疗机构制剂标准　获得《医疗机构制剂许可证》的医疗机构，如果要进行某种制剂的配置，还必须报送有关资料和样品，经所在地省级药品监督管理部门批准，发给制剂批准文化后，方可配置。医疗机构配置制剂，应当严格执行经批准的质量标准，并不得擅自变更工艺、处方、配置地点和委托配置单位。需要变更的，申请人应当提出补充申请，报送相关资料，经批准后方可执行。

4. 药品标准的主要内容

（1）中药

1）中药材　药品名称，包括中文名（通用名）、汉语拼音、拉丁名；药材来源；性状；鉴别；炮制；检查；含量测定；性味与归经；功能与主治；用法与用量；贮藏。

2）中成药　药品名称，包括中文名（通用名）、汉语拼音、英文名；处方；制法；性状；检查；含量测定；功能与主治；用法与用量；规格；贮藏。

（2）化学药品

1）化学原料药　药品名称，包括中文名（通用名）、汉语拼音、英文名（INN）；化学名称；结构式、分子式、分子量；性状；鉴别；检查；含量测定；类别；规格；制剂。

2）化学药品制剂　药品名称，包括中文名（通用名）、汉语拼音、英文名（INN）；化学名称；性状；鉴别；检查；含量测定；类别；规格；贮藏。

（3）生物制品　品名（中文通用名）；定义；组成及用途；基本要求；制造；检定（原液、半成品、成品）；保存运输及有效期；使用说明（仅预防类含此项）。

（四）国外药品标准简介

目前，世界上影响较大的药典有《美国药典》《英国药典》《日本药局方》和《欧洲药典》。

1. 美国药典（USP）　《美国药典/国家处方集》（U. S. Pharmacopoeia/National Formu-

lary, USP/NF) 是由美国政府所属的美国药典委员会（The United States Pharmacopoeia Convention）编辑出版。USP 于 1820 年出第一版，1950 年以后每 5 年出一次修订版。NF1883 年第一版，1980 年 15 版起并入 USP，但仍分两部分，前面为 USP，后面为 NF。USP 收载原料药品及其制剂，而 NF 收载各类辅料和一些非处方药。根据美国药典委员会 1975 年第 3 号决议，凡已被批准投放市场的药物均应载入药典。美国药典的最新版本是 USP 42 – NF37。

《美国药典》是美国政府对药品质量标准和检定方法作出的技术规定，也是药品生产、使用、管理、检验的法律依据。《美国药典》正文药品名录分别按法定药名字母顺序排列，各药品条目大都列有药名、结构式、分子式、CAS 登记号、成分和含量说明、包装和贮藏规格、鉴定方法、干燥失重、炽灼残渣、检测方法等常规项目，正文之后还有对各种药品进行测试的方法和要求的通用章节及对各种药物的一般要求的通则。可根据书后所附的 USP 和 NF 的联合索引进行查阅。

2. 英国药典（BP）《英国药典》（British Pharmacopoeia，BP）是由英国药典委员会（British Pharmacopoeia Commission，BPC）编制的正式出版物，是英国制药标准的重要来源，也是药品控制、药品注册和生产许可证管理的重要依据。《英国药典》不仅为公众提供了药用和成药配方标准以及配药标准，也展示了许多明确分类并可参照的欧洲药典专著。《英国药典》于 1864 年出版第一版，出版周期不定，最新版本是 BP 2018。《英国药典》在世界各国药典中享有一定信誉。在国际贸易中，一些贸易机构和贸易商常以《英国药典》标准签订合同，作为药品质量检验的依据。

3. 日本药局方（JP）日本药局方（The Japanese Pharmacopoeia，JP）由日本药局方编辑委员会编撰，由厚生省颁布执行。分两部出版，第一部收载原料药及其基础制剂，第二部主要收载生药，家庭药制剂和制剂原料。自 1886 年初版迄今已颁至第 17 版（JP17）。

4. 欧洲药典（Ph. Eur）《欧洲药典》（European Pharmacopoeia，Ph. Eur）由欧洲药典委员会制定，1977 年出版第 1 版《欧洲药典》，从 1980 年到 1996 年期间，每年将增修订的项目与新增品种出一本活页本，汇集为第 2 版《欧洲药典》各分册，未经修订的仍按照第 1 版执行。1997 年出版第 3 版《欧洲药典》合订本，并在随后的每一年出版一部增补本，由于欧洲一体化及国际间药品标准协调工作不断发展，增修订的内容显著增多。《欧洲药典》最新版本为第 9 版。《欧洲药典》的基本组成有凡例、通用分析方法（包括一般鉴别实验，一般检查方法，常用物理、化学测定法，常用含量测定法，生物检查和生物分析，生药学方法），容器和材料、试剂、正文和索引等。《欧洲药典》正文品种的内容包括：品名、分子结构式、CA 登录号、化学名称及含量限度、性状、鉴别、检查、含量测定、贮藏、可能的杂质结构等。《欧洲药典》是欧洲药品质量控制的标准。已有多项法律文件使《欧洲药典》成为法定标准，维持了《欧洲药典》对在欧洲上市药品的强制执行性。所有药品、药用物质生产企业在欧洲销售或使用其产品时，都必须遵循欧洲药典标准。

二、医药商品的质量监督检验

医药商品质量监督是贯彻执行医药商品标准的手段，是保证和提高医药商品质量并取得经济效益的措施，也是标准化工作的重要组成部分。药品对人们生命安危、康复保健的重要作用，决定了必须由国家制定药品标准，由代表国家的专门机构采用现代科学技术，采用法律和行政的方法，对药品质量进行监督管理，才有可能保证人们用药安全有效。医

药商品的质量监督检验是医药商品质量监督管理工作的基础。

（一）商品检验的概念及分类

1. 商品检验的概念　商品检验是指商品的供货方、购货方或第三方在一定条件下，借助某种手段和方法，按照合同标准或国际、国家有关法律、法规、惯例，对商品的质量、规格、重量以及包装等方面进行检查，并作出合格与否或通过检验与否的判定。商品质量检验是商品检验的中心内容，因此，狭义的商品检验指的就是商品质量的检验。

2. 商品检验的分类

（1）根据商品检验的目的分类，可以分为第一方、第二方和第三方检验。

1）第一方检验　也称生产检验，是商品生产者为了维护企业的信誉、保证商品质量对半成品和成品进行检验的活动。

2）第二方检验　也称验收检验，是指商品的买方为了维护自身及顾客的利益，保证所购商品的质量满足合同的规定或标准要求所进行的检验活动。目的是及时发现问题，反馈质量信息，促使卖方纠正或改进商品质量。在实践中，商业或外贸企业还常派"驻厂员"对商品质量形成的全过程进行监控，对发现的问题，及时要求产方解决。

3）第三方检验　是指处于买卖利益之外的第三方，以公正权威的非当事人身份根据有关法律、法规、合同或标准所进行的商品检验活动。公证鉴定、仲裁检验、国家质量监督检验等。目的是维护各方面合法权益和国家权益，协调矛盾，促使商品交换活动的正常进行。

（2）根据商品内、外销情况，分为内贸商品检验和外贸商品检验。

1）内贸商品检验　是指商品经营企业、用户、行业主管部门及其附属质量监督检验机构或国家质量技术监督检验部门及其所属商品质量监督检验机构，依据国家的法律、法规、有关标准或合同所进行的商品质量检验活动。

2）外贸商品检验　是由国家出入境检验检疫及其派出机构，即国家出入境检验检疫局在各省、自治区、直辖市以及进出口商品的口岸、集散地设立的分支机构负责对进出口商品进行法定检验、鉴定检验及监督管理检验。

（3）根据被检验商品有无破坏可以分为破坏性检验和非破坏性检验。

1）破坏性检验　是指检验后商品遭到破坏的检验。如钢铁材料的化学成分，电视机的寿命，食品卫生指标的检验，子弹、炮弹的射程，检验后商品即遭到破坏。

2）非破坏性检验　是指检验后商品未被破坏，也称无损检验。部分商品尺寸、规格的检验等，使用先进的仪器进行的痕量检验。

（4）根据检验商品的数量，可以分为全数检验和抽样检验。

1）全数检验　是对被检批的商品逐个地进行检验，也称百分之百检验。全数检验的检验结果比较准确可靠，检验数据全面，但是检验费用大、时间长。因此这种方法只适用于商品批量小、商品特性少、非破坏性的商品检验。实际工作中的全数检验只用于贵重、质量不够稳定商品的质量检验。

2）抽样检验　是商品检验中的常见方式，它是按照事先已确定的抽样方案，从被检商品中随机抽取一定数量的样品，组成样本进行检验，以判断一批商品或一个过程是否可以被接收。抽样检验费用少、节省时间，但是获得的检验信息较少，适用于破坏性、大批量、质量特性多且质量较稳定等商品的检验。

（二）医药商品质量监督检验

医药商品质量监督检验是由国家设置的专门法定机构，配备检验的仪器和专业技术人员，依据国家的法律规定，对药品研制、生产、经营、使用及进出口药品、医疗单位自制的制剂质量依法进行检验，是药品质量监督管理的重要依据。药品质量监督必须采用检验手段，如果检验技术不可靠、数据不真实，将会造成监督工作的失误和不公正。

1. 医药商品质量监督检验的性质　药品监督检验与药品生产企业的产品检验和药品经营企业的验收检验性质不同，它不涉及买卖双方的经济利益，不以营利为目的，具有第三方检验的公正性；药品监督检验是代表国家对研制、生产、经营、使用的药品质量进行的检验，具有比生产检验或验收检验更高的权威性；药品监督检验是根据国家的法律规定进行的检验，在法律上具有更强的仲裁性。

2. 医药商品质量监督检验机构　根据《药品管理法》的规定，药品检验所是执行国家对药品监督检验的法定性专业机构。国家依法设置的药品检验所分为四级：中国食品药品检定研究院；省、自治区、直辖市药品检验所；市（地）、自治州、盟药品检验所；县、市、旗药品检验所。中国药品生物制品检定所是全国药品检验的最高技术仲裁机构，是全国药品检验所业务技术指导中心。

3. 医药商品质量监督检验的类型　医药商品质量监督检验根据其目的和处理方法不同可以分为下述类型。

（1）抽查性检验　由药品监督管理部门授权的药品检验机构，根据药品监督管理部门抽检计划，对药品生产、经营、使用单位抽出样品实施检验。通过对药品的抽查检验来了解药品质量动态，进而掌握药品生产、经营、使用的状况，实施有效监督，这对杜绝假劣药品生产和在市场的流通，确保人民用药安全有效具有重大意义。抽查检验属于药品监督管理部门的日常监督，抽查检验结果由政府药品监督管理部门发布药品质量检验公告，并依法处理不合格药品的生产、经营、使用者。

（2）注册检验　是指审批新药和仿制已有国家标准药品品种进行审批时的检验以及审批进口药品所需进行的检验。承担注册检验的药品检验机构应当在规定的时限内完成检验，出具药品注册检验报告，上报药品监督管理部门。

（3）委托检验　药品监督管理主管部门委托药检所检验的药品，药品生产企业、经营企业和医疗机构因不具备检验技术和检验条件而委托药检所检验的药品均属于委托检验。

（4）技术仲裁检验　是公正判定、裁决有质量争议的药品，保护当事人正当权益的检验。因此，只对有争议的药品进行检验，必要时要抽查所涉及的企事业单位的质量保证体系条件，弄清质量责任。

（5）进出口药品检验　是对进出口药品实施的检验。进口药品检验按《进口药品管理办法》和有关规定执行，由口岸药品检验所进行检验；出口药品按出口合同的标准检验。

重点小结

质量的定义是："一组固有特性满足要求的程度"。医药商品的质量是指医药商品具有的能满足规定要求和需要的特征总和，是对形成医药商品使用价值的各种客观属性和消费者使用医药商品的主观满意程度的综合评价。医药商品的质量特性是安全性、有效性、稳定性和均一性。

　　质量管理是指在质量方面指挥和控制组织的协调活动，包括制定质量方针和质量目标、质量策划、质量控制、质量保证、质量改进。质量管理随着生产的发展和科学技术的进步而逐渐经历质量检验管理阶段、统计质量管理阶段和全面质量管理阶段。

　　为保障人体用药安全，维护人民身体健康和用药的合法权益，医药商品质量监督管理部门针对医药商品质量形成的各个环节颁发了一系列强制性的质量管理规范，如 GLP、GCP、GAP、GMP、GSP 等，来规范医药商品研制、生产、经营和使用的行为。

　　药品标准是指国家对药品的质量规格和其检验方法作出的一系列完整的技术规定，是药品生产、供应、使用、质量检验和监督管理部门共同遵循的法定依据。依据《药品管理法》规定，我国的药品标准分为国家药品标准和中药饮片炮制规范。

　　医药商品质量监督检验是根据国家药品标准，由专门的法定检验机构代表国家对药品研制、生产、经营、使用的药品进行的质量检验，是药品质量监督管理的重要依据。

（易红焱）

扫码"练一练"

第四章　医药商品的包装

包装是医药商品的重要组成部分，是实现医药商品的价值与使用价值并能增加其价值的一种手段。随着个性化消费时代的到来，市场竞争的激烈以及售货方式的变化，医药商品包装的功能已不仅局限在保护、容纳和宣传产品，更重要的是通过包装来提升医药商品的附加价值，提高医药商品的竞争力。

第一节　医药商品包装的功能及分类

一、医药商品包装的意义、基本要求与功能

（一）医药商品包装的意义

医药商品包装是指流通过程中保护医药商品、方便医药商品储运、促进医药商品销售，按一定技术方法而采用的容器、材料及辅助物等的总称。也指为了达到上述目的而采用容器、材料和辅助物的过程中施加一定技术方法的操作活动。

医药商品的包装是医药商品生产的重要环节，是其进入流通领域的必要条件，是实现医药商品使用价值和价值的一种必要手段。在购销、运输和储存的流通环节中，医药商品包装的主要意义如下。

1. **保护医药商品质量的安全和数量的完整**　医药商品在流通过程中要经过运输、装卸、储存、批发、零售等环节，在这些环节中难免会跌落、碰撞、摩擦，还会受到空气、光线、水分及微生物的作用。医药商品的包装可以使其与上述外界条件有效地分开，从而减少外界条件对其的损害。

2. **便于医药商品的计数、计量及使用**　在上述医药商品必须经过的环节中，买卖双方要对其进行计数、计量，合理的包装可以使医药商品顺利地通过这些环节，也方便消费者的使用。

3. **促进医药商品的销售**　优良的包装是无声的广告，可以帮助企业建立良好的销售形象，起到促进销售的作用。尤其在国际市场上，各种商品竞争日益激烈，出口医药商品包装的质量显得格外重要，是直接关系到我国商品在国际市场上有无竞争能力的大问题。

4. **增加医药商品的价值及有利于发挥其使用价值**　包装的精心构思与设计、装潢美术

扫码"学一学"

与精巧制作是一种复杂劳动，体现了很高的价值，当这些复杂劳动附加在医药商品上时，会在销售时得到补偿，因而提高医药商品的价值。优良的包装有利于发挥医药商品的使用价值，如医药商品的包装甚至会对患者产生心理影响，从而影响疗效。

药品包装质量从一个侧面反映了一个国家的生产、科学技术和文化艺术的发展水平，反映出人民的生活与消费水平。随着人民物质和文化水平的提高，世界各国对产品包装的质量、类型、规格、式样、装潢及开启方法等，都提出了更高的要求，药品的包装日益趋向式样美观、便于陈列、展销、携带及使用，趋向于更加富于宣传效果、富于吸引力。

（二）医药商品包装的基本要求

1. 医药商品包装应适应不同流通条件的需要 药品在流通领域中可受到运输装卸条件、储存时间、气候变化等情况的影响，所以药品的包装应与这些条件相适应。我国地域辽阔，运输路程与时间可能很长；在同一时间内各地温差与湿度相差很大；要求包装能够适应这些变化。如怕冻药品发往寒冷地区时，要加防寒包装；药品包装措施应按相对湿度最大的地区考虑等。同理，在对出口药品进行包装时，应充分考虑出口国的具体情况，将因包装而影响药品质量的可能性降低到最低限度。

2. 医药商品包装应和内容物相适应 包装应结合所盛装药品的理化性质和剂型的特点，分别采取不同的措施。如遇光易变质，露置空气中易氧化的药品，应采用遮光容器；瓶装的液体药品应采取防震、防压措施等。

3. 医药商品包装要符合标准化要求 包装标准化，就是使商品包装达到定型化、规格化和系列化。对于同类或同种商品的包装，包装标准化的要求可以概括为"七个统一"：统一包装材料，统一造型结构，统一规格尺寸，统一包装容量（重量），统一包装标记，统一封装方法和统一捆扎方法。符合标准化要求的包装有利于保证药品质量；便于药品运输、装卸与储存；便于识别与计量；有利于现代化港口的机械化；有利于包装、运输、储存费用的减少。

此外，药品包装还有一些具体要求，如药品包装（包括运输包装）必须加封口、封签、封条或使用防盗盖、瓶盖套等；标签必须贴牢、贴正，不得与药物一起放入瓶内；凡封签、标签、包装容器等有破损的，不得出厂和销售。特殊管理药品及外用药品的标签上必须印有规定的标志。在国内销售的药品的包装、标签、说明书必须使用中文，不能使用繁体字、异体字，如加注汉语拼音或外文，必须以中文为主体；在国内销售的进口药品，必须附有中文使用说明。凡使用商品名的化学药制剂，必须在商品名的下方括号内标明法定通用名称等。

（三）医药商品包装的功能

医药商品从生产、流通到消费领域都离不开包装。良好的包装能增加产品的功能、扩大产品的效用，成为产品不可缺少的一部分。医药商品的包装是沟通企业与消费者之间的直接桥梁，包装有着非常重要的作用，归纳起来主要有以下一些功能。

1. 容纳功能及其延伸 容纳功能是指一定容积的包装所具有的容入和纳置商品的功能。有些商品本身没有单位形体，如液体、气体和粉状药品，需要利用包装的功能变成单位商品，如每桶、每箱、每盒等，以便于商品的运输、储存和销售。

此外，包装的容纳功能还可延伸为成组、配套、适量等功能。成组功能是将两个以上相同产品集于一个包装内，以便于消费者购买、携带，并可促进销售；配套功能是将几

种有关联的产品放置于同一包装内；适量功能是将适量物品置于小包装供一次使用。如适量功能包括份额分配，方便销售，利于消费。消费者总是按自己的常规需要量来购买商品，一次购买量过多，不仅加重经济负担，而且时间过长也会造成商品变质损坏。生产厂家应根据消费者一次购买或使用的常量，将商品份额分配成小包装（或中包装），以方便商店营业员的销售服务和消费者的购买使用。

2. 保护功能及其延伸　保护功能是指包装对商品施加保护的功能，它应防止商品在生产、运输、储存、销售、消费过程中因空间和时间变化的作用而损坏变质。在商品生产、销售和消费中，商品主要靠销售包装来保护；在物流（运输、储存）中，商品既靠销售包装，又靠运输包装，是由两者组合成运输包装件来保护商品。商品包装的保护功能应包括：防潮、防水、防挥发、防霉、防锈、防氧化、防高温、防低温、防光、保鲜、防污染、防震、防压、防冲击、防泄露等内容。

商品包装的保护功能可延伸为防盗、保险等功能。例如，为防止在销售中打开包装盗走或更换里面的物品，通常采用防盗盖或防盗密封包装；为防止儿童误食，有些药品包装采用保险盖等。

3. 传达功能及其延伸　传达功能是指包装所具有的传达商品信息的功能，如商品品名、牌号、特色、性能、成分、容量、使用方法、生产厂家等。在商品经济迅猛发展的今天，人们的消费能力不断提高，对商品质量、外观等的要求越来越高，商品包装需要传达的信息也越来越多。如运输包装的传达功能，是传达物流管理中所需要的信息，以实现物流的有效管理。

销售包装的传达功能可延伸为广告宣传、装饰（美化）等功能。广告宣传功能是包装信息传达的强化而达到的广告宣传作用的功能，通常叫作"包装广告"。包装是"无声的推销员"，好的包装本身就是很好的广告。精美的包装，可起美化宣传商品的作用，提高市场竞争力。由广告宣传功能进一步发展而来的 POP（point of purchase）包装，即销售点导购广告，用销售包装配合商品实体进行宣传，能起到直接、生动的效果。装饰（美化）功能是指销售包装在传达信息的同时，能给人以一定的艺术享受，对商品、环境起到装饰作用。

4. 方便功能及其延伸　便利是商品包装的又一重要功能。商品包装必须要方便装填、方便运输、方便装卸、方便维码、方便陈列、方便销售、方便携带、方便开启、方便使用和方便处置。例如，包装主要通过文字说明和标示来指导消费者正确使用商品以充分发挥商品的功效，真正满足消费需求。合理的商品包装，其绘图、商标和文字说明等即展示了商品的内在品质、方便消费者识别，又介绍了商品成分、性质、用途和使用方法，便于消费者购买、携带。

商品包装的方便功能可延伸为复用功能和改用功能。前者指商品包装用完以后，销售包装仍可重复使用；后者是指包装商品用完以后，销售包装可作其他用途。

5. 社会适应功能及其延伸　包装的社会适应功能是指它在满足全社会整体需要方面所具有的种种功能，包括卫生安全功能、节省资源功能、环境保护功能等。卫生安全功能主要指包装食品、药品时，应能保证商品卫生安全，符合卫生法规。节省资源功能是指包装本身的原料、生产和包装的应用应有利于全社会资源的合理利用。环境保护功能是指包装应有利于环境保护，包括节省用料、清洁生产、可回收利用，其最后废弃物最少，并且在最后处理时不应造成公害等，包装要遵守目标市场的环境保护法规。

二、医药商品包装的类别

（一）按包装在流通领域的作用分类

以包装在医药商品流通中的作用作为分类标志，可分为储运包装和销售包装。

1. 储运包装　是用于安全运输、储存、保护商品的较大单元的包装形式，又称为外包装或大包装。例如，纸箱、木箱、桶、集合包装、托盘包装等。储运包装一般体积较大，外形尺寸标准化程度高，坚固耐用，广泛采用集合包装，表面印有明显的识别标志，主要功能是保护商品，方便运输、装卸和储存。常见的储运包装形式有压缩包装、拆装包装、套装包装、集合包装等。

医药商品在储运过程中，由于商品本身的某些自然属性和外界环境条件对商品质量的影响，要求在商品的储运包装上采取相应的防护措施，以保证医药商品在储运过程中的安全。医药商品包装的防护措施包括的范围很广，其中以防震动、防受潮、防霉变、防光照、防污染等比较重要。

2. 销售包装　是指一个商品为一个销售单元的包装形式，或若干个单体商品组成一个小的整体包装，亦称为个包装或小包装。销售包装的特点一般是包装件小，对包装的技术要求美观、安全、卫生、新颖、易于携带，印刷装潢要求较高。销售包装一般随商品销售给顾客，起着直接保护商品、宣传和促进商品销售的作用。同时，也起着保护优质名牌商品以防假冒的作用。

常见的销售包装形式有：方便陈列和便于识别的堆叠式、可挂式、展开式、透明和"开窗"式、惯用式及方便消费者携带和使用的便携式、易开式、喷雾式、复用式、配套式、适量式和礼品式等。其中的陈列包装又叫 POP（point of purchase）包装，是一种广告式商品销售包装，多陈列于医药商品销售点，利用商品包装盒盖或盒身部分进行特定结构形式的视觉传达设计，是有效的现场广告手段。从整体上看，医药销售包装向着艺术性和实用性的高度统一方向发展。

（二）按包装的技术与目的分类

科学技术的发展使新材料、新技术不断涌现，医药商品包装技术也得到了空前发展。从销售和运输两方面分，销售包装技术有真空包装、充气包装、脱氧包装、无菌包装、收缩包装等；运输包装技术有防震包装、防锈包装、防虫包装、防潮包装等。

1. 销售包装技术

（1）真空包装　是将产品装入气密性包装容器，抽去容器内部的空气，使密封后的容器达到预定真空的包装方法。真空包装广泛应用于食品、药品、中药材、化工原料、金属制品、电子元件、纺织品、医疗用具等。

（2）充气包装　是采用 CO_2 或 N_2 等不活泼气体置换包装容器中空气的一种包装技术方法。该法根据好氧性微生物需氧代谢的特性，在密封包装容器中降低 O_2 的浓度，抑制微生物的生理活动和酶的活性，达到防霉、防腐的目的。

（3）脱氧包装　是继真空和充气包装之后出现的一种新型除氧包装方法，在密封包装容器中，使用能与 O_2 起化学反应的脱氧剂与之作用，从而除氧以达到保护内装物的目的。

（4）无菌包装　是将产品、包装容器、材料或包装辅助物灭菌后，在无菌的环境中进行充填和封合的一种包装方法。通常采用瞬间超高温灭菌技术，在一条严格密闭状态下的

生产线上将被包装物品的杀菌、包装一次完成。

（5）收缩包装　用收缩薄膜裹包物品，然后对薄膜进行适当加热处理，使薄膜收缩而紧贴于物品的包装技术方法。收缩薄膜是一种经过特殊拉伸和冷却处理的聚乙烯薄膜，由于薄膜在定向拉伸时产生残余收缩应力，这种应力受到一定热量后便会消除，从而使其横向和纵向均发生急剧收缩，同时使薄膜的厚度增加，收缩力在冷却阶段达到最大值，并能长期保持。

2. 运输包装技术

（1）防震包装　又称缓冲包装，指为了减缓内装物受到冲击和振动，保护其免受损坏所采取的一定防护措施的包装。产品从生产出来到开始使用要经过一系列的运输、保管、堆码和装卸过程，有可能发生机械性损坏。为防止产品遭受损坏，就要设法减小外力的影响。防震包装技术一般在内装物和外包装之间用缓冲材料填满固定，对产品进行保护。缓冲材料有丝状、颗粒状，也可是泡沫塑料，对一些不规则的、要求较高的产品，还可通过现场发泡技术实现防震包装。

（2）防锈包装

1）防锈油防锈　大气锈蚀是空气中的氧、水蒸气及其他有害气体等作用于金属表面引起电化学作用的结果。如果将金属表面保护起来，就可以达到防止金属大气锈蚀的目的。防锈油包装技术就是根据这一原理将金属涂封防止锈蚀的。

2）气相防锈　气相防锈包装技术就是用气相缓蚀剂，在密封包装容器中对金属制品进行防锈处理的技术。

（3）防虫包装　常用的是驱虫剂，即在包装中放入有一定毒性和气味的药物，利用药物在包装中挥发气体杀灭和驱除各种害虫。常用驱虫剂有萘、对位二氯化苯、樟脑精等。也可采用真空包装、充气包装、脱氧包装等技术，使害虫无生存环境，从而防止虫害。

（4）防潮包装　选用气密性材料，以隔绝水蒸气对内装商品的影响、使商品在规定期限内处于低于临界相对湿度的环境中，以确保商品在保质期内质量的包装方法。常采用的防潮包装材料有耐油纸、铝箔纸、玻璃纸、塑料纸、塑料薄膜以及金属、玻璃容器等。

（5）集合包装　又称集装化包装或组合式包装，是指为了便于装卸、储存、运输和销售，将若干包装件或产品包装在一起，形成一个合适的搬运单元或销售单元。它具有安全、快捷、经济、高效的特点。常见的集合包装有集装箱、集装袋和托盘包装等。集装箱是集合包装最主要的形式，指具有固定规格和足够强度，能装入若干件货物、专用于周转的大型容器。集装箱有利于保证集装商品的运输安全，能节省集装商品的包装费用，简化理货手续，减少营运费用，降低运输成本；能有效组织公路、铁路、水路的联运，实现快速装卸，缩短商品流通时间；实现装卸运输的机械化、自动化控制。

（三）其他常用的包装分类方法

其他将用的包装分类方法还有以下几种：如以包装材料作为分类标志，一般可分为纸板、木材、金属、塑料、玻璃和陶瓷、纤维织品、复合材料等包装；按形态不同，可分为个包装、内包装与外包装三大类；按运输方式分类，可分为铁路运输包装、公路运输包装、船舶运输包装与航空运输包装等四大类；按销售地区可分为内销包装与外销包装等两大类；按材料的物理性质柔软性分类，可分为软包装与硬包装；按容器结构形态分类，可分为箱、桶、筐、篓、缸、袋、瓶、笼、盒等包装。

知识链接

医药商品常用的包装材料

医药商品包装材料是指用来包装医药品或医疗器械的包装材料。它是可服用的、接触医药品的或用作功能性（如防潮、阻隔、运输、装潢、印刷）外包装的包装材料和包装辅助材料的总称。既包括塑料、纸、玻璃、金属、陶瓷、食用淀粉、明胶、蜡、竹木与野生藤类、天然纤维与化学纤维、复合材料等，又包括缓冲材料、涂料、胶黏剂、装潢与印刷材料和其他辅助材料等。

1. 玻璃　按照 ISO 的分类方法，药用玻璃可分为钠钙玻璃和硼硅玻璃，而硼硅玻璃又分为 3.3 硼硅玻璃和中性玻璃两种。我国的药用玻璃分为四类：包括中性硼硅玻璃、高硼硅玻璃、低硼硅玻璃和钠钙玻璃。与国际同类产品相比，我国药用玻璃材质存在较大差距，欧美国家早已开发出中性硼硅药用玻璃，取代钠钙玻璃用于注射剂包装。从长远看，中性硼硅药用玻璃取代钠钙玻璃是趋势。

2. 塑料　近年来，我国药用塑料包装材料及制品市场快速增长，新材料、新工艺、新技术、新产品不断涌现。塑料包装正在大输液药品上取得突破性进展，我国鼓励生产和使用先进的非 PVC 输液软袋包装产品；在口服液上，软质塑料瓶已经部分获得应用，并逐渐扩大其应用范围；硬质塑料瓶也正在缓慢地替代玻璃用于包装糖浆等较大容积的液体药品。最常用的药用塑料是 HDPE、PP（聚丙烯）、PVC 及 PE（聚乙烯）。塑料医药包装的主要形式有塑料瓶、铝塑泡罩包装、条包装、袋包装，这些已占到片剂总包装量的 95% 以上。其中，条包装约占 15%，袋包装约占 10%，塑料瓶与铝塑泡罩包装各占 30% 以上。铝塑泡罩包装方兴未艾，占了 30% 以上。2018 年，国内主要医药包装由玻璃材质（结构占比 20.5%）变为塑料材质（结构占比 43.3%），金属及其复合材料（占比 24.0%）也超过了玻璃包装，橡胶包装材料占比为 9.5%；塑料包装和金属及其复合材料包装成为目前市场上的主流。

3. 纸制品　不管是发达国家还是发展中国家，纸类都是最重要的包装材料之一。纸和纸板的消费水平是衡量国家现代化水平和文明程度的重要标志。发达国家的包装消费额往往达数百亿美元，中国也已不下 300 亿美元。其中纸和纸板在全球各类包装材料与容器上所占比例产值和产量都在 1/3 以上，高于塑料、金属和玻璃。世界纸和纸板包材产值占全部包装材料与容器总产值的 36%，占总产量的 35.6%。在我国，纸包装占包装材料总量的 50% 左右。从发展趋势来看，纸包装的用量会越来越大。

4. 复合材料　是包装材料中的新秀，是用塑料、纸、铝箔等进行多层复合而制成的包装材料。常用的有纸－塑复合材料、铝箔－聚乙烯复合材料、铝箔－聚氯乙烯等。这些复合材料具有良好的机械强度、耐生物腐蚀性能、保持真空性能及耐高压性能等。

5. 可服用的医药包装材料　这类包装材料主要是胶囊、微胶囊和辅料，通常用的有食用淀粉、明胶、乙基纤维素、聚乙烯醇等。

从世界上药品工业比较发达的国家所用的包装材料来看，包装材料在向以纸代木、以塑代纸或向纸、塑料、铝箔等组成各种复合材料的方向发展。特种包装材料，如聚四氟乙烯塑料、有机硅树脂、聚酯复合板或发泡聚氨酯等都处于上升趋势。

第二节 医药商品包装标识

一、商品包装上的常见标识

商品包装标志是一种包装辅助物，是为了便于储运、装卸、销售及使用，在商品包装容器上用醒目的文字和图形所做的特定记号和说明。如在运输包装上印制的记号和说明是运输包装标志，常见的运输包装标志有：运输包装收发货标志、包装储运指示标志（操作标志）及危险品标志等。在销售包装上印制的图形和说明是销售包装标签。标签的主要内容包括：制造单位、产品名称、牌号、商标、成分、品质特点、使用方法、包装数量、贮藏和使用注意事项、警告标志、其他广告性的图案和文字等。

1. **运输包装收发货标志** 外包装件上的商品分类图示标志、其他标志和文字说明、排列格式的总称为收发货标志，又叫识别标志。运输包装收发货标志包括：分类标志（俗称"唛头"）、供货号、货号、品名、规格、数量、重量（毛量、净重）、生产日期、生产工厂、体积、有效期限、收货地点和单位、发货单位、运输号码、发运件数等。其中分类标志必须有，其他各项合理选用。

2. **包装储运指示标志** 指示标志又名操作标志，是指正确对待货物的图案标志，它是根据盛装商品的特性，对商品的装卸、运输和保管中所提出的要求和注意事项，以保证商品安全。它由图形和文字组成，如图4-1依次为：小心轻放、禁用手钩、向上、怕热、怕辐射、由此吊起、怕湿、禁止滚翻、堆码重量极限、温度极限等。

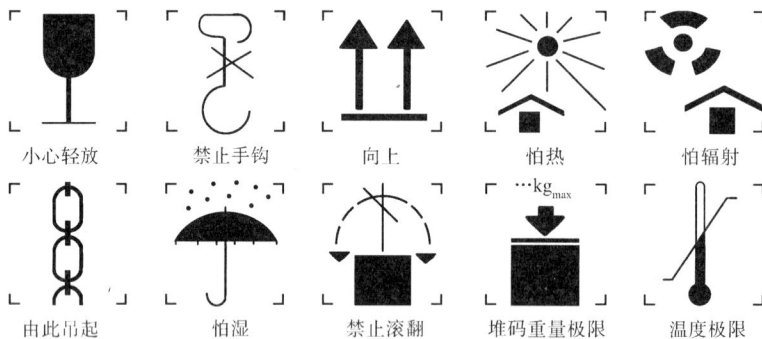

图4-1 常见的包装储运指示标志

3. **危险品标志** 危险品标志（图4-2）是对爆炸品、易燃气体、不燃气体、有毒气体、易燃液体、易燃固体、自燃物品、遇湿危险、氧化剂、有机过氧化物、有毒品、剧毒品、有害品、感染性物品、放射性物品（分一、二、三级）、腐蚀性物品等，在外包装上用文字和图形所作的明显标记。

标志的粘附，一般采用粘贴、钉附和喷涂等方法，包装储运图示标志亦可采用印刷或拴挂的方法粘附标志。印刷时，外框线及标志名称都要印上；喷涂时，外框线及标志名称可省略。

4. **商标** 商品的销售包装上都有区别不同企业同类商品的一种专用标志，这就是商标。商标是商品生产者或经营者为把自己生产或经营的商品与其他企业的同类商品显著地区别开来，而使用在一定商品、商品包装和其他宣传品上的专用标记。它是商品销售包装上的重要标志，代表商品来源、质量特色和企业信誉，是无形的财产。任何能够将自然人、

图 4 - 2　常见的危险品标志

法人或者其他组织的商品与他人的商品区别开的标志，包括文字、图形、字母、数字、三维标志、颜色组合和声音等，以及上述要素的组合，均可以作为商标申请注册。商标经过市场监管相关部门登记注册并予以公布，禁止他人仿效使用，享有专用权，并受到法律保护。商标也是商品包装装潢的重要组成部分，是名牌商品质量信誉的识别标记。

在日常生活中，商标就是商品的"牌子"或"脸面"，一般具有以下特征。

（1）从属商品经济的属性　商标是商品经济发展的产物，是随着商品生产、交换的出现而出现的商业性标记。商标的使用者是商品生产者或经营者，而不是消费者。标志物是商品，而不是物品。标志的目的是为了出售商品。

（2）显著性　商标必须具有能够与其他商品相区别的显著特征，使不同厂家的商品能够区别、比较和鉴定。商标是商品生产者或经营者的独特标记，是企业名声、商品信誉和评价的象征。

（3）专用性　商标不能与他人注册的商标混同。经过注册的商标可以使用在一定"范围"和"质量"的商品上，第三者不得冒用和侵权。"专用""排他"是注册商标最本质的含义。

（4）竞争性　商标在消费者心目中形成的形象，反映了商品生产者或经营者的信誉，标志着商品质量。在市场销售竞争中，商标可以起到广告和推销员的作用，使消费者认商标选购。

二、商标的分类

商标有很多种类，可以按其结构、用途、使用者、管理及注册与否等进行分类。

1. 按照商标的结构分类　可以分为文字商标、图形商标、组合商标和立体商标。

（1）文字商标　是以文字组成的商标。商标使用者可以根据自己的意愿选择文字作为商标，可以使用汉字、汉语拼音，也可以使用外国文字。文字商标的文字使用，必须具有显著的特征，不允许以商品的通用名称的文字作为商标。

（2）图形商标　是以图形构成的商标。各种各样的图形、图案，例如，以花木虫鱼，亭台楼阁等图形作为商标。特点是生动形象，便于记忆，可以给人留下深刻的印象。凡图形设计零乱，内容复杂，不具有显著特征的，不能作为商标。

（3）组合商标　指用文字、字母、记号和图形任意组合的商标。常用的是文字、图形

组合。组合商标要求文字、图形、记号组合协调、图文一致。

(4) 立体商标 是指用商品外形或商品包装作为商标，如美国的"可口可乐"商标，以饮料瓶的形状作为商标注册。

2. 按照商标用途分类 可以分为商业商标、商品商标、保证商标、服务商标、集体商标。

(1) 商业商标 是指以生产或经营企业的名称、标记作为商标，即用商号或厂标作为商标，如"同仁堂"中药。

(2) 商品商标 又名"个别商标"，是指为了将一定规格、品种的商品与其他规格、品种的商品区别开来，在个别商品上使用的商标。

(3) 保证商标 又称"证明商标"，是指某一权威机构认证质量而使用的商标。我国《商标法》所称"证明商标"，是指由对某种商品或者服务具有监督能力的组织所控制，而由该组织以外的单位或者个人使用于其商品或者服务，用以证明该商品或者服务的原产地、原料、制造方法、质量或者其他特定品质的标志。

(4) 服务商标 是指金融、运输、广播、建筑、旅馆等服务行业为把自己的"服务"同别的服务业务相区别而使用的商标。国际上许多国家已经采用，我国目前还无统一规定。

(5) 集体商标 我国《商标法》所称集体商标，是指以团体、协会或者其他组织名义注册，供该组织成员在商事活动中使用，以表明使用者在该组织中的成员资格的标志。

3. 按照商标使用者分类 可以分为制造商标、销售商标。

(1) 制造商标 是指表示商品制造者的商标，又称"生产商标"。这种商标往往与厂标一致，使用这种商标是为了区别制造者销售商。

(2) 销售商标 又称"商业商标"。是指经营者销售商品而使用的商标，是宣传商业经营的标记。这种商标常在生产者实力较弱，销售者享有盛誉的时候使用。

4. 按照商标管理分类 可以分为防御商标、备用商标、驰名商标等。

(1) 防御商标 又名"联合商标"，是指为了防止他人侵权而申请使用的一些相近似的商标。此种商标不一定全部使用，其目的是防止别人冒牌影射，保护自己的名牌商品。我国现行的《商标法》对此种商标尚无明确规定，按照国际惯例，此种商标一般难以注册；但一经注册，则不因其闲置不用而被国家商标主管机关撤销。由于防御商标相互近似的整体作用，因此，防御商标不得跨类分割使用或转让。

(2) 备用商标 是指已经注册，但实际上并未使用只是为了适应某些变化而储备的商标。

(3) 驰名商标 又名"周知商标"，是指在中国为相关公众广为知晓并享有较高声誉的商标。相关公众包括与使用商标所标示的某类商品或者服务有关的消费者，生产前述商品或者提供服务的其他经营者以及经销渠道中所涉及的销售者和相关人员等。为相关公众所熟知的商标，持有人认为其权利受到侵害时，可以依照《商标法》请求驰名商标保护。驰名商标不能由注册人自封，而要经过相关权威机构组织调查，按一定程序认定。认定我国驰名商标的机构是国家知识产权局商标局或商标评审委员会（行政认定）或人民法院（司法认定）。

生产、经营者不得将"驰名商标"字样用于商品、商品包装或者容器上，或者用于广告宣传、展览以及其他商业活动中。

认定驰名商标主要有以下一些条件：相关公众对该商标的知晓程度；该商标使用的持

续时间；该商标的任何宣传工作的持续时间、程度和地理范围；该商标作为驰名商标受保护的记录；该商标驰名的其他因素等。

5. 按照商标注册与否分类 可以分为注册商标和非注册商标。

（1）注册商标 是指商标注册申请人向国家商标主管机关商标局提出商标注册申请并获得核准的文字、图形或其组合标志。注册商标在其有效期限内，注册人享有该注册商标的专用权，严禁任何组织或个人仿冒、抄袭，未经注册人许可，他人不得使用该注册商标，其专用权受到国家的法律保护。注册商标所有人可将自己注册的商标有偿转让或许可他人使用。使用注册商标应在商品或其包装、说明书以及其他附着物上标明"注册商标"字样或标明注册标记注或®。

注册商标的有效期是指商标注册具有法律效力的时间界限，也称注册商标专用权的期限。《商标法》规定注册商标的有效期为10年。注册商标有效期满，需要继续使用的，商标注册人可提出续展申请，每次续展注册的有效期为10年。

（2）非注册商标 是指未经注册而在使用的商标。非注册商标不享有法律赋予的商标专有权，当非注册商标与注册商标相同或相近似，并用于相同或相似的产品上时，非注册商标应立即停止使用。

对于国家规定必须使用注册商标的商品，例如，人用药品和烟草制品等，必须申请商标注册，未经商标注册的，不得在市场销售。在我国，必须使用注册商标的人用药品包括：中成药（含药酒）、化学原料药及其制剂、抗生素、生化药品、放射性药品、血清疫苗、血液制品和诊断药品等。对进口药品不要求必须使用我国的注册商标，但进口药品分装销售时，必须在其说明书或包装上注明原商标或使用分装企业的注册商标。

三、商标的作用

商标是商品的记号，在商品交易过程中起到便利购销的作用。商标可以代表消费者心目中的商品质量，是商品交换中生产者信誉的一种特定象征。在市场经济的发展中，商标具有以下作用。

1. 区别商品的不同生产者和经营者 这是商标的本质作用。商标是生产者和经营者所生产或经营的商品的标志，通过它可以了解商品的来源和出处，这对创立企业信誉、追究商品的生产者和经营者的产品责任、维护消费者的利益具有重要意义。

2. 提供平等的市场竞争机会 商标经过国家商标管理机构注册后，获得专有权，假冒、仿造都是侵权行为。这样，有利于保护市场营销中的商品竞争。商品质量是商标信誉的基础，生产经营者为了在市场竞争中打开销路，必然不断提高产品质量，扩大花色品种，改善售后服务，这种正当的竞争手段，可以通过商标得到保护。

3. 促进商品的生产者或经营者保证商品质量 商品质量是商标信誉的基础，信誉卓著的商标又为消费者购买商品提供了安全感。作为消费者，通常愿意购买名牌产品，因为名牌是优质的象征。名牌产品正是通过商品的优质而赢得消费者信任的。一个名牌产品，一旦在消费者心目中确定了形象，其生产者或经营者就要千方百计保证产品质量，维护产品信誉。因此，商标在保证和提高商品质量方面具有重要作用。

4. 便于广告宣传 商标是联结消费者与经营生产者的纽带，可以引导消费者选购商品。优质的产品，商标信誉好，产品在市场中的竞争力强，以商标作广告可以使用户对商品更加产生好感，促进产品销售，使商品销路旺畅。商品信誉好的商标，常常是通过消费

者主动介绍而广为人知的。商标本身也就起到了广告作用。

5. 促进商品经济发展 商标是厂家信誉的一种标志，往往成为消费者选择商品的重要依据。商标有助于保证商品质量，也便于市场管理。商标的确定可以使质量监督部门、物价管理部门和消费者对商品质量、价格进行监督和管理，有利于建立正常的商品经济秩序。

商标信誉的好坏决定了商品的竞争力。优胜劣败的市场竞争规则保证了名优产品的市场占有率。国家通过"驰名商标"的认定，使市场更加健康繁荣发展。厂家通过商标进行广告宣传，促进消费者对商品的认识，商标的实施使国家、集体、个人三者利益得到合理的维护，有利于市场经济蓬勃发展。

四、我国医药商品商标的现状

对于医药商品来说，商标是区别不同生产企业产品质量的标记，是医药商品是否合法经营的依据，是其质量的法律保证。药品作为特殊商品，消费者无法靠自己的能力辨别质量优劣，只能通过对产品的信任度决定使用哪一种产品。同一类产品最有效的区别方式就在于不同生产企业的商标，名牌产品因其质量好、疗效确切，受到消费者的喜爱，因此，药品注册商标对于企业创名牌、争效益、保证药品质量、提高竞争力，都有着重要的意义。

我国药品商标制度实施十多年来，形成许多在海内外享有一定声誉的名优商标，成为我国医药企业宝贵的无形资产。但我国药品商标的保护现状也存在一些突出的问题，如药品商品名与通用名的关系处理不当，导致商标的争议，企业利益不易得到保护。另外，一些医药企业缺乏名牌意识，不重视产品质量的改善和商标的注册与宣传，导致商标被他人恶意抢注，引起不必要的法律纠纷和经济损失；许多药品商标的显著性、识别性、独特性不强，不便于识别和推广，特别是我国传统的中药商品的保护力度亟待加强。

1. **药品商标注册量不足** 相比国外药企，我国医药企业普遍缺乏名牌意识，药品商标的注册量少。例如，日本武田药品株式会社在国内外拥有注册商标达7000多个，每年还有近300个商标申请注册，瑞士化学药品公司注册商标达3万多个。

2. **药品名与商标名关系处理不当** 一个药品应有通用名称（药品名）、化学名称、商品名称（商标名）。过去我国的化学药多为仿制药品，因而企业对新化合物及药品商品名重视不够。但随着市场经济与商标意识的增强，如果药品名与商标名的关系处理不当，将导致药品商标纠纷案增多。按照商标法的规定，商标不得使用本商品的通用名称，不得直接表示商品质量、主要原料、用途、重量、数量及其他特点。

3. **商标意识淡漠，名牌丧失** 商标的显著特点是注册专用权，我国不少药品企业商标意识淡漠，导致商标权自然散失。突出表现为商标过期不续展，缺乏在国外注册的意识而被抢注。由于多数国家的商标注册采用申请在先的原则，因而"商标抢注"就成为合法的行为。我国有部分名牌药品商标在国外已被他人抢注。因此，应提高名牌商标的保护意识。

4. **中药商标的区别作用不强** 我国民众对中药产品的识别主要是通过不同中药产品的名称识别的。中药产品的命名有着严格的规范，产品标准中的名称即通用名称在全国统一使用，无专有性。从药品名称难以区别产品的来源，难以区别产品质量的优劣。因此，区别产品来源的方式是通过认识商标和生产地标志。根据商标法规定，商品的通用名称不能

作为商标注册，六神丸、安宫牛黄丸等名称属于通用名称，无法申请商标注册。有些厂家将商标放在产品包装极不显著的地方，难以引起注意，商标的显著性和识别性作用在中药产品上未能充分发挥。

5. 药品商标的独特性不强　许多医药生产企业只注册一个或很少几个商标，往往是一个商标多个品种使用，而不是一个药品一个商标，有的企业甚至上百个产品使用一个商标，这就削弱了商标与产品作用之间的关系，使商标在区别药品的治疗作用上无法发挥作用。药品商标应具有特指性，通过宣传使消费者了解到商标与某治疗作用相关，便于识别和推广，如果专治某种疾病的药品没有一个独特的商标，那么商标的作用就很难体现。

6. 道地中药材的商标注册不多　我国中药材极为丰富，有的中药材仅在中国存在。韩国将"高丽参"作为国家的一个特殊产品，列为国家专卖品。而我国的中药材优于韩国，特产的著名药材如"天麻""冬虫夏草""长白山人参"等也应有相应的注册商标，有些药材也可成为国家专卖品，以确保产品质量，提高产品信誉。

📖 知识链接

医药商品说明书与标签等的管理

说明书与标签是药品的重要包装内容之一，是介绍药品特性、指导合理用药和普及医药知识的媒介，也是药品信息的重要来源之一。世界各国对其要求都很严格，如美国、日本的药政法规明确规定了药品说明书是医疗上的重要文件，是医生开方和药师配方的依据，具有科学及法律上的意义。

药品说明书与标签的内容很多，包括法定通用名称、规格、装量、生产企业、批准文号、产品主要成分、适应证、用法与用量、注意事项、有效期及贮藏要求等项内容。为规范管理，《药品说明书和标签管理规定》自 2006 年 6 月 1 日起施行。《医疗器械说明书和标签管理规定》自 2014 年 10 月 1 日起施行。

第三节　医药包装及我国医药包装行业的发展趋势

扫码"学一学"

目前，我国医药包装行业能生产六大类三十余个品种的医药包装材料，已基本能满足国内制药行业的需求，年销售额占全医药行业销售额的 15% 左右。我国医药包装产业的生产总值已占全国包装业生产总值的 10% 以上，大大高于整个制药工业占全国工业总产值的比例。在新产品、新药剂型层出不穷的今天，我国医药包装产业的市场空间广阔、前景十分诱人。

医药包装业在未来将会有很快发展，中国医药包装企业应抓住这个契机。要增强企业的研发能力，提高包装材料的档次；走精品包装、绿色包装、智能包装之路。随着包装新材料、新技术、新工艺的不断涌现，药品包装将呈现出更加方便、安全，更加符合环保要求的趋势。包装废弃物的大量增加，不但消耗材料资源，又污染环境。企业应根据药品本身特性来选择合适的包装材料，同时要发展绿色包装，保护环境。

一、绿色包装

（一）绿色包装的兴起

绿色包装是随着人们对世界环境危机、资源危机的认识不断深化，为保卫自己赖以生

存的地球生态环境掀起绿色革命而兴起和发展的。面对包装可能给人类社会带来的一些负面效应，如环境污染、温室效应、资源耗竭等，人们逐渐认识到发展绿色包装的紧迫性和使命感。

20世纪90年代，在世界绿色浪潮的影响和冲击下，绿色包装作为有效解决包装与环境的新理念涌现出来。1991年，德国首先发布了《包装——包装废弃物处理法令》，用立法的形式要求所有的包装材料必须能再利用与回收。1993年，我国提出要大力发展绿色包装；1995年10月，我国颁布了《中华人民共和国固体废弃物污染防止法》，明确规定"产品应当采用易回收利用、易处置或者在环境中易消纳的包装物"。1995年底，《全国包装行业"九五"发展规划及2010年远景目标》出台，规划中强调，在包装工业快速发展的同时必须加强环境保护，同时提出从包装原辅材料生产到包装制品、机械设备、包装废弃物的管理和处置等方面，逐步实施"绿色包装工程"的计划，并会同有关部门制定配套政策、法规、扶植绿色包装的发展。

（二）绿色包装的内涵

绿色包装（green package）又称环保包装（environmental friendly package）或生态包装，是指包装材料可重复使用或可再生、循环利用，包装物使用后的废弃物不会对人体或环境造成污染的包装。绿色包装应具备以下含义。

1. **实行包装减量化（reduce）** 绿色包装在满足保护、方便、销售等功能的条件下，应是用量最少的适度包装。欧美等国将包装减量化列为发展无害包装的首选措施。

2. **包装应易于重复利用（reuse）或回收再生（recycle）** 通过多次重复使用或通过回收废弃物，生产再生制品、焚烧利用热能、堆肥化改善土壤等措施，达到再利用的目的。既不污染环境，又可充分利用资源。

3. **包装废弃物可降解腐化（degradable）** 为不形成永久垃圾，不可回收利用的包装废弃物要能分解腐化，进而达到改善土壤的目的。当前世界各工业国家均重视发展利用生物或光降解的降解包装材料。

"reduce"、"reuse"、"recycle"和"degradable"即为当今世界公认的发展绿色包装的"3R，1D"原则。

4. **包装材料对人体和生物应无毒无害** 包装材料中不应含有毒性的元素、卤素、重金属或含有量应控制在有关标准以下。

5. **在包装产品的整个生命周期中，均不应对环境产生污染造成公害** 即包装产品从原材料采集、材料加工、制造产品、产品使用、废弃物回收再生，直至最终处理的生命全过程均不应对人体及环境造成公害。

因此，我们对绿色包装可作出如下定义：能够循环复用、再生利用或降解腐化，且在产品的整个生命周期中对人体及环境不造成公害的适度包装。

（三）绿色包装材料在医药商品中的应用

绿色包装材料是指包装材料从原材料的开发、生产加工、使用以及回收复用和废弃的整个过程都要符合环境保护要求，对生态环境无害无污染，并有利于资源的再生和回收。绿色包装材料是绿色医药商品包装得以实现的关键。目前的绿色包装材料包括以下几类。

1. **可回收处理再造包装材料** 主要包括纸张、纸板材料、纸浆模塑材料、金属材料、玻璃材料，通常的线型高分子材料（塑料、纤维），也包括可降解的高分子材料。在医药商

品包装中，则包括外、中包装用纸盒、液体药品用玻璃材料以及粉末状、片剂药品包装用的塑料包装材料。通过不断开发新的产品，改善原有包装材料并在绿色标准上达到要求，这一类绿色包装材料在医药商品包装中占主导地位。

2. 可自然风化回归自然的材料 主要包括纸制品材料（纸张、纸板、纸浆模塑材料）、可降解的各种材料（光降解、生物降解、热氧降解、光氧降解、水降解、光生物降解）及生物合成材料，如草秆、贝壳、天然纤维填充材料，可食性材料等。

3. 可焚烧回收而不污染大气的包装材料 包括不能回收处理再造的线型高分子材料、网状高分子材料，部分复合型材料，如塑－金属、塑－塑、塑－纸等。如在医药商品的泡罩包装中广泛使用的铝塑包装材料就属于这类材料。

随着医药商品本身和环保的要求，绿色包装材料的需求会越来越广泛，所以不断开发和改进包装材料是确保绿色医药商品包装的根本途径。

二、防伪包装

防伪包装是借助于包装，防止商品在流通与转移过程中被人为有意识的因素所窃换和假冒的技术与方法。防伪包装主要针对销售包装，主要是指那些需要进入商场流通，并在货架上或柜台上由消费者及用户进行挑选的产品包装。对于那些大批量的工业品包装及运输包装，防伪包装的意义相对较小。防伪包装是一个系统工程，应满足最基本的两面性原则，即消费者的易识别性和技术本身的不易仿制性原则。

（一）防伪包装的作用

1. 保护作用 科学的防伪包装能保护名牌产品生产厂家的利益和声誉。假冒产品严重扰乱市场，使名牌企业的经济效益与社会效益受到严重影响。此外，防伪包装还能保护商品消费者的利益和身心健康。对于假冒药品，消费者用后不但不能治疗疾病，反而会产生很多严重后果，有的甚至还危及生命健康。只有采用了可靠的防伪包装，才能让消费者真正购买到所需要的真品。

2. 遏制作用 指对制作假冒伪劣商品的行为能予以遏制的包装。制假造假者通常都是从仿制包装开始的，防伪包装就是防止和遏制那些不法分子仿制真品包装，靠防伪系统严密地防护，将包装与其内商品有机结合，同时将防伪包装中加密的信息与消费者和社会机构联系起来，从而使制假造假者的行为得以遏制。

3. 促进作用 通过科学的防伪技术使仿冒制假行为得以杜绝，迫使那些想制假的人把精力和时间全部用于提高产品质量，通过采用新技术新工艺、降低成本、改善服务态度，提高产品的竞争力，创名牌而非盗名牌、仿名牌。科学和社会的发展也将促进新技术、新工艺在包装的应用和实施。

4. 科学验证作用 指一些经济纠纷中涉及产品真伪时，由于采用的防伪包装及其技术已在生产厂家备底存档，纠纷中涉及到产品真实与否，可通过防伪包装样品与生产厂家进行落实对证，从而为科学的验证提供依据。

5. 增加信任度 防伪包装使得用户选用放心，也使多层次的经销商在经销过程中放心，给所包装的产品增加信任度和安全感。

（二）药品的防伪包装

世界卫生组织的数据表明，在全球销售的药品中，有10%是假药，每年假药的销售额

达到 320 亿美元。此外，由于进一步开放药品市场，加之网上购药已成为时尚，致使假药问题严重困扰欧洲医药市场。治假防伪成为保护消费者健康安全的重中之重，药品包装防伪已经成为与药品紧密相连、不可或缺的重要组成部分。医药包装防伪和医药商品的发展一样，也受到假冒产品的冲击。药品是一种人命关天的商品，因而其防伪包装就显得更加重要。

美国 FDA 在全球假冒最严重的"伟哥"（Viagra）以及最为人们所滥用的止痛药奥施康定（Oxy – Conth）上采用无线射频标签进行防伪。欧洲的药品包装制造供应商大量设计生产新一代的防伪包装。如德国某公司生产的一种不到巴掌大的药盒上就有近 10 种防伪标识。它使用了微缩文字、上光制版，同时采用了钞票凹印技术等可用肉眼识别的防伪标识和使用特殊镜片方能看见的防伪标识。此外，药品包装上还印有只有极少数人知道的防伪标识，企业也在不断开发和更新防伪标识。

近几年，药品包装防伪技术已从采用单一防伪手段发展到采用综合防伪手段。就防伪技术而言，防伪包装可归纳为油墨与印刷防伪、结构防伪、激光防伪、条码与电码防伪、综合防伪等。

1. **油墨防伪**　就是将具有特殊性能的油墨印刷到包装上，从而达到防伪效果的技术。

2. **印刷防伪**　就是在包装印刷及造型、选材、工艺等方面增大难度，使印制包装复杂化，并达到一般印刷难以完成的效果，从而起到防伪作用。

3. **结构防伪**　主要是通过包装开启部位与开启方式结构而进行防伪。

4. **激光全息防伪**　利用激光全息防伪技术制作防伪标识（激光全息图像）贴于商品包装上，或对包装材料进行处理，使之具有防伪和装潢方面的功能。

5. **条码防伪**　在设计与制作防伪包装时，根据条形码的有关标准、印刷位置、印刷油墨以及隐形等来达到防伪目的。

6. **电码防伪**　是将包装信息网络化的一种防伪包装技术。当消费者对商品的真实性有怀疑时，只要揭开防伪密码进行咨询就能得到准确答案。电码防伪具有不可伪造性。

7. **综合防伪技术**　综合防伪包装技术突破了纯科技防伪思想的局限，以具有极强防伪功能的包装材料为载体，有机地运用了各种防伪科学技术和管理技术。

随着科学技术的发展，在今后的药品包装生产中，防伪技术也将会以"易识别、价位适中、难仿造"为特点，在以下方面得到更快发展：激光全息防伪将以更高技术含量继续在防伪领域发挥重要作用；综合防伪技术的使用将成为防伪产品的必由之路；数字水印及更多更好的高安全防伪技术将走向药品包装并得到发展和全面推广；信息防伪技术最终将实现消费者与制造商之间的产品信息反馈零距离；生物特征信息（如指纹身份、DNA 等）防伪技术将得到更广泛应用；电子技术、自动识别技术（如机器视觉技术）等将和防伪技术更紧密结合并付诸应用；RFID 和传感器技术用于制药包装加密，不仅可以真正地完全控制伪品，还可以提供治疗的语音指导。同时传感器可以监测医药品的温度和存储期。

三、我国医药包装行业的发展趋势

我国目前药品包装的现状与发达国家相比有很大的差距，对药品包装理论和技术的研究还不深入，不能适应时代发展的要求；尤其是出口药品包装普遍存在着"一等产品、二等包装、三等价格"的不正常现象。因此，必须尽快提高我国的包装技术与管理水平，以

改进和提高药品包装的质量，实现药品包装的科学化、标准化和现代化，促进医药贸易事业和医药经济的发展。

（一）我国医药包装行业不断成长壮大

我国医药包装行业的发展始于改革开放，伴随着医药工业的不断发展逐步成长壮大。到目前为止，我国已经能够生产的医药包装产品在品种和质量方面基本满足制药工业的要求，很多产品已销往国外。我国正不断引进和更新医药包装机械及材料，医药包装工业将呈现出崭新的局面，药品种类的多元化也使医药包装的形式更加多样化。近年来我国固体型药品，如胶囊、针剂、外贴用药的包装更新速度很快；药品的单剂量包装越来越多；同时一次性塑料注射器的使用给中国针剂包装和应用带来一次大的变革；大输液包装改进的方向也正朝着复合软包装袋和塑料瓶包装的方向发展。

虽然药品包装是我国医药行业中的一个薄弱环节，与世界发达国家相比差距甚大，但是近年来我国药用包装市场规模增长迅速。截至 2018 年底，中国医药包装行业市场规模达到 1068 亿元，较上年增长 10.6%，快于全球增速。塑料包装和金属及其复合材料包装比重分别为 43.3% 和 24.0%，已经取代玻璃包装，成为医药包装行业的主流产品。

随着人们消费水平的提高和相关行业新法规标准的出台，我国医药产品包装业将发生根本性转变。中医药有数千年的发展史，却未能大规模进入欧美市场，除了生产工艺陈旧及欧美国家对中医药的某种偏见外，医药包装未能很好地执行国家标准也是重要原因。

（二）医药包装行业的国家政策扶持不断加大

医药包装行业的快速发展离不开国家的政策扶持，近年来药物包装行业相关政策频出，为药物包装行业发展提供帮助和出台标准。

2017 年 2 月，依据《中共中央关于制定国民经济和社会发展第十三个五年规划的建议》《中国制造 2025》《医药工业十三五发展规划指南》，中国医药包装协会编制了《医药包装工业"十三五"发展建议》。《建议》指出，医药包装产业"十三五"期间面临形势严峻，医药包装产业急需提升。医药包装不仅要满足基本的功能要求，还是药品组成的一部分，直接影响临床用药安全和患者用药体验。对医药包装的要求会从追求产品生产质量，转变到强调原辅材料控制和过程管理，满足临床用药的适用性，提高患者用药依从性。

2018 年以来，国家关于医药包装行业的政策主要集中于关联审评审批制度的落实、对医药包装质量的监督以及鼓励新型医药包装技术进步等三个方面。

2018 年 1 月，《关于进一步加强食品药品标准工作的指导意见》提出，到 2020 年，要制修订国家药用辅料标准 200 个、药包材标准 100 个。深化审批审评制度，进一步提高药包材质量控制技术要求。2018 年 4 月发布的《关于改革完善仿制药供应保障及使用政策的意见》指出，提高药用原辅料和包装材料质量。组织开展药用包装材料质量标准制修订工作；推动技术升级，淘汰落后技术和产能，改变部分药用包装材料依赖进口的局面，满足制剂质量需求。2018 年 6 月，《药包材登记资料要求》（征求意见稿）对药包材生产者、产品质量、产品配方及功能性等要求作出登记规定。2019 年 4 月发布的《产业结构调整目录》（征求意见稿）中指出，鼓励生产新型药用包装材料与技术的开发和生产。

（三）我国医药包装行业的发展趋势

医药是一个特殊的行业，药用包装材料的首要功能是保证药品在有效期内的安全性。

塑料瓶包装具有一定的优势，药品包装的形式也在不断变化，从原来的纸质包装袋、塑料袋到现在的聚乙烯塑料瓶和聚丙烯瓶以及其他塑料瓶包装等形式，未来，汽罩包装及条形复合膜包装将成为固体剂型药品包装的主流。

国际医药包装市场的发展新趋势是，机械技术、光电一体化包装技术比重加大，药品包装的安全性日益受到重视。随着包装技术的迅速发展，配合制药产品的包装机械也在不断地推陈出新。采用机械包装药品，可以大大降低假冒药品的机会。同时能更清楚地印上药品注释，让消费者明确选购及服用药品，从而使药品的包装更安全。目前，很多包装机械均内置印刷技术，而数码印刷的出现更将包装印刷推至高峰。至于安瓿、胶瓶及小药瓶的标签等多采用激光方法直接刻在瓶上。同样，玻璃容器也是借助激光刻上英文数字密码、标志等各种图案。

2018 年，全球医药包装行业的市场规模达到 941 亿美元，2012 至 2018 年的年均复合增长率达 5.6%。未来，全球医药包装市场的发展将随着高价值包装系统的逐渐使用而得到维持。这些价值较高的包装系统的作用体现在：提高病人的用药依从性，降低药品被假冒和转移的危险性，杜绝药品配送出现差错的危险性，为医疗保健机构提高防感染标准提供支持，为区别于其他多种仿制药提供工具。

随着科技的发展，在消费升级的背景下，国内对高端医药包装的需求量将稳步增长，医药包装的要求也会越来越高，我国医药包装将朝着高自动化、智能化方向发展。智能包装技术得到广泛地应用，药品包装的安全性日益受到重视。中国的药品包装企业应遵循国家相关政策法令，重视药品与包材的相容性研究，保证药品贮存期内包材对药物的稳定性和使用时的安全性。

1. **智能包装** 是指通过创新思维，在包装中加入机械、电气、电子和化学性能等新技术，使其既具有通用的包装功能，又具有一些特殊的性能，以满足商品的特殊要求和特殊的环境条件。其中涉及到保鲜技术、水溶膜包装技术、二维码技术、包装性与结构创新技术、便携包装技术、纹理防伪技术、磁共振射频防伪识别技术、食品安全溯源方案技术等。

智能包装是一类保有基础包装功能后，又能够感知、监控、记录以及调整产品所处环境的相关信息以及功能，可将信息便捷、高效地传递给使用者；使用者可与之进行信息交流沟通、易于触发隐含或预制功能的包装总称。近年来，中国智能包装市场规模逐渐增长；主要应用在防窜货、防伪、加大与消费者之间的互动，以及进一步提升品牌影响力方面。

2. **安全包装** 是指能确保药品使用中的安全性的包装材料、方法、技术等的统称。例如，儿童安全包装，防替换包装等；以及更广义范围的防伪防水防潮防破损安全包装、缓冲安全包装等。儿童安全包装（childish safe packaging）是指为家庭中贮存一定量的有毒有害物质（如药品、杀虫剂、清洗剂等）而设计的具有保护儿童安全的包装。其结构能保证在合理的时间内为大部分儿童所难以开启，或难以取出内装物。

在产品同质化越来越明显的今天，包装正在成为自身产品与其他产品相区别的一种有效方式。随着医疗体制的改革和药品分类管理的实施，患者自行选择药品的比例将逐步提高，而美观的包装可以使消费者对药品质量产生信赖感，从而提高购买欲。因此，制药企业应对包装的外观、设计和质量给予足够重视；尤其对 OTC 药品，包装将是市场竞争的一个重要手段。

知识链接

绿色包装标准发布

我国自 2015 年起，围绕绿色产品、节能低碳，出台了一系列政策：如《中国制造2025》《生态文明体制改革总体方案》《贯彻实施质量发展纲要 2015 年行动计划》《2015年循环经济推进计划》《关于加强节能标准化工作的意见》，明确提出"支持企业实施绿色战略、绿色标准、绿色管理和绿色生产，建立统一的绿色产品体系，开展绿色评价，引导绿色生产和绿色消费，实施节能标准化示范工程。"在一系列国内政策和国际发展趋势的推动下，我国于 2017 年 5 月首先发布并实施了国家绿色产品标准 GB/T 33761—2017《绿色产品评价通则》。

2019 年 5 月 13 日，国家市场监管总局、国家标准委发布《绿色包装评价方法与准则》国家标准，针对绿色包装产品低碳、节能、环保、安全的要求，规定了绿色包装评价准则、评价方法等。标准定义了"绿色包装"的内涵：在包装产品全生命周期中，在满足包装功能要求的前提下，对人体健康和生态环境危害小、资源能源消耗少的包装。评价准则：标准从资源属性、能源属性、环境属性和产品属性 4 个方面规定了绿色包装等级评定的关键技术要求，给出了基准分值的设置原则：重复使用、实际回收利用率、降解性能等重点指标赋予较高分值。评价方法：分为评价流程、评价分值的计算和核查方法三部分。给出了评价指标体系中各一级指标的分值计算方式及其权重值，以及综合得分计算公式和绿色包装等级的分数段划分。规定了评价工作的具体开展方式，同时对评价准则中要求的支撑文件提出明确要求。评价报告内容及格式：对评价报告内容作出了基本要求，并在"附录 C（资料性附录）绿色包装评价报告示例"中提供了参考示例，用以指导具体行业具体产品的评价报告编制。

我国包装行业规模庞大，目前国内生产企业 20 余万家，但超过 80% 的企业以生产传统包装产品为主，缺乏绿色化先进技术。新国标的出台，将通过"绿色包装评价"这一技术杠杆，倒逼企业更新产品，推动我国包装产业向绿色模式转变。标准的实施也将推动绿色包装评价研究和应用示范、转变包装产业结构、包装行业可持续发展。

重点小结

本章介绍了医药商品包装的主要功能和分类，对医药商品包装标识，特别是医药商品商标进行了阐述，并分析了我国医药包装行业的发展趋势。

医药商品包装能够保护医药商品质量的安全和数量的完整；便于医药商品的计数、计量及使用；促进医药商品的销售；增加医药商品的价值及有利于发挥其使用价值。医药商品的包装功能是：容纳功能及其延伸；保护功能及其延伸；传达功能及其延伸；方便功能及其延伸；社会适应功能及其延伸。以包装在医药商品流通中的作用作为分类标志，可分为储运包装和销售包装；从销售和运输两方面分类，销售包装技术有真空包装、充气包装、脱氧包装、无菌包装、收缩包装等，运输包装技术有防震包装、防锈包装、防虫包装、防潮包装等。

商品包装上的常见标识，主要包括运输包装收发货标志、包装储运指示标志、危险品标志和商标。药品注册商标对于企业创名牌、争效益、保证药品质量、提高竞争力，都有

扫码"练一练"

着重要的意义。

  在当前的医药经济大背景下，我国医药包装产业的市场空间广阔。绿色包装又称环保包装或生态包装，是指包装材料可重复使用或可再生、循环利用，包装物使用后的废弃物不会对人体或环境造成污染的包装。防伪包装是借助于包装，防止商品在流通与转移过程中被人为有意识的因素所窃换和假冒的技术与方法。

（曹　燕）

第五章　医药商品的运输与储存养护

扫码"看一看"

> ### 学习目标
>
> 　　1. **掌握**　医药商品运输的意义和原则；医药商品储存的概念、作用和原则；医药商品养护的概念。
> 　　2. **熟悉**　合理组织医药商品运输的方式、工具和方法；医药商品储存管理的内容；影响医药商品稳定性的因素、养护常规及不同药品剂型的保管养护方法。
> 　　3. **了解**　运输的功能和原理。

　　医药商品的生产和消费在空间上往往是不一致的，需要通过运力实现医药商品在空间上的实际转移过程，这就是医药商品的运输。合理的医药商品的运输，能够实现医药商品的价值和使用价值，促进医药产业再生产的顺利进行。与此同时，医药商品由生产到消费之间往往存在一定的时间间隔，虽然各种医药商品的生产同消费的时间间隔长短不同，但都会有一个或长或短的时间停留在流通领域，必然使一部分医药商品停留在仓库中，这决定了医药商品储存的必要性。由于药品是特殊商品，有其不同的理化性质，在储存过程中，受内在因素和外在因素的影响，会发生质量变化。因此，医药商品的储存和养护是药品质量管理工作的重要环节，是维护药品使用价值的一项重要工作。掌握药品在储存期间的变化规律，积极创造适宜的储存条件，采取有效措施，维护药品质量，降低药品耗损，最大限度实现医药商品的使用价值。

第一节　医药商品的运输

扫码"学一学"

　　医药商品运输是通过运力实现医药商品在空间位置上的实际转移过程。商品是为交换而生产的劳动产品，实现劳动产品向商品转换的条件之一是必须从生产者手中转移到消费者手中，即空间位置上的转移过程。医药商品只有通过运输，完成空间位置转移之后，才能满足生产和消费的需求，才能实现价值和使用价值。医药商品运输合理与否，在很大程度上影响着医药商品使用价值和价值的实现。因此，医药商品的运输是医药商品学研究的一个重要部分。

一、医药商品运输的功能和原理

（一）运输的功能

　　医药商品运输的功能，是指发挥医药商品运输的空间效用而增加医药商品的价值。医药商品运输具有两大功能：转移功能和储存功能。

　　1. **转移功能**　无论产品处于哪种形式，比如材料、零部件、装配件、在制品、半成品或是制成品，也不管是在制造过程中，将被转移到下一阶段，还是处于接近最终的顾客，运输都是必不可少的。商品运输的主要功能就是在商品价值的逐步形成过程中，通过改变

商品的地点与位置来创造出价值，这称为商品运输的空间效用。商品运输还能使商品能够在适当的时间内到达消费者手中，这是商品运输的时间效应。运输的主要功能就是以最少的时间将商品从原产地转移到目的地，完成商品的运输任务。

2. 储存功能　对产品进行临时储存是一个不太寻常的运输功能，也即将运输车辆临时作为相当昂贵的储存设施。然而，如果转移中的产品需要储存，且在短时间内（如几天后）又将重新转移，而该产品在仓库卸下来和再装上去的成本也许会超过储存在运输工具中每天支付的费用。这时，可将运输工具作为暂时的储存场所。所以，运输也具有临时的储存功能。通常以下几种情况需要将运输工具作为临时储存场所：①货物处于转移中，运输的目的地发生改变时，产品需要临时储存，这时，采取改道则是产品短时储存的一种方法；②起始地或目的地仓库储存能力有限的情况下，将货物装上运输工具，采用迂回线路运往目的地。当然，用运输工具储存货物可能是昂贵的，但如果综合考虑总成本，包括运输途中的装卸成本、储存能力的限制、装卸的损耗或时间延长等，那么，选择运输工具作短时储存往往是合理的，有时甚至是必要的。

（二）运输的原理

运输规模经济和运输距离经济是运输必须遵守的两个基本原理，它们对运输的效率有着显著的影响。

1. 运输规模经济　特指随着装运规模的增加，而单位重量的运输成本发生递减的现象。通常大型运输方式（如整车货运）比小型运输方式（如零担运输）的单位重量的运输成本要低得多。运输规模经济在于与转移一批货物有关的固定费用可以按照整批货物的重量分摊，所以一批货物越重就越能分摊费用。因此，伴随运输规模的扩大，运输成本递减的现象是客观存在的。

2. 运输距离经济　是指随着运输距离的增加，单位距离的运输成本发生递减的现象。从某种意义上来讲，距离经济与规模经济基本相似。运输距离经济通常称为递远递减原则，原因就是同样的固定成本在更远的距离上分摊，单位距离的运输成本自然就会减少。

二、医药商品运输的意义和原则

（一）医药商品运输的意义

生产的目的是为了消费，医药商品只有被患者消费以后才有使用价值。医药商品从生产领域向消费领域转移的过程中都需要通过运输来实现。

合理组织医药商品运输，可以使药品生产企业生产出来的医药商品快速销售出去，实现商品的价值和使用价值，从而使企业及时收到回款，加速和扩大医药生产的发展；合理组织医药商品运输，可以加速医药商品的流通，缩短医药商品待运和在途的时间，保证医药市场供应；合理组织医药商品运输，可以改善医药企业的生产经营状况，减少待运和在途商品的资金占压，加速资金周转，保护医药商品的使用价值，减少商品的在途损耗，提高药品运输的经济效益；合理组织医药商品运输，可以提高运输工具的装载量，加速运输工具的周转，有效地利用各种运输工具，缩短商品的运输里程，节约运力和劳动力，减少运输中的浪费。

（二）医药商品运输的原则

医药商品只有在适当的时间、适当的地点完好地提供给消费者，才能真正实现其价值，

完成其职能本身所赋予的任务。为此，在组织医药商品，运输的过程中，一定要按照运输规律的要求，遵循"及时、准确、安全、经济"的原则，做到加速医药商品流通，降低医药商品流通费用，提高货运质量，多快好省地完成医药商品的运输任务。

1. **及时原则**　就是要按照医药市场需求和医药商品流通规律，以最少的时间和最短的里程，把医药商品送达指定地点，及时满足市场和消费者的需要。主要是通过最合理的运输方式和运输线路，尽量缩短医药商品待运时间和在途时间，减少周转环节，加快运输各环节的速度等措施来实现。

2. **准确原则**　就是要防止发生差错事故，保证在整个运输过程中，把医药商品准确无误，保质保量运达目的地。医药商品从生产领域到到达消费者手中，中间要经过若干环节，稍有疏忽，就容易发生差错。发运医药商品不仅要件数准确，规格也不能出错。因此，准确无误地发运和接运医药商品，降低差错事故率，是提高医药商品运输质量的重要内容。

3. **安全原则**　就是在运输过程中要确保医药商品的使用价值的安全。医药商品的使用价值是指能满足消费者的需要。如果医药商品因运输或装卸不当而失去使用价值，那就成为无用之物。医药商品在运输中，要注意在运输、装卸过程中的震动和冲击等外力的作用，防止医药商品的破损，同时要防止医药商品由物理、化学或生物学变化等自然原因所引起的减量和变质。安全原则主要是通过选择合适的商品运输包装，合理的运输路线、工具和方式以及提倡文明运输等措施来实现。

4. **经济原则**　就是以最经济的方法调运医药商品，降低运输成本。降低运输成本的主要方法是节约运输费用。节约运输费用的主要途径则是开展合理运输，即选择最经济、合理的运输路线和运输方法，尽可能地减少运输环节、缩短运输里程，力求花最少的费用，把医药商品运到消费地。此外，还应提高运输设备和运输工具的利用率，加强对运输设备和运输工具的保养，提高劳动生产率，从而取得更大的经济效益。

三、医药商品运输的内容

（一）正确选择运输方式

医药商品运输方式是指医药商品运输过程中所采取的具体组织形式和业务活动方式。为了确保医药商品运输达到"及时、准确、安全、经济"的原则，可以根据不同医药商品的性质、数量和需求程度来选择合理的运输方式。选择正确的运输方式，可以减少中间运转环节，防止医药商品的破损和混淆，是合理组织医药商品运输的重要途径。

1. **联合运输**　简称"联运"。它是通过运输部门之间的合作，连接各种不同的运输工具，在中转环节由有关的运输部门按照联运计划，负责转换运输工具，最终到达终点站，把药品交付给收货单位。联合运输的方式有水陆联运、水水联运、陆陆联运（铁公联运）、铁公水联运、水路水联运、陆水陆联运以及国际联运等。联合运输的优点是可以加快医药商品周转速度，简化托运手续，节约运输费用，综合运用各种运输方式，也有利于调动和发挥运输行业的积极性，明确运输途中的责任。

2. **"四就直拨"运输**　是就厂直拨、就车站（码头）直拨、就仓库直拨、就船过载直拨运输商品的简称。就厂直拨是批发企业在验收后将医药商品由生产厂家直接发送到要货单位。就站直拨是将到达车站或码头的医药商品，经过验收后，不运入批发仓库，直接分拨给要货单位。就仓库直拨是将由工厂送入一、二级批发企业仓库的医药商品，由批发企

业调拨给要货单位。就船过载直拨是将到达消费地或集散地的医药商品，在卸船的同时，验收后分送给要货单位，中间不再经过其他环节。

"四就直拨"运输可以减少中间环节，能降低药品损耗和运输费用。但是"四就直拨"需要一定的条件，即：在药品品种上，适于规格比较简单、挑选性不强的大宗药品；在时间上，要求能快卸、快装、快运；在业务衔接上，必须加强与其他部门的密切合作；操作时，需要一定的场地、设备和人力等。

3. 直达直线运输 直达运输是指把医药商品从产地直接运达到要货单位的运输，中间不需要经过各级批发企业的仓库的运输；直线运输是指根据药品合理流向，选择最短运距的运输路线，使药品运输尽量直线化。由于减少运输环节和选择合理的运输路线往往结合进行，因此将这两种发运形式统称为直线直达运输。直达、直线运输是合理组织医药商品运输的重要措施之一。它可以缩短药品流通时间，提高运输效率，节约运力和劳力，降低药品的运输损耗，提高经济效益。直达直线运输的合理性是有一定条件的，不能认为直达一定优于中转，直线一定好于迂回。在特定的情况下，需要从物流系统整体优化和客户实际需求出发，来判断其合理性。

"四就直拨"和直达直线运输是两种不同的合理运输形式，它们既有联系又有区别。直达直线运输一般是指货物运输里程较远、批量较大；而"四就直拨"运输是指货物运输里程较近、批量较小，一般在大中城市批发站所在地办理直拨运输业务。在运输过程中将"四就直拨"运输与直达直线运输结合起来，就会收到更好的经济效果。

4. "五定"运输 即定商品、定运输路线、定起止点、定运输工具、定运输费用的简称。实行"五定"运输，可以把医药商品的生产、供销、运输固定地联结起来，提高运输的综合效益，使医药商品流通更加合理。

5. 中转运输 是指医药商品销售部门把商品送到某一适销地点，再进行转运、换装或分运的工作，如火车整车到达后再用火车零担转运到目的地。中转运输是商品运输的有机组成部分，是联结发货和收货的重要环节。

6. 集装箱运输 集装箱是指具有一定强度、刚度和规格的专供周转使用的大型装货容器。集装箱运输则是指以集装箱这种大型容器为载体，将货物集合组装成集装单元，以便在现代流通领域内运用大型装卸机械和大型载运车辆进行装卸、搬运作业和完成运输任务，从而更好地实现货物"门到门"运输的一种新型、高效率和高效益的运输方式。

7. 整车运输 根据商品的重量、体积、状态或性质，须单独用一节货车装运，或在数量上可装足一节货车的商品运输形式。

8. 零担运输 是指托运一批次货物数量较少时，装不足或者占用一节货车车皮（或一辆运输汽车）进行运输在经济上不合算，而由运输部门安排和其他托运货物拼装后进行运输。运输部门按托运货物的吨公里数和运价率计费。

(二) 合理使用运输工具

运输工具是实现医药商品在不同地区之间转移的物质条件。运输药品应当根据药品的包装、质量特性并针对车况、道路、天气等因素，选用适宜的运输工具，采取相应措施防止出现破损、污染等问题。合理地使用运输工具，也是合理组织医药商品运输的重要途径之一。

1. 公路运输工具 公路运输（一般指汽车运输）是陆上两种基本运输工具之一，在商品运输过程中起着重要作用。公路运输主要承担近距离、小批量的货运和水运、铁路运输难以到达地区的长途、大批量货运及铁路、水运优势难以发挥的短途运输。公路运输的优

点是机动灵活、简捷方便、应急性强；缺点是运输能力较小，变动成本相对较高。公路运输一般适合医药商品的短途运输。

2. 铁路运输工具　铁路运输主要承担长距离、大数量的货运。在没有水运条件的地区，几乎所有大批量货物都依靠铁路，其在干线运输中起主力运输作用。铁路运输的优点是运输量大、运费较低、速度较快、安全，不受气候和季节的影响，运输的准确性和连续性强；缺点是铁路运输的固定成本很高，但变动成本相对较低，使得近距离的运费较高。因此，铁路运输最适宜大宗医药商品的远程运输。

3. 水路运输工具　水路运输包括沿海运输、近海运输、远洋运输和内河运输。水路运输主要承担大数量、长距离的运输，在干线运输中起主力作用。在内河及沿海，水运也常作为小型运输工具使用，担任补充及衔接大批量干线运输的任务。水运的主要优点是成本低，能进行低成本、大批量、远距离的运输；缺点是运输速度慢，受港口、水位、季节、气候影响较大，因而一年中中断运输的时间较长。水路运输适宜于大宗医药商品的远程运输，但运输速度慢，医药商品在途时间较长。

4. 航空运输工具　航空运输是使用飞机和其他航空器进行的运输。由于航空运输速度快，航线不受地形条件限制，在开辟新市场、适应市场需要和变化等方面较其他运输方式为优越，所以发展迅速，运量逐步增大。航空运输的优点是运送速度快、安全准确；缺点是运量小、运价较高，不适合运送一般的医药商品，只适合运送贵重药品和急救药品。

（三）合理运输方法的选择

合理的医药商品运输方法的选择包括合理的商品运输流向、运输线路、运输方式等。采取何种运输方法应根据医药商品运输的要求，按照组织医药商品运输的原则，结合运送的医药商品的性质特点，选择合适的运输线路和运输方式，以便控制成本，减少医药商品损耗，保证医药市场供应。合理运输方法的选择可以通过图上作业法、表上作业法和树型决策法来进行。

1. 图上作业法　利用商品的发运地和接收地的地理分布和交通路线示意图，采用图解的形式，规划商品的运输方案，求得商品运输最小吨公里的方法。图上作业法适用于同一种运输工具进行运输的状况。图上作业法的核心就是规划出商品的最优流向图，也就是商品的最优运输方案。一般地说，最优流向图是指既没有对流又没有迂回的流向图。

2. 表上作业法　利用各种表格通过对调运方案的一系列检验调整，分析比较，直至求得最优运算方案。

3. 树型决策法　利用图解的形式，把可供选择的运输方案及其结果一步步地顺序展开，其形状类似树形，计算并比较各种方案的效益，从而优选的方法。

（四）医药商品运输中的注意事项

企业应当按照质量管理制度的要求，严格执行运输操作规程，并采取有效措施保证运输过程中的药品质量与安全。

1. 运输工具的检查　运输药品应当使用封闭式货物运输工具。相关医药企业在发运药品时，应当检查运输工具，发现运输条件不符合规定的，不得发运。在运输药品的过程中，运载工具应当保持密闭，并严格按照外包装标示的要求搬运、装卸药品。

2. 运输温度的控制　要根据药品的温度控制要求，在运输过程中采取必要的保温或者冷藏、冷冻措施，运输过程中，药品不得直接接触冰袋、冰排等蓄冷剂，防止对药品质量

造成影响。在冷藏、冷冻药品运输途中，运输冷藏、冷冻药品的冷藏车及车载冷藏箱、保温箱应当符合药品运输过程中对温度控制的要求。冷藏车具有自动调控温度、显示温度、存储和读取温度监测数据的功能；冷藏箱及保温箱具有外部显示和采集箱体内温度数据的功能。要实时监测并记录冷藏车、冷藏箱或者保温箱内的温度数据。对运输途中可能发生的设备故障、异常天气影响、交通拥堵等突发事件，要事先制定冷藏、冷冻药品运输应急预案，以便采取相应的应对措施。

3. **安全及时运输** 已装车的药品应当及时发运并尽快送达。在运输过程中要采取安全管理措施，防止在运输过程中发生药品盗抢、遗失、调换等事故。特殊管理的药品的运输应当符合国家有关规定。

知识链接

麻醉药品和精神药品的运输规定

托运或自行运输麻醉药品和第一类精神药品的单位，应当向所在地省、自治区、直辖市药品监督管理部门申领《麻醉药品、第一类精神药品运输证明》（简称运输证明）。申请领取运输证明须提交以下资料：①麻醉药品、第一类精神药品运输证明申请表；②加盖单位公章的《药品生产许可证》或《药品经营许可证》复印件（仅药品生产、经营企业提供）；③加盖单位公章的《企业营业执照》或登记证书复印件；④经办人身份证明复印件、法人委托书；⑤申请运输药品的情况说明。省、自治区、直辖市药品监督管理部门对资料审查合格的，应于10日内发给运输证明，同时将发证情况报同级公安机关备案。运输证明正本1份，根据实际需要可发给副本若干份，必要时可增领副本。运输证明有效期1年（不跨年度）。运输证明在有效期满前1个月按照上述规定重新办理，过期后3个月内将原运输证明上缴发证机关。运输证明应妥善保管，不得涂改、转让、转借。发生遗失的，遗失单位应立即书面告知运输证明持有单位；持有单位应及时向发证机关报告；发证机关应予注销并在政府网站上公告，并通报同级公安机关。

承运麻醉药品和第一类精神药品时，承运单位要查验、收取运输证明副本。运输证明副本随货同行以备查验。在运输途中承运单位必须妥善保管运输证明副本，不得遗失。货物到达后，承运单位应将运输证明副本递交收货单位。收货单位应在收到货物后1个月内将运输证明副本交还发货单位。

铁路运输应当采用集装箱或行李车运输麻醉药品和第一类精神药品。采用集装箱运输时，应确保箱体完好，施封有效。道路运输麻醉药品和第一类精神药品必须采用封闭式车辆，有专人押运，中途不应停车过夜。水路运输麻醉药品和第一类精神药品时应有专人押运。

麻醉药品和第一类精神药品到货后，承运单位应当严格按照有关规定与收货单位办理交货手续，双方对货物进行现场检查验收，确保货物准确交付。

定点生产企业、全国性批发企业和区域性批发企业之间发运麻醉药品和第一类精神药品时，跨省运输的，发货单位应事先向所在地及收货单位所在地省、自治区、直辖市药品监督管理机构报送发运货物信息，内容包括发货人、收货人、货物品名、数量。发货单位所在地药品监督管理部门也应按规定向收货单位所在地的同级药品监督管理部门通报。属于在本省、自治区、直辖市内运输的，发货单位应事先向所在地省、自治区、直辖市药品监督管理部门及收货单位所在地设区的市级药品监督管理机构报送发运货物信息。发货单位所在地药品监督管理部门也应按规定向收货单位所在地设区的市级药品监督管理机构通报。

因科研或生产特殊需要，单位需派专人携带少量麻醉药品、第一类精神药品的，应当随货携带运输证明（或批准购买的证明文件）、单位介绍信和本人身份证明以备查验。

运输第二类精神药品无需办理运输证明。

托运麻醉药品和精神药品的单位应确定托运经办人，选择相对固定的承运单位。托运经办人在运单货物名称栏内填写"麻醉药品"、"第一类精神药品"或"第二类精神药品"字样，运单上应当加盖托运单位公章或运输专用章。收货人只能为单位，不得为个人。

铁路、民航、道路、水路承运单位承运麻醉药品和精神药品时，应当及时办理运输手续，尽量缩短货物在途时间，并采取相应的安全措施，防止麻醉药品、精神药品在装卸和运输过程中被盗、被抢或丢失。

承运单位应积极配合托运单位查询货物在途情况。麻醉药品和精神药品在运输途中出现包装破损时，承运单位要采取相应的保护措施。发生被盗、被抢、丢失的，承运单位应立即报告当地公安机关，并通知收货单位，收货单位应立即报告当地药品监督管理部门。

4. 委托运输注意事项 企业委托其他单位运输药品的，首先要对承运方运输药品的质量保障能力进行审计，索取运输车辆的相关资料，符合药品 GSP 运输设施设备条件和要求的方可委托。委托时，要与承运方签订运输协议，明确药品质量责任、遵守运输操作规程和在途时限等内容。对委托运输药品进行记录，以实现运输过程的质量追溯。记录至少包括发货时间、发货地址、收货单位、收货地址、货单号、药品件数、运输方式、委托经办人、承运单位，采用车辆运输的还应当载明车牌号，并留存驾驶人员的驾驶证复印件，记录应当至少保存 5 年。及时监督承运方严格履行委托运输协议，及时发运药品并尽快送达，防止因在途时间过长影响药品质量。

第二节 医药商品的储存

一、医药商品储存的作用和原则

扫码"学一学"

商品储存是保证商品流通正常进行的一个重要条件，是商品流通过程中的一个必不可少的环节。医药商品的储存是指医药商品在离开生产过程之后，进入消费领域之前，在流通领域内所形成的一种暂时的停滞状态。在医药商品由分散的生产领域汇集到流通领域，经妥善保管后投入市场销售的活动中，改变医药商品空间状态的任务是由医药商品运输来完成，而改变医药商品在时间状态的重任则是由医药商品储存来完成。

（一）医药商品储存的作用

1. 调节医药商品生产和消费之间的时间差异 由于生产的周期性、季节性和消费的习惯性，许多医药商品的生产和消费往往不同步，在时间上存在着一定的间隔。有的医药商品是常年生产，季节性消费，如在季节变换的时节，是感冒的高峰期，所以需要把感冒药事先生产、储存起来；有的医药商品为季节性生产，但是常年消费，如某些中草药。因此，没有储存的调节，就难以实现供求的平衡。即便是常年生产常年消费的商品，其生产和消费也不是完全同步的，也需要通过储存来实现供求的平衡。

2. 调节医药商品在生产和消费之间的空间距离上的差异 在医药商品实现现代化大生

产的条件下，医药商品的生产和消费在空间上存在着一定的距离。这些空间距离上的差异，需要依靠商品运输来解决，在运输的过程中，或因小批采购、成批运转，或因等待运输工具而不能及时转运，必然需要对医药商品进行储存。

3. **发挥蓄水池的作用** 在生产领域，医药商品生产企业为了适应市场的变化必须储存一定数量的商品；在流通领域，医药商品在销售前需要进行各种准备活动，需要在流通领域停留一段时间，医药流通企业为了适应市场需求的变化，保证商品供应的不间断，必须要有一定数量的周转库存。因此，医药商品的储存起到了蓄水池的作用，一方面支持生产，另一方面满足消费。同时，医药商品的储存也能够应付不可预见的自然灾害、疾病、战争等意外事件。

（二）医药商品储存的原则

医药商品储存是为了保证医药商品顺畅流通而出现的一种停滞，具有其必然性。但是医药商品储存不是随心所欲，毫无限度的，它必须遵循以下原则。

1. **确保生产稳定的原则** 医药商品储存是支持生产，使生产与流通连接起来的一个重要手段。医药商品企业要根据具体生产情况来确定相应的储存量和储存期，以确保商品生产均衡稳定地进行，避免生产的盲目性和随意性。例如原料药的储存量应该能满足药品生产的正常需要。

2. **保证市场供应的原则** 为了保证医药商品流通正常、持续地进行，医药企业必须要根据一定的比例关系，按照销售量的大小保持一定数量的药品储存，这样才能确保市场供应的持续性，为患者服务。通常医药商品的储存量应当与患者总体需求量相一致，与医药商品的销售量保持一定的比例关系。如某些药品的生产周期是一年两季，那么这些药品的储量最低应维持到下一次新药生产之前，还要加上必要的安全储备和灾害性储备。另外，还要综合考虑医药商品的生产周期和流通时间长短来确定相应的储备量，这样才能保证市场供需的均衡。

3. **确保库存结构合理的原则** 由于医药商品储存在数量和结构上都要适应市场的需要，因此库存医药商品在品种、规格、质量、价格等方面应保持合理的比例关系，以适应市场的变化情况，并防止储存的医药商品出现积压或脱销的情况。

4. **确保医药商品质量的原则** 医药商品储存的目的是为了更好地销售和患者的使用，因此储存的医药商品必须保持其原有的使用价值，否则便失去了储存的意义。在医药商品储存过程中，要严格监控医药商品的质量，加强对医药商品的维护和保养，建立和保持适宜的环境条件，合理确定医药商品的储存期和储备量，确保医药商品的质量不发生改变。

5. **经济核算原则** 库存的医药商品的数量和储存期直接决定了医药企业的储存成本，进而影响医药企业的经济效益。因此，医药商品储存量的多少、储存时间的长短、库存商品的结构的确定等都要遵循经济核算的原则。医药企业在商品储存过程中应根据实际情况推算出维持正常周转的最佳库存量和库存结构，选择最低的库存成本和较少的资金占用，掌握合理的进货批量和库存储备量，以获得最大的经济效益。同时，医药商品作为特殊商品，还要讲究社会效益，满足患者的需要。

二、医药商品储存的场所

医药商品仓库是保管、储存医药商品的建筑物和场所的总称，是保证医药商品质量必备和最基础的设施。医药商品从生产领域开始，经过流通领域，最后到达消费领域的过程

中，总有一定时间的停留和存放，即处于储存状态。而商品的储存必须依赖一定的场所，占据一定的空间位置，并在其中存留一定的时间。在这一特定的时间和空间下，医药商品的质量是否发生或不发生变化，在很大程度上取决于医药商品储存的场所及仓库是否符合要求。医药商品种类繁多，性能各异，储存要求较高。因此，在仓库设置时必须研究医药商品的特殊性，加强基础设施建设，以适应药品储存的需要。

（一）医药商品仓库的类型

1. 按仓库在医药商品流通中的使用职能划分

（1）采购仓库　通常指设在医药商品生产区的各种采购供应企业的仓库，主要职能为分批接收从生产部门收购的药品，经过集中和积聚再整批或分批发运各地。此类仓库一般设置在医药商品生产集中的大中城市、沿海进口口岸或医药商品运转的集散地，规模较大。

（2）批发仓库　通常指设在医药商品供应区的各种批发企业的仓库，主要职能为将从外地和当地收购的医药商品，按照供应合同或调拨供应凭证，分批发货，并根据要货单位的要求办理编配、分装、改装、整理等业务。批发仓库的业务特点是批次多、数量少、进出忙，地点一般设置在医药商品的消费地区，规模较小。

（3）零售仓库　通常指为保证医药商品日常销售而进行短期储存的仓库，主要职能为将零售企业购进的医药商品进行短期储存，并要担负验收、拆包、挑选、分类、加工等业务。零售仓库一般设置于零售企业内或药店附近，归零售企业直接管理。

（4）加工仓库　通常指将医药商品储存与加工业务结合在一起的仓库，主要职能是对某些医药商品进行必要的挑选、整理、分装、改装和简单的流通加工，以方便储存和适应销售需要。加工仓库可设置在医药商品生产区或供应区。

（5）储备仓库　通常指为储存国家的某些重要储备医药商品和季节性储备医药商品而设立的专门仓库。此类仓库接受和发运医药商品的批次量较少，主要对医药商品进行较长时期的保管和养护业务。

（6）中转仓库　通常指为适应医药商品在运输途中进行分运或转换运输工具而建立，作为医药商品短暂停留的仓库。设置地点一般在铁路、公路、航运等交叉汇集点，要求有齐全的装卸设备。

2. 按医药商品仓库的建筑高度及设施划分

（1）平面仓库　是指仓库建筑物是平房，结构简单，建筑费用低廉，有效高度一般不超过5~6m的仓库。平面仓库一般适用于性能稳定的药品储存。由于其结构简单，较难使用一些科学养护技术及现代化机械设备，所以对库存药品的质量养护会带来一些不利影响，并且平面仓库占地面积大，从长远来看，这种仓库应用会减少。

（2）多层常规仓库　是指两层以上的建筑物，是钢筋混凝土建造的仓库。承受压力大，占地面积小，可以提高仓库的容量，为药品储存提供较为优越的条件，有利于仓库实现机械化、自动化管理及科学养护的开展。多层仓库中可以设置多层货架，建立编号，以便于药品定位，堆垛稳固。

（3）高层立体仓库　是一种自动化、机械化的仓库形式，高度为10m以上，在立体仓库中，由于货架一般比较高，所以货物的存取需要采用与之配套的机械化、自动化设备。此类仓库可以实现计算机网络管理，做到无人操纵、按计划入库和出库的全自动化控制。优点为提高了土地利用率、单位面积储存量，有利于仓库作业机械化、自动化，实现仓库规范化管理，是未来药品仓库发展的主要趋势之一。

3. 按药品理化性质对储存的温湿度要求划分

（1）常温库　有些药品0℃以下容易结冻造成分子结构破坏失去药效，有些药品在30℃以上时容易发生融化而造成药品变质，因此温度控制在10～30℃的仓库称为常温库。

（2）阴凉库　温度控制在不超过20℃范围内的仓库称为阴凉库。

（3）冷库　温度控制在2～10℃的仓库称为冷库。

（二）对医药商品仓库的要求

医药商品经营企业应当具有与其药品经营范围、经营规模相适应的经营场所和库房。

1. **仓库的选址、设计、布局、建造、改造和维护**　应当符合药品储存的要求，防止药品的污染、交叉污染、混淆和差错。药品储存作业区、辅助作业区应当与办公区和生活区分开一定距离或者有隔离措施。

2. **仓库的规模及条件**　仓库应当满足药品的合理、安全储存，并达到以下要求，便于开展储存作业：库房内外环境整洁，无污染源，库区地面硬化或者绿化；库房内墙、顶光洁，地面平整，门窗结构严密；库房有可靠的安全防护措施，能够对无关人员进入实行可控管理，防止药品被盗、替换或者混入假药；有防止室外装卸、搬运、接收、发运等作业受异常天气影响的措施。

3. **仓库的设施设备**　仓库应当配备以下设施设备：药品与地面之间有效隔离的设备；避光、通风、防潮、防虫、防鼠等设备；有效调控温湿度及室内外空气交换的设备；自动监测、记录库房温湿度的设备；符合储存作业要求的照明设备；用于零货拣选、拼箱发货操作及复核的作业区域和设备；包装物料的存放场所；验收、发货、退货的专用场所；不合格药品专用存放场所；经营特殊管理的药品有符合国家规定的储存设施。

4. **经营冷藏、冷冻药品的仓库设施设备**　应当配备以下设施设备：与其经营规模和品种相适应的冷库，经营疫苗的应当配备两个以上独立冷库；用于冷库温度自动监测、显示、记录、调控、报警的设备；冷库制冷设备的备用发电机组或者双回路供电系统；对有特殊低温要求的药品，应当配备符合其储存要求的设施设备；冷藏车及车载冷藏箱或者保温箱等设备。

5. **经营中药材、中药饮片的规定**　经营中药材、中药饮片的，应当有专用的库房和养护工作场所，直接收购地产中药材的应当设置中药样品室（柜）。

三、医药商品储存的管理

医药商品储存管理包括医药商品的入库管理、在库管理和出库管理等，是对医药商品进行堆存保管、保养、维护等的一系列活动。

（一）入库管理

企业应当按照规定的程序和要求对到货药品逐批进行收货、验收，防止不合格药品入库。

1. **按规定收货**　药品到货时，收货人员应当核实运输方式是否符合要求，并对照随货同行单（票）和采购记录核对药品，做到票、账、货相符。随货同行单（票）应当包括供货单位、生产厂商、药品的通用名称、剂型、规格、批号、数量、收货单位、收货地址、发货日期等内容，并加盖供货单位药品出库专用章原印章。冷藏、冷冻药品到货时，应当对其运输方式及运输过程的温度记录、运输时间等质量控制状况进行重点检查并记录。不

符合温度要求的应当拒收。收货人员对符合收货要求的药品，应当按品种特性要求放于相应待验区域，或者设置状态标志，通知验收。冷藏、冷冻药品应当在冷库内待验。

2. 按规定验收　验收药品应当按照药品批号查验同批号的检验报告书。供货单位为批发企业的，检验报告书应当加盖其质量管理专用章原印章。检验报告书的传递和保存可以采用电子数据形式，但应当保证其合法性和有效性。企业应当按照验收规定，对每次到货药品进行逐批抽样验收，抽取的样品应当具有代表性；同一批号的药品应当至少检查一个最小包装，但生产企业有特殊质量控制要求或者打开最小包装可能影响药品质量的，可不打开最小包装；破损、污染、渗液、封条损坏等包装异常以及零货、拼箱的，应当开箱检查至最小包装；外包装及封签完整的原料药、实施批签发管理的生物制品，可不开箱检查。验收人员应当对抽样药品的外观、包装、标签、说明书以及相关的证明文件等逐一进行检查、核对；验收结束后，应当将抽取的完好样品放回原包装箱，加封并标示。特殊管理的药品应当按照相关规定在专库或者专区内验收。

3. 做好验收记录　验收药品应当做好验收记录，包括药品的通用名称、剂型、规格、批准文号、批号、生产日期、有效期、生产厂商、供货单位、到货数量、到货日期、验收合格数量、验收结果等内容。验收人员应当在验收记录上签署姓名和验收日期。中药材验收记录应当包括品名、产地、供货单位、到货数量、验收合格数量等内容。中药饮片验收记录应当包括品名、规格、批号、产地、生产日期、生产厂商、供货单位、到货数量、验收合格数量等内容，实施批准文号管理的中药饮片还应当记录批准文号。验收不合格的还应当注明不合格事项及处置措施。

4. 登记入库　药品入库要做入库登记，建立库存记录，验收合格的药品应当及时入库登记；验收不合格的，不得入库，并由质量管理部门处理。

（二）在库管理

1. 分类储存管理　仓库管理人员要熟悉药品质量特性，根据有关规定，对药品进行分类分区科学存放，做到药品与非药品分开存放，外用药与其他药品药分开存放，中药材和中药饮片分库存放、危险品等与其他药品分开存放，处方药与非处方药分开，容易串味和名称容易混的药品分开存放，以免混淆、错发或互相影响。特殊管理的药品应当按照国家有关规定储存，拆除外包装的零货药品应当集中存放，退货药品要单独堆放。药品储存作业区内不得存放与储存管理无关的物品。

> **知识链接**
>
> ### 麻醉药品和精神药品的储存规定
>
> 麻醉药品药用原植物种植企业、定点生产企业、全国性批发企业和区域性批发企业以及国家设立的麻醉药品储存单位，应当设置储存麻醉药品和第一类精神药品的专库。该专库应当符合下列要求：①安装专用防盗门，实行双人双锁管理；②具有相应的防火设施；③具有监控设施和报警装置，报警装置应当与公安机关报警系统联网。麻醉药品定点生产企业应当将麻醉药品原料药和制剂分别存放。
>
> 麻醉药品和第一类精神药品的使用单位应当设立专库或者专柜储存麻醉药品和第一类精神药品。专库应当设有防盗设施并安装报警装置；专柜应当使用保险柜。专库和专柜应当实行双人双锁管理。

麻醉药品药用原植物种植企业、定点生产企业、全国性批发企业和区域性批发企业、国家设立的麻醉药品储存单位以及麻醉药品和第一类精神药品的使用单位，应当配备专人负责管理工作，并建立储存麻醉药品和第一类精神药品的专用账册。药品入库双人验收，出库双人复核，做到账物相符。专用账册的保存期限应当自药品有效期期满之日起不少于5年。

第二类精神药品经营企业应当在药品库房中设立独立的专库或者专柜储存第二类精神药品，并建立专用账册，实行专人管理。专用账册的保存期限应当自药品有效期期满之日起不少于5年。

2. 湿温度管理 在医药商品储存过程中，绝大多数的药品质量变化是由仓库的湿温度变化引起的。因此在医药商品仓库的管理中，温度和湿度的管理是十分重要的内容，随时对仓库的温度和湿度进行调节和控制是保持库存医药商品质量完好的重要措施。

（1）温度管理 温度是表示物体冷热程度的物理量。空气温度是指大气的冷热程度，简称气温。仓库空间的温度称为仓库温度。空气温度决定着仓库温度，仓库温度随着空气温度的变化而变化。温度过高或过低都可能使药品质量发生变化，要按药品包装标示的温度要求储存药品，包装上没有标示具体温度的，按照《中国药典》规定的贮藏要求进行储存。

（2）湿度管理 湿度是指空气中含有水蒸气的量。空气中水蒸气含量越多湿度越大；反之湿度就小。空气中相对湿度与药品质量有密切关系：相对湿度大时，易使药品受潮而发生潮解、发霉或分解变质；相对湿度过小时，又会使药品发生风化或干裂等情况。一般药品仓库的相对湿度应该在35%~75%。因此，在药品储存中应不断监测仓库内外空气的相对湿度，以便采取相应的调节措施。

3. 色标管理 医药商品仓库在储存药品时，为了有效控制药品储存质量，应对药品按其质量状态分区管理，为杜绝库存药品的存放差错，必须对在库药品实行色标管理。药品质量状态的色标区分标准为：合格药品为绿色，不合格药品为红色，待确定药品为黄色；三色标牌以底色为准，文字可以白色或黑色表示，如图5-1所示，防止出现色标混乱。

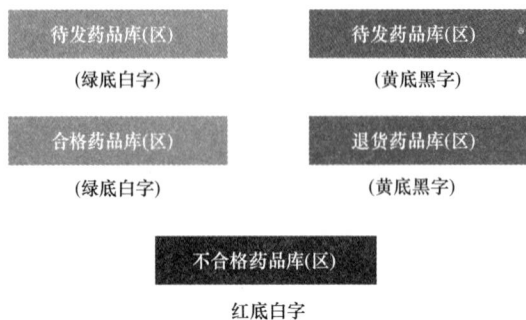

待发药品库(区)	待发药品库(区)
（绿底白字）	（黄底黑字）
合格药品库(区)	退货药品库(区)
（绿底白字）	（黄底黑字）

不合格药品库(区)

红底白字

图5-1 色标牌图示

4. 医药商品堆垛管理 医药商品堆垛是指根据药品的特性、形状、规格、重量及包装等情况，同时综合考虑地面的负荷、储存条件，将医药商品分别堆成各种货垛。医药商品堆垛应该遵循安全、方便、经济的原则。

（1）安全 指的是堆垛时应操作正确，货垛稳固。避免超负荷，防止倒垛，确保人

员、药品的安全。堆垛时，要严格按照外包装标示要求规范操作，堆码高度符合包装图示要求，避免损坏药品包装；药品按批号堆码，不同批号的药品不得混垛，垛间距不小于 5cm，与库房内墙、顶、温度调控设备及管道等设施间距不小于 30cm，与地面间距不小于 10cm。

（2）方便　指的是便于堆垛、存取、盘点及先进先出。要保持走道、支道畅通，不能有阻塞情况。

（3）经济　指的是在保证药品安全、方便的前提下，要尽可能提高仓储利用率，降低单位药品的储存费用。科学合理的码垛对提高医药商品的储存保管质量，提高仓容利用率，提高收发作业及养护工作的效率，有着不可低估的作用。

5. **在库检查**　医药商品的在库检查是指对库存药品的查看和检验。应根据药品受外界环境影响质量可能发生变化的现象，经常和定期地对在库药品进行检查。通过检查，及时了解药品的质量变化情况，以便采取相应的保护措施，并鉴定所采取养护措施的成效，掌握药品质量变化的规律，防患于未然。

医药商品在库检查的时间和方法，应根据药品的性质及其变化规律，结合季节气候、储存环境和储存时间长短掌握，大致可采取以下两种方法：①定期检查，每年在规定的时间里对库存药品逐塔堆逐垛进行全面检查。对有效期药品、重点养护的品种、麻醉药品、精神药品、医疗用毒性药品、放射性药品等特殊管理的药品，要重点进行检查；②随机检查，一般在汛期、雨季、严寒、高温或发现有质量突变苗头时，临时组织力量进行全部或局部的突击检查。在库检查内容包括对库房内的温湿度、卫生等储存环境和条件进行常规检查；对药品是否按库、区、排、号分类存放，药品有无倒置、侧放现象，货垛堆码、垛底衬垫、通道、墙距、货距等存放方式进行检查；对药品外观性状等是否发生变化及变化程度、包装有无损坏等药品质量进行检查。在检查中，要特别注意对新品种，质量不稳定品种和规定有效期的药品的查看和检验。

（三）出库管理

1. **出库复核**　药品出库时应当对照销售记录进行复核。发现以下情况不得出库，并报告质量管理部门处理：药品包装出现破损、污染、封口不牢、衬垫不实、封条损坏等问题；包装内有异常响动或者液体渗漏；标签脱落、字迹模糊不清或者标识内容与实物不符；药品已超过有效期；其他异常情况的药品。药品出库复核应当建立记录，包括购货单位、药品的通用名称、剂型、规格、数量、批号、有效期、生产厂商、出库日期、质量状况和复核人员等内容。特殊管理的药品出库应当按照有关规定进行复核。

2. **拼箱发货规定**　药品拼箱发货的代用包装箱应当有醒目的拼箱标志。

3. **随货同行单**　药品出库时，应当附加盖企业药品出库专用章原印章的随货同行单（票）。直调药品出库时，由供货单位开具两份随货同行单（票），分别发往直调企业和购货单位。随货同行单（票）应当标明直调企业名称。

4. **冷藏、冷冻药品的出库**　冷藏、冷冻药品的装箱、装车等项作业，应当由专人负责并符合以下要求：车载冷藏箱或者保温箱在使用前应当达到相应的温度要求；应当在冷藏环境下完成冷藏、冷冻药品的装箱、封箱工作；装车前应当检查冷藏车辆的启动、运行状态，达到规定温度后方可装车；启运时应当做好运输记录，内容包括运输工具和启运时间等。

第三节　医药商品的养护

医药商品在储存过程中，由于其自身的性质，在一定外界因素的作用下会发生各种物理、化学、生物方面的变化，导致商品质量的下降。要避免这种情况发生，就必须在医药商品储存期间进行必要的养护。

一、医药商品养护的概念

所谓医药商品的养护就是运用现代科学技术与方法，根据医药商品的储存特性要求，对储存的医药商品进行保养和维护的技术管理工作，是研究储存中的医药商品的质量变化和科学养护方法的一门科学。对医药商品进行养护是医药商品质量管理在流通领域中不可缺少的环节，对确保医药商品安全、防止医药商品变质、避免各类损失、保证医药商品使用价值具有重要意义。

二、影响医药商品稳定性的因素

医药商品稳定性是指在规定的条件下保持其有效性和安全性的能力。规定的条件一般包括医药商品的有效期以及生产、储存、运输和使用的要求。医药商品在储存过程中，虽然表面上处于相对静止状态，但其内部总是不停地运动和变化。而这种变化有的是容易察觉的，有的则很难及时发现。医药商品发生变化是由于内在因素和外界因素造成的。内在因素主要是药品本身的化学成分、结构以及由它所反映的物理性质和化学性质。因此内在因素又表现为药品化学性质的内因和表现为药品物理性质的内因。外界因素表现为空气、温度、湿度、光线、时间、微生物和昆虫、包装容器等。科学地养护药品，就必须熟悉药品属性及其发生质量变化的原因，采取相应的防治和养护措施。

（一）内在因素

1. 药品的物理性质

（1）挥发性　是指液态或固态物质能变成气态扩散到空气中的性质。具有挥发性的药品如果包装不严或储存时的温度过高，可造成挥发减量，如乙醇、薄荷脑等在常温下即有强烈的挥发性，还可引起燃烧和爆炸。

（2）吸湿性　是指药品在外界空气中不同程度地吸附水蒸气的性质。药品吸湿后，可以引起结块、潮解、稀释、发霉、水解、氧化等变化，致使某些药品在调配时产生困难或难以掌握准确的剂量，甚至使某些药品的药效降低或产生刺激性、毒性。

（3）吸附性　药品能够吸收空气中的有害气体或特殊臭气的性质被称为药品的吸附性，例如淀粉、药用炭、滑石粉等因表面积大而具有显著的吸附作用，从而使本身具有被吸附气体的气味，亦称"串味"。

（4）冻结性　以水或乙醇作溶剂的一些液体药品遇冷可凝结成固体，这种固体会导致药品的体积膨胀而引起容器破裂。

（5）风化性　有些含结晶水的药品在干燥空气中容易失去全部或部分结晶水，变成白色不透明的晶体或粉末，称为"风化"。风化后的药品的药效虽然未变，但影响使用剂量的准确性，尤其是有毒和剧毒药品，造成医疗事故。

（6）色、臭、味　药品色、臭、味是药品重要的外观性状，也是药品的物理性质之一。

药品色、臭、味一方面可以显示出该药品的外观特征，另一方面又是药品稳定性的一项重要标志。当色、臭、味发生变化时，经常意味着药品性质发生了变化，所以它们是保管养护人员实施感官检查的重要根据。

2. 药品的化学性质　药品稳定性取决于药品的理化性质。化学结构不同，药品的理化性质也不一样，其稳定性也有很大差别。因此，研究药品稳定性，了解药品结构与药品性质的关系，掌握其中的规律性，能更好地养护药品。

（1）易水解的化学结构　当药物的化学结构中含有酯、酰胺、醚等时，易发生水解反应。如青霉素的分子中含有 β-内酰胺环，在酸性、中性或碱性溶液中易发生分解反应和分子重排反应，其分解产物与分子重排物均无抗菌作用。

（2）易被氧化的化学结构　当药品的化学结构中含有酚羟基、巯基、芳胺、不饱和碳键等基团时，易发生氧化反应。如磺胺嘧啶钠，在日光、空气、湿气的作用下易被氧化变质失效，故应遮光、密封保存。

（二）外在因素

使药品发生变质的外界环境因素很多，如空气、光线、温度、湿度、包装、微生物和昆虫等；这些因素均对药品的质量产生影响。通常是几种因素同时或交叉进行的，它们互相促进、互相作用，而加速药品失效变质。因此药品的保管养护，应根据其性质和影响它的各种因素综合考虑。

1. 空气　空气是各种气体物质的混合物，其中对药品质量影响比较大的为空气中的氧气、二氧化碳、水蒸气和灰尘。

（1）氧气　氧气约占空气中 1/5 的体积，由于其性质活泼，易使某些药物发生氧化作用而变质，如酚类药物、芳胺类药物、含不饱和碳键的药物。药品被氧化以后可以发生变色、异臭、分解、变质、失效，甚至产生毒性。此外，氧气还有助燃性，有利于易燃药品的燃烧。

（2）二氧化碳　空气中的二氧化碳可使某些药品吸收，发生碳酸化而使药品变质。例如磺胺类药物的钠盐、巴比妥类药物钠盐、苯妥英钠等和二氧化碳作用后，分别生成游离的磺胺类药物、巴比妥类药物、苯妥英而难溶于水。

（3）水蒸气、灰尘等　有些药品，尤其是粉末性药品，易吸收水蒸气、灰尘及弥散在空气中的其他有害气体而影响本身质量。药用炭长期露置于空气中能吸附空气，使其本身吸附力降低而影响药效。

2. 温度　温度过高或过低都能使药品变质。因此，药品在储存时要根据其不同性质选择适宜的温度。

（1）温度过高　高温可促使药品发生化学和物理的变化，进而影响药品的质量。主要影响有：温度增高可促进氧化、水解、分解等化学反应或促进昆虫和微生物的生长繁殖而加速药品变质，如抗生素受热后会加速分解失效，脏器制剂遇潮热易霉败虫蛀；温度过高可使具有挥发性、沸点低的药品加速挥发而造成损失，如挥发油、薄荷脑、乙醚等挥发后可因含量变化而影响药效；温度过高易使糖衣片熔化粘连、软膏熔化分层、胶囊剂加速胶囊老化碎裂、栓剂黏软变形等失去原有剂型的作用。这些变化都使药品变质或影响药效。

（2）温度过低　一般药物均宜储存于阴凉处，但温度过低也会使一些药品产生沉淀、冻结、凝固等变质失效。低温也会使容器破裂致微生物侵入药品而造成损失。如生物制品因冻结而失去活性，胰岛素注射液久冻之后可发生变性；注射液及水溶液制剂冻结后体积

膨胀使玻璃容器破裂。

3. **湿度** 对药品的质量影响很大。空气中水蒸气含量越多湿度就越大，反之湿度越小。湿度增大能促进药品分解变质甚至产生毒性，所以湿度对药品质量的影响很大。湿度太大能使药品吸湿而发生潮解、变形、稀释、变质或霉败。易引湿的药品如三氯化铁、胃蛋白酶、甘油、干糖浆等。湿度太小，则容易使某些药品风化。

4. **光线** 是由不同波长的电磁波所组成，光线中的紫外线能直接引起或促进药品的氧化、变色、分解等化学反应。有些药品经光照射以后，可发生颜色改变。例如磺胺类药物遇光渐变黄色，肾上腺素受光影响可逐渐变为红色至棕色，使其药效降低或失效。有些药品受光线作用后，可发生分解。例如过氧化氢溶液见光分解成水和氧，氯化亚汞遇光能逐渐分解生成汞，变深灰色，对人体有剧毒。维生素 A、维生素 D 在光、氧等的影响下，易于氧化失效。

5. **时间** 有些药品即使储存条件合适，时间过久也会逐渐变质、失效。如抗生素、生物制品、脏器制剂等，较长时间储存往往使有效成分含量下降或毒性增加。有些性质不稳定的药物，如乳剂、水剂、栓剂等储存时间过长也会影响质量。因此《中国药典》对某些药品，根据其性质不稳定的程度，均规定了不同的有效期。有效期是指药品在规定的储存条件下，能够保持质量合格的期限，要求使用单位在规定期限内使用。

6. **昆虫和微生物** 药品如果封口不严，放置在空气中就会遭受微生物（细菌、霉菌、酵母菌等）和昆虫等的侵入，导致药品腐败发酵而变质。

7. **包装容器** 不完善的包装可使稳定性好的制剂失效，包装材料恰当与否、质量好坏对药品受外界环境的影响及药物自身的稳定都有直接关系。包装药品最常用的容器材料有玻璃、金属、塑料、橡胶等。

（1）玻璃性质较稳定，不与药物及空气中氧、二氧化碳等作用，但在溶液中可能会放出碱性物质和不溶性脱片。

（2）塑料容器质轻、耐碰撞、价格低廉，但有两向穿透性，即容器中的溶液可透过塑料进入环境，周围环境中的物质可通过塑料进入溶液中。有些药物能与塑料中的附加剂发生理化作用，或药液黏附在容器壁。不同的塑料其穿透性、附加剂成分不同，选用时应经过必要的物理试验和生物，确认该塑料对药物制剂无影响才能使用。

（3）金属容器具有较高的机械强度、密封性能好，药物不易受污染。但一般金属的化学稳定性较差，易被氧化剂、酸性物质所腐蚀，选用时注意表面要涂环氧树脂层以耐腐蚀。

（4）橡胶被用来作塞子、垫圈、滴头等部件，使用时应注意橡皮塞与瓶中溶液接触可能吸收主药和防腐剂，需用该防腐剂浸泡后使用。橡皮塞用环氧树脂涂覆，可有效地阻止橡胶塞中成分溶入溶液中而产生白点干扰药物分析。还应注意橡胶塞是否有与主药、抗氧剂相互作用的现象，以保证药品的质量。

三、药品养护常规

医药商品的养护主要是针对药品在仓库储存过程中进行的保养与维护工作，应贯彻"以防为主"的原则。

1. **养护的主要内容** 药品养护人员应当根据库房条件、外部环境、药品质量特性等对药品进行养护，主要内容是：指导和督促储存人员对药品进行合理储存与作业；检查并改善储存条件、防护措施、卫生环境；对库房温湿度进行有效监测、调控；按照养护计划对

库存药品的外观、包装等质量状况进行检查，并建立养护记录；对储存条件有特殊要求的或者有效期较短的品种应当进行重点养护；发现有问题的药品应当及时在计算机系统中锁定和记录，并通知质量管理部门处理；对中药材和中药饮片应当按其特性采取有效方法进行养护并记录，所采取的养护方法不得对药品造成污染；定期汇总、分析养护信息。

2. **监控药品有效期**　相关企业应当采用计算机系统对库存药品的有效期进行自动跟踪和控制，采取近效期预警及超过有效期自动锁定等措施，防止过期药品销售。

3. **异常情况的处理**　药品因破损而导致液体、气体、粉末泄漏时，应当迅速采取安全处理措施，防止对储存环境和其他药品造成污染。对质量可疑的药品应当立即采取停售措施，并在计算机系统中锁定，同时报告质量管理部门确认。对存在质量问题的药品应当采取以下措施：存放于标志明显的专用场所，并有效隔离，不得销售；怀疑为假药的，及时报告药品监督管理部门；属于特殊管理的药品，按照国家有关规定处理；不合格药品的处理过程应当有完整的手续和记录；对不合格药品应当查明并分析原因，及时采取预防措施。

4. **定期盘点**　企业应当对库存药品定期盘点，做到账、货相符。

四、不同药品剂型的保管养护

（一）片剂的保管养护

片剂是指药物或提取物经加工压制成片状的内服或外用制剂。

1. **防潮**　片剂除含有主药外，尚加有一定的辅料如淀粉等赋以成形。在湿度较大时，淀粉等辅料易吸收水分，可使片剂发生松散、破碎、发霉、变质等现象，因此湿度对片剂的影响最为严重。一般压制片吸潮后即可发生松片、破碎、发霉、变质等现象，因此，均需密封在干燥处保存。

2. **避光**　凡药物对光敏感的片剂，如维生素 C 片、磺胺类片剂、硫酸亚铁片、对氨基水杨酸钠片等，必须盛于遮光容器内在干燥阴凉处保存。

3. **防热**　含挥发性药物的片剂，受热后能使药物挥发，有效成分含量降低而影响药物的疗效，故应置阴凉处保存。

4. **隔离存放**　外用片、内服片以及环境卫生消毒用片剂等必须分开储存，以免混淆错发。有特殊异味的片剂，也应与其他片剂分开存放，以免串味。

（二）胶囊剂的保管养护

胶囊剂是指药物或加有辅料装于空胶囊或密封与软质囊材中制成的固体制剂。

1. **防潮、防热**　胶囊剂制造的主要原料是明胶，吸潮、受热后易变软、发黏、膨胀，易发生漏粉和霉变等现象。具有颜色的胶囊在吸潮受热后还会出现颜色不匀、褪色、变色、表面浑浊失去光泽等情况。因此，一般胶囊剂都应密封，置干燥、凉处保存，注意防潮防热，但也不宜过分干燥，以免胶囊过于干燥而发生脆裂漏粉。

2. **避光**　凡主药对光线敏感的胶囊剂，如维生素 AD 胶丸，遇光有效成分易被氧化，颜色渐变深，故应避光保存。

（三）注射剂的保管养护

注射剂亦称为针剂，是指供注入人体内应用的一种制剂。注射剂在储存期的保管养护，应根据药品的理化性质，并结合其溶液和包装容器的特点，综合加以考虑。

1. **避光**　注射剂受氧气、光线、温度、微量重金属等作用而引起变色，其中遇光变

色、变质的情况最为多见。一般注射剂应避光储存。油溶液型注射剂、油混悬型注射剂、乳浊型注射剂，由于溶媒是植物油，内含不饱和脂肪酸，遇光、空气或储存温度过高均能使其氧化酸败，颜色逐渐变深，因此，油溶液注射剂一般应避光、置凉处保存。

2. **防热** 抗生素类注射剂，一般性质都不稳定，遇热后促进分解，效价降低，故一般应置凉处避光保存。脏器制剂或酶类注射剂，如垂体后叶注射液、催产素注射液、注射用辅酶 A 等在温度较高时易引起蛋白质的变性，光线亦可使其失去活性，因此一般均须在凉暗处遮光保存。生物制品，如精制破伤风抗毒素、白蛋白、丙种球蛋白等，从化学成分上看具有蛋白质的性质，一般都怕热、怕光，有些还怕冻，因冻结造成蛋白变性，融化后可能出现摇不散的絮状沉淀，致使不可供药用。因此最适宜的保存条件是 2~10℃ 的暗处。

3. **防冻** 水溶液注射剂（包括水混悬型注射剂、乳浊型注射剂），因以水为溶媒，故在低温下易冻结，冻结后体积膨胀，往往使容器破裂；少数注射剂受冻后即使容器没有破裂，也会发生质量变异，致使不可供药用。因此水溶液注射剂在冬季应注意防冻，库房温度一般应保持在 0℃ 以上。

4. **防潮** 注射用粉针目前有两种包装，一种为小瓶装，一种为安瓿装。小瓶装封口为橡皮塞外轧铝盖再烫蜡，看起来很严密，但并不能完全保证不漏气、不受潮，尤其在南方潮热地区更易发生吸潮粘瓶、结块变色等变质现象。因此胶塞铝盖小瓶装的注射用粉针在保管过程中应注意防潮，并且不得倒置，以防止药物或橡皮塞长时间接触而影响药品质量。安瓿装的注射用粉针封口严密，不易受潮，故一般比小瓶装的较为稳定，主要根据药物本身理化性质进行保管，但应检查安瓿有无裂纹冷爆现象。

5. **不可横卧倒置** 大输液、代血浆等大体积的水溶液注射剂，冬季除应注意防冻外，在储存过程中切不可横卧倒置。因横卧或倒置时，会使药液长时间与橡胶塞接触，橡胶塞的一些杂质会进入药液，形成小白点，储存时间越长，澄明度变化越大。此外，在储存或搬运过程中，不可扭动、挤压或碰撞瓶塞，以免漏气，造成污染。

（四）散剂的保管养护

散剂是指一种或数种药物均匀混合制成的粉末制剂。

1. **防潮** 散剂的保管中，防潮是关键，因为散剂的分散度较大，其吸湿性也比较显著，吸潮后药物可引起结块、变质或微生物污染等。一般散剂均应在干燥处密闭保存。

2. **避光** 含有遇光易氧化变色变质药物的散剂，要避光保存，特别要防止日光的直接照晒。

3. **防热** 含挥发性药物的散剂，受热后更易挥发散失，造成药效降低，应密封在干燥阴凉处保存。

4. **隔离存放** 有特殊异味散剂，应与其他药物隔离存放，以防串味。口服散剂与局部用散剂要分区、分库或远离存放，特殊管理药品的散剂要专柜、专库存放。

（五）水剂的保管养护

水剂是指用水作溶媒，或药物混悬于水中而制成的各种制剂。水剂的剂型较多，应根据各种剂型的特点采取适宜的保管方法。

1. **溶液剂的保管养护** 很多药物的溶液剂稳定性不够高，易氧化、分解、变色、沉淀，有些又容易发霉败坏。如含有挥发性成分的溶液剂，受热后药物挥散、含量下降，故储存时须注意防热；易滋生微生物的药物应严密封口，置于干燥阴凉处；具有特殊臭味的

溶液剂，不能与包装严密性差或吸附性强的药品一起储存，以防串味；对人体有害的各种防腐、消毒药品应与内服药隔离存放。

2. **芳香水剂的保管养护**　多数芳香水剂均不稳定，易于霉败或产生异臭，其中的挥发性物质也多易分解变质。因此，芳香水剂一般都应密封，在凉处避光保存，冬季防冻，并掌握"先产先出"，不宜久储。

3. **合剂的保管养护**　由于合剂主要是以水为溶媒，故与水剂的一般保管方法相同，也应密闭，在凉处避光保存，冬季防冻。合剂一般不宜久存，要注意掌握"先产先出"。

4. **乳剂的保管养护**　乳剂不稳定，容易分层（乳析）、破裂、油类酸败等，还易被霉菌、酵母菌及细菌等微生物污染。因此，乳剂应密闭避光，于凉处保存，冬季防冻。

5. **滴眼剂、滴鼻剂的保管养护**　一般为药物的水溶液或水混悬液，性质多不稳定，易受空气、二氧化碳、光线、温度等的影响而分解变质。因此，滴眼剂应密闭或密封，在凉处避光保存，不宜久储，冬季注意防冻。注意有效期，掌握"先产先出，近期先出"的原则。

（六）糖浆剂的保管养护

糖浆剂是指含药物或芳香物质的高浓度蔗糖水溶液。

1. **防霉**　糖浆剂如储存不当，易产生霉败、沉淀和变色等质量变异。在储存保管期间，如糖浆剂包装不严、受热或被污染，则易出现生霉、发酵、甚至变酸、发臭的现象。因此，糖浆剂的保管养护关键在于防止糖浆霉败，其主要措施应以防热、防污染为主。

2. **防冻**　糖浆剂一般含糖浓度较高，故不像水剂类易于冻结，但冬季在特冷的地区，有些含糖量较低的糖浆亦会发生凝结。因此，药用糖浆含糖量在60%以上的，一般可不防冻，个别特冷地区可根据情况决定。

（七）含乙醇制剂的保管养护

含乙醇制剂是指乙醇作溶媒制成的各种制剂。乙醇具有良好的防腐作用，但是具有较强的挥发性和燃烧性。因此，对于此类制剂应主要根据乙醇易挥发、易燃烧的特性加强保管。

1. **防热**　含乙醇制剂的药品瓶口应密闭，在阴凉处保存。夏季注意防热，不宜堆码过高，应适当留出顶距。储存过程中应经常检查有无挥发减量，若有挥发应及时整理加固包装。

2. **防火**　由于含乙醇制剂易燃烧，故储存地点应杜绝火源、火种，并防止与易燃物品共存一处，以防引起火灾。

3. **避光**　许多含乙醇制剂的有效成分遇光易变质，受日光照射后能发生沉淀、变色、效价或含量降低等变化。所以含乙醇制剂一般都应密封在避光容器内，在阴凉处保存。

（八）软膏剂的保管养护

软膏剂在储存期间的稳定性，与其基质、药物的性质、储存的条件（温度、光线、湿度）、容器和包装的形式等有关。

1. **密闭遮光**　一般软膏剂应密闭、避光，置干燥阴凉处保存，温度控制在25℃以下。乳剂基质和水溶性基质制成的软膏，冬季还应防冻。夏季应避热保存，以免水分与基质分离，失去其均匀性。

2. **隔离存放**　具有特殊臭味的软膏剂应置凉处，并与一般药物隔离存放，以防串味。

3. **避免久储**　含有某些不稳定的药物的软膏剂，容易变质，除应根据它们的性质加强保管外，还应掌握"先产先出"，避免久储。

4. **防重压**　锡管装软膏剂在贮运中要防止重压，堆码不宜过高，以防锡管受压发生变形或破裂；塑料管装软膏剂在南方潮热地区多不稳定，保管中应注意避光，避免重压与久储；玻璃瓶装软膏剂在贮运中应防止重摔，并不得倒置侧放，以免破碎、流油；扁形金属或塑料盒软膏剂贮运中应防止重压，亦不得倒置侧放，以免包装变形或流油。

（九）栓剂的保管养护

栓剂指药物和基质均匀混合制成的专供人体不同腔道使用的固体制剂。

1. **防热**　栓剂一般应存放于干燥凉处或30℃以下贮存，防止重压，并且储存时间不宜过长，以免腐败、酸败。

2. **防潮**　栓剂由于基质的特性，甘油明胶基质栓引湿性强，吸潮后变为不透明并有"出汗"现象，气候干燥时又易干化变硬，故应装在玻璃瓶中密塞，于凉处保存。

3. **避光**　对受热易融化，遇光易变色的栓剂，应密闭、避光在凉处保存。

重点小结

医药商品运输具有产品的转移功能和产品的储存功能，规模经济和运输经济是医药商品运输必须遵守的两个基本原理。医药商品运输应遵循及时、准确、安全、经济的原则，根据不同医药商品的性质、数量和需求程度来选择合理的运输方式、运输工具和运输方法。

医药商品的储存是指医药商品在离开生产过程之后，进入消费领域之前，在流通领域内所形成的一种暂时的停滞状态。医药商品储存具有调节医药商品生产和消费之间的时间差异、调节医药商品在生产和消费之间的空间距离上的差异以及发挥蓄水池的作用。医药商品储存必须遵循确保生产稳定、保证市场供应、确保库存结构合理、确保医药商品质量以及经济核算的原则。

医药商品仓库是保管、储存医药商品的建筑物和场所的总称，是保证医药商品质量必备和最基础的设施。医药商品储存管理包括入库管理、在库管理和出库管理。

医药商品的养护就是运用现代科学技术与方法，根据医药商品的储存特性要求，对储存的医药商品进行保养和维护的技术管理工作，是研究储存中的医药商品的质量变化和科学养护方法的一门科学。影响医药商品稳定性的因素包括内在因素和外界因素：内在因素主要是药品化学性质的内因和药品物理性质的内因；外界因素表现为空气、温度、湿度、光线、时间、微生物和昆虫、包装容器等。针对不同的药品剂型应该采取不同的养护保管方法。

（易红焱　华卉　李军）

扫码"练一练"

第六章 药物的相互作用与合理使用

学习目标

1. **掌握** 重点掌握药物相互作用、合理用药、药源性疾病的概念，合理用药的基本要素；掌握联合用药的概念，药物相互作用和药源性疾病的分类。

2. **熟悉** 不合理用药的危害和表现形式，合理用药的生物医学标准，WHO 促进合理用药的十二项建议，诱发药源性疾病的原因。

3. **了解** 联合用药的意义与危害，药源性疾病的发展历史及预防与治疗。

随着现代医疗技术水平的逐年提高和新药的不断问世，药物品种日益增多，临床上联合使用两种及两种以上药物的现象越来越普遍，药物相互作用因此成为临床药学和治疗学上的一项重要课题。有益的药物间的相互作用能够增强疗效、减少不良反应和耐药性的发生，提高药品的价值和使用价值；而不利的药物间的相互作用不仅降低了药品的使用价值，影响药物的治疗效果，还可对患者产生危害，甚至危及生命。

研究药物相互作用的目的是为了掌握药物相互作用的机制和规律，科学地预测药物联合使用后对疗效产生的各种变化，正确指导合理用药，最大限度地提高药品的价值和使用价值，发挥其治病救人、造福人类的伟大使命。

第一节 药物的相互作用

扫码"学一学"

近年来，随着新药的不断增多，药物治疗日趋复杂，临床医师和药师常采取联合应用两种或两种以上的药物来增强疗效，减少耐药性和不良反应，但往往忽视了药物相互作用所引起的有害反应。联合用药不当将直接影响患者的康复与生命安全，需引起全社会的广泛重视。

一、联合用药

联合用药（drug combination）是指同时或间隔一定时间内使用两种或两种以上的药物。

（一）联合用药的意义

1. **增强药物的疗效** 合理的联合用药可使药物发挥更大的疗效，比单用药物更具有优越性。例如，增敏剂甲氧苄啶与磺胺类药联用时，由于病菌的代谢受到双重阻断，使抗菌作用增强数倍至数十倍，因此磺胺类药常制成复方制剂，如复方新诺明和增效联磺。阿莫西林与 β - 内酰胺酶抑制剂克拉维酸钾联合使用，可使疗效增加几倍至几十倍，常作为一线口服抗感染药使用。

2. **降低药物的毒副作用，减少不良反应** 例如，链霉素对第 8 对脑神经有不可逆的损害，而配伍使用甘草酸，可降低乃至消除这一不良反应，使 80% 因链霉素耳毒性不能使用该药的患者，继续使用而不影响链霉素的抗菌活性。

91

3. **延缓肌体耐受性或病原体耐药性的产生，提高药物的疗效**　如结核杆菌对药物产生耐药性，是结核病化疗失败的重要原因之一。单独使用异烟肼或利福平、链霉素等，2个月后约有50%的患者产生耐药性。为了防止或延缓耐药性的产生，可以在治疗一开始就联合使用两种或两种以上的药物，如异烟肼加链霉素或利福平、乙胺丁醇等，可降低病原菌的耐药性，提高药物的疗效。

4. **提高药物生物利用度，促进吸收**　如口服钙剂，往往吸收度偏低，若与维生素 D_3 合用，则可大大促进钙的吸收。

5. **中西药联用，发挥协同作用**　一些肿瘤患者常因放疗或者化疗而使机体免疫功能下降，从而使药物治疗失败。为此，临床应用清热解毒的中药如蒲公英、大青叶、金银花等，与放疗、化疗药物联用不仅能提高机体免疫力，又可增强机体防御系统抑制癌细胞的能力。

此外，合理的联合用药还可节约医药资源，减少费用支出，最大限度地维护患者的身心健康和经济利益。

（二）联合用药的危害

1. **降低药物的疗效**　如四环素类抗生素与制酸剂（氢氧化铝、氧化镁、碳酸钙等）以及用于治疗贫血的硫酸亚铁等联用，会形成不溶性络合物而影响其吸收，从而使四环素类抗生素的疗效降低。

2. **增强药物的毒副作用，加大不良反应**　如氨基糖苷类抗生素属耳毒性药物，能引起耳鸣、听力减退、耳聋等不良反应。这类药物不但相互之间不宜联合使用，也不宜与万古霉素、红霉素、阿司匹林或强利尿剂等联用，否则毒性相加更易引起永久性耳聋。

3. **药物相互拮抗**　如多潘立酮片（吗丁啉）可加快胃肠蠕动，促进胃肠排空；而阿托品则可松弛胃肠道平滑肌，解除胃肠道痉挛，使胃肠排空减慢。故两药合用可产生拮抗作用。

不合理的联合用药弊端还有很多，在此不再一一列举。无论是医生还是患者，在实际用药过程中，联合用药必须慎重，数量应尽量控制，宜少不宜多，能够用一种药物治愈的就不要联用两种及以上药物。除非单一用药无效或不能完全控制发作时才可以考虑联合用药。要尽量少用所谓的"撒网疗法"，即多种药物合用以防漏诊或误诊，这样不仅浪费，而且有可能发生拮抗作用，从而降低疗效或产生严重不良反应。

二、药物相互作用概述

药物相互作用（drug interactions）是指联合用药时，一种药物的作用受其他药物的影响而发生改变，其结果是使药物作用增强、作用减弱或出现新的作用。

从临床角度考虑，作用增强可表现为疗效提高，也可表现为毒性加大；作用减弱可表现为疗效降低，也可表现为毒性减轻。因此在联合用药时，应达到疗效提高或（和）毒性减轻的临床渴望得到的有益药物相互作用，力求避免药物的毒性加大或（和）疗效降低的有害药物相互作用。

广义的药物相互作用，不仅包括药物和药物之间的相互作用，还包括药物和食物之间、药物和饮料（如酒、茶等）之间的相互作用，甚至还包括药物和烟以及毒品之间的相互作用等。本节着重于探讨药物与药物之间的相互作用，而食物与药物之间以及某些饮料与药物之间的相互作用就不再论述。

药物相互作用主要发生在体内，少数情况下，也可发生在体外，从而影响药物进入体

内。因此，药物相互作用主要有 3 种作用方式：①体外药物相互作用；②药动学方面药物相互作用；③药效学方面药物相互作用。

（一）体外药物相互作用

体外药物相互作用是指在患者用药之前（即药物尚未进入机体以前），药物相互间发生化学或物理性相互作用，使药效发生变化。也称作化学配伍禁忌性或物理配伍禁忌性药物相互作用。本类药物相互作用表现如下。

1. 在静脉输液或注射器内发生的相互作用 在临床上向输液中加入一种或几种药物是常有的现象，当这些药物加入输液中时，药物之间可能发生相互作用，其作用结果可造成一种或几种药物沉淀。如酸性药物盐酸氯丙嗪注射液同碱性药物异戊巴比妥钠注射液混合后，能发生两药或两药之一的沉淀。这类相互作用多能肉眼观察到，但有些药物混合后外观没有任何变化，可实际已经发生分解破坏、效价降低等潜在变化，会产生更严重的危害，不仅影响药效而且可能发生医疗事故，尤其应引起注意。

2. 药物与药物或药物与辅料、溶剂等之间的相互作用 此类相互作用主要有潮解，液化与固化，分层、浑浊与沉淀，变色，产生气体及潜在变化等，既影响药品质量，又影响药物的疗效和安全性，应尽量避免发生。

（二）药动学方面药物相互作用

药动学方面药物相互作用是指联合用药后，一种药物使另一种药物发生药动学的改变，从而使后一种药物的血浆浓度发生改变，导致药效增强或减弱。

药动学的过程包括药物的吸收、分布、代谢和排泄 4 个环节，在这 4 个环节中均有可能发生药物相互作用，进而影响药物在其作用靶位的浓度，使药物的作用强度发生改变（加强或减弱）。

1. 药物吸收中的相互作用 一种药物改变另一种药物吸收速率和程度的机制因药而异，不仅与药物自身的吸收形式、吸收速率、结构、脂溶性等有关，而且还与给药部位的血流量、胃肠道的 pH 和功能、菌群及食物等有关。

（1）药物合用后形成络合物或复合物，使吸收发生变化。含二价或三价金属离子（如 Ca^{2+}、Mg^{2+}、Fe^{3+} 等）的药物可与某些药物形成难溶的化合物，如铁剂可显著降低四环素、青霉胺及喹诺酮类药物的吸收。而有些药物合用后能形成更易吸收的复合物或络合物，如咖啡因与麦角胺的复合物、双香豆素与氢氧化镁形成的易溶性络合物，均可使吸收量增加。

（2）当药物与有吸附性的物质合用时，可使吸收量减少。某些药物如考来烯胺（阴离子交换树脂）可以吸附酸性药物分子（如阿司匹林、保泰松、地高辛、华法林、甲状腺素等）形成难溶的复合体，使后者吸收减少。活性炭能吸附很多类药物如抗生素、维生素和生物碱等，导致这些药物的吸收量减少。

（3）胃肠道 pH 影响药物的解离度。一般情况下，药物的非解离成分脂溶性高易透过生物膜吸收。酸性药物在碱性环境，碱性药物在酸性环境时，药物解离程度高，脂溶性较低，扩散通过细胞膜能力较差，药物吸收因而减少；反之，则吸收增加。因此，制酸药如奥美拉唑、雷尼替丁等可能会影响某些药物的吸收。

（4）胃排空的速度影响药物的吸收。胃排空速度可以影响药物到达小肠的时间，因而可以影响药物在小肠的吸收。例如，甲氧氯普胺（胃复安）等药物通过加速胃排空，可增

加对乙酰氨基酚在小肠的吸收。抗胆碱药丙胺太林（普鲁本辛）则可延缓胃排空，减少对乙酰氨基酚在小肠的吸收。

（5）抗生素与能被肠道菌群代谢的药物合用时，可使肠道菌群对该药物的代谢作用降低，而增加药物的吸收。例如，能被肠道菌群大量代谢灭活的地高辛与红霉素、四环素及其他广谱抗生素合用时，可使肠道菌群对地高辛的代谢作用降低，导致地高辛的血药浓度增加一倍以上，易引起中毒。

（6）食物可影响药物的吸收。某些碳水化合物饮食中含有较多的果胶，因吸附、络合或增加胃内容物的黏度而延缓药物的吸收。浓茶或咖啡亦可影响很多药物的吸收。

（7）其他影响药物吸收的因素，如阿托品及三环类抗抑郁药可使唾液分泌减少而引起口干，就会减慢硝酸甘油从舌下吸收；局麻药中加入缩血管药，可以减少局麻药吸收，延长麻醉效果；某些药物如新霉素、对氨基水杨酸、环磷酰胺等可以损害肠黏膜的吸收功能，从而影响其他药物的吸收。

2. 药物分布中的相互作用 一种药物可以改变另一种药物的分布，主要是相互竞争血浆蛋白结合部位，从而改变游离型药物的比例，或改变药物在某些组织的分布量，并影响药物的消除，具体表现如下。

（1）两种或多种药物相互竞争血浆蛋白结合部位，改变游离型药物比例。当药物合用时，它们可以在蛋白结合部位发生竞争性相互置换，结果与蛋白结合部位亲和力较高的药物将另一种与蛋白结合力较低的药物置换出来，使之游离型增多，药理活性增强，毒性亦增大。如保泰松、阿司匹林、苯妥英钠可使双香豆素从蛋白结合部位置换出来，而引起出血；亦可将与蛋白结合的磺酰脲类降血糖药置换出来引起低血糖；华法林可被水杨酸盐置换出来而产生出血。

（2）改变药物在某些组织的分布量，从而影响药物的浓度。一些作用于心血管系统的药物可改变组织的血流量，如去甲肾上腺素可减少肝脏血流量，减少利多卡因在其主要代谢部位肝脏中的分布量，从而减少该药代谢，结果使血中利多卡因浓度增高，药效增强，毒性亦增大。反之，异丙肾上腺素可增加肝脏的血流量，因而增加利多卡因在肝中的分布及代谢，使其血中浓度降低，药效减弱，毒性亦降低。

3. 药物代谢中的相互作用 大部分药物主要是在肝脏被肝微粒体酶（又称药酶）催化而代谢。因此，药酶的活性高低直接影响到许多药物的代谢。在联合用药时，某种药物能抑制或促进药酶的活性而使另一种药物的代谢发生改变，使该药的药效增强或减弱。主要有以下两种作用方式。

（1）酶诱导作用 某些药物能增加药酶的活性，称为酶诱导作用。例如，一些药物（如苯巴比妥、水合氯醛、格鲁米特、甲丙氯酯、苯妥英钠、扑米酮、卡马西平、保泰松、尼可刹米、灰黄霉素、利福平、螺内酯等）可以增加肝脏药酶活性，从而加速其他药物的代谢。酶诱导的结果使受影响的药物作用减弱或缩短。

（2）酶抑制作用 某些药物可以抑制药酶的活性，或与另一种药物竞争某一药酶，而使另一种药物的代谢减少，称为酶抑制作用。如氯霉素与双香豆素合用，可明显加强双香豆素的抗凝血作用。这是由于氯霉素抑制药酶活性，使双香豆素的半衰期延长 2~4 倍，血药浓度因而增高，药效和毒性也因而增大。西咪替丁也可抑制药酶活性，从而提高华法林的浓度并增强其抗凝血作用。

4. 药物排泄中的相互作用 除吸入麻醉剂以外，大多数药物都是由肾脏排出体外。肾

脏排泄过程中药物相互作用对于那些在体内代谢很少，以原形排出的药物影响较大。主要表现在以下两个方面。

（1）影响肾小管分泌 目前认为，参与肾小管分泌药物的载体至少有两类，即酸性药物载体和碱性药物载体。当两种酸性药物或碱性药物合用时，可相互竞争载体而出现竞争性抑制现象，从而使其中一种药物肾小管分泌减少，影响从肾脏排泄，有可能增加疗效，亦可能增加毒性。例如，丙磺舒与青霉素均为酸性药，青霉素主要以原形经肾脏排泄，其中有90%通过肾小球滤过到肾小管腔，若同时应用丙磺舒，后者竞争性占据酸性药物载体，阻碍青霉素经肾小管的分泌，进而延缓青霉素的排泄而使其发挥较为持久的疗效。

（2）影响肾小管重吸收 肾小管的重吸收主要是被动吸收，因此药物的解离度对其有重要影响。大多数药物为有机弱电解质，在肾小管滤液中解离型与非解离型同时存在。非解离型的脂溶性较大，因而容易被肾小管重吸收；解离型脂溶性小，不易被肾小管重吸收。这两型的比例取决于药物的酸碱性以及肾小管滤液的 pH。当滤液为酸性时，酸性药物大部分不解离而呈脂溶性状态，易被肾小管重吸收；碱性药物则相反。例如，碳酸氢钠通过碱化尿液可促进水杨酸类的排泄，对水杨酸类中毒时有实际应用价值。

（三）药效学方面药物相互作用

药效学方面药物相互作用是指联合用药后，一种药物使另一种药物的体内药量和血药浓度无明显变化，而通过影响与受体或递质的作用导致药效增强或减弱。药效学方面药物相互作用按药理效应的变化分为以下 3 种。

1. **相加作用** 是指两种药物联合应用时所产生的效应等于或接近两药之和，治疗作用和不良反应均可相加。例如，不同作用机制的抗高血压药合用时，其降压作用相加。目前血管紧张素Ⅱ受体阻断药（沙坦类药）与氢氯噻嗪等制成复方制剂已成为治疗高血压的有效途径和发展趋势，其中主要就是利用两药的药效学方面的相加作用。

2. **协同作用** 又称增效作用，是指两种药物联合应用所显示的效应明显超过两药之和。例如，中枢神经系统抑制剂乙醇、抗组胺药、苯二氮䓬类、吩噻嗪类、甲基多巴、可乐定等可增加其他中枢镇静药物的作用，有的可致呼吸抑制，甚至死亡。

3. **拮抗作用** 是指两种药物联合应用所产生的效应小于其中一种药物。如果合并应用两种作用相反的药物，可使最终的药理活性减弱甚至消失。例如，具有兴奋作用的茶碱可减弱苯二氮䓬类的镇静作用。速效抑菌药如四环素、氯霉素、红霉素等与青霉素合用时，会降低青霉素的杀菌作用。

第二节 药品的合理使用

当今社会，医药科技日新月异，各类新药层出不穷，联合用药趋势明显，临床不合理用药和患者不合理的自我药疗现象越来越普遍，导致药物不良事件频频发生，给患者的身心健康带来极大的危害。据统计，国际上因感冒而使用抗生素的比例高达90%以上，英国和北爱尔兰每年因不合理用药而损失3.8亿英镑，美国医院平均每年因不合理用药造成580万美元损失。全球每年有700万5岁以下儿童死亡，其中2/3死于用药不当。我国人口基数大，同时也是安全用药隐患的重灾区，不合理用药比例高达12%～32%，儿童药物不良反应发生率是成人的两倍。例如，据中国聋儿康复中心统计，我国7岁以下聋儿，超过

扫码"学一学"

30%是因药物过量造成的毒副作用所致。因此，合理用药已经成为全社会共同关注的重要课题，逐渐引起了世界各国政府和社会各界的广泛关注。

中国科学技术协会发布的一项调查显示，86.7%的被调查者曾有自我药疗经历。在服药过程中，69.7%的人曾随意增减疗程或自行更换药物。在孩子生病后，近30%的家长自作主张给孩子服用减量的成人药品或抗生素，有时还是多品种联合用药。

提高公众的合理用药水平是个综合的系统工程，需要政府、医院、医生、公众以及社会各界的共同努力，公众也是推进合理用药的关键。

案例

不合理用药导致好莱坞明星意外死亡

好莱坞男演员希斯－莱杰（在电影《断背山》中饰演牛仔恩尼斯·德尔玛，因出演《蝙蝠侠：黑暗骑士》中小丑一角获得第81届奥斯卡金像奖最佳男配角）2008年1月22日下午在曼哈顿的一套公寓内意外死亡，死时全裸、药瓶散落一地。验尸官事后宣布，28岁的希斯·莱杰死于急性中毒，这是由于他过量服用了处方药，如氧可酮、氢可酮、苯二氮䓬、替马西泮、阿普唑仑、多西拉敏。

一、合理用药的概念

早在20世纪70年代WHO即提出了合理用药（rational use of drugs）的概念，即用适宜的药物，在适宜的时间，以公众能支付的价格保证药品供应，正确的调配处方，在正确的剂量、用药间隔、用药日数下使用药物，确保药物质量安全有效。

1985年，WHO在内罗毕召开的合理用药专家会议上，把合理用药定义为：合理用药要求患者接受的药物适合他们的临床需要；药物的剂量符合他们的个体需要，疗程足够；药价对患者及社区最为低廉。

20世纪90年代以后，国际药学界学者达成共识，给合理用药赋予了更科学、更完整的定义：以当代药物和疾病的系统知识和理论为基础，安全、有效、经济、适当地使用药物。此概念揭示了合理用药的四个基本要素，即安全性、有效性、经济性和适当性。

2013年10月，国家卫生和计划生育委员会公布了我国"合理用药十大核心信息"，其中明确：合理用药是指安全、有效、经济地使用药物。优先使用基本药物是合理用药的重要措施。安全、有效、经济地使用药物，是人民大众的热切期盼，是临床医药学领域需要不断重视和深入研究的一个极为重大而永恒的课题，是合理用药的核心要义。

二、合理用药的基本要素

1. **安全性** 是合理用药的首要前提。在选择药物治疗时，疗效已不再是单一的最大缘由，人们在努力寻找效果与风险之间的最大平衡点。也就是在力求获得最大治疗效果的同时承担最小的治疗风险。这种治疗原则不是笼统的，而是根据每个不同的个体和不同情况决定的，对于危及患者生命的严重疾病，使用疗效高、不良反应大的药物是必要的，同时可采取适当的措施减轻用药过程中的毒副作用。而计划生育药物旨在调节正常生育功能，则药物必须安全可靠，不应有明显不良反应。

2. **有效性** 是合理用药的首要目标。药物的有效性是指药物的治疗效果必须明确，如退热药能降低患者的体温，平喘药必须能迅速缓解患者的呼吸困难。药物治疗有效性多种多样，如临床治疗的治愈率、显效率、好转率、无效率以及预防用药的疾病发生率、降低死亡率等。药物治疗有效与否受多种因素影响，包括患者所患疾病严重程度、心理状态、药物相互作用、并发症和食物影响等。

3. **经济性** 是合理用药的基本要素。经济性并不意味着用药越便宜越少越好，而是用最小的成本追求最大的治疗效果，即以尽可能低的医药费用支出，获取尽可能高的治疗效果。这里强调的是效果与费用比，而不仅仅指用药费用的高低。

三、不合理用药的危害和表现形式

不合理用药的危害很多，主要表现在：① 致使药物的疗效下降，导致发病率和死亡率上升；②造成医疗资源的浪费，导致药物短缺并增加费用，加重了患者的经济负担；③非期望效应的风险增加，如药源性疾病、药品不良反应和耐药性的出现，损害了公众的身心健康；④助长患者不良用药心理，导致患者盲目用药，易出现严重不良反应和二重感染；⑤同时也会影响到医疗机构和医生的医疗质量，降低临床药物治疗水平，给医院声誉造成不良影响。

不合理用药表现形式很多，归纳表现在以下方面：①适应证不当，没有对症下药；②联合用药不当，发生有害的药物相互作用，如药理拮抗、配伍不当等；③给药方案不合理，如过多地使用注射剂，甚至是在口服剂型更适合的情况使用；④给药剂量不合理，擅自增加或缩减药物使用量；⑤给药途径不合理，如将口服抗感染药物外用于皮肤和黏膜；⑥疗程不合理，没有按照规定的疗程服用药物，擅自停药或增加服药时间；⑦患者使用的药物过多（大处方）；⑧重复给药；⑨滥用抗菌药物，如当病毒感染时使用抗生素治疗；⑩不恰当的自我药疗，主要表现在处方药的使用方面等。

四、合理用药的生物医学标准

WHO 与美国卫生管理科学中心（MSH）针对合理用药的具体内涵进行了明确规定，于1997 年共同制定了合理用药的 7 项生物医学标准：即药物正确无误；用药指征适宜；疗效、安全性、使用途径、价格对患者适宜；用药对象适宜，无禁忌证，不良反应小；药品调配及提供给患者的药品信息无误；剂量、用法、疗程妥当；患者依从性良好。

五、WHO 促进临床合理用药的十二项建议

WHO 针对目前各国用药过程中存在的问题，于 2002 年 12 月发布了 12 条关于进一步促进发展中国家合理用药的核心政策和干预措施。

（1）建立一个受权的多学科国家机构，负责协调管理国家药物政策。

（2）制定和使用以依据为基础的临床培训和监督指南。

（3）在选择治疗的基础上制定国家基本药物目录。

（4）在大型医院中建立药物和治疗委员会。

（5）在医学生课程中实施以问题为基础的药物疗法培训，作为大学培训的一部分。

（6）开展持续的在岗医学教育，作为颁发许可证的一项要求。

（7）加强监督、审计和反馈。

（8）提供独立的药物信息。

（9）开展药物公众宣传教育。

（10）消除不合理开方的错误的经济激励。

（11）进行适当的强制性管制。

（12）政府有足够开支支出以确保公平地获得药物和卫生人员。

📥 知识链接

合理用药健康教育核心信息

2013年10月，国家卫生和计划生育委员会等部门联合制定合理用药健康教育核心信息，具体如下。

（1）合理用药是指安全、有效、经济地使用药物。优先使用基本药物是合理用药的重要措施。不合理用药会影响健康，甚至危及生命。

（2）用药要遵循能不用就不用，能少用就不多用；能口服不肌注，能肌注不输液的原则。

（3）购买药品要到合法的医疗机构和药店，注意区分处方药和非处方药，处方药必须凭执业医师处方购买。

（4）阅读药品说明书是正确用药的前提，特别要注意药物的禁忌、慎用、注意事项、不良反应和药物间的相互作用等事项。如有疑问要及时咨询药师或医生。

（5）处方药要严格遵医嘱，切勿擅自使用。特别是抗菌药物和激素类药物，不能自行调整用量或停用。

（6）任何药物都有不良反应，非处方药长期、大量使用也会导致不良后果。用药过程中如有不适要及时咨询医生或药师。

（7）孕期及哺乳期妇女用药要注意禁忌；儿童、老人及有肝脏、肾脏等方面疾病的患者，用药应当谨慎，用药后要注意观察；从事驾驶、高空作业等特殊职业者要注意药物对工作的影响。

（8）药品存放要科学、妥善，防止因存放不当导致药物变质或失效；谨防儿童及精神异常者接触，一旦误服、误用，及时携带药品及包装就医。

（9）接种疫苗是预防一些传染病最有效、最经济的措施，国家免费提供一类疫苗。

（10）保健食品不能替代药品。

扫码"学一学"

第三节　药源性疾病

随着药物品种、数量日益增多和临床不合理用药的普遍存在，药源性疾病的发生率也呈上升趋势。WHO在过去的统计表明，药源性疾病是列在心脏病、癌症、肺病及脑血管意外之后的第五大疾病，药物性死亡已成为全球居第5位的死亡原因。2017年，我国累计收到的药品不良反应/事件报告142.9万份，严重药品不良反应/事件报告达12.6万份，严重报告数量占同期报告总数的8.8%，较2016年增加了1.6%。这些数据均提示药源性疾病给个人和社会带来了很大的负担，诊治药源性疾病消耗的相关费用对公共卫生政策制定和规划有很大影响。因此，积极防治药源性疾病，促进合理用药具有重大意义。

一、药源性疾病的基本概念

药源性疾病（drug-induced diseases，DID）又称药物诱发疾病，是指药物在用于预防、诊断、治疗疾病过程中，因药物本身的作用、药物相互的作用以及药物使用引起机体组织或器官发生功能性或器质性损害而出现的各种临床异常症状，一般不包括药物过量导致的急性中毒。药源性疾病是不合理用药的结果，与药品不良反应密切相关。

二、药源性疾病的发展历史

人类对药源性疾病的认识经历了一个漫长的过程。在古代人们主要应用天然药物治病强身，其毒副反应相对较少，故药源性疾病的发生相对少。20世纪以来，化学药品的问世，特别是磺胺和青霉素的研制成功，化学合成药的大量上市，不合理用药现象越来越严重，导致药源性疾病的发病率逐年上升。例如，在新中国建国初期，固定性药疹极为罕见，随着磺胺类药物的大量应用，至70年代此型药疹已成常见多发病；过敏性休克在50年代也不多见，自青霉素等抗生素普遍应用后已属临床常见危象之一；链霉素与庆大霉素引起的中毒性耳聋则更为严重。

从古代人们用天然药物到现代用高科技合成药物的漫长过程中，人们在用药物防治疾病的同时，由于经验和防范不足，世界上连续发生了许多重大的药源性疾病。

（1）早在1870～1890年人们就成立委员会调查三氯甲烷麻醉造成猝死的原因，经了解才弄清楚是三氯甲烷增强心肌儿茶酚胺敏感性，造成心律不齐而死亡。

（2）1922～1934年，欧洲及美国大量应用氨基比林作为退热药，引起粒细胞减少症，仅美国一年就死亡1981人，欧洲死亡200余人。

（3）1935～1937年，美国、巴西等国家用二硝酚作为减肥药，结果约1000人患白内障。

（4）20世纪50年代，欧洲报告了约2000名肾脏病患者是由服用非那西丁所致，其中有几百人死于肾衰，我国的某些地区也较严重。

（5）20世纪50年代末～60年代初，以德国为首的欧洲各国和以日本为首的很多国家先后应用反应停治疗孕妇妊娠反应，结果在1957至1961年反应停上市的4年多时间里，全世界诞生约1.2万海豹肢畸形儿，这就是震惊世界的反应停事件。

（6）20世纪70年代，普拉洛尔（心得宁）上市4年左右，发现它能引起严重的"眼-黏膜-皮肤"综合征，有的患者失明，有的腹膜纤维化导致肠梗阻而死亡。

（7）1966～1972年，美国发现300例少女患阴道癌，经调查证实为母亲孕期曾用己烯雌酚防治先兆性流产所致。

（8）1997年9月，氟苯丙胺及右旋体被撤市。1996年美国FDA才批准其作为减肥药大量使用。1997年FDA发布公共卫生咨询报告，33人服用此药而发生心脏瓣膜变形损害。

（9）20世纪90年代，美国FDA组织专家对苯丙醇胺（PPA）与出血性脑血管意外的相关性进行了流行病学研究。结果发现：出血性脑血管意外的发病与发病前3天服用PPA有密切关系，其中与服用含PPA减肥药的相关程度极高。因此，FDA于2000年11月决定撤销一切含PPA的制剂。我国药品监督管理部门于2000年11月连续发布两份关于暂停使用和销售含PPA制剂的通知，以保障公众用药安全。

（10）2001年8月德国拜尔公司生产的降胆固醇药拜斯亭（他汀类）被撤销。经查证

曾用拜斯亭患者出现严重横纹肌溶解症，导致 30 余人死亡。

（11）2003 年 6 月我国药品监督管理部门下令，禁止生产、销售含马兜铃酸的关木通等药物制剂。因其引起肾功能衰竭、尿毒症，不少患者接受了肾移植。

（12）2004 年 9 月 30 日，美国默沙东公司开始在全球召回治疗关节炎药物"万络"（通用名罗非昔布）。因该公司在一项为期 3 年的"万络预防腺性息肉瘤研究"中发现，服用该药物的患者易引发心脏病和脑血管意外。

三、药源性疾病的分类

药源性疾病按病因学可以分为 A 型和 B 型两种基本类型。

1. A 型药源性疾病　是药物固有作用的增强和持续发展的结果，是由药物本身或其代谢产物的固有药理作用所引起的。其特点是与用药剂量有关，一般容易预测，发生率较高但死亡率较低，如抗凝血药引起的出血。

2. B 型药源性疾病　一般与药物固有作用无关，主要与人体的特异质有关。其特点是与用药剂量无关，常难以预测，虽发生率低但死亡率较高，它主要表现为变异反应或遗传变异。如致敏患者应用青霉素出现过敏性休克，葡萄糖 - 6 - 磷酸脱氢酶（G - 6 - PD）缺乏者服用磺胺可引起溶血性贫血。

四、诱发药源性疾病的原因

1. 诱发 A 型药源性疾病的原因　滥用和误用药物是引起 A 型药源性疾病的主要原因，如能合理用药则大多数此型药源性疾病是可以避免的。

2. 诱发 B 型药源性疾病的原因　本类型药源性疾病主要与人体的特异质有关，即与机体的易感因素有关，主要包括以下方面。

（1）遗传因素　例如某些药物引起的溶血性贫血易在 G - 6 - PD 缺陷者中出现。这种与遗传相关的缺陷在非洲和地中海沿岸的一些民族以及菲律宾人中较常见，在我国则很少见。能引起 G - 6 - PD 缺陷者发生溶血的药物有抗疟药伯氨喹、奎宁、氯喹，抗菌药硝基呋喃类、氯霉素、磺胺类、对氨水杨酸，解热镇痛药阿司匹林以及甲基多巴、肼屈嗪、维生素 K、丙磺舒、奎尼丁、亚甲蓝（美蓝）等。

（2）性别因素　药源性疾病在妇女中的发生率要比男子高，如由保泰松和氯霉素引起的粒细胞缺乏发生率女性为男性的 3 倍，对氯霉素引起的再生障碍性贫血女性为男性的 2 倍，药源性红斑狼疮女性也较男性多见。

（3）年龄因素　如老年人应用硝西泮治疗量易致脑功能紊乱；用利尿剂易致失钾；用降压药和吩噻嗪类易致直立性低血压；用抗胆碱药和抗震性麻痹药易致尿潴留。婴儿用氯霉素易发生灰色综合征；磺胺、新霉素和维生素 K 可引起或加重黄疸；此外，其他易发因素尚有肝、肾疾病和变态反应性疾病等。

五、药源性疾病的预防与治疗

不合理用药是引起药源性疾病的主要原因。因此预防药源性疾病的发生应强化广大医务人员合理用药意识并提高自身业务素质。临床医生在选用药物时既要认识药物的治疗作用，又要明确药物的致病作用，充分认识药物可能给患者带来的危害，防止药源性疾病的发生。①要掌握药物的适应证、禁忌证，选药时要有明确的指征；②联合用药时可由于药

物的相互作用使药物的毒副作用增强，因而联合用药应严格掌握适应证；③给药方案的制定在考虑患者情况的同时，要充分考虑药物的药效学和药动学规律；④在用药过程中严密观察药物的疗效和反应，发现异常应尽快查明原因，及时调整剂量或更换治疗药物，以减少药源性疾病发生。

案例

"反应停"事件及海豹肢畸形儿

"反应停"（沙利度胺）是在 1953 年由一家德国公司（格郁能化学公司）作为抗生素合成的。1957 年，"反应停"开始在德国作为镇静催眠剂上市。厂商吹嘘它没有任何副作用，不会上瘾，胜过了市场上所有安眠药。对孕妇也十分安全，可用于治疗晨吐、恶心等妊娠反应，是"孕妇的理想选择"（当时的广告语），风靡欧洲各国和加拿大。

为了能在美国销售反应停，格郁能公司首先找到了美国的史克公司，史克公司对反应停进行了认真的检测，实验结果和格郁能公司的乐观报道差别很大。史克公司发现，在镇静效果上，反应停不如巴比妥酸盐，而且只有在高剂量的条件下才有镇静效果。因此，史克公司拒绝在美国销售反应停。1958 年，美国一家小制药公司梅里尔公司获得"反应停"的经销权。1960 年 9 月，梅里尔公司向 FDA 提出上市销售的申请。当时刚到 FDA 任职的弗兰西斯·凯尔西负责审批该项申请。凯尔西注意到了反应停临床数据的不完整，怀疑该药会对孕妇有副作用，影响胎儿发育。于是对申请报告中的伪劣数据提出了很多严肃的问题，坚持要有更多的研究数据，这引起了梅里尔公司的不满，对她横加指责和施加压力。之后，梅里尔公司开始增加对 FDA 的压力。这期间，梅里尔公司的管理人员已经和凯尔西用电话、信件和面谈方式沟通了 50 多次，后来，他们威胁说要 FDA 局长调动他的工作。

正当双方扯皮时，澳大利亚产科医生威廉·麦克布里德在英国《柳叶刀》杂志上报告"反应停"能导致婴儿畸形。实际上，这时候在欧洲和加拿大已经发现了8000 多名海豹肢症婴儿，麦克布里德第一个把他们和"反应停"联系起来。从 1961年 11 月起，"反应停"在世界各国陆续被强制撤回，梅里尔公司也撤回了申请。经过长时间的法律较量，研发"反应停"的德国公司同意赔偿受害者的损失，被迫倒闭。

麦克布里德成了澳大利亚的英雄，顶住制药公司压力的凯尔西则成了美国的英雄。为表彰她以一人之力避免成千上万的畸形婴儿在美国诞生，肯尼迪总统于 1962 年 8 月2 日授予她总统勋章。美国国会在 1962 年通过法案强化药物管理，授予 FDA 更多的权力，要求新药在获准上市前必须经过严格的试验，提供药物副作用和中长期毒性的数据，必须对至少两种怀孕动物进行致畸性试验。

"反应停"致畸事件是药物审批制度不完善的产物，由于厂商急功近利，使全世界诞生了约 1.2 万名畸形儿。这一悲剧增强了人们对药品不良反应的警觉，并完善了现代药物的审批制度。

重点小结

　　药物相互作用包括体外、药动学和药效学方面药物相互作用。药动学的过程包括药物的吸收、分布、代谢和排泄四个环节，药效学相互作用按药理效应的变化分为相加作用、协同作用、拮抗作用。合用的药物越多，越容易出现不利的药物相互作用，药品不良反应发生的几率也就越高，而且情况更复杂。因此，在实际用药过程中，联合用药必须慎重，数量应尽量控制，宜少不宜多，能够用一种药物治愈的就不要联用两种及以上药物。除非单一用药无效或不能完全控制发作时才考虑联合用药。

　　合理用药是指安全、有效、经济地使用药物。此概念揭示了合理用药的四个基本要素，即安全性、有效性、经济性。

　　药源性疾病是不合理用药的结果，与药品不良反应密切相关。药源性疾病按病因学可以分为 A 型和 B 型两种基本类型。A 型药源性疾病是由药物固有作用的增强和持续发展的结果，与用药剂量有关，容易预测，发生率较高但死亡率较低。B 型药源性疾病主要与人体的特异质有关，其特点是与用药剂量无关，难以预测，虽发生率低但死亡率较高。

　　研究药物相互作用与合理使用，主要目的是为了掌握药物相互作用的机制和规律，科学地预测药物联合使用后对疗效产生的各种变化，正确指导合理用药，减少药品不良反应和药源性疾病的发生，最大限度地提高药品的价值和使用价值，保障和促进公众的健康。

（田丽娟）

扫码"练一练"

各　论

第七章　抗感染类药

感染是一类严重的多发病症，尤其是近年来病毒的感染十分猖獗，包括埃博拉病毒（Ebola virus）、甲型 H1N1 流感病毒、冠状病毒科变异病毒（SARS）等，都给人类健康和社会发展带来了沉重的灾难。

类似感染疾病都是由各种病毒、耐药菌或变异菌引起的，治疗上十分棘手，使许多原来行之有效的治疗方案无效或基本无效。因此，研究开发安全有效的抗感染类药品，对维护患者生命健康和生活质量具有极其重要的意义。

第一节　概　述

一、感染和感染性疾病

感染（infection）是指在一定条件下，病原微生物（如细菌、真菌、病毒、衣原体、支原体、螺旋体和立克次体等）和寄生虫（原虫、蠕虫等）侵入宿主体内寄生、繁殖，并与机体免疫系统相互作用、相互斗争的过程。

感染病（infectious diseases）泛指各种生物性病原体寄生于人体所引起的局部或全身性疾病，包括传染性感染病和非传染性感染病。传染性感染病即传染病，是指病原微生物和寄生虫感染人体所导致的、具有一定传染性的、在一定条件下可造成流行的疾病。

二、抗感染药

抗感染药是用于治疗病原微生物和寄生虫侵犯人体后所致的局部或全身性感染病的药品。根据来源、性质和应用的不同，抗感染药可分为抗病原微生物药和抗寄生虫病药。

1. **抗病原微生物药**　是一类能够杀灭或抑制各种病原微生物，用于防治细菌、真菌、病毒、衣原体、支原体、螺旋体和立克次体等引起的各种感染病的药品。可分为抗菌药和抗病毒药，其中抗菌药包括抗生素、合成抗菌药、抗分枝杆菌药（如抗结核病药和抗麻风

扫码"学一学"

病药）和抗真菌药等。

2. 抗寄生虫病药 是一类通过影响寄生虫的新陈代谢或降低虫体的抵抗力，从而杀灭寄生虫或抑制其生长繁殖的药品。包括抗疟疾药、抗黑热病药、抗阿米巴药、抗滴虫药、抗绦虫药、抗血吸虫药、抗肠虫药等。

三、抗感染药的发展历史及现状

在 20 世纪早期，各种细菌、真菌和病毒肆无忌惮地危害人类的健康，能够直接消除病根或者扭转病情的医学疗法还只是人们的梦想。那时的医生和患者根本无法想象，有些药品能够直接解决疾病的根源，直到 1935 年德国推出的百浪多息和随后其有效成分磺胺的全面上市。磺胺能够抑制并杀死病菌，对链球菌感染、淋病和脑膜炎有极强的疗效，一经上市，在医生和患者中大受欢迎，在欧洲和美洲被广泛应用。但是磺胺药也有缺点，即它的强副作用能使 5% 的使用者死亡，而且一些微生物很容易对磺胺类药品产生耐药性。但是磺胺的出现已经充分证明，人们可以用系统的化学知识直接对抗多种感染性疾病。

由于磺胺类药物的强副作用和容易产生耐药性，人们开始期待更有效的抗菌药的出现。1941 年，人类最伟大的发明之一——盘尼西林（青霉素）上市了！其实，早在 1928 年英国青年微生物学者弗莱明在试验中已经发现了青霉素，并注意到了霉菌的杀菌作用，但是由于他不能提取足够的有效成分并保证其质量稳定，这个机会只能告一段落。在接下来的十几年里，其他人在青霉素研究上的努力也都以失败告终。直到 1942 年，科学家霍华德·弗罗瑞和恩斯特·钱恩终于制取了足够稳定、纯净有效的青霉素并上市，成为当时抗细菌感染的主药，开拓了现代抗微生物化学治疗的新纪元。

20 世纪 50 年代，链霉素、氯霉素、多黏霉素、金霉素、土霉素、红霉素、卡那霉素、利福霉素等抗感染新药不断开发，使有效地治疗各种细菌感染成为可能，为人类的生命健康和生存繁衍做出了杰出的贡献。20 世纪 60 年代，英国学者从青霉素发酵液中分离提纯青霉素母核 6 - 氨基青霉烷酸（6 - APA）成功后，半合成青霉素研究迅速发展，头孢菌素研究开始起步；70 年代，头孢菌素研究迅速发展，半合成青霉素研究推出酰脲类青霉素；80年代，第三代头孢菌素类、单环类、β - 内酰胺酶抑制剂、喹诺酮类抗菌药崛起；90 年代至今，针对细菌耐药性陆续开发出一些新品种，第 3、4 代头孢菌素、碳青霉烯类、单环 β - 内酰胺类、β - 内酰胺酶抑制剂、大环内酯类和喹诺酮类抗生素进展迅速，新药相继上市，为临床征服各类感染性疾病提供了强有力的武器。

抗感染药是近年来研究进展最快的一类药物，也是目前世界上消耗量最大和临床应用最广泛的药物品种之一，但是已不再属于全球最畅销的药品行列，在发达国家的增速已经显著放缓。2018 年，我国抗感染药物细分市场中，头孢菌素类占比为 36.0%。头孢菌素类抗感染药物具有抗菌谱广、抗菌活性强、不良反应少等优点，持续在我国抗感染药物领域份额排名第一。

抗生素是最大的抗感染药物类别，90.0% 左右的抗感染药物均为抗生素。抗生素为人类疾病治疗做出巨大贡献，但抗生素滥用现象在我国以及全球市场中均存在，导致细菌耐药性增强，抗生素有效性降低。为促进药物合理使用，2012 年，我国政府颁布《抗菌药物临床应用管理办法》，加强对抗感染药物临床使用的规范管理，抗感染药物的市场需求增速放缓，但其市场规模依然庞大，相较于欧美等成熟市场，其份额占比依然偏高。

扫码"学一学"

第二节 抗生素

一、概述

抗生素（antibiotic）是某些微生物在生命活动中产生的一种次级代谢产物，或用化学方法合成的相同结构或结构修饰物。这类有机物质能在低浓度下抑制或杀灭各种病原性微生物或肿瘤细胞。抗生素主要用微生物发酵法生产，少数抗生素也可以用化学方法合成或半合成。自青霉素应用于临床，已经发现了数千种抗生素，常用于临床的有200多种。本节主要介绍抗病原微生物抗生素，具有抗肿瘤和其他作用的抗生素则在其他章节介绍。

（一）抗生素的分类

1. 按照功效作用来分类

（1）Ⅰ类——繁殖期杀菌剂　包括青霉素类、头孢菌素类等。其作用机制是能阻碍敏感菌细胞壁的主要成分黏肽的合成，造成细胞壁缺损，失去渗透屏障作用而死亡。因为处于繁殖期的细菌细胞壁的黏肽合成十分旺盛，因而Ⅰ类抗生素可显示出强大的杀菌效力。

（2）Ⅱ类——静止期杀菌剂　主要是氨基糖苷类抗生素，如链霉素、庆大霉素等。此类抗生素主要影响细菌蛋白质的合成，对静止期细菌有较强的杀灭作用。多黏菌素类对静止期细菌亦有杀灭作用。

（3）Ⅲ类——速效抑菌剂　包括氯霉素、红霉素、林可霉素及四环素类等。此类抗生素能快速抑制细菌蛋白质的合成，从而抑制细菌的生长繁殖。

2. 按照化学结构来分类　抗生素传统的分类方法主要是按照化学结构来分类，具体如下。

（1）β-内酰胺类　此类药物的分子结构中都含有β-内酰胺环，此环如果被打开则这类药物的抗菌活性消失。包括青霉素类、头孢菌素类、碳青霉烯类、青霉烯类、单环β-内酰胺类和β-内酰酶抑制剂等。

（2）氨基糖苷类　如链霉素、庆大霉素、阿米卡星、奈替米星、依替米星、异帕米星等。

（3）四环素类　如四环素、土霉素、金霉素、多西环素等。

（4）酰胺醇（氯霉素）类　如氯霉素、甲砜霉素等。

（5）大环内酯类　如红霉素、罗红霉素、阿奇霉素等。

（6）其他类抗生素　如林可霉素、万古霉素、去甲万古霉素、多黏菌素、磷霉素等。

（7）抗真菌抗生素　如两性霉素B、制霉菌素、灰黄霉素等。

（8）抗肿瘤抗生素　如丝裂霉素、放线菌素D、博来霉素、阿霉素等。

（9）具有免疫抑制作用的抗生素　如环孢霉素。

（二）抗生素的作用机制

（1）抑制细菌细胞壁的合成，使细菌因缺乏完整的细胞壁，不能抵挡水分的侵入，发生膨胀、破裂而死亡。如β-内酰胺类抗生素、去甲万古霉素、磷霉素等。

（2）影响细胞膜功能，增加细胞膜的通透性，使细菌的细胞膜发生损伤，细菌因内部物质（如蛋白质、核苷酸、氨基酸、糖和盐等）流失而死亡。如多黏菌素、两性霉素B、

制霉菌素等。

（3）抑制细菌的蛋白质合成，使细菌的繁殖终止而发挥抗菌作用。如四环素类、大环内酯类、氨基糖苷类和氯霉素类抗生素，通过抑制细菌蛋白质合成过程的不同环节而发挥作用。

（4）通过改变细菌内部的代谢，影响它的脱氧核糖核酸的合成，使细菌（还有肿瘤细胞）不能重新复制新的细胞物质而死亡，如丝裂霉素、灰黄霉素等。

（三）抗生素的计量单位及表示方法

1. 抗生素的效价和理论效价 抗生素类药物的计量常用效价来表示。经生物检定，具有一定生物效能的最小效价单元即为"单位（U）"。由联合国世界卫生组织专家委员会通过国际协商而确定的标准单位，称为"国际单位（IU）"。通常各种抗生素的效价，是根据国家抗生素标准品测定出来的，是衡量药品有效成分的一种尺度。

抗生素的理论效价是指各种不同的抗生素每 1mg（称重）纯品中含有的效价单位数。如链霉素硫酸盐的理论效价为 798U/mg，意指每 1mg 硫酸链霉素纯品种含有链霉素碱为 798U。在实际应用中，各种抗生素不可能是纯品，都含一定限量的水分或杂质，因此各种抗生素的实际效价均低于其理论效价。

2. 抗生素有效成分的表示方法

（1）用重量单位表示 以抗生素中所含特定的抗菌活性部分（纯游离碱或游离酸）的重量 $1\mu g$ 作为 1 单位，即 1mg = 1000 单位。如链霉素、土霉素、红霉素等均以纯游离碱 $1\mu g$ 作为一个单位。用这种方法表示，对不同有机酸根的同一抗生素，只要单位一样或有效部分重量一样，则这一抗生素的各种盐类虽然称重不同，但实际有效含量相同。

（2）用类似重量单位表示 以特定的纯抗生素制品盐的重量 $1\mu g$ 作为一单位，即 1mg = 1000 单位，其中包括了无抗菌活性的酸根在内。如金霉素和四环素均以其盐酸盐纯品 $1\mu g$ 为 1 单位。这种类似重量单位，在国际上已经习惯沿用。

（3）以重量折算单位表示 以特定的纯抗生素制品的某一重量为一单位而加以折算。如青霉素国际标准品（1952 年）青霉素 G 钠称重 $0.5998\mu g$ 为 1 单位，即 1mg = 1670 单位，那么 80 万单位的青霉素 G 钠称重应为 0.48g。虽然青霉素 G 钠制品现已完全可用化学或物理方法检验其含量，但仍广泛使用效价单位的表示方法。

（4）以特定单位来表示 以一特定量的抗生素标准品（或对照品）作为一定单位。如第一批杆菌肽国际标准品（1953 年）杆菌肽 A 为 1mg = 55 单位。制霉菌素（1963 年）为 1mg = 3000 单位等。这类抗生素的效价单位的精确定义很难确定，折算效价也难以计算，只能以国际标准品的效价单位作为比较的基准。

二、β - 内酰胺类抗生素

β - 内酰胺类抗生素是指分子中含有一个 β - 内酰胺环的抗生素，是一类品种众多、临床应用广泛、疗效突出、安全性好的药物，也是临床医生关注及新抗菌药物开发的重要领域。目前用于临床的 β - 内酰胺类抗生素约 100 余种，为人类战胜各种细菌感染性疾病作出了巨大的贡献。

（一）β - 内酰胺类抗生素发展历史

20 世纪 40 年代，第一个 β - 内酰胺类抗生素——青霉素上市，成为当时抗细菌感染的

主药。50 年代末至 60 年代，英国学者从青霉素发酵液中分离提纯青霉素母核 6 - 氨基青霉烷酸（6 - APA）成功，半合成青霉素研究迅速发展，头孢菌素研究开始起步；70 年代，头孢菌素研究迅速发展，半合成青霉素研究推出酰脲类青霉素，还发现了超广谱的碳青霉烯类、青霉烯类和单环 β - 内酰胺类抗生素，氨曲南、舒巴坦、亚胺培南相继上市；80 年代，第 3 代头孢菌素类、单环类、青霉烯及碳青霉烯类、β - 内酰胺酶抑制剂进展迅速；90 年代至今，针对细菌耐药性开发出一些新品种，如第 4 代头孢菌素，同时开发出很多新型 β - 内酰胺类抗生素，如比阿培南、厄他培南、多利培南等。

（二）β - 内酰胺类抗生素的分类

（1）青霉素类 如天然青霉素（如青霉素 G、青霉素 V 等）和半合成青霉素（如甲氧西林、苯唑西林、氨苄西林、阿莫西林等）。

（2）头孢菌素类 包括第 1~4 代头孢菌素，如头孢拉定、头孢克洛、头孢曲松、头孢匹肟等。

（3）新型 β - 内酰胺类（非典型 β - 内酰胺类） 此类抗生素有内酰胺环但无青霉素和头孢菌素结构。包括青霉烯类（如法罗培南）、碳青霉烯类（如亚胺培南、美洛培南等）、单环 β - 内酰胺类（如氨曲南、卡芦莫南）、氧头孢烯类（如拉氧头孢、氟氧头孢）、β - 内酰胺酶抑制剂（如克拉维酸、舒巴坦等）及 β - 内酰胺增强剂等。

（三）青霉素类抗生素

青霉素类是最早应用于临床的抗生素，最初是由青霉菌（霉菌）培养液中提取得到的一种天然抗生素。因其结构中含有 β - 内酰胺环，在此基础上进行结构改造和修饰，得到一系列半合成青霉素。

青霉素类抗生素自问世以来，因其抗菌疗效较高，对人体副作用小、价格低廉而广泛应用于临床，成为治疗各类细菌感染的至关重要的手段。近年来，因为细菌耐药性和过敏反应等问题，此类抗生素的应用受到一定影响。但除过敏反应以外，其他不良反应比较少，加上价格低廉，因此在基层医院和广大农村，青霉素仍然是医生和患者抗感染的首选药，具有广阔的应用前景。

1. 青霉素类抗生素的分类 根据抗菌谱和抗菌作用的特点，青霉素类抗生素可以分为以下几类。

（1）天然青霉素类 包括青霉素 G、普鲁卡因青霉素、苄星青霉素、青霉素 V 等。此类青霉素对革兰阳性菌、革兰阴性球菌、百日咳杆菌、嗜血杆菌属、各种致病螺旋体、多数放线菌均有强大抗菌活性。

（2）半合成青霉素

1）口服耐酸青霉素 侧链 R_1 由苯氧烷基取代而成，主要有青霉素 V，其抗菌谱与青霉素相同，耐酸、可口服，但不耐酶，抗菌活性不及青霉素，不宜用于严重感染。

2）耐青霉素酶青霉素类 包括甲氧西林、奈夫西林、苯唑西林、氯唑西林、双氯西林、氟氯西林。此类青霉素耐青霉素酶、对葡萄球菌不产酶和产酶菌株均有良好抗菌作用，对其他细菌的活性则较青霉素差些。

3）广谱青霉素类 包括氨苄西林、阿莫西林以及氨苄西林的酯化物匹氨西林、巴氨西林等。氨苄西林的抗菌作用与青霉素相仿，对链球菌属的活性略逊于青霉素，对肠球菌属的活性较强。阿莫西林为氨苄西林的同类品，其抗菌谱和抗菌作用与氨苄西林基本相同，

但杀菌作用更强。

4）抗假单胞菌青霉素类 包括羧基青霉素如羧苄西林、替卡西林，脲基青霉素如哌拉西林，苯咪唑类青霉素如阿洛西林和美洛西林等。此类青霉素的抗菌谱和氨苄西林相仿，但对肠杆菌科细菌的作用更强更广泛，对铜绿假单胞菌亦有良好作用。脲基青霉素的抗菌作用较羧基青霉素为强。

5）主要作用于革兰阴性菌的青霉素类 如美西林及其口服前体药匹美西林、替莫西林等。此类青霉素对肠杆菌科细菌有良好抗菌作用，对革兰阳性菌、铜绿假单胞菌和拟杆菌属则无抗菌活性。

2. 青霉素类抗生素的作用机制 青霉素类抗生素与细菌体内的青霉素结合蛋白（PBP）有高度亲和力，两者结合后可干扰细菌细胞壁黏肽的合成，使之不能交联而造成细菌细胞壁的缺损，致使细菌细胞破裂而死亡。这一过程发生在细菌细胞的繁殖期，因此本类药物又称作繁殖期杀菌药。细菌有细胞壁，而哺乳动物的细胞无细胞壁，所以青霉素类药物对人体细胞的毒性很低，有效抗菌浓度的青霉素对人体细胞几无影响。

3. 典型青霉素类药

青 霉 素

（Benzylpenicillin）

【作用与适应证】本品对溶血性链球菌等链球菌属，肺炎链球菌和不产青霉素酶的葡萄球菌具有良好抗菌作用。对肠球菌有中等度抗菌作用，适用于敏感细菌所致的各种感染，如脓肿、菌血症、肺炎和心内膜炎等。也可用于治疗流行性脑脊髓膜炎、放线菌病、淋病等。风湿性心脏病或先天性心脏病患者进行口腔、牙科、胃肠道或泌尿生殖道手术和操作前，可用青霉素预防感染性心内膜炎发生。

【制剂】青霉素临床主要用作注射剂，可由肌内注射或静脉滴注给药。一般感染肌内注射，重症感染选择静脉滴注。常用制剂为注射用青霉素钠和注射用青霉素钾。在注射前必须先做青霉素皮肤试验，阳性反应者禁用。

【不良反应】本品主要不良反应为过敏反应，一旦发生，必须就地抢救，予以保持气道畅通、吸氧及使用肾上腺素、糖皮质激素等治疗措施。毒性反应较少见。可出现耐青霉素金黄色葡萄球菌、革兰阴性杆菌或念珠菌等二重感染。肾功能不全患者应用大剂量青霉素钾可导致高钾血症。

【用药指导】①应用本品前需详细询问药物过敏史并进行青霉素皮肤试验，呈阳性反应者禁用。②对一种青霉素过敏者可能对其他青霉素类药物、青霉胺过敏，有哮喘、湿疹、枯草热、荨麻疹等过敏性疾病患者应慎用本品。③青霉素水溶液在室温不稳定，因此应用本品须新鲜配制。④ 大剂量使用本品时应定期检测电解质。

【商品信息】本品由英国人弗莱明于1928年发现，是第一个应用于临床的天然青霉素，在第二次世界大战中作为治疗用药使成千上万受死亡威胁的生命得以幸存，为人类的生命健康和生存繁衍作出了突出的贡献。

本品自问世以来，因其疗效好、毒副作用小、价格低廉而深受人们欢迎，是很多感染性疾病的首选药品。近年来，由于细菌耐药性以及新药的大量问世，其市场份额逐年降低，用药数量呈缓慢下降的趋势。

【贮藏】本品应严封于干燥、阴凉处保存。若发生吸潮黏瓶、结块或分解变色，均不可使用。

阿莫西林
（Amoxicillin）

【作用与适应证】本品适用于敏感菌（不产 β – 内酰胺酶菌株）所致的下列感染：中耳炎、鼻窦炎、咽炎、扁桃体炎等上呼吸道感染；泌尿生殖道感染；皮肤软组织感染；急性支气管炎、肺炎等下呼吸道感染；急性单纯性淋病等。

【制剂】本品为广谱、耐酸、不耐酶的半合成青霉素，临床应用剂型较多，包括片剂（普通片、分散片、咀嚼片、肠溶片、口腔崩解片）、胶囊剂、干混悬剂、颗粒剂、糖浆剂、滴剂、注射剂等十多种，还有新型口服长效制剂。

【不良反应】过敏反应是本品主要不良反应，青霉素过敏及青霉素皮肤试验阳性患者禁用。可空腹或与食物、牛奶同服，偶尔会出现恶心、呕吐、腹泻等胃肠道反应及其他不良反应。长期大量服用易出现由念珠菌或耐药菌引起的二重感染。

【用药指导】①本品偶可引起过敏性休克，用药前必须详细询问药物过敏史并作青霉素皮肤试验。②传染性单核细胞增多症患者应用本品易发生皮疹，应避免使用。③疗程较长患者应检查肝、肾功能和血常规。④有哮喘、枯草热等过敏性疾病史者；老年人和肾功能严重损害时须调整剂量。

【商品信息】阿莫西林自问世以来，因其抗菌谱广、疗效确切、耐酸、口服吸收好、毒副作用小而迅速发展成为最常用的口服抗生素之一。

20 世纪 60 年代阿莫西林在国际上已成为重点品种，70 年代进入发展的全盛时期。我国自 1976 年开始生产阿莫西林原料，现已成为原料药生产大国，国际竞争力日益增强。我国自 1982 年首次批准生产阿莫西林单方制剂，目前存在过度重复生产的情况。

【贮藏】本品原料及制剂应遮光、密封，在干燥处保存。

（四）头孢菌素类抗生素

头孢菌素类抗生素是一类含有 7 – 氨基头孢烷酸（7 – ACA）结构的广谱半合成抗生素，过去常叫作先锋霉素。其作用机制类似青霉素，但比青霉素的 β – 内酰胺环张力小，故较青霉素稳定，并且具有抗菌谱广、杀菌力强和抗青霉素酶、毒性低、过敏反应少等优点，在抗感染治疗中占有十分重要的地位。

人类对头孢菌素的认识始于 1955 年，当时科学家对头孢菌素 C 进行分离并确定其化学结构。1961 年提纯头孢菌素的母核 7 – ACA，为头孢菌素的开发奠定了扎实的基础，1962 年第 1 个头孢类药物头孢噻吩上市。20 世纪 70 年代，第 1~2 代头孢菌素开始在临床上应用；80 年代第 3 代头孢菌素相继生产；90 年代以后上市了多种新型口服头孢菌素和第 4 代头孢；目前全球正在致力于研发第 5 代头孢菌素。迄今为止，头孢菌素类已发展为一类庞大的抗菌药物群。

1. 头孢菌素的分类 根据抗菌谱、抗菌活性、对 β – 内酰胺酶的稳定性及肾毒性可将头孢菌素类分为 5 代。

（1）第 1 代头孢菌素 抗菌谱广，对革兰阳性菌作用比第 2、第 3 代强，对革兰阴性菌作用弱，对 β – 内酰胺酶不稳定，对铜绿假单胞菌无效，对肾脏有一定的毒性，与氨基糖苷

类或强利尿剂合用时尤易发生，半衰期短，脑脊液浓度低，如头孢氨苄、头孢唑啉、头孢拉定。

（2）第 2 代头孢菌素 抗菌谱较第一代有所扩大，对 β - 内酰胺酶较第一代稳定，但对革兰阳性菌的抗菌效能弱于第 1 代，对革兰阴性菌作用较第 1 代强，对铜绿假单胞菌无效，对肾毒性较第 1 代小，脑脊液浓度仍较低，如头孢克洛、头孢呋辛、头孢孟多。

（3）第 3 代头孢菌素 对革兰阳性菌的抗菌效能普遍低于第 1 代、第 2 代，对革兰阴性菌作用较第 2 代更强，抗菌谱扩大，对酶的稳定性增强，对铜绿假单胞菌有效，对肾脏几乎无毒性，可渗入脑脊液中，适用于敏感菌所致的脑膜炎，如头孢哌酮、头孢曲松、头孢唑肟。

（4）第 4 代头孢菌素 与 β - 内酰胺酶的亲和力降低，稳定性提高，对细菌细胞膜的穿透力更强，对甲氧西林敏感的葡萄球菌（MRSA、MRSE）和某些产 I 型 β - 内酰胺酶的细菌（如阴沟肠杆菌）作用增强，对革兰阳性菌作用比第 3 代头孢菌素强，对革兰阴性菌作用与第 3 代头孢菌素相似或略强，适用于多重耐药革兰阴性杆菌严重感染，对厌氧菌也有很好的抗菌作用，如头孢地嗪、头孢噻唑肟、头孢吡肟等。

（5）第 5 代头孢菌素 第五代头孢菌素类药物临床针对大部分的革兰阳性菌、革兰阴性菌和厌氧菌、金黄色葡萄球菌还有肺炎链球菌等都有突出的抗菌抑菌作用，其中包括耐甲氧西林金黄色葡萄球菌（MRSA）。主要用于治疗社区获得性肺炎，及复杂性皮肤和皮肤组织感染（包括不威胁肢体的糖尿病脚感染）。该类药物具有抗菌谱广、抑菌杀菌效果突出以及安全性高等优点，有良好的临床应用前景。2010 年 10 月 29 日，美国 FDA 批准"第五代"头孢菌素类抗生素头孢洛林酯全球首次上市。此外，第五代头孢还有头孢托罗和头孢吡普。

2. **头孢菌素类抗生素的作用机制** 头孢菌素类抗生素作用机制与青霉素相似，就是与青霉素结合蛋白结合，干扰细菌细胞壁合成，加速细胞壁破坏而起杀菌作用，属于繁殖期杀菌药。

3. **典型头孢菌素类药**

头 孢 克 洛

（Cefaclor）

【作用与适应证】本品适用于敏感菌所致的呼吸道感染如肺炎、支气管炎、咽喉炎、扁桃体炎等；中耳炎；鼻窦炎；尿路感染如淋病、肾盂肾炎、膀胱炎；皮肤与皮肤组织感染等；胆道感染等。

【制剂】本品临床应用剂型较多，包括片剂（普通片、分散片、缓释片、咀嚼片）、颗粒剂、胶囊、糖浆剂、混悬剂和干混悬剂等。

【不良反应】本品不良反应主要有胃肠道反应、过敏反应和伪膜性结肠炎综合征。长期使用会使不敏感菌株大量繁殖，易发生二重感染，必须采取适当措施。

【用药指导】①本品与青霉素类或头霉素有交叉过敏反应，因此对青霉素类、青霉素衍生物、青霉胺及头霉素过敏者慎用。②肾功能减退及肝功能损害者慎用，有胃肠道疾病史者，特别是溃疡性结肠炎、局限性肠炎或抗生素相关性结肠炎者慎用。③孕妇及哺乳期妇女慎用。④本品宜空腹口服，因食物可延迟其吸收。牛奶不影响本品吸收。

【商品信息】本品是美国礼来公司研制的第 2 代口服头孢菌素，商品名称"希刻劳"。从 1987～1997 年，头孢克洛连续 10 年进入世界十大畅销药物排名，成为第一畅销抗生素。如今头孢克洛的专利已经到期，其供应商除美国礼来公司和日本盐野义制药公司之外，又增加了意大利 ACS Dobfar 和印度 Ranbaxy 等公司。

1994 年 2 月，头孢克洛在我国首次开发成功，由山东淄博新达制药首先上市，商品名为"新达罗"。

【贮藏】本品原料药及制剂应遮光、密封，在凉暗处保存。

头孢曲松
（Ceftiaxone）

【作用与适应证】本品适用于敏感致病菌所致的下呼吸道感染、尿路、胆道感染，以及腹腔感染、盆腔感染、皮肤软组织感染、骨和关节感染、败血症、脑膜炎等及手术期感染预防。单剂可治疗单纯性淋病。

【制剂】本品主要用作注射剂，临床常用其钠盐，可肌内注射或静脉给药。

【不良反应】本品不良反应主要表现为过敏反应，特别是过敏性休克，可能对患者的生命健康造成严重威胁。

【用药指导】①有胃肠道疾病史者，特别是溃疡性结肠炎、局限性肠炎或抗生素相关性结肠炎者应慎用。②有慢性肝病患者应用本品时不需调整剂量；患者有严重肝肾损害或肝硬化者应调整剂量。

【商品信息】本品最初由瑞士罗氏制药开发上市，商品名称罗氏芬（头孢曲松钠）。虽然早在 1991 年我国东北制药、北京紫竹药业、西南合成制药已率先获得该制剂的批准文号。然而，直到 1996 年其专利期满后，头孢曲松钠才开始以惊人的速度在我国发展起来。

【贮藏】本品原料遮光、严封；制剂遮光、密闭，均应在 25℃ 以下的阴凉干燥处保存。同时应现用现配，新配液室温可保存 6 小时。

（五）碳青霉烯类抗生素

碳青霉烯类抗生素问世于 20 世纪 80 年代。第 1 个碳青霉烯类抗生素硫霉素由于稳定性差，对其结构进行修饰，使亚胺甲基化而得到稳定的衍生物——亚胺培南，但单独应用在体内易受肾脱氢肽酶（DHP－1）的降解，尚需与 DHP－1 抑制剂西司他丁联合应用。1993 年，第 2 个碳青霉烯类抗生素帕尼培南在日本上市，其对革兰阳性、阴性的需氧菌与厌氧菌均有活性，对 β－内酰胺酶稳定。1 年后美罗培南又投入市场，其 1 位上带有甲基，对 DHP－1 稳定。此后，美国开发的厄他培南对阴性菌的活性强，是头孢菌素类的 8～16 倍，也优于亚胺培南。近年新上市的还有比阿培南、法罗培南、多利培南等。

碳青霉烯类抗生素是迄今抗菌药物中抗菌谱最广、抗菌作用最强的，对 β－内酰胺酶高度稳定的一类抗生素，杀菌活性超过头孢菌素，尤其对抗铜绿假单胞菌和耐甲氧西林金葡球菌的活性最为显著；其次，碳青霉烯抗生素对细菌的靶体蛋白、青霉素结合蛋白有良好的选择性毒性。有鉴于此，碳青霉烯类抗生素已首选用于治疗多重耐药菌感染和重症感染，构筑了抗细菌感染的最后一道防线。

2014 年 4 月 30 日，WHO 发布报告称，抗生素耐药性细菌正蔓延至全球各地。报告显示，对强力抗菌药碳青霉烯耐药的克雷伯肺炎杆菌也呈全球性蔓延，在部分国家，碳青

霉烯对半数以上感染患者无效。如果继续滥用抗生素，人类将最终面临无药可救的悲惨境地。

2017 年 2 月，国家卫生和计划生育委员会发布《关于进一步加强抗菌药物临床应用管理遏制细菌耐药的通知》，明确指出要强化碳青霉烯类药物以及替加环素等特殊使用级抗菌药物管理，实施专档管理，采取针对性措施，有效控制此类药物的耐药。

美 罗 培 南
（Meropenem）

【作用与适应证】本品适用于敏感菌引起呼吸系统感染；泌尿、生殖系统感染；骨、关节及皮肤、软组织感染；眼及耳鼻喉感染及其他严重感染等。

【制剂】本品主要为注射剂，每瓶 0.25g、0.5g 和 1.0g。

【不良反应】本品毒性低、耐受性好。不良反应主要为变态反应（皮疹）及胃肠道反应（腹泻、恶心、呕吐、便秘）。

【用药指导】①对本品过敏者禁用；对 β - 内酰胺类药品过敏者、严重肝肾功能不全者，支气管哮喘、皮疹、荨麻疹等过敏体质患者，癫痫、潜在神经疾病患者及老人慎用。②由于本品有广谱抗菌活性，因此在尚未确定致病菌前，本品可单独使用。但容易引起细菌耐药性和二重感染，故不宜用于治疗轻症感染，更不可作为预防用药。③本品应以适宜溶液稀释后在 15～30 分钟内静脉滴注或用无菌注射用水稀释后在 3～5 分钟内静脉注射。

【商品信息】美罗培南是日本住友株式会社开发的品种，1995 年 1 月以商品名"Merrem"（美平）上市，与阿斯利康制药公司共同开发市场。由于美罗培南对肾脱氢肽酶稳定，不需合用酶抑制剂，抗菌谱广、抗菌作用强，并有一定的抗生素后效应、不良反应较小而深受欢迎。

美罗培南在国内开发较早，1998 年浙江海正药业已获得原料药及注射剂生产批文，商品名为"海正美特"。2001 年深圳市海滨制药获准生产，商品名"倍能"。

【贮藏】本品性质稳定，需密封于凉暗干燥处保存。稀释后溶液在室温下应在 6 小时内用完，在 5℃下保存不宜超过 24 小时。

（六）β - 内酰胺酶抑制剂

β - 内酰胺酶是一种可使具 β - 内酰胺环结构的抗生素开环而失去抗菌活性的酶，是细菌对抗生素耐药的一个重要因素。β - 内酰胺酶抑制剂是一类特殊的非典型的 β - 内酰胺类药物，其本身并没有或仅有较弱的抗菌活性，但能与 β - 内酰胺酶紧密结合，使 β - 内酰胺类抗生素的 β - 内酰胺环免受水解，从而使细菌提高或恢复对 β - 内酰胺类抗生素的敏感性，保持抗菌活性。常用的 β - 内酰胺酶抑制剂如下。

1. 克拉维酸　是最早出现的氧青霉烷类广谱 β - 内酰胺酶抑制剂，与 β - 内酰胺类抗生素一样，可渗入细胞中，与多种 β - 内酰胺酶牢固结合为不可逆的共价键结合物，使二者均失活。克拉维酸是细菌产生的天然 β - 内酰胺类抗生素，结构中含有 β - 内酰胺环。本品抗菌作用很弱，但具有强效广谱抑酶作用，与 β - 内酰胺类抗生素制成联合制剂，可在不同程度上保护与其联合的 β - 内酰胺类抗生素不被 β - 内酰胺酶灭活，从而提高该抗生素抗产酶耐药菌的作用，提高临床疗效。临床常用制剂有阿莫西林 - 克拉维酸钾（又称奥格门汀、

安灭菌）、替卡西林－克拉维酸钾（又称特美汀、泰门汀）。这两种药品最初都是由史克必成公司研制成功。尤其是奥格门汀，自 1984 年上市以来深受欢迎，是葛兰素史克公司的主打药品，其在国际市场上销势一直很好，属全球最畅销抗感染药品种之一。

2. 舒巴坦　为半合成的青霉烷砜类 β － 内酰胺酶抑制剂，与克拉维酸的抑酶谱相似，较克拉维酸的抑酶作用弱，抗菌活性略强于克拉维酸。舒巴坦是不可逆的、竞争性的 β － 内酰胺酶抑制剂，通过竞争 β － 内酰胺酶的活性部位而发挥抑制作用。临床常用制剂有哌拉西林－舒巴坦、头孢哌酮－舒巴坦、氨苄西林－舒巴坦、阿莫西林－舒巴坦等。舒巴坦与氨苄西林的复合剂由美国辉瑞公司于 1987 年率先开发，最早在日本以商品名优力新上市，到目前一直均保持着稳定的销售额。

3. 他唑巴坦　为舒巴坦的衍生物，对 β － 内酰胺酶、硫化氢抑制酶抑制性比舒巴坦和克拉维酸都强。它只有弱的抗菌活性，抑酶谱广，抑酶作用相当或优于克拉维酸，强于舒巴坦（对某些酶的作用强达 10 倍），抗超广谱 β － 内酰胺酶的作用比舒巴坦、克拉维酸都强。临床常用制剂有哌拉西林－他唑巴坦。他唑巴坦与哌拉西林的复合制剂最早由美国立达药厂开发成功，商品名"特治星"。

三、氨基糖苷类抗生素

氨基糖苷类抗生素是从链霉菌属或小单孢菌培养液获得或半合成制取。化学结构是由一个或多个氨基糖与氨基环醇以苷链相连结组成。主要包括链霉素、新霉素、庆大霉素、卡那霉素、妥布霉素以及阿米卡星、奈替米星等。

自从 1940 年发现第一个用于临床的氨基糖苷类抗生素链霉素以来，在 20 世纪 40 ~ 50 年代又成功开发了一系列具有里程碑意义的氨基糖苷类抗生素，如卡那霉素、庆大霉素和妥布霉素。20 世纪 70 年代，通过各种结构修饰，设计并合成了大量的氨基糖苷类衍生物。目前已报道的天然和半合成氨基糖苷类抗生素的总数已超过 3000 种，其中微生物产生的天然氨基糖苷类抗生素有近 200 种。

氨基糖苷类抗生素具有抗菌谱广、杀菌完全、与 β － 内酰胺等抗生素有很好的协同作用、对许多致病菌有抗生素后效应等特点。虽然由于耐药菌的出现，耳、肾毒性以及 β － 内酰胺类抗生素的广泛使用而限制了氨基糖苷类抗生素的大量使用，但本品仍然是治疗危及生命的革兰阴性菌严重感染的一类重要药物，在治疗结核病方面也是不可缺少的药物。

（一）氨基糖苷类抗生素的分类

1. 按照抗生素来源分类

（1）由链霉菌产生的抗生素　包括链霉素类，如链霉素与双氢链霉素（已停用）；新霉素类，如新霉素、巴龙霉素、利维霉素；卡那霉素类，如卡那霉素、卡那霉素 B 以及半合成品地贝卡星和阿米卡星；核糖霉素等。

（2）由小单孢菌产生的抗生素　包括庆大霉素、西索米星及半合成品奈替米星、小诺米星等。

2. 按照抗菌特点、结构特点及发现与合成先后次序分类

（1）第 1 代　以卡那霉素为代表，包括链霉素、阿泊拉霉素、新霉素、巴龙霉素、核糖霉素、利维霉素等，以结构中含有完全羟基化的氨基糖与氨基环己醇相结合、不抗铜绿假单胞菌为共同特点。

（2）第2代　以庆大霉素为代表，包括小诺米星、阿司米星、司他霉素等。结构中含有脱氧氨基糖及对铜绿假单胞菌有抑杀能力为第2代品种的共同特征。此类药物抗菌谱更广，对第1代品种无效的假单胞菌和部分耐药菌也有较强的抑杀作用。

（3）第3代　以奈替米星为代表，包括阿米卡星、阿贝卡星、奈替米星、依替米星等。

（二）氨基糖苷类抗生素作用机制

氨基糖苷类抗生素主要作用于细菌蛋白质的合成过程，合成异常蛋白，阻碍已合成蛋白的释放，使细菌细胞膜通透性增加导致一些生理物质的外漏引起细菌死亡。本类药物对静止期细菌的杀灭作用较强，为静止期杀菌剂，且具有较长的抗菌后效作用。

（三）典型氨基糖苷类药

庆大霉素
（Gentamicin）

【作用与适应证】本品适用于治疗敏感菌所致的严重感染，如败血症、下呼吸道感染、肠道感染、盆腔感染、腹腔感染、皮肤软组织感染、复杂性尿路感染等。

【制剂】通常药用其硫酸盐，剂型有片剂（普通片、泡腾片、缓释片、肠溶片）、注射剂、滴眼剂、颗粒剂和口服液等。

【不良反应】本品主要不良反应为头昏、眩晕、耳鸣，疗程过长或用量过大时，可引起耳、肾毒性。

【用药指导】①由于近年来对本品耐药的菌株迅速增多，现常联合其他抗菌药进行治疗。②口服仅用于肠道感染或肠道手术前预防用药，不宜做静脉推注或大剂量快速静脉滴注，以防发生呼吸抑制。③长期或大剂量服用本品宜定期进行尿常规、肾功能、听力检查或听电图测定。④长期服用本品还可能导致肠道菌群紊乱。

【商品信息】本品由美国先灵葆雅公司于1963年首先开发成功，1964年应用于临床，1982年1月1日，硫酸庆大霉素批准在美国上市。我国在1969年研制成功硫酸庆大霉素并开始生产。本品注射剂存在过度重复生产的情况，批准文号的数量为300~500。

本品自问世以来一直是临床上重要的抗感染药物，尤其是治疗革兰阴性菌感染和结核病不可缺少的药物。直至今天，在严重革兰阴性菌感染的治疗中，除不适合儿科患者外，仍是部分城市和农村基层广泛使用的一线药物。

【贮藏】本品原料密封于干燥处保存；口服制剂密封于阴凉干燥处保存；注射液、滴眼液密闭于凉暗处保存。

四、四环素类抗生素

1948年，高效广谱、具有口服活性的第一个四环素类抗生素金霉素从链霉菌中提取得到。在随后短短几年内，土霉素和四环素也从链霉菌发酵液中被分离得到。1957年，去甲环素也被发现，通过对这些抗生素进行降解研究，发现它们具有极为相似的化学结构，有四个环线形相连构成主体骨架，"四环素"因此而得名。20世纪70年代，对四环素类天然产物进行了各种化学修饰，制备出第2代四环素，如多西环素、美他环素、米诺环素。90年代初，开发了高效甘氨酰四环素类衍生物的第3代四环素，具有更广的抗菌谱和更高的

抗菌活性，如甘氨米诺环素、甘氨去甲氧环素、替吉环素、替加环素等。

四环素类曾广泛应用于临床，由于常见病原菌对本类药物耐药性普遍升高、不良反应多见以及其他类广谱抗生素的出现，本类药物临床应用已受到很大限制。目前临床应用较多的为半合成四环素类米诺环素和多西环素等。

（一）四环素类抗生素的分类

四环素类抗生素根据其药效学特点可分为三类。

（1）短效类　如金霉素、土霉素和四环素。

（2）中效类　如地美环素和美他环素。

（3）长效类　如多西环素和米诺环素。

（二）四环素类抗生素的作用机制

本类抗生素抗菌谱广，对许多革兰阳性和阴性球菌、革兰阴性杆菌和厌氧菌均具有良好抗菌作用。作用机制为干扰细菌蛋白质的合成，还可抑制细菌 DNA、RNA 和细胞壁的合成，改变细菌细胞膜的通透性，属快速抑菌剂，在高浓度时也具杀菌作用。

（三）典型四环素类药

四 环 素

（Tetracycline）

【作用与适应证】本品对革兰阳性菌的作用优于革兰阴性菌，对淋病奈瑟菌具一定抗菌活性。多年来由于四环素类的广泛应用，临床常见病原菌包括葡萄球菌等革兰阳性菌及肠杆菌属等革兰阴性杆菌对四环素多数耐药，并且，同类品种之间存在交叉耐药。

首选用于治疗衣原体感染、立克次体病、支原体肺炎、回归热等非细菌性感染，也用于布鲁菌病、霍乱、兔热病、鼠咬热、炭疽、破伤风、鼠疫、放线菌病、气性坏疽和敏感细菌引起的呼吸系统、胆管、尿路感染及皮肤软组织感染等的治疗。

【制剂】本品多药用其盐酸盐。常用剂型有片剂、胶囊剂、注射剂、眼膏剂和软膏剂等。

【不良反应】本品主要不良反应为胃肠道反应、肝毒性和肾毒性，长期用药期间应定期随访检查血常规以及肝、肾功能。原有肝病者、已有肾功能损害者不宜应用此类药物。长期应用可致二重感染，导致维生素 B 缺乏、真菌繁殖，出现口干、咽炎、口角炎、舌炎、舌苔色暗或变色等。

【用药指导】①应用本品时应饮用足量（约240ml）水，避免食管溃疡和减少胃肠道刺激症状。②本品宜空腹口服，即餐前1小时或餐后2小时服用，以避免食物对吸收的影响。③在牙齿发育期间（怀孕中后期、婴儿和8岁以下儿童）应用本品时，四环素可在任何骨组织中形成稳定的钙化合物，导致恒齿黄染、牙釉质发育不良和骨生长抑制，故8岁以下小儿不宜用本品。

【商品信息】四环素为老牌广谱抗生素，自20世纪50年代开始应用，至今已有50余年历史。20世纪70~80年代，四环素产销处于鼎盛时期，全国有100多家企业生产四环素。此后，其市场持续滑坡，多年低迷。到20世纪90年代中期，全国大部分四环素生产企业被迫停产，仅剩数家企业在坚持。

【贮藏】本品片剂和胶囊需遮光，密封，在干燥处保存。软膏和眼膏需密闭，在干燥阴凉处保存。

五、酰胺醇类（氯霉素类）抗生素

酰胺醇类（氯霉素类）抗生素包括氯霉素、甲砜霉素和氟甲砜霉素。氯霉素系 1947 年从委内瑞拉链霉菌培养液中提取获得，次年确定其结构并用化学方法合成，是第一个可用人工合成的抗生素。甲砜霉素是氯霉素类的第 2 代广谱抗菌药，在 20 世纪 80 年代被欧洲作为新的化学治疗剂，以甲砜霉素的通名而得到广泛应用，20 世纪 90 年代开始在我国用于兽医临床。其抗菌作用、抗菌机制及抗菌活性与氯霉素基本相似，体内抗菌作用比氯霉素强，比氯霉素具有更高的水溶性和稳定性。另外，某些对氯霉素耐药的菌株对甲砜霉素敏感。氟苯尼考是氯霉素类的第 3 代广谱抗菌药。由美国先灵葆雅公司研制，抗菌谱与抗菌活性略优于氯霉素和甲砜霉素。

（一）酰胺醇类（氯霉素类）抗生素作用机制

酰胺醇类（氯霉素类）抗生素为脂溶性，通过弥散进入细菌细胞内，并可逆性的结合在细菌核糖体的 50S 亚基上，使肽链增长受阻，因此抑制了肽链的形成，从而阻止蛋白质的合成，属于广谱抑菌剂。

（二）典型酰胺醇类（氯霉素类）药

氯 霉 素

(Chloramphenicol)

【作用与适应证】本品适用于：①伤寒和其他沙门菌属感染。②耐氨苄西林的 B 型流感嗜血杆菌脑膜炎或对青霉素过敏患者的肺炎链球菌、脑膜炎奈瑟菌脑膜炎、敏感的革兰阴性杆菌脑膜炎，本品可作为选用药物之一。③脑脓肿，尤其耳源性，常为需氧菌和厌氧菌混合感染。④中轻度厌氧菌感染，可与氨基糖苷类抗生素联合应用治疗腹腔感染和盆腔感染，以控制同时存在的需氧和厌氧菌感染。⑤在无其他低毒性抗菌药可替代时，治疗敏感细菌所致的各种严重感染如由流感嗜血杆菌、沙门菌属及其他革兰阴性杆菌所致败血症及肺部感染等，常与氨基糖苷类合用。

氯霉素局部用于治疗由大肠埃希菌、流感杆菌、金黄葡萄球菌、溶血性链球菌等敏感菌所致眼、耳部浅表感染，如外耳炎、急慢性中耳炎、沙眼、结膜炎、角膜炎、眼睑缘炎等。

【制剂】常用剂型有片剂、胶囊剂、注射剂、滴眼液、滴耳液、眼膏、耳丸、擦剂等。

【不良反应】本品最严重的不良反应就是对造血系统的毒性反应（如再生障碍性贫血）。局部使用如疗程长，反复应用，亦可有一定吸收，偶可发生此不良反应。其他还有如肝细胞毒性作用、严重的胃肠道反应、二重感染、外周神经炎、灰婴综合征等。

【用药指导】①本品禁止与其他骨髓抑制药物合用。②肝功能减退患者避免应用本药。③由于氯霉素的血液系统毒性，用药期间应定期复查周围血常规，同时避免长疗程用药。④妊娠期患者避免应用；哺乳期患者避免应用或用药期间暂停哺乳；老年患者慎用；早产儿、新生儿应用本药后可发生"灰婴综合征"，应避免使用，必须用药时需进行血药浓度监

测；精神病患者用本品可加重失眠、幻视、幻觉、狂躁、抑郁等精神症状，应禁用。

【商品信息】氯霉素是一种常用的具有旋光活性的广谱抗生素，至今已有 60 多年的使用历史。因致死性再生障碍性贫血和灰婴综合征等严重毒副作用而极大地限制了其临床使用。20 世纪 80 年代以后，由于耐药性及其他抗生素新品种的出现，氯霉素仅限用于治疗那些危及生命而又无其他药物可用的疾病。治疗畜禽肠道感染有特效，但对人体危害很严重。因此国家农业部把其列为第一个被禁止用于可食性动物的抗生素。

【贮藏】本品原料、片剂和胶囊需密封保存。注射液需遮光，密闭保存。滴眼液需遮光，密闭，在凉处保存。滴耳液需密闭保存。

六、大环内酯类抗生素

大环内酯类抗生素是一类具有 2 个脱氧糖分子和一个大脂肪族内酯环化学结构的较为庞大的抗生素类群。自 1952 年第一个大环内酯抗生素——红霉素上市以来，迄今已逾越百种，但在临床上应用的仅有 20 多种。

大环内酯类抗生素除对革兰阳性菌有较强的抗菌活性外，特别对耐青霉素的金黄色葡萄球菌、部分革兰阴性菌、部分厌氧菌、支原体、衣原体、军团菌、胎儿弯曲杆菌、螺旋体和立克次体均有抗菌活性，毒副作用和不良反应比氨基糖苷类、四环素类和多肽类等抗生素低，又无青霉素类抗生素的严重的过敏反应，因此极受临床的重视。

（一）大环内酯类抗生素的分类

1. 根据上市的时间分类

（1）第 1 代大环内酯类抗生素　20 世纪 50 年代初，第一个大环内酯类抗生素红霉素应用于临床。70 年代后期至 80 年代，对以红霉素为中心的大环内酯类抗生素进行结构改造，得到了一系列抗生素，如麦迪霉素、螺旋霉素、交沙霉素和吉他霉素等。

（2）第 2 代大环内酯类抗生素　20 世纪 90 年代后，陆续上市了第 2 代红霉素，与第一代相比，增强了对流感嗜血杆菌、黏膜炎莫拉菌等革兰阴性菌的作用，其中以阿奇霉素最强，克拉霉素其次，还有罗红霉素、地红霉素和氟红霉素等。

（3）第 3 代大环内酯类抗生素　近 10 年来对红霉素及其衍生物结构改造的研究，获得了第 3 代对耐药菌有效的大环内酯类抗生素，如酮内酯类的泰利霉素和噻霉素以及酰内酯类、氮内酯类等新品种，抗菌作用增强，已成为当前抗生素新药研发的重点。

2. 根据所含碳内酯环化学结构分类

（1）14 元环大环内酯类　如红霉素、克拉霉素、罗红霉素、地红霉素等。

（2）15 元环大环内酯类　如阿奇霉素。

（3）16 元环大环内酯类　如麦迪霉素、螺旋霉素、乙酰螺旋霉素、交沙霉素、吉他霉素、醋酸麦迪霉素、罗他霉素等。

（4）其他元环大环内酯类　如酒霉素、苦霉素等。

（二）大环内酯类抗生素作用机制

大环内酯类抗生素作用于细菌核糖体 50S 亚基，抑制肽酰基转移酶，阻止转肽作用和 mRNA 位移，抑制细菌蛋白质的合成。本类药物对细菌的生长有影响，属于静止期抑菌剂。

（三）典型大环内酯类药

红霉素
（Erythromycin）

【作用与适应证】 本品适用于：①溶血性链球菌、肺炎链球菌等所致的急性扁桃体炎、急性咽炎、鼻窦炎；溶血性链球菌所致的猩红热、蜂窝织炎；白喉及白喉带菌者；气性坏疽、炭疽、破伤风；放线菌病；梅毒；李斯特菌病等；②军团菌病；③肺炎支原体肺炎；④肺炎衣原体肺炎；⑤其他衣原体属、支原体属所致泌尿生殖系感染；⑥沙眼衣原体结膜炎；⑦淋球菌感染等。

【制剂】 本品常用剂型有片剂（普通片、肠溶衣片）、肠溶胶囊剂、栓剂、软膏剂、滴眼剂等。

【不良反应】 本品主要不良反应为胃肠道反应，如腹泻、恶心、呕吐等，其发生率与剂量大小有关。大剂量（$\geqslant 4g/d$）应用时，尤其肝、肾疾病患者或老年患者，可能引起听力减退，停药后大多可恢复。偶可致过敏、心律失常、口腔或阴道念珠菌感染等。

【用药指导】 ①红霉素片口服后在胃内溶解吸收，但易被胃酸破坏，并且其对胃肠道刺激性较大。制成肠溶片（胶囊）能减轻胃肠道刺激，效果较好。②为获得较高血药浓度，红霉素片需空腹（餐前1小时或餐后3~4小时）与水同服。③溶血性链球菌感染用本品治疗时，至少需持续10日，以防止急性风湿热的发生，且应定期随访肝功能。④本品可通过胎盘屏障而进入胎儿循环，故孕妇应慎用。本品有相当量进入母乳中，故哺乳期妇女应慎用或暂停哺乳。

【商品信息】 红霉素是第一个应用于临床的大环内酯类抗生素，美国礼来公司和Abott公司最先生产红霉素并将产品推向市场。红霉素上市后，由于疗效确切，抗菌谱较广，加之适合于对青霉素过敏的患者，因而市场销售额稳步提高。虽然自20世纪80年代中期起，新的头孢菌素类、氨苄青霉素类、喹诺酮类药物大量涌现，抢占抗生素市场，但红霉素凭借其疗效可靠、价格低廉、副作用较小等优点，仍占据一定的市场份额。

我国于1958年研制成功红霉素，1960年上海第三制药厂率先生产，后有江苏、湖南、广东、陕西等地多家企业相继投产。

【贮藏】 本品应密封，在阴凉干燥处保存。

阿奇霉素
（Azithromycin）

【作用与适应证】 本品适用于敏感菌引起的：①急性咽炎、急性扁桃体炎；②鼻窦炎、中耳炎、急性支气管炎、慢性支气管炎急性发作；③肺炎；④尿道炎和宫颈炎；⑤皮肤软组织感染。

【制剂】 阿奇霉素制剂品种多样，包括片剂（普通片、分散片）、胶囊剂、注射剂、混悬剂、干混悬剂、颗粒剂、糖浆等。

【不良反应】 本品常见不良反应有胃肠道反应，如腹泻、腹痛、稀便、恶心、呕吐等。

局部反应如注射部位疼痛、局部炎症等；皮肤反应如皮疹、瘙痒；其他如畏食、阴道炎、口腔炎、头晕或呼吸困难等。

【用药指导】①由于肝胆系统是阿奇霉素排泄的主要途径，肝功能不全者慎用，严重肝病患者不应使用。用药期间定期随访肝功能。②用药期间如果发生过敏反应，应立即停药，并采取适当措施。③本品注射剂每次滴注时间不得少于 60 分钟，滴注液浓度不得高于 2.0mg/ml。④进食可影响本品的吸收，故需在饭前 1 小时或饭后 2 小时口服。⑤本品不宜与含铝或镁的抗酸药同时服用，后者可降低本品的血药峰浓度；必须合用时，本品应在服用上述药物前 1 小时或后 2 小时给予。

【商品信息】阿奇霉素最先由克罗地亚 Pliva 公司研制合成，1988 年由 Sour Pliva 公司率先在前南斯拉夫上市。为了取得更大的经济效益，原研发公司将全球的生产和市场开发权进行了转让，由美国辉瑞公司、意大利 Sigma – Tau 公司受让。1990 年 9 月该产品在英国上市，1991 年底获美国 FDA 批准在美国上市，商品名为 Zithromax（希舒美）。

阿奇霉素是我国避开行政保护开发的一个产品，1995 年 8 月 21 日国家药品监督管理部门批准北京太洋药业生产阿奇霉素。目前制剂存在过度重复生产的情况。

【贮藏】本品注射剂应遮光，密闭，在干燥处保存。口服制剂应密封，在阴凉干燥处保存。

七、其他类抗生素

作用于细菌的抗生素除以上各类外，常用的还有以下品种：主要作用于革兰阳性菌的抗生素有万古霉素和去甲万古霉素、克林霉素；主要作用于革兰阴性菌的抗生素有磷霉素。

万古霉素和去甲万古霉素主要阻碍细菌细胞壁的合成，也可改变细菌细胞膜通透性，并选择性地抑制 RNA 合成，属于繁殖期杀菌剂。二者对各种革兰阳性菌均具有强大的杀菌作用，特别是对耐甲氧西林金黄色葡萄球菌（MRSA）和耐甲氧西林表皮葡萄球菌（MRSE）、肠球菌属及耐青霉素肺炎链球菌所致感染。也可用于对青霉素类过敏患者的严重革兰阳性菌感染。但因其毒性较大，一般感染不宜选用。

克林霉素作用机制与红霉素相同，属于静止期抑菌剂，因此不宜与红霉素合用，否则容易产生拮抗。主要用于革兰阳性球菌感染和厌氧菌感染。因其在骨组织中浓度高，因此可用于金黄色葡萄球菌骨髓炎、化脓性关节炎。也适用于对 β – 内酰胺类药物过敏者的各种链球菌所致的咽峡炎、中耳炎、肺炎等。

磷霉素主要抑制细菌细胞壁黏肽合成的第一步，而阻碍细菌细胞壁的形成，属于繁殖期杀菌剂。具有广谱抗菌作用，属于中等强度杀菌剂。用于治疗由敏感菌引起的尿路感染、肠道感染和皮肤软组织感染等。

◎ 知识链接

欣弗事件

2006 年 7 月，青海省西宁市部分患者使用标示上海华源股份有限公司安徽华源生物药业有限公司生产的克林霉素磷酸酯葡萄糖注射液出现了胸闷、心悸、心慌、寒战、肾区疼痛等临床症状。随后，广西、浙江、黑龙江、山东等省（区）食品药品监督管理部门也分别报告在本省（区）内发现相同品种出现相类似的临床症状的病例。据统计，注射欣弗死亡的有 11 人。

8 月 16 日，原国家食品药品监督管理局公布了对"欣弗"药物不良事件相关责任单位和个人作出的处理决定：安徽华源生物药业有限公司在生产"欣弗"（克林霉素磷酸酯）过程中，违反规定生产，未按批准的工艺参数灭菌，降低灭菌温度，缩短灭菌时间，增加灭菌柜装载量，影响了灭菌效果，给公众健康和生命安全带来了严重威胁，并造成了恶劣的社会影响。根据《中华人民共和国药品管理法》有关规定，对其产品按劣药论处，由原安徽省食品药品监督管理局没收该企业违法所得，并处二倍罚款；责成原安徽省食品药品监督管理局监督该企业停产整顿，收回该企业的大容量注射剂《药品 GMP 证书》；撤销该企业"欣弗"药品的批准文号，收回批件；由安徽省药品监督管理部门依法监督销毁召回的"欣弗"药品。

第三节 人工合成抗菌药

扫码"学一学"

人工合成抗菌药主要是用化学合成方法制成的抗菌药物，包括磺胺类、喹诺酮类、呋喃类、硝基咪唑类等。

磺胺药从 20 世纪 30 年代开始应用至今虽已有 80 多年，但因品种的不断更新以及增效剂——甲氧苄啶的出现，使其在抗感染药物中仍占一定地位。呋喃类于 20 世纪 40 年代即作为化学药物应用于临床，而喹诺酮类药物是 60 年代开始上市应用，80 年代后迅速发展的一类合成抗菌药，在结构不断更新的基础上，其品种迅速增加，应用前景十分广阔。特别是左氧氟沙星和加替沙星自上市以来，以其高效、广谱、安全等特点，得到广泛应用，已成为临床上最常用抗菌药物之一。

一、磺胺类及甲氧苄啶

磺胺类药是 20 世纪 30 年代发现的能有效防治全身性细菌性感染的第一类抗感染药物，至今已有 80 多年的历史，现已发展成为一个十分庞大的"家族"，其中合成磺胺类药物已达数千种，临床常用的也有 20 余种。

磺胺类药物具有抗菌谱广、口服方便、吸收较迅速、性质稳定，有的（如磺胺嘧啶）能通过血脑屏障渗入脑脊液等优点，在人类抗菌史上曾发挥过重要作用。但近 20 多年来，新的抗生素和抗菌药物不断涌现，使得磺胺类药物的地位及市场占有率有所下降，在临床上现已被抗生素及喹诺酮类药取代。

但由于磺胺药有对某些感染性疾病（如流脑、鼠疫）具有疗效良好，使用方便、性质稳定、价格低廉等优点，故在抗感染的药物中仍占一定地位。磺胺类药与磺胺增效剂甲氧苄啶合用，使疗效明显增强，抗菌范围增大，进一步提高了其在抗感染药中的地位。

（一）磺胺类药物发展历史与现状

1932 年，德国化学家约瑟夫·克拉拉和弗里茨·米奇首次合成了含有磺胺基团的百浪多息。同年，德国的吉尔哈·杜马克等人进行了动物实验，结果发现其具有抗细菌感染的作用，成为医学上应用磺胺类药物的开创者，并因此获得了诺贝尔医学奖。此后，各种磺胺类药物在全世界范围内不断被合成并大量应用。磺胺药有强烈的抑菌作用，对控制感染性疾病提供了强有力的手段，在疾病和死亡面前拯救了无数人的生命。

我国从 20 世纪 40 年代开始生产磺胺类药物。当时，上海信谊制药厂生产的磺胺噻唑（消治龙）曾行销全国，知名度甚高。20 世纪 50 年代，我国磺胺类药物生产迎来了一个高速发展的时期。当时，我国有几十家企业生产磺胺类药物，品种多达 30 余种，产量高达上千吨。

目前，发达国家已不再生产磺胺类药物，其生产已转移到了发展中国家。我国现已成为全世界磺胺类药物的主要生产国和出口国，所占市场份额越来越大，其品种、规模、产量都居全世界首位。磺胺类原料药也成为我国原料药出口最多的品种之一。

（二）磺胺类药物的作用机制

磺胺类药物的作用机制是通过阻止细菌的叶酸代谢而抑制细菌生长繁殖，属于广谱慢效抑菌剂。

（三）磺胺类药物分类

根据临床用途及口服后的吸收情况，磺胺类抗菌药可分为三类。

1. 局部应用的磺胺药　主要用作皮肤黏膜感染的外用药物，如磺胺醋酰钠、磺胺嘧啶银、磺胺嘧啶锌。

2. 肠内不易吸收的磺胺药　本类药物口服后吸收很少，因此仅作为肠道感染的治疗用药，如磺胺脒、琥磺噻唑、酞磺醋胺等。

3. 口服易吸收药物　本类药物口服后均可吸收，临床用于治疗全身各系统感染。按其在体内有效浓度、持续时间的长短又分为短效磺胺、中效磺胺和长效磺胺。目前临床应用的主要是中效磺胺，常用磺胺甲噁唑（SMZ）和磺胺嘧啶（SD）两种。短效磺胺因其不良反应较多见，且需要频繁给药，使用不便，现已少用。长效磺胺（磺胺多辛、磺胺林）与甲氧苄啶合用可治疗间日疟和恶性疟。

（四）典型磺胺类药

复 方 新 诺 明

（Sulfamethoxazole – Trimethoprim）

复方新诺明由磺胺甲噁唑和甲氧苄啶以 5∶1 的比例组方而成，包括片剂、胶囊剂、混悬剂、颗粒剂、散剂、注射剂等多种剂型。目前，我国复方新诺明的生产厂家有 70 余家。

复方新诺明疗效确切，抗菌谱较广，不良反应较小，口服方便，价格低廉。预计其今后在我国广大农村及经济欠发达地区仍有较大需求和一定发展空间。

增 效 联 磺

（Sulfamethoxazole – Trimethoprim – Sulfadiazine）

增效联磺由磺胺甲噁唑、磺胺嘧啶、甲氧苄啶以 5∶5∶2 的比例组方而成，包括片剂、胶囊剂等剂型。

增效联磺片最早于 1983 年由北京制药厂投入生产。此外，泻痢停由磺胺甲噁唑、甲氧苄啶、颠茄浸膏 3 种成分组方而成，销售形势较好。

二、喹诺酮类药

喹诺酮类药物是指人工合成的含有 4 - 喹酮母核的一类抗菌药物。第一个喹诺酮类药物于 1962 年研制成功，以萘啶酸为代表，1964 年应用于临床泌尿系统感染，但因抗菌谱窄易产生耐药性已被淘汰。1978 年化学家们在喹诺酮的骨架 6 位上添加氟原子，7 位上引入哌嗪环或其他衍生物，统称为氟喹诺酮类药。

喹诺酮类药物以其抗菌活性强、抗菌谱广、口服吸收好、组织分布广、生物利用度高、半衰期长、使用方便、与其他抗菌药物之间交叉耐药现象较少等特点，在临床被广泛用于治疗各种感染性疾病。主要品种有左氧氟沙星、加替沙星、洛美沙星、氟罗沙星、培氟沙星、环丙沙星、依诺沙星、莫西沙星、司帕沙星、帕珠沙星、氧氟沙星、托氟沙星、芦氟沙星、诺氟沙星等。

（一）喹诺酮类药物的分类

1. 化学结构分类方法　从化学结构看，喹诺酮类药物大体分为萘啶酸类（萘啶酸）、吡啶并嘧啶酸类（吡哌酸）、喹啉酸类（环丙沙星）和噌啉酸类（西诺沙星）四大类。如按喹诺酮骨架中稠合环数目的不同又可分为二元环类、三元环类、多元环类。早期开发的多属萘啶酸、吡啶并嘧啶酸和噌啉酸类，而近年开发的多属于喹啉酸类。

2. 传统分类方法　喹诺酮类药物按其研究的先后及抗菌性能的不同可分为 1、2、3 代。第 1 代喹诺酮类只对大肠埃希菌、痢疾杆菌、克雷伯杆菌及少部分变形杆菌有抗菌作用，品种有萘啶酸和吡咯酸，因疗效不佳现已少用。第 2 代喹诺酮类在抗菌方面有所扩大，品种有吡哌酸、新噁酸等。第 3 代喹诺酮类抗菌谱进一步扩大，对革兰阳性菌亦有抗菌作用，对革兰阴性菌的抗菌作用进一步增强。由于其结构上在萘啶环的 6 位处引入了氟原子，在 7 位上都连有哌嗪环，因而统称氟喹诺酮类。

（二）喹诺酮类药物的作用机制

喹诺酮类药物主要作用于细菌的脱氧核糖核酸（DNA）旋转酶，使 DNA 不能形成具有生物效能的双股超螺旋，造成染色体不可逆的损害，使细菌细胞不再分裂，属于广谱杀菌剂。

（三）典型喹诺酮类药

左氧氟沙星
（Levofloxacin）

【作用与适应证】本品适用于敏感菌引起的：①泌尿生殖系统感染；② 呼吸道感染；③胃肠道感染；④伤寒；⑤骨和关节感染；⑥皮肤软组织感染；⑦败血症等全身感染。

【制剂】临床多用其盐酸盐或乳酸盐。常用剂型有注射剂、片剂（普通片、分散片）、滴眼剂、胶囊剂、凝胶剂（眼用）和溶液剂（口服）等。

【不良反应】本品主要不良反应有胃肠道反应、中枢神经系统反应、过敏反应和关节疼痛等。

【用药指导】①本品静脉滴注时间为每 100ml 不得少于 60 分钟。不宜与其他药物包括多价金属离子如镁、钙等溶液同瓶混合滴注。②大剂量应用或尿 pH 在 7 以上时可发生结晶

尿。为避免结晶尿的发生，宜多饮水，保持 24 小时排尿量在 1200ml 以上。③应避免过度暴露于阳光下，如发生光敏反应或其他过敏症状需停药。④原有中枢神经系统疾患者，例如癫痫及癫痫病史者均应避免应用。⑤偶有用药后发生跟腱炎或跟腱断裂的报道，如有上述症状发生，须立即停药，直至症状消失。⑥本品与非甾体类抗炎药芬布芬合用时，偶有抽搐发生，因此不宜与芬布芬合用。与口服降血糖药合用时可能引起低血糖，因此用药过程中应注意监测血糖浓度，一旦发生低血糖应立即停用本品，并给予适当处理。

【商品信息】本品是日本第一制药株式会社于 20 世纪 90 年代初开发的品种，其抗菌活性比氧氟沙星强 2 倍，临床剂量仅为氧氟沙星的一半。1995 年进入中国市场，1997 年实现国产化。2002 年跃居国内抗感染药物第 1 位。目前左氧氟沙星是全球及中国销量最大的喹诺酮类药物之一，均衡的抗菌谱及可靠的安全性促成了其临床广泛的应用。

【贮藏】本品注射剂、滴眼剂需遮光，密闭，在阴凉处保存；口服制剂需遮光，密封保存。

三、呋喃类药

本类药物目前在临床上应用的有呋喃妥因、呋喃唑酮和呋喃西林。抗菌谱广，对许多革兰阳性菌和革兰阴性菌均有抗菌作用，但对铜绿假单胞菌无效。口服后血药浓度低，组织渗透性差，不宜用于全身感染。

呋喃妥因主要用于治疗单纯性膀胱炎，亦可用于反复发作性尿路感染患者预防急性发作。呋喃唑酮可用于细菌性痢疾和旅游者腹泻。呋喃西林仅局部外用于伤口、创面、皮肤等感染。对本类药物过敏者，新生儿及肝肾功能不全者禁用。

四、硝基咪唑类药

本类药物目前在临床上应用的主要有甲硝唑和替硝唑。甲硝唑对脆弱拟杆菌等厌氧菌具有强大抗菌作用，对阴道滴虫、阿米巴原虫、贾第鞭毛虫有良好抗菌作用。在临床上常与抗需氧菌药物联合应用于需氧菌与厌氧菌混合感染，如腹腔、盆腔、皮肤软组织感染、血流感染、中枢神经系统感染等的治疗。替硝唑的临床适应证同甲硝唑，其不良反应较甲硝唑少见。

本类药物主要不良反应为胃肠道反应，大剂量应用时有头痛、眩晕症状，偶有肢体麻木，多发性神经炎等。孕妇不宜应用，有中枢神经系统病变者禁用。肝病患者或肾功能减退者需调整剂量。

第四节 抗结核病和抗麻风病类药

一、抗结核病药

（一）结核病与抗结核病药

结核病是由结核分枝杆菌引起的慢性传染病，其中最为常见的是肺结核病，其他还有骨结核、肾结核、肠结核、结核性脑膜炎和结核性肠膜炎等。此病具有疗程长、不易治愈、细菌易产生耐药性等特点。

历史上，结核病曾同天花、鼠疫、霍乱等烈性传染病一样，在全世界广泛流行，令医

扫码"学一学"

学界束手无策。1882 年 3 月 24 日，德国科学家罗伯特·科赫宣布发现结核杆菌，给在世界范围内控制结核病带来希望。为了纪念这一伟大发现，世界卫生组织决定将每年的 3 月 24 日定为"世界防治结核病日"，以提醒公众加深对结核病的认识，使之能够得到及时诊断和有效治疗。

随着人类在预防、诊断和治疗结核病方面取得的一系列重大突破，结核病曾得到有效控制，一些地区近于绝迹。但 20 世纪 90 年代以来，一度销声匿迹的结核病又卷土重来，并以极为迅猛的势头肆虐全球。结核病仍然是全球十大死因之一，是高于艾滋病在内的单一传染病中的头号杀手。每年有数以百万的人口罹患结核病。2017 年，HIV 阴性患者因结核病死亡例数为 130 万例（120 万～140 万），HIV 阳性患者因结核病死亡例数为 30 万例（26.6 万～33.5 万）。

2017 年，全球范围内估算有 1000 万（范围 900 万～1110 万）结核病新发病例，其中男性580 万例，女性 320 万例和儿童 100 万例。各国结核病流行情况差异显著。2017 年，在大多数高收入国家，结核病发病率不足 10/10 万；而在 30 个结核病高负担国家为 150～400/10 万；在包括莫桑比克、菲律宾和南非在内的少数国家，结核病发病率高于 500/10 万。

目前我国仍是全球 30 个结核病高负担国家之一，每年新发结核病患者约 90 万例，位居全球第 3 位。结核病发病人数仍然较多，中西部地区、农村地区结核病防治形势严峻。

自 1944 年发现链霉素，20 世纪五六十年代引入异烟肼与利福平以来，相继有多种抗结核药问世。目前异烟肼和利福平仍是主要抗结核病药，链霉素、吡嗪酰胺和乙胺丁醇亦是世界卫生组织确定的其他 3 种基本抗结核病药。

近年来，抗结核病复方制剂的开发较快，国外应用的多种复方制剂也广泛用于国内临床。如利福平 + 异烟肼，对氨基水杨酸 + 异烟肼。此外，3 种药物联用的品种主要是利福平 + 异烟肼 + 吡嗪酰胺复方片剂。

（二）抗结核病药的分类

1. 根据抗菌作用分类　可分为：①具有杀菌作用的药物，如异烟肼、利福平、链霉素、卡那霉素、卷曲霉素、乙硫异烟胺、吡嗪酰胺等；②具有一定杀菌作用的药物，如氧氟沙星、左氧氟沙星等喹诺酮类抗菌药；③具有抑菌作用的药物，如乙胺丁醇、环丝氨酸、对氨基水杨酸等。

2. 按临床应用分类　可分为一线与二线抗结核药。①一线药品有异烟肼、利福平、链霉素、吡嗪酰胺、乙胺丁醇；②二线药品有乙硫异烟胺、丙硫异烟胺、卡那霉素、阿米卡星、环丝氨酸、卷曲霉素、紫霉素、结核放线菌素、氨硫脲、对氨基水杨酸、氧氟沙星、左氧氟沙星、环丙沙星、司帕沙星等。

一线药品具有疗效高、不良反应少、服用方便、价格低廉等优点，为初始结核病治疗的首选药，可成功治疗绝大多数结核病。二线药品仅作为细菌对一线药物产生耐药性或患者不能耐受一线药品时的替代药品。

（三）抗结核病药物治疗药原则

采用抗结核病药物治疗的目标是：①在最短时间内使痰菌转阴，减少结核病的传播；②防止耐药菌株的产生；③达到完全治愈，避免复发。

结核病的药物治疗原则是：①联合治疗，防止和减少细菌耐药性的产生；②疗程足够，即在医护人员监督下服药，以保证患者完成全疗程，达到彻底治疗，避免因不规则治疗致

病程迁延、细菌产生耐药性；③短程疗法，目前对肺结核治疗广泛采用包括异烟肼、利福平、吡嗪酰胺在内的 6 个月短程疗法，或包括异烟肼、利福平在内的 9 个月短程疗法，通常在初始两个月加入乙胺丁醇（幼儿用链霉素）。

（四）典型抗结核病药

异烟肼
（Isoniazid）

【作用与适应证】本品是一种具有杀菌作用的合成抗菌药，只对分枝杆菌，主要是生长繁殖期的细菌有效。单用适用于各型结核病的预防；与其他抗结核药联合，适用于各型结核病的治疗，包括结核性脑膜炎以及其他分枝杆菌感染。

【制剂】常用剂型为片剂和注射剂。

【不良反应】本品主要不良反应有步态不稳或麻木针刺感、烧灼感或手指疼痛等周围神经炎症状；深色尿、眼或皮肤黄染等肝毒性症状，35 岁以上患者肝毒性发生率增高；食欲不佳、异常乏力或软弱、恶心或呕吐等胃肠道反应。

【用药指导】①用本品治疗时必须持续 6 个月至 2 年，甚至需数年或不定期用药。用药期间应定期随访肝功能，肝病患者慎用。②服用异烟肼时每日饮酒，易引起肝脏毒性反应，并加速异烟肼的代谢，因此患者服药期间应避免乙醇饮料。③与多种抗结核病药联用时，可加重肝毒性和其他抗结核病药的不良反应，治疗过程中应密切观察。④与口服抗凝血药如阿芬太尼、双硫磷、恩氟烷等合用时可增加后者的不良反应，应避免合用。含铝制酸药可延缓并减少异烟肼口服后的吸收，使血药浓度减低，故应避免两者同时服用，或在口服制酸剂前至少 1 小时服用异烟肼。⑤异烟肼为维生素 B_6 的拮抗剂，可增加维生素 B_6 经肾排出量，因而可能导致周围神经炎，服用异烟肼时需补充维生素 B_6。

【商品信息】异烟肼是 20 世纪 50 年代初瑞士罗氏公司开发的产品，是具有特异性抗结核分枝杆菌药物。本品疗效显著、价格低廉，一直受到医生和患者的青睐，多年的临床实践表明在各型肺结核的进展期、溶解播散期、吸收好转期中发挥了重要作用。

在我国本品存在过度重复生产的情况，目前口服制剂批准文号的数量超过 500 个。

【贮藏】本品遇光、受潮、受热可变黄色，因此原料和制剂均需遮光，密封，在干燥处保存。

二、抗麻风病药

麻风病是由麻风分枝杆菌引起的慢性传染病，在人类历史上至少已流行三千多年之久，且无一国、一地可免于该病的侵袭。

新中国成立后，我国政府十分重视麻风病防治工作，并取得了巨大成绩。目前麻风患者治疗覆盖率达到 100%，联合化疗治疗率达到 96%，到 2015 年实现了以县（市，区）为单位达到世界卫生组织基本消灭麻风目标的历史性突破。目前，我国西南地区仍然有麻风局部流行，流动人口中麻风患者的出现增加了麻风控制工作的难度，我国现存的 10 余万名麻风残疾患者的康复任务依然十分艰巨。

防治麻风病最常用的药物为砜类药如氨苯砜、醋氨苯砜，疗效较好；其他尚有氯法齐明等，也有一定疗效。氨苯砜（Dapsone）为目前治疗麻风病的主要药品。作用机制与磺胺

药类似，通过抑制麻风分枝杆菌的生长繁殖发挥作用。与其他药物联合治疗，可延缓耐药性产生，减少复发。不良反应主要有轻度胃肠道反应，头晕、乏力、失眠或嗜睡等。部分患者可发生发热、皮损加重、急性神经炎、睾丸炎、黄疸伴肝坏死等麻风反应，可给予沙利度胺（反应停）、皮质激素等处理。有磺胺过敏史，严重肝肾功能不全，贫血、精神病患者禁用本品。

第五节　抗真菌药

扫码"学一学"

真菌感染分为浅部真菌感染和深部真菌感染。浅部真菌主要为皮肤丝状菌，侵犯皮肤、毛发、指甲等角化组织引起癣症，又称癣菌。深部真菌病侵犯皮肤深层和内脏，如肺、脑、消化道等器官，危害性较大。

抗真菌药物是指具有抑制真菌生长和繁殖或杀灭真菌的药物。其发展大致可以分为以下几个阶段。20 世纪 30 年代末，从微生物发酵代谢产物中分离得到灰黄霉素并被用于临床；1944 年报道了氮唑类化合物的抗真菌作用；1960 年两性霉素被用于临床；1981 年酮康唑口服制剂在美国上市，第 1 个烯丙胺类药物萘替芬进入临床试验；1990～1992年氟康唑和依曲康唑开始在美国使用；1993～1995 年报道了第 2 代三唑类抗真菌药物；1995～1996年上市了第 2 个烯丙胺类药物特比萘芬，以及两性霉素 B 脂质体制剂；21 世纪初，刺白菌素 B 衍生物和伏立康唑获准上市。这些药物为有效控制致病真菌感染提供了强有力的武器。

一、抗真菌药物的分类

1. **多烯大环内酯类抗真菌抗生素**　包括三烯类：变曲霉素；四烯类：制霉菌素、匹马霉素、金褐霉素；五烯类：制霉色菌素、喷他霉素、戊霉素；六烯类：恩多霉素；七烯类：两性霉素 B、两性霉素 B 脂质体、曲古霉素、克念菌素、杀念珠菌素、美帕曲星、帕曲星等。

2. **氮唑类抗真菌药**　包括咪唑类：克霉唑、咪康唑、益康唑、酮康唑、塞他康唑、奈替康唑、拉诺康唑、氟咪唑；三唑类：氟康唑、伊曲康唑、特康唑、伏立康唑、泊沙康唑、拉夫康唑。

3. **烯丙胺类抗真菌药**　如萘替芬、特比萘芬、丁替芬、布特萘芬等。

4. **其他类抗真菌药**　包括 $1,3-\beta-$ 葡聚糖合成酶抑制剂的棘白菌素类（卡泊芬净、阿尼芬净、米卡芬净等）；麦角甾醇生物合成抑制剂的吗啉类；干扰核酸合成的氟胞嘧啶类；抑制线粒体 AT 合成酶的柠檬醛类等。

5. **植物药**　如大蒜、肉桂、丁香、茴香、珊瑚姜、姜黄和小檗碱等。

6. **消毒防腐药**　如水杨酸、苯甲酸、十一烯酸等。

二、典型抗真菌药

氟 康 唑
（Fluconazol）

【作用与适应证】 本品属氮唑类抗真菌药，抗真菌谱较广。①念珠菌病：用于治疗口咽部和食管念珠菌感染；播散性念珠菌病，包括腹膜炎、肺炎、尿路感染等；念珠菌外阴阴

道炎等。②隐球菌病：用于治疗脑膜以外的新型隐球菌病；治疗隐球菌脑膜炎时，本品可作为两性霉素 B 联合氟胞嘧啶初治后的维持治疗药物。③球孢子菌病。④用于接受化疗、放疗和免疫抑制治疗患者的预防治疗等。

【制剂】本品常用剂型有片剂、胶囊剂、注射剂和滴眼剂。

【不良反应】本品主要不良反应有恶心、腹痛、腹泻及胀气等胃肠道反应，其次为疱疹，也可出现过敏反应及肝损害。

【用药指导】①本品目前在免疫缺陷者中的长期预防用药，已导致念珠菌属等对本品耐药性的增加，故需掌握指征，避免无指征预防用药。②治疗过程中偶可出现肝毒性症状，因此用本品治疗开始前和治疗中均应定期检查肝功能。③肾功能损害者，需调整用药剂量。孕妇及 16 岁以下儿童慎用。④本品与异烟肼或利福平合用时，可降低药效。与甲苯磺丁脲、氯磺丁脲和格列吡嗪等磺酰脲类降血糖药合用时，可使此类药物的血药浓度升高而可能导致低血糖，因此需监测血糖，并减少磺酰脲类降血糖药的剂量。与华法林等双香豆素类抗凝药合用时，可增强双香豆素类抗凝药的抗凝作用，致凝血酶原时间延长，故应监测凝血酶原时间并谨慎使用。

【商品信息】本品是美国辉瑞制药公司研制的产品，商品名"大扶康"。1990 年在美国上市，很快成为畅销新药。现已在全球 30 多个国家上市，一直稳居抗真菌药市场领先地位。近些年来，氟康唑也是我国抗真菌药市场上的领军品种。

【贮藏】本品注射剂需遮光，密闭保存。口服制剂需密封，在阴凉干燥处保存。

特 比 萘 芬
（Terbinafine）

本品有广谱抗真菌活性，尤其对皮肤真菌有杀菌作用，对白色念珠菌则起抑菌作用。适用于浅表真菌引起的皮肤、指甲感染，如毛癣菌、犬小孢子菌、絮状表皮癣菌等引起的体癣、股癣、足癣以及皮肤念珠菌感染。主要不良反应有腹胀、食欲减退、恶心等消化道反应和皮疹，偶见味觉改变。肝肾功能不全者应调整剂量，孕妇应慎用本品。

1981 年特比萘芬由瑞士山道士（Sandoz）药厂开发，并取得欧洲专利号，1984 年合成，1991 年，特比奈芬原研品牌兰美抒在英国首次上市，1992 年 12 月获 FDA 批准上市，1993 年在中国应用。2010 年，诺华收回兰美抒品牌，2011 年，兰美抒乳膏重返中国市场。

目前，兰美抒在超过 90 个国家和地区销售，是皮肤科领域全球著名品牌，销量超过 10 亿美元。该药国内主要有口服片剂和乳膏剂两个剂型。国产特比萘芬乳膏剂"丁克"，1997 年由山东齐鲁制药生产销售，现市场份额已超过诺华公司的品牌"兰美抒"片剂，位居第一。

第六节　抗病毒药

病毒是细胞内寄生的微生物，利用宿主细胞代谢系统进行增殖复制，按病毒基因提供的遗传信息合成病毒的核酸和蛋白质，再进行装配后从细胞内释放出来。多数抗病毒药可同时作用于宿主细胞，因而对宿主产生毒性作用。

当前病毒性传染病居传染病之首，世界卫生组织指出全球的病毒性传染病比细菌等其

扫码"学一学"

他传染病总数约多 3 倍，占 70% 以上。其发病率高、传播快、缺乏特异治疗药物、并不断出现新的疾病，对人类健康形成莫大的威胁。如 20 世纪超级瘟疫的艾滋病、埃博拉病毒、甲型 H1N1 病毒、严重急性呼吸道综合征（SARS）、各种病毒性肝炎、病毒性脑炎、婴幼儿病毒性肺炎、成人腹泻、病毒性心肌炎等。但是，抗病毒药物发展远滞后于抗细菌药物的发展。就目前而言，多数病毒无特殊治疗药物，又无有效的疫苗，病毒依然对人类危害极大。

抗病毒药是一类用于预防和治疗病毒感染的药物。20 世纪 60 年代，碘苷作为第一个抗病毒药物才开始应用于治疗疱疹病毒角膜炎；70 年代，阿昔洛韦问世，由此开始了抗疱疹病毒药物研制；80 年代，艾滋病的出现，对抗病毒药物的研制产生了重大的影响；90 年代初，抗 HIV 药拉米夫定上市，从而极大地推动了抗病毒药物的发展。

近 20 年来，凭借对抗病毒领域药物的执着，吉利德成长为全球顶尖制药企业之一。2013 年 12 月，索磷布韦（Sofosbuvir）获 FDA 批准上市，创造了抗病毒领域的传奇，使人类在治疗丙肝的道路上迈出了一大步。在单品的基础上，吉利德创制了多个复方药物用于 HIV、HBV、HCV 的治疗。产品线中的化学药物数量明显多于生物药，其中获批上市 21 个品种。

丙肝和艾滋病都是威胁中国人民健康的重大疾病。2018 年以来，国际重磅丙肝鸡尾酒艾尔巴韦格拉瑞韦片、索磷布韦维帕他韦片和来迪派韦索磷布韦片陆续在我国获批。艾滋病药物方面，国家药监局批准了本土原创新药艾博韦泰和进口鸡尾酒艾考恩丙替片、恩曲他滨丙酚替诺福韦片和达芦那韦考比司他片上市，使我国艾滋病用药的可及性得到大幅提高。

一、抗病毒药的分类

1. 按化学结构分类
（1）三环胺类　如金刚烷胺、金刚乙胺等。
（2）焦磷酸类　如膦甲酸等。
（3）蛋白酶抑制药　如沙喹那韦、利托那韦、吲哚那韦、奈非那韦等。
（4）核苷类药物　如阿昔洛韦、拉米夫定、利巴韦林、齐多夫定等。
（5）其他类　如地拉韦定、甘草甜素、干扰素、奈韦拉平以及反义寡核苷酸类等。

2. 按作用分类
（1）抗人类免疫缺陷病毒（HIV）药物　如吲哚那韦、奈非那韦、地拉韦定、奈非拉平等。
（2）抗巨细胞病毒（CMV）药物　如膦甲酸钠、更昔洛韦、西多福韦等。
（3）抗肝炎病毒药物　如干扰素、单磷酸阿糖腺苷、拉米夫定、甘草甜素、恩替卡韦等。
（4）抗疱疹病毒药物　如阿昔洛韦、伐昔洛韦、泛昔洛韦、阿糖腺苷等。
（5）抗流感及呼吸道病毒药物　如金刚烷胺、金刚乙胺、利巴韦林、反义寡核苷酸类等。

二、抗流感及呼吸道病毒药

流感是由流感病毒引起的一种严重危害人类健康的急性病毒性呼吸道传染病，通过空

气传播。注射流感疫苗是预防流感最有效的措施，但由于流感病毒抗原变异极其频繁，会变异出许多亚型，因此通常现有的流感疫苗也无法对流感进行有效预防。

2009 年开始，甲型 H1N1 流感在全球范围内大规模流行。人群对甲型 H1N1 流感病毒普遍易感，并可以人传染人。2010 年 8 月，世界卫生组织宣布甲型 H1N1 流感大流行期已经结束，但此病毒可能已悄悄发生更加致命的变异，并且此传染性极高的病毒传播速度也极快。因此，开发新的安全有效的抗流感药物刻不容缓。

2018 年 10 月 24 日，美国食品药品管理局（FDA）批准由日本盐野义制药公司和罗氏联合研发的抗流感新药 Xofluza（baloxavir marboxil）上市，该药是用于治疗 12 岁及以上无并发症的急性流感患者。值得一提的是，这是近 20 年来 FDA 首次批准的新型抗病毒流感治疗药物。

目前，临床用作抗流感和呼吸道病毒的主要药物如下。

（1）金刚烷胺和金刚乙胺　两药只对 A 型流感病毒有抑制作用，疗效相似，可作为流感流行期间高危人群的预防用药，轻症流感早期用药可降低热度，缩短病程。

（2）利巴韦林　为广谱抗病毒药，适用于呼吸道融合病毒性支气管炎、带状疱疹及小儿腺病毒肺炎等，也是治疗流行性出血热的首选药物。

（3）扎那米韦　是第一个抗流感病毒的神经氨酸酶（唾液酸酶）抑制剂，可选择性抑制流感病毒表面的神经氨酸酶，抑制流感病毒 A 和 B 的复制。该药口服生物利用度极低，只能局部给药。剂型有喷雾剂、雾化剂、干粉气溶剂等。适用于流感出现 2 日内的成年人和 12 岁以上的青少年，使用越早越好。

（4）磷酸奥司他韦　用于成人和 1 岁及 1 岁以上儿童的甲型和乙型流感治疗，还用于成人和 13 岁及 13 岁以上青少年的甲型和乙型流感的预防。此药被认为是防治流感病毒乃至禽流感病毒的最有效药物，也是世界卫生组织推荐的抗甲型 H1N1 流感的一种比较有效的药物。

（5）免疫球蛋白　其被动免疫能减少肺和鼻的病毒滴度，且在肺中效果最好。

利巴韦林
（Ribavirin）

【作用与适应证】本品为广谱抗病毒药。具有抑制呼吸道合胞病毒、流感病毒、甲肝病毒、腺病毒等多种病毒生长的作用。适用于呼吸道合胞病毒引起的病毒性肺炎与支气管炎，皮肤疱疹病毒感染。

【制剂】本品临床应用剂型多种多样，有片剂（普通片、含片、分散片）、胶囊剂、颗粒剂、注射剂、滴眼剂、滴鼻剂、喷剂、气雾剂、口服液等。

【不良反应】本品主要不良反应有贫血、乏力等，停药后即消失。大剂量应用可致心脏损害。

【用药指导】①应用本品应尽早，呼吸道合胞病毒性肺炎病初 3 日内给药一般有效。②本品有较强的致畸作用，故孕妇禁用。少量药物由乳汁排泄，因此哺乳期妇女在用药期间需暂停哺乳。③有呼吸道疾病患者（慢性阻塞性肺病或哮喘者）慎用。有严重贫血、肝功能异常者慎用。④与齐多夫定同用时有拮抗作用，因本品可抑制齐多夫定转变成活性型的磷酸齐多夫定。

【商品信息】 本品是一种能抑制核酸合成的广谱抗病毒药，也是《美国药典》中唯一治疗上呼吸道感染（感冒）的抗病毒药物。自 20 世纪 70 年代我国仿制该药成功以来，已有多种剂型供临床使用。由于疗效确切，毒副作用较低，已被列入国家基本医疗保险甲类药品。近年来，随着更多作用明确、不良反应少的新药的出现，利巴韦林市场份额逐渐被拉米夫定和更昔洛韦等品种取代，在临床应用上呈下降趋势。

【贮藏】 本品需遮光、密闭、在阴凉处保存。

三、抗肝炎病毒药

病毒性肝炎是由肝炎病毒引起，以损害肝脏为主的感染性疾病。迄今为止已经得到分型的肝炎病毒有 6 种，即甲型肝炎病毒、乙型肝炎病毒、丙型肝炎病毒、丁型肝炎病毒、戊型肝炎病毒和庚型肝炎病毒。甲型肝炎和戊型肝炎起病急，有自愈性，不会转化为慢性，不需特殊治疗。乙型肝炎、丙型肝炎和丁型肝炎绝大多数为慢性，病程迁延，最终可发展为慢性肝炎、肝硬化和肝细胞肝癌，应予积极治疗。

世卫组织发布的《2017 年全球肝炎报告》指出，全球约有 3.25 亿人感染慢性乙肝病毒或丙肝病毒，2015 年造成 134 万人死亡。目前，世卫组织已将病毒性肝炎列为全球公共卫生面临的重要威胁之一。中国更是乙肝大国，约有 9000 万感染者，防治形势十分严峻。

多年来，抗肝炎病毒药物发展相对迟缓，且只有抑制作用而无根治作用。临床常以干扰素和利巴韦林合用治疗慢性病毒性肝炎和剂型丙型肝炎。可喜的是，由美国制药巨头吉利德（Gilead）开发的抗病毒药物 TAF（国内名为韦立得）在 2016 年获得美国 FDA 批准，用于慢性乙型肝炎患者的治疗。TAF 是由吉利德早前推出的替诺福韦（即韦瑞德，也叫 TDF）的乙肝药物的升级版。TDF 作为国外乙肝初始治疗首推药物，它的抗病毒效果非常强，而且具有 8 年零耐药的数据，可以说是乙肝治疗"高效、低耐药"的理想药物，唯一的缺点是长期服用可能对肾脏和骨密度造成损伤。相比之下 TAF 克服了部分 TDF 的缺点，在保持较高病毒抑制率的情况下，没有发现耐药，2018 年 11 月，韦立得在中国获批上市。2018 年获批的抗病毒新药还包括新一代治疗乙肝的药物丙酚替诺福韦、国产乙肝新药重组细胞基因因子衍生蛋白，这些药物的上市将惠及广大乙肝患者。

拉 米 夫 定
（Lamivudine）

【作用与适应证】 本品是核苷类抗病毒药。对乙型肝炎病毒（HBV）有较强的抑制作用，长期应用可显著改善肝脏坏死炎症性改变，并减轻或阻止肝脏纤维化的进展。适用于乙型肝炎病毒复制的慢性乙型肝炎。

【制剂】 本品主要剂型为片剂。

【不良反应】 本品不良反应较轻，主要有上腹不适、头晕、乏力、口干等。少数患者可有血小板减少，磷酸肌酸激酶增高，一般不需要停药。

【用药指导】 ①疗程中病毒变异发生率高，导致疗效减退，停药后可出现病情复燃。②疗程中应监测肝功能及乳酸中毒。③妊娠期禁用，孕妇服用本品不能阻断肝炎病毒母婴传染。④服用本品，不能防止乙肝病毒通过性接触或血缘传播。⑤一些肾排泄药物，如甲氧苄啶可明显阻碍本品的肾排泄，肾功能不全者应慎用。⑥艾滋病患者合并乙肝感染时，

应用本品的剂量需加大，并需与其他抗艾滋病药物联合应用，否则易导致 HIV 对本品耐药。

【商品信息】本品由英国葛兰素史克公司研发并生产，商品名"贺普丁"，是治疗艾滋病的核苷类 HIV 逆转录酶抑制剂。1995 年被美国 FDA 批准治疗 HIV/AIDS 患者，也是世界卫生组织推荐使用在艾滋病抗病毒治疗中的一个关键药物。1997 年，在美国、加拿大等 10 多个国家和地区相继批准用于治疗慢性乙型肝炎。

本品于 1998 年底被我国药品监督管理部门批准治疗慢性乙型肝炎。1999 年正式进入中国，凭借其口服、方便、短期抗病毒疗效好的优势，在短短几年内便成为销量最好的乙肝处方药。目前，拉米夫定及其复方制剂已实现国产化。

【贮藏】本品需遮光，密封，在阴凉干燥处保存。

四、抗人类免疫缺陷病毒药

艾滋病（AIDS）是一种由于人体感染了人类免疫缺陷病毒（HIV），机体抵抗感染和疾病的免疫功能受到损坏而发生一系列相应症状与体征的传染性疾病，又称获得性免疫缺陷综合征。

自 1981 年发现首例艾滋病以来，艾滋病在全球快速蔓延传播，已成为跨国家和地区的国际问题，关系到全球经济的健康发展和国际安全的稳定。在我国，抗艾形势同样十分严峻。2018 年 6 月，国家卫健委发布的我国卫生健康事业发展统计公报显示，2017 年，艾滋病报告发病人数为 57194 人，死亡数 15251 人，居全国甲乙类传染病的首位。与 2016 年相比，我国艾滋病报告发病数和死亡数分别增加 2834 和 1160 人。截至 2018 年底，中国存活艾滋病感染者约 125 万；性传播为主要传播途径，其中经异性传播占比 69.6%，男性同性传播 25.5%。

目前尚未出现可以治愈的特效药，也没有可以预防的疫苗。1986 年，美国 FDA 首先批准 AZT（齐多夫定）用于治疗艾滋病，这是抗艾滋病的第一个药物。之后有多个抗艾滋病药物相继问世。

近年来，吉利德在艾滋病治疗方面，亦取得众多突破，已在全球上市十余种 HIV 产品，将这种致命性疾病转化为可控的慢性病。2019 年 8 月 9 日，吉利德宣布，日服单片复方制剂必妥维（通用名：比克恩丙诺片，比克替拉韦 50mg/恩曲他滨 200mg/丙酚替诺福韦 25mg，BIC/FTC/TAF）已被中国国家药品监督管理局批准用于治疗 HIV－1 型病毒感染。此外，在 HIV 预防领域，吉利德研发出首个获得 FDA 批准的用于 HIV 暴露前预防药物（PrEP），使得高危人群中 HIV 新发感染率显著下降。

（一）抗艾滋病药物的分类及应用

抗艾滋病药物的分类如下。

1. 核苷类逆转录酶抑制剂 该类药物对 HIV 病毒复制具有很强的抑制作用，主要品种有齐多夫定、拉米夫定、司坦夫定、去羟肌苷和扎西他滨。

齐多夫定最先于 1964 年合成。经过不断的筛选，由英国威尔康（现葛兰素史克）公司开发后上市。1987 年 3 月美国 FDA 首次批准用于 HIV/AIDS 的预防和治疗。本品为胶囊剂，口服给药，到 20 世纪末已在近百个国家临床使用。

2. 非核苷类逆转录酶抑制剂 在目前常用的鸡尾酒疗法组合药物中，非核苷类逆转录酶抑制剂发挥着重要作用，这一类药物中主要是：奈韦拉平、依法韦仑、阿巴卡韦、地拉韦啶、依曲韦林等。

依法韦仑是默克公司开发的品种，商品名为"施多宁"。1998 年 9 月获 FDA 批准上市，是高活性抗逆转录病毒疗法组分之一。奈韦拉平是勃林格殷格翰公司开发的冻结物，商品名为"维乐命"，该品于 1996 年 12 月获 FDA 批准上市。此外，该类别中还有 1997 年法玛西亚普强公司上市的地拉韦啶，葛兰素史克公司 1998 年上市的阿巴卡韦等。

依曲韦林属于第 2 代非核苷类逆转录酶抑制剂（NNRTIs），由蒂博泰克公司研发。2008 年 1 月，经 FDA 优先审批程序批准上市，商品名为 Intelence。依曲韦林是首个对耐 NNRTIs 艾滋病毒株患者显现抗逆病毒活性的药物。

3. 蛋白酶抑制剂　是抗 HIV 药物复合疗法重要组成部分，是 20 世纪 90 年代中后期的新产品。该药物合成工艺难度大，也是导致目前抗 HIV 治疗费用居高不下的原因。蛋白酶抑制剂主要有奈非那韦、沙奎那韦、茚地那韦、安泼拉韦、利托那韦、洛匹那韦、替拉那韦、地瑞那韦及复合制剂。

本类药品中销售较好的是默克公司的茚地那韦，商品名为"佳息患"，1996 年 3 月获 FDA 批准上市。另一品种是马来酸奈非那韦，由美国 Agouron 公司开发，1997 年 3 月获 FDA 批准。该品由辉瑞公司和罗氏公司作上市推广，是一个上升较快的品种。此外，还有雅培公司的利托那韦和新一代蛋白酶抑制剂洛匹那韦/利托那韦复方制剂"克力芝"；罗氏公司 1995 年上市的沙奎那韦，以及葛兰素史克公司 1999 年上市的安泼那韦等。

达芦那韦（Darunavir）属于非肽类 HIV 蛋白酶抑制剂，由强生旗下蒂博泰克（Tibotec）公司研发。2006 年 6 月，FDA 批准其上市，商品名为"Prezista"，同年在加拿大上市。2007 年 3 月，在欧盟的 27 个成员国上市。

4. 融合抑制剂　这类药物阻断 HIV 与 CD_4^+T 细胞膜融合，从而阻止 HIV RNA 进入 CD_4^+T 细胞内。目前只有一种融合抑制剂恩夫韦地，或称 T–20。

5. 整合酶抑制剂　这类药物是在 CD_4^+T 细胞内阻断整合酶使 HIV 前病毒整合复合物进入细胞核内后，不能在整合的作用下整合到宿主染色体中。拉替拉韦（Raltegravir）是第一个 HIV 整合酶链转移抑制剂，由默沙东公司研制开发，2007 年 10 月获 FDA 加速批准上市，商品名为 Lsentress。另一个是吉利德公司（Gilead）研发的整合酶抑制剂 Vitekta（Elvitegravir，85mg 和 100mg），2013 年获欧盟委员会（EC）批准，用于无任何已知 Elvitegravir 抗性相关突变的 HIV–1 成人感染者的治疗。

（二）我国抗艾滋病药物的发展

近年来，我国国产抗艾滋病药物进展迅速。2002 年 8 月，由东北制药集团研制开发的齐多夫定（商品名"克度"）是中国批准生产的第一例抗艾滋病病毒药品，它结束了中国抗艾滋病病毒药品完全依赖进口的历史。在这之前，东北制药集团就开始生产供出口的齐多夫定原料药。

继齐多夫定之后，上海迪赛诺生物医药有限公司开发的去羟肌苷、司坦夫定、齐多夫定、奈韦拉平相继通过审批。厦门迈克生化股份有限公司也开发成功抗 HIV 药品，具有生产齐多夫定等抗艾滋病原料药能力，现已成为巴西、印度、南非多国的供应商。浙江华海药业在研发逆转录酶抑制剂的基础上，成功地完成了蛋白酶抑制剂系列的制剂品种茚地那韦的开发，其原料药和片剂艾克立宁通过国家审批，现已具有奈韦拉平、茚地那韦、去羟肌苷抗艾滋病鸡尾酒疗法组方配套品种。这 3 家企业成为我国东部沿海地区的抗 HIV 主要厂商。2008 年 12 月 16 日，安徽贝克联合制药有限公司治疗艾滋病的二线药物利托那韦正式投产，填补了国内在这一项目上的空白。

2018 年 7 月，我国自主研发的抗艾滋病新药艾可宁（注射用艾博韦泰）获批上市。这是全球首个长效 HIV－1 融合酶抑制剂，也是我国首个原创抗艾新药，该药的上市标志着我国抗艾药物实现了零的突破。该药与其他抗逆转录病毒药物联合使用，治疗经其他多种抗病毒药物治疗仍有病毒复制的 HIV－1 感染者。

五、抗疱疹病毒药

抗疱疹病毒药物主要包括"洛韦"类药物（如伐昔洛韦、阿昔洛韦、泛昔洛韦、更昔洛韦和缬更昔洛韦等）及膦甲酸钠和阿糖腺苷。这一类药物除了对疱疹病毒有效外，对巨细胞病毒、乙肝病毒、乳头瘤病毒等都有作用，因此除了治疗口腔、生殖器疱疹及带状疱疹外，还用于治疗巨细胞病毒感染、乙肝、尖锐湿疣等病毒性疾病。

据统计，在国内抗疱疹病毒药物中，更昔洛韦、伐昔洛韦、阿昔洛韦、泛昔洛韦四大类药物占据了80%以上的比例。其中前3个品种的销售额呈逐年下滑趋势。而泛昔洛韦则有着较好的表现，较高的增长率已使其初具锋芒。

更 昔 洛 韦
（Ganciclovir）

更昔洛韦是一种抑制病毒合成与复制的药物，其口服吸收能力较差，是以注射剂为主的药品。常用于治疗严重免疫功能下降并发的巨细胞病毒感染，在其治疗中具有预防肺炎并发症的特点，从而弥补了阿昔洛韦治疗巨细胞病毒感染的不足之处。

更昔洛韦（GCV）是美国辛迪斯公司于1988年获准上市的开环核苷类药，1994年罗氏公司兼并辛迪斯公司后，更昔洛韦已是罗氏公司旗下的抗病毒类品种，商品名"赛美维"，更昔洛韦是国家推荐研究开发的产品。1994年，湖北医药工业研究所获准生产更昔洛韦原料药，1995年该品的粉针剂、滴眼剂和眼膏剂也陆续获得批准。经过十多年的发展，目前更昔洛韦在国内抗疱疹病毒药市场中销量位列第一。

阿 昔 洛 韦
（Aciclovir）

阿昔洛韦（AVC）是第一个特异性抗疱疹病毒的开环核苷类药物。该药在人体组织中具有高度的选择性，能阻断病毒在细胞中的复制合成，并且不影响正常组织细胞及代谢功能，其治疗作用比抗病毒传统药物碘苷强10多倍，而毒副作用较小，是用于抗带状疱疹病毒、单纯性疱疹病毒感染的一线治疗药物。

泛 昔 洛 韦
（Famciclovir）

泛昔洛韦（FCV）是第二代开环核苷酸类抗疱疹病毒药物，是当前抗病毒口服药物中的重要品种。1985年合成研制成功后，由英国史克·必成公司率先开发，商品名"泛维

尔"。1993 年首先在英国上市，1994 年获美国 FDA 批准，用于治疗急性带状疱疹病毒。1997 年在美国获准用于其附加适应证：治疗艾滋病患者复发性单纯疱疹病毒感染（生殖器疱疹和口唇疱疹），这是第一个在美国获准用于此症的口服药。经临床研究已证实是减少疱疹后神经痛的唯一抗病毒药物。

扫码"学一学"

第七节　抗寄生虫病药

抗寄生虫病药是一类通过影响寄生虫的新陈代谢或降低虫体的抵抗力，从而杀灭寄生虫或抑制其生长繁殖的药品。临床分为抗疟药、抗阿米巴病药及抗滴虫病药、抗利什曼原虫病药、抗血吸虫病药、驱肠虫药等。

远在 2000 多年前，我国《神农本草经》共列了 30 多种驱虫药物。随着医学科学的发展，抗寄生虫病药物也不断更新换代，逐渐转向以化学合成药物为研究方向。近十年来，取得可喜的成效，一些高效、低毒的抗寄生虫药物在临床得到应用，如作为广谱杀吸虫、绦虫药物的吡喹酮（Praziquantel）。作为高效、安全的抗肠道蠕虫的药物苯并咪唑类药物如阿苯达唑（Albendazole）、甲苯达唑（Menbendazole）。国内研制的青蒿素（Artemisinin）是我国在世界首先研制成功的一种抗疟新药，它是从我国民间治疗疟疾草药黄花蒿中分离出来的有效单体。它是由我国唯一按照化学药标准研发的中药，具有自主知识产权，具有快速、高效、无抗药性、低毒副作用的特征，被 WHO 评价为治疗恶性疟疾唯一真正有效的药物。我国正着手推进青蒿素产业化，扶持其形成完整的产业链。我国最大的生产企业，其生产的青蒿琥酯 2006 年被世界卫生组织定为疟疾重症抢救的首选药物。

一、抗疟药

疟疾是由疟原虫经按蚊叮咬传播的一种寄生虫传染病。感染人体的疟原虫主要有 3 种：恶性疟原虫、间日疟原虫和三日疟原虫，分别引起恶性疟、间日疟和三日疟，后两种合称良性疟。抗疟药是用于预防和治疗疟疾的一类药物，包括氯喹、伯氨喹、乙胺嘧啶、青蒿素类药物（如青蒿素、双氢青蒿素、蒿甲醚、青蒿琥酯）等。

时至今日，疟疾仍是世界上虫媒传染病中发病率和死亡率最高的疾病之一。世界卫生组织最新的《世界疟疾报告》显示，2017 年疟疾死亡人数约为 43.5 万人，与前一年相比几乎没有变化，世界卫生组织非洲区域继续承担全球疟疾负担的 90% 以上。令人担忧的是，在受疟疾影响最严重的 10 个非洲国家中，2017 年的新发疟疾病例比前一年多 350 万例。而中国抗疟疾的成效显著，新中国成立之初仍有 3000 万疟疾病例，自 2017 年以来实现了连续 3 年本地零病例。

青 蒿 素
（Artemisinin）

【作用与适应证】 主要用于间日疟、恶性疟的症状控制，以及耐氯喹虫株的治疗，也可用以治疗凶险型恶性疟，如脑型、黄疸型等。亦可用以治疗系统性红斑狼疮与盘状红斑狼疮。

【制剂】 本品主要剂型为片剂、注射剂、栓剂。

【不良反应】青蒿素毒性低，使用安全，一般无明显不良反应，少数病例可有轻度恶心、呕吐、腹泻、一过性谷丙转移酶升高及轻度皮疹，注射部位较浅时，易引起局部疼痛和硬块。

【用药指导】①本品有一定的胚胎毒性，妊娠早期妇女慎用。②必须与伯氨喹合用根治间日疟。③与甲氧苄啶合用有增效作用，并可减少近期复燃或复发。

【商品信息】青蒿素是我国具有自主知识产权，被全球广泛认可，获得高端市场认证的唯一药物。1971年10月取得中药青蒿素筛选的成功，1972年从中药青蒿中分离得到抗疟有效单体，命名为青蒿素。同类产品青蒿琥酯和蒿甲醚，均是青蒿素的衍生物，为人类抗疟事业作出了不可磨灭的贡献。

1986年中国实施《药品管理法》以后，中国中医科学院中药研究所申报中国第一个新药——青蒿素（1986年），中国科学院上海药物所、昆明制药厂申报蒿甲醚（1987年），桂林制药厂申报青蒿琥酯（1987年）。1986年后，屠呦呦科研组放弃了青蒿素还原后又乙酰化衍生物的研究，深入研究双氢青蒿素，历经7年，1992年将双氢青蒿素研发为一类新药上市生产。2015年10月，屠呦呦获得诺贝尔生理学或医学奖，理由是她发现了青蒿素，这种药品可以有效降低疟疾患者的死亡率。她成为首获科学类诺贝尔奖的中国人。

20世纪90年代末，世界卫生组织（WHO）正式批准以中国昆明制药厂生产的"蒿甲醚"和桂林南药开发的"青蒿琥酯"等青蒿素下游产品为抗疟药新制剂。

【贮藏】阴凉处保存。

二、抗阿米巴病与抗滴虫病药

阿米巴病是由溶组织内阿米巴原虫引起的传染性寄生虫病。滴虫病主要指阴道滴虫病，但阴道毛滴虫也可寄生于男性尿道内。上述两种疾病的首选治疗药物是甲硝唑。

甲 硝 唑
（Metronidazole）

【作用与适应证】临床用于肠道和肠外阿米巴病，还可用于阴道滴虫病，目前广泛用于厌氧菌感染的治疗（如厌氧菌引起的消化道、腹腔及盆腔感染、皮肤软组织、骨和关节等部位感染），还广泛应用于预防和治疗口腔厌氧菌感染。

【制剂】主要剂型为注射剂、片剂、栓剂、泡腾片、口腔粘贴片等。

【不良反应】本品可有恶心、呕吐、食欲减退等不良反应，少数可有腹泻、膀胱炎、排尿困难、肢体麻木及感觉异常等，偶见头痛、失眠、皮疹、白细胞减少等，停药后可迅速恢复。

【用药指导】①哺乳期妇女及妊娠3个月以内的妇女、中枢神经疾病和血液病患者禁用。②出现运动失调及其他中枢神经症状时应停药。③用甲硝唑制成的药品既有处方药，也有非处方药，用法较多，既有口服的，也有静脉注射的，还有局部治疗使用的，必须严格按照医嘱或说明书使用。

【商品信息】甲硝唑属于过度重复生产的品种，其注射剂的批准文号超过500个。

【贮藏】遮光，在阴凉干燥处密闭保存。

三、抗血吸虫病药

血吸虫病由血吸虫寄生于人体而引起。血吸虫有日本血吸虫、曼氏血吸虫、埃及血吸虫3种。在我国流行的血吸虫病由日本血吸虫所致，流行于长江以南流域，虽基本得到控制，但仍有流行和蔓延，积极开展防治工作仍很有必要。

用于抗血吸虫病的药物有吡喹酮、硝硫氰胺、硝硫苯酯、酒石酸锑钾、没食子酸锑钠、六氯对二甲苯、呋喃丙胺、美曲膦脂等。长期以来，酒石酸锑钾是主要特效药，但毒性太大，现已不用。没食子酸锑钠为我国创制的锑剂，毒性及副反应基本上与酒石酸锑钾相同。目前使用最广泛的是吡喹酮。

吡 喹 酮
（Praziquantel）

【作用与适应证】本品为一新型广谱抗寄生虫药。对日本血吸虫、绦虫、华支睾吸虫、肺吸虫等均有良好杀灭作用。是目前治疗日本血吸虫病病原治疗首选药品。

【制剂】本品主要剂型是片剂。

【不良反应】本品不良反应轻，可见头晕、头痛、疲乏、肌肉震颤、恶心、呕吐、腹痛、多汗、失眠；少数患者出现低热、皮疹、瘙痒等过敏反应；偶见转氨酶升高。

【用药指导】①严重心、肝、肾病者慎用等。②哺乳期妇女于服药期间，直至停药后72小时内不宜喂乳。

【商品信息】我国于1981年在湖北、上海研制投产。吡喹酮薄膜衣片已由南京制药厂有限公司研制成功，获南京市优秀新产品奖，和普通片剂相比，口感更好，同时也降低了不良反应的发生率，使患者更容易接受。

【贮藏】遮光，密闭保存。

四、驱肠虫药

寄生在人体肠道内的蠕虫包括线虫、绦虫和吸虫，线虫主要有蛔虫、钩虫、鞭虫、蛲虫和粪类圆线虫，绦虫主要有猪头绦虫和牛肉绦虫，吸虫有姜片虫。凡能驱除或杀死寄生于肠道内蠕虫的药物为驱肠虫药。包括驱蛔虫药、驱蛲虫药、驱钩虫药、驱鞭虫药和驱绦虫药等，其中有一些药物如噻嘧啶、噻苯达唑、阿苯达唑、甲苯达唑、左旋咪唑等对多种肠虫感染均有效，故称广谱驱肠虫药。

阿 苯 达 唑
（Albendazole）

【作用与适应证】本品为高效广谱驱肠虫药。用于驱除蛔虫、蛲虫、鞭虫、钩虫、牛肉绦虫、粪类圆线虫、旋毛虫等，也可用于家畜的驱虫，也用于治疗肺吸虫病、囊虫病、包虫病、华之睾吸虫病等。

【制剂】本品主要剂型是片剂、胶囊剂、颗粒剂、干糖浆剂等。

【不良反应】本品不良反应较少，偶有轻度恶心、口干、头昏、头痛、血清转氨酶升高

等反应，服药后 1~2 天可自行缓解消失。

【用药指导】①2 岁以下小儿及孕妇禁用；有严重肝、肾、心脏功能不全者及活动性溃疡病患者慎用。②急性病、蛋白尿、化脓性或弥湿性皮炎、癫痫等患者以及哺乳妇女忌用。

【商品信息】本品于最早应用于兽类，而后用于人类。我国在 1981 年开始生产。

【贮藏】原料、片剂及胶囊密封保存；颗粒剂密闭，在干燥处保存。

重点小结

感染是临床常见且严重威胁人类健康的一类疾病，大多由病原微生物（如细菌、真菌、病毒、衣原体、支原体、螺旋体和立克次体等）或寄生虫（原虫、蠕虫等）引起。近年来，由于抗感染药物的滥用，导致细菌耐药性的急剧增加，致使药物的疗效下降，并导致各类药源性疾病的发生。因此，加强抗感染药物的合理使用，保障人类的安全就显得尤为迫切。

抗感染药是我国目前临床使用量最大、也是不合理使用最严重的一类药物，可分为抗病原微生物药和抗寄生虫病药。抗病原微生物药可分为抗菌药和抗病毒药，其中抗菌药包括抗生素、合成抗菌药、抗分枝杆菌药（如抗结核病药和抗麻风病药）和抗真菌药等。可见，抗感染药、抗病原微生物药、抗菌药、抗生素的内涵并不相同，所包含药品范围依次缩小，注意不要混淆。

抗生素主要介绍了 β-内酰胺类、氨基糖苷类、四环素类、酰胺醇（氯霉素）类、大环内酯类等，代表药物有青霉素、阿莫西林、头孢曲松钠、庆大霉素、四环素、氯霉素、红霉素和阿奇霉素等。

人工合成抗菌药主要介绍了磺胺类、喹诺酮类、呋喃类、硝基咪唑类，代表药物有复方新诺明、左氧氟沙星等。

抗分枝杆菌药主要介绍了抗结核抗菌药和抗麻风杆菌药，代表品种有异烟肼和氨苯砜。

抗真菌药主要介绍了氮唑类和烯丙胺类，代表药物有氟康唑和特比萘芬。

抗病毒药主要介绍了抗流感及呼吸道病毒药、抗肝炎病毒药、抗人类免疫缺陷病毒（HIV）药、抗疱疹病毒药，代表品种有利巴韦林、拉米夫定、齐多夫定、更昔洛韦等。

抗寄生虫病药主要介绍了抗疟药、抗阿米巴病与抗滴虫病药、抗血吸虫病药、驱肠虫药，代表品种有青蒿素、甲硝唑、吡喹酮和阿苯达唑。

每种典型药物，需要重点掌握它们的适应证、用药指导和相关的商品信息。

（田丽娟）

扫码"练一练"

第八章 镇痛药、解热镇痛抗炎药和抗痛风药

学习目标

1. **掌握** 重点掌握解热镇痛抗炎药的基本作用；吗啡、阿司匹林、对乙酰氨基酚、双氯芬酸钠的药品信息。掌握镇痛药的分类；尼美舒利、秋水仙碱的药品信息。

2. **熟悉** 芬太尼、曲马多、布洛芬、吡罗昔康的药品信息。

3. **了解** 解热镇痛抗炎药的分类；选择性环氧化酶抑制药的临床作用及评价；芬布芬、萘普生、美洛昔康、别嘌醇的药品信息。

第一节 镇痛药

扫码"学一学"

一、镇痛药概述

疼痛是机体受到伤害性刺激后产生的一种保护性反应，常伴有恐惧、紧张、不安等情绪活动。除了某些慢性疼痛本身是一种疾病（如三叉神经痛、带状疱疹后遗神经痛等）外，疼痛通常是许多疾病的临床症状，疼痛的部位与性质是诊断疾病的重要依据，因此在疾病未确诊之前应慎用镇痛药，以免掩盖症状，贻误诊治。但剧烈疼痛如心肌梗死、癌症晚期及外伤等，不仅使患者痛苦，还可引起机体生理功能的紊乱，甚至诱发休克、死亡。故必须合理应用镇痛药，有效缓解疼痛，提高患者生存质量。

镇痛药是一类主要作用于中枢神经系统，选择性减轻或消除疼痛及疼痛引起的烦躁不安等不愉快情绪，但不影响意识及其他感觉的药物，包括麻醉性镇痛药和非麻醉性镇痛药，具体分类见表 8 - 1。

表 8 - 1 镇痛药的分类及各类代表药物

药理学分类	化学分类	代表药物
麻醉性镇痛药	阿片生物碱类	吗啡、可待因
	半合成吗啡样镇痛药	二氢埃托啡
	合成阿片类镇痛药	哌替啶、芬太尼、美沙酮
非麻醉性镇痛药	化学合成类	喷他佐辛、曲马多、奈福泮
	中药提取物	罗通定、高乌甲素

由于大多数品种属于国家特殊管理药品，镇痛药的品种不多且生产厂家数量有限。我国市场有 165 家大中型厂商，生产销售约 25 个常用镇痛药品种。占本类药物市场份额前五位的品种为：芬太尼、曲马多、吗啡、高乌甲素、舒芬太尼，其市场占有率共 81.4%。

癌症疼痛三阶梯治疗法

1986 年 WHO 发布《癌症三阶梯止痛治疗原则》，建议在全球范围内推行癌症三阶梯止痛治疗方案。其原则为：①按药效的强弱依阶梯方式顺序使用，由弱到强，逐渐加量；②使用口服药；③有规律地按时服药；④用药剂量个体化，以达到有效镇痛为目的而不受所谓的"极量"限制；⑤及时治疗不良反应。

（1）第一阶梯　对轻度疼痛用非阿片类镇痛药。如非甾体抗炎药具有止痛、治疗肿瘤性发热以及抑制肿瘤毛细血管增生的作用。代表药物是阿司匹林，也可选用胃肠道反应较轻的布洛芬和对乙酰氨基酚等。

（2）第二阶梯　对中度疼痛可用弱阿片类药。当非阿片类镇痛药不能控制疼痛时，应加用弱阿片类药，以提高镇痛效果，代表药物是可待因、曲马多等。

（3）第三阶梯　对重度疼痛可用强阿片类药。用于剧痛患者，代表药物是吗啡。多采用口服缓释或控释剂型。

（4）辅助用药　在癌痛治疗中，常采取联合用药的方法，即加用一些辅助药以减少主药的用量和副作用。这些辅助药有：①弱安定药，如地西泮等；②强安定药，如氯丙嗪和氟哌啶等；③抗抑郁药，如氟西汀等。

通过规范治疗，90% 以上的癌症患者疼痛可以缓解，从而改善生存质量，增强抗击癌症的信心，延长患者生命。

二、典型麻醉性镇痛药

麻醉性镇痛药又称阿片类镇痛药，通过激动阿片受体产生强烈的镇痛作用，连续使用易产生耐受性和药物依赖性，在药品管理上大多属于麻醉药品管理范围，其研制、生产、经营及使用等必须严格遵守相关的法律法规。

2010 年，我国麻醉性镇痛药市场规模约 34 亿元，年消耗量 415kg，人均 0.32mg，仅为发达国家的 1%，发展中国家的 42%，市场潜力还有待开发。

吗 啡
（Morphine）

【作用与适应证】本品与中枢神经组织阿片受体结合而发挥作用。适用于镇痛；镇静；抑制呼吸中枢，使呼吸频率减慢；镇咳；缓解心肌梗死引起的剧痛和减轻焦虑，减轻心脏负担；静脉注射可迅速缓解气促和窒息感。

【制剂】本品主要剂型有片剂（即释片、缓释片、控释片）、注射剂。

【不良反应】治疗量可引起恶心、呕吐、呼吸抑制、眩晕、便秘、排尿困难、胆绞痛等。过量可致急性中毒，出现昏迷，呼吸深度抑制、针尖样瞳孔、血压下降甚至休克。

【用药指导】①连用 3~5 天即产生耐药性，需要逐渐提高剂量以控制疼痛。连用 1 周以上可致依赖性，需慎用。②呼吸功能不全（支气管哮喘、肺源性心脏病）患者使用本品会出现严重呼吸抑制而死亡，应禁用。③本品可通过胎盘屏障到达胎儿体内，少量经乳汁

排出，可抑制新生儿及婴儿呼吸，故禁用于婴儿、孕妇、哺乳期妇女。④本品对免疫系统有抑制作用。⑤本品与镇静剂、安眠药、镇静催眠药、一般麻醉剂、单胺氧化酶抑制剂、三环类抗抑郁药、抗组胺药等合用，可加剧及延长吗啡的抑制作用，不能同时使用。

【商品信息】吗啡最早由法国化学家在 1806 年从鸦片中分离出来，因其强大的镇痛作用而受到临床重视，是我国基本医疗保险药品目录中的甲类药物。近年来新释药技术推动了吗啡制剂的发展，如缓、控释制剂，舌下片，直肠栓剂等，由于疗效显著、不良反应较轻，成为重度癌痛治疗的首选用药。

【贮藏】吗啡注射液应遮光，密闭保存；吗啡控释片应遮光、密闭，在 25℃ 以下保存。

哌替啶
（Pethidine）

为阿片受体激动剂，是目前常用的人工合成镇痛药。其作用类似吗啡，但镇痛强度仅相当于吗啡的 1/10 ~ 1/8。与吗啡在等效剂量下呼吸抑制作用维持时间较短，无吗啡的镇咳作用。本品有轻微的阿托品样作用，可引起心跳加快。适用于各种剧痛，如外伤、术后疼痛等，对内脏绞痛应与阿托品配伍应用。与氯丙嗪、异丙嗪等合用进行人工冬眠。本品在新生儿体内的作用时程明显短于吗啡，又不延长产程，适用于分娩止痛，但须监护新生儿的呼吸。

本品的耐受性和药物依赖性程度介于吗啡与可待因之间，但连续应用亦会成瘾。人工冬眠时，氯丙嗪可显著增强哌替啶的镇静作用，抑制呼吸和降低血压作用也同时被增强，故合用时应注意剂量。本品能加强双香豆素等抗凝药的作用，合用时酌减用量。其他注意事项及禁忌证同吗啡。

长期以来哌替啶在我国是镇痛药的主力，但据研究本品在体内转变为毒性代谢产物去甲哌替啶，产生神经系统毒性，表现为震颤、抽搐，甚至癫痫大发作，所以 WHO《癌症疼痛治疗》（医生用药指导原则）不推荐哌替啶用于癌痛治疗。

芬太尼
（Fentanyl）

芬太尼为阿片受体激动剂，镇痛作用强度为吗啡的 80 倍。与吗啡和哌替啶相比，芬太尼起效快，维持时间短，不释放组胺，对心血管功能影响小，能抑制气管插管时的应激反应。镇痛剂量对呼吸抑制作用轻，药物依赖性也比哌替啶轻。因化学结构有相似之处，两药可有交叉敏感，其他注意事项及禁忌证同哌替啶。

据 2012 年一份对国内 16 城市 300 多家医院镇痛药用药调查，芬太尼在 2003 ~ 2011 年一直位居镇痛药医院用药金额的首位（其后依次为曲马多、吗啡、高乌甲素），占镇痛药总用量 1/4 ~ 1/3 的份额，且用量呈缓慢上升趋势。本品剂型有缓、控释制剂，注射剂，颊膜片和贴剂等，剂量应根据个体情况逐渐增加，直至达到止痛效果。

三、典型非麻醉性镇痛药

非麻醉性镇痛药是一类药物依赖性较小，未被列入麻醉药品品种目录的药物。其镇痛

作用多弱于麻醉性镇痛药，但强于解热镇痛抗炎药。主要包括喷他佐辛、曲马多、奈福泮、罗通定和高乌甲素等。

曲马多
（Tramadol）

本品为非阿片类中枢性镇痛药，主要在脊髓水平抑制疼痛传导，无致平滑肌痉挛和明显呼吸抑制作用，镇痛作用可维持 4~6 小时。本品可延长巴比妥类药物麻醉持续时间；与安定类药物同用可增强镇痛作用。临床广泛用于手术后、创伤、各种骨关节疾病及癌症晚期等引起的中度疼痛，并成功用于慢性疼痛综合征的控制。

本品在治疗剂量无呼吸抑制、便秘、欣快感或心血管反应发生，但静脉注射速度过快时，可出现心悸、出汗和面部潮红。本品禁与单胺氧化酶抑制药合用，从事驾驶或机械操作的人员慎用，孕妇及哺乳期妇女不宜使用。近年来全球范围内已有报道，长期或大剂量服用曲马多可产生耐受性和生理依赖性，类似吗啡或海洛因，停药会引发典型和非典型的戒断综合征。

曲马多是 20 世纪 70 年代末由德国 Grünenthal Gmbh 药品公司研制开发。2008 年，我国将盐酸曲马多列入精神药品管制范围。目前我国制药企业共持有 79 个生产批文，剂型包括片剂（普通片、缓释片、分散片）、胶囊剂、滴剂、栓剂、注射剂等。

第二节　解热镇痛抗炎药

扫码"学一学"

解热镇痛抗炎药是一类具有解热、镇痛作用，而且大多数还有抗炎、抗风湿作用的药物。由于其抗炎作用与糖皮质激素不同，1974 年国际会议上将本类药物又称为非甾体抗炎药（NSAIDs）。阿司匹林是这类药物的代表，故又将这类药物称为阿司匹林类药物。

尽管本类药物种类多，但都具有相似的药理作用、作用机制和不良反应，仅作用强度各异。主要作用机制是抑制体内环氧化酶（COX）活性而减少局部组织前列腺素（PG）的生物合成，抑制其致炎作用。

据统计，解热镇痛药在我国药品零售市场中列第三位，仅次于抗感染药和消化系统用药，占药品销售总额的 4%~7%，市场容量很大。由于解热镇痛药中不少品种为 OTC 甚至是乙类 OTC 药物，使之应用面广，需求量大。近年占本类药物市场份额前三位的品种为布洛芬、对乙酰氨基酚及双氯芬酸钠，前二者市场份额不相上下，布洛芬主要用于抗炎抗风湿，也具有解热镇痛作用，与阿司匹林疗效相当，但胃肠道不良反应较轻，临床应用广泛。对乙酰氨基酚解热镇痛作用强，几乎无抗炎抗风湿作用，因治疗剂量小且疗程较短，很少产生不良反应，故开发为复方制剂和儿科用药。

目前，我国已成为亚洲最大、世界第二大解热镇痛药生产和出口国。2011 年解热镇痛药出口量已达 10 万余吨，出口四大支柱品种为对乙酰氨基酚、布洛芬、安乃近、阿司匹林。

一、解热镇痛抗炎药的作用与分类

本类药物的基本作用包括四个方面。

1. **解热作用**　可降低发热者体温，对正常的体温没有明显影响。通过抑制中枢 PG 合成，增加散热（皮肤血管扩张，出汗增加），从而达到解热目的。由于发热是机体的一种防御反应，而且热型也是诊断疾病的重要依据，故对一般发热患者可不必急于使用解热药。但体温过高和持久发热使机体消耗增加，可引起多种并发症，小儿高热易发生惊厥，严重者可危及生命，此时需用解热药。应注意的是，NSAIDs 只是对症治疗，临床仍应着重病因治疗。

2. **镇痛作用**　具有中等程度的镇痛作用。NSAIDs 抑制疼痛及炎症局部 PG 合成，发挥外周镇痛作用，此外可进入脂质双层，阻断信号传导而抑制疼痛。与中枢性镇痛药不同，本类药物仅对慢性钝痛特别是炎性疼痛效果较好，临床常用于头痛、牙痛、神经痛、肌肉关节痛及月经痛等，对创伤性剧痛及内脏平滑肌绞痛无效。镇痛剂量下不抑制呼吸，无镇静催眠作用，不产生欣快感和药物依赖性。

3. **抗炎、抗风湿作用**　本类药物除对乙酰氨基酚外，均有显著的抑制炎性渗出，减轻炎症的红、肿、热、痛的作用。通过抑制 PG 合成，减弱 PG 对致炎物质的增敏作用从而抑制炎症反应。其抗风湿作用主要是由于抗炎，同时也与解热镇痛作用有关。临床主要用于控制急性风湿热、风湿性及类风湿性关节炎的对症治疗，但不能根治。

4. **抗血小板聚集作用**　通过抑制环氧化酶而对血小板聚集有强大的、不可逆的抑制作用。

由于本类药物的作用机制基本相同，故相似的不良反应有：刺激胃黏膜，诱发胃溃疡，甚至胃出血和穿孔；使凝血功能受影响，引起出血倾向；对肝、肾有不同程度的毒性；不同品种的 NSAIDs 可能有交叉过敏反应。

本类药物的分类见表 8 – 2。

表 8 – 2　NSAIDs 的分类及各类代表药物

药理学分类	化学分类	代表药物
非选择性环氧化酶抑制药	水杨酸类	阿司匹林、水杨酸钠、二氟尼柳、双水杨酯
	苯胺类	对乙酰氨基酚
	乙酸类	双氯芬酸、吲哚美辛、舒林酸、托美丁、萘丁美酮
	芳基丙酸类	布洛芬、芬布芬、萘普生、奥沙普秦、噁丙嗪
	烯醇酸类	吡罗昔康、美洛昔康、劳诺昔康
	吡唑酮类	安乃近、氨基比林、保泰松、非普拉宗
选择性环氧化酶抑制药	昔布类	塞来昔布、罗非昔布、帕瑞昔布
	其他	尼美舒利

二、典型水杨酸类药

水杨酸类解热镇痛抗炎药是应用最早的 NSAIDs，临床使用最为广泛和持久的是阿司匹林。

阿 司 匹 林
（Aspirin）

【作用与适应证】本品适用于：①解热镇痛；②抗炎抗风湿；③抗血栓，临床可用于预防暂时性脑缺血发作（TIA）、心肌梗死、心房颤动、人工心脏瓣膜或其他手术后的血栓形

成，也可用于治疗不稳定型心绞痛；④抗肿瘤作用。

【制剂】 本品主要剂型有片剂（肠溶片、缓释片、分散片、泡腾片等）、肠溶胶囊剂、栓剂。

【不良反应】 ①胃肠道反应：常见上腹部不适、恶心、呕吐、消化不良、腹泻、厌食，原有胃溃疡病者症状加重，甚至引起胃肠道出血。②凝血障碍：一般治疗量即可延长出血时间，大剂量则可造成出血。③过敏反应：偶有皮疹、血管神经性水肿或黏膜充血。④水杨酸反应：剂量过大时可出现头痛、眩晕、恶心、呕吐、耳鸣、视力及听力减退，严重者可出现过度呼吸、酸碱平衡失调，甚至精神错乱。

【用药指导】 ①本品应与食物同服或餐后服用以减轻对胃肠道的刺激，饮酒前后不可服用。②年老体弱或体温在40℃以上者，解热应小剂量应用。③手术前1周应停用，避免造成出血不止。④严重的肝、肾或心功能衰竭者禁用，胃溃疡、哮喘患者应避免使用，孕妇不宜服用，在分娩前2～3周应禁用。⑤本品与双香豆素合用时增强其抗凝作用，易致出血；与肾上腺皮质激素合用，易诱发溃疡及出血；与磺酰脲类口服降糖药合用引起低血糖反应。与呋塞米、青霉素、甲氨蝶呤等弱碱性药物合用，因竞争肾小管主动分泌的载体，易造成蓄积中毒。

【商品信息】 阿司匹林最早的使用可以追溯到2300多年前，希腊医学家希波克拉底用水杨柳树的叶和皮为人们镇痛和退热。1899年德国拜耳公司创立了阿司匹林的现代生产工艺，开始大量生产该药。至今已成为人类医药史上三大经典药物之一，是全球应用最广泛的解热镇痛和抗炎药，也作为比较和评价其他药物的标准制剂。随着医学科学的发展，阿司匹林更多的临床新用途被逐步发现，如防治糖尿病及其并发症、防治老年痴呆、儿科用于川崎病的治疗等，尤其是有防止血栓形成和降低脑卒中概率的作用而被临床常规使用。

2013年全球阿司匹林原料药产量达1.5万吨以上，其中我国出口量为1万多吨，约占世界总产量的70%，是我国原料药出口的支柱产品。制剂以肠溶片为主，几乎占据国内医院终端九成的市场份额。

【贮藏】 密封，在25℃以下保存。

三、典型苯胺类药

苯胺类衍生物中，以非那西汀（Phenacetin）使用最早，但因毒性大，目前除少数复方制剂还应用外，均为其活性代谢产物对乙酰氨基酚取代，后者是目前全球应用量最大的解热镇痛药之一。

对乙酰氨基酚
（Paracetamol）

【作用与适应证】 本品临床主要用于退热和镇痛，对阿司匹林过敏、消化性溃疡病、阿司匹林诱发哮喘的患者可选用本品代替阿司匹林。

【制剂】 本品主要剂型有片剂、颗粒剂、口服溶液剂、干混悬剂、混悬液。

【不良反应】 短期使用很少产生不良反应。偶见皮疹、粒细胞缺乏症、贫血、药物热、黏膜损害等过敏反应。长期大剂量用药，尤其是肾功能低下者，可出现肾绞痛或肾功能衰竭。严重的药物过量会导致永久性肝衰竭。

【用药指导】对乙酰氨基酚是 WHO 推荐的 2 月龄以上小儿的首选解热药，但仍为对症治疗药，用于解热连续使用不超过 3 天，用于止痛不超过 5 天。孕妇及老年患者应慎用。肝氧化酶过剩者，如酗酒或服用巴比妥类药物及营养不良者可能对本品毒性更敏感。与抗病毒药齐多夫定合用时，可增加其毒性，应避免同时应用。

【商品信息】本品最早于 1955 年由强生公司生产在美国境内上市销售，商品名泰诺；1963 年首次被列入国家药典（英国药典）。我国于 1960 年开始生产，目前共有 300 多家企业生产，剂型以口服为主，均为 OTC 品种。

【贮藏】原料和片剂密封保存；注射液遮光，密闭保存；栓剂密封，在阴凉处保存。

四、典型乙酸类药

双氯芬酸钠
（Diclofenac Sodium）

【作用与适应证】本品临床适用于各种中等度疼痛、类风湿关节炎、粘连性脊椎炎、非炎性关节痛等引起的疼痛，手术和创伤后疼痛及各种疼痛所致发热。

【制剂】本品主要剂型有片剂（肠溶片、缓释片）、栓剂、乳胶剂、注射剂。

【不良反应】不良反应轻，与阿司匹林相似，此外偶见肝功能异常，白细胞减少，神经系统反应（发生率＜1%），如头痛、眩晕、嗜睡、兴奋等。

【用药指导】①消化性溃疡，肝、肾功能不全，已知对阿司匹林过敏或有哮喘病史者禁用。婴儿、孕妇、癫痫者不宜用。②本品口服吸收快而完全，与食物同服降低吸收率，故应饭前服用。乳胶剂只适用于无破损的皮肤表面，忌用于皮肤损伤或开放性创口处。③用药期间不宜驾驶车辆、管理机器及高空作业。

【商品信息】本品和其他非甾体类抗炎药物相比具有较强的镇痛抗炎作用和较高的安全性，目前已成为全球应用最广的非甾体类抗炎药物之一。因其半衰期短，需要反复服药，十分不便，且对胃有一定的刺激作用，临床常用其肠溶片或缓释制剂。

十余年来，双氯芬酸钠一直居该类药物市场首位，21 世纪初的全球年销售额为 6 亿美元，占 NSAIDs 市场 30%～35% 的份额。

【贮藏】遮光，密封保存。胶囊剂须密封，25℃以下干燥处保存。

五、典型芳基丙酸类药

芳基丙酸类衍生物为目前临床应用较广的 NSAIDs。常用药物包括布洛芬、芬布芬、萘普生、非诺洛芬、酮布芬、氟苯布洛芬等。

布 洛 芬
（Ibuprofen）

本品解热镇痛、抗炎、抗风湿作用强，效果与阿司匹林相似，强于对乙酰氨基酚，用于缓解轻至中度疼痛如关节痛、神经痛、头痛、牙痛、痛经，也用于感冒引起的发热。本品主要特点是胃肠道反应轻，患者易耐受，故为 WHO 推荐的 3 种非甾体抗炎药之一（其他

两种为阿司匹林和对乙酰氨基酚）。

目前，全球布洛芬原料药年产量2万余吨，我国至2013年止年产量已达7500余吨，成为全球市场上布洛芬第一大生产国和出口国。制剂方面，除普通片剂外，已开发出剂型有口腔崩解片、缓释片、缓释胶囊、颗粒剂、口服混悬液、栓剂、凝胶剂、搽剂等以及多种复方制剂。

芬 布 芬
（Fenbufen）

本品属前体药物，在体内代谢成联苯乙酸，后者抑制前列腺素合成而发挥抗炎镇痛作用，故作用持久并可避免对胃肠道的刺激。其抗炎镇痛作用比吲哚美辛弱，但比阿司匹林强，且毒性比吲哚美辛低，胃肠道反应小。适用于风湿性关节炎、类风湿性关节炎、骨关节炎、强直性脊椎炎及急性痛风等，亦用于牙痛、外伤疼痛、手术后疼痛。芬布芬与其他非甾体抗炎药有交叉过敏反应；孕妇及哺乳期妇女、儿童禁用；老年患者用药应注意对肾脏的毒性。

目前我国市场上常见的芬布芬制剂主要是片剂和胶囊剂。另外常见甲硝唑芬布芬复方制剂，每粒含甲硝唑100mg，芬布芬75mg。其中甲硝唑对大多数厌氧菌有抗菌作用，芬布芬抗炎镇痛作用温和持久，二者协同用于牙龈炎、牙周炎、口腔炎等疾病的治疗。

六、典型烯醇酸类药

吡 罗 昔 康
（Piroxicam）

本品是前列腺素合成的强效抑制剂，能减轻炎症和水肿，抑制炎性白细胞增多，从而具有强效、长效的解热镇痛、抗炎作用。临床用于各种关节炎及软组织病变的肿胀、疼痛的对症治疗，用药剂量小，每日服药一次即可。

吡罗昔康易于耐受，不良反应发生率较阿司匹林和吲哚美辛低，但若使用剂量超过每天20mg，胃肠刺激症状和溃疡的发生率将大大增加，因此应饭后给药或与食物或抗酸药同服。

美 洛 昔 康
（Meloxicam）

本品的特点是选择性地抑制环氧化酶-2（COX-2），而对环氧化酶-1（COX-1）的抑制作用较轻，即减少了炎症部位前列腺素的合成，但生理性前列腺素的合成和功能不受影响。因此在发挥镇痛抗炎作用的同时，减轻了NSAIDs普遍存在的胃肠黏膜损害和对肾脏的毒性。目前美洛昔康在医院处方中一般作为其他NSAIDs的替代品，用于治疗有严重胃肠道危险的患者（如老年患者、有消化性溃疡病史者）。

美洛昔康抗渗出性炎症的作用优于吡罗昔康、吲哚美辛等。其抑制炎性疼痛作用与吡

罗昔康相似，但维持时间长，胃肠道反应小。

七、典型吡唑酮类药

吡唑酮类药物具有较明显的解热、镇痛和一定的抗炎作用，曾是临床上用于高热、镇痛的较常用药物。本类药物有的可引起白细胞减少及粒细胞缺乏症等严重不良反应，例如氨基比林已被淘汰。目前临床仍在使用的本类药物主要有安乃近、保泰松、羟基保泰松。

安乃近解热镇痛作用迅速而强大，因其易溶于水，可制成注射液，对顽固性发热有效，但仍有可能引起粒细胞缺乏症，需慎用。

保泰松口服吸收迅速而完全，血浆半衰期长，可穿透关节滑膜，停药后 3 周关节中的药物浓度仍可保持较高，因此适用于治疗风湿病。保泰松还可促进尿酸排泄，故可用于治疗急性痛风。羟基保泰松为保泰松的活性代谢物，消炎抗风湿作用强而持久，而解热镇痛作用弱，主要用于风湿性、类风湿性关节炎和强直性脊柱炎。但由于不良反应多而严重，保泰松和羟基保泰松不作为抗风湿的首选药。

八、典型选择性环氧化酶抑制药

研究发现环氧化酶存在 COX-1 和 COX-2 两种形式，COX-1 为结构酶，是维持人体生理平衡的要素酶；COX-2 为诱导酶，主要存在于炎症部位，参与炎症性前列腺素的合成。环氧化酶抑制剂在抑制炎症性前列腺素合成从而发挥解热抗炎作用的同时，也会产生胃肠刺激和肾损伤等不良反应。如果按照对 COX-2 抑制程度的不同，可以将 NSAIDs 分为非选择性 COX-2 抑制药（如前述的阿司匹林、吲哚美辛、双氯芬酸等）和选择性 COX-2 抑制药（塞来昔布、罗非昔布等）两大类。后者对 COX-2 具有高度选择性，作用较阿司匹林强而持久，用于治疗骨关节炎、急性疼痛、腰痛及原发性痛经；同时对 COX-1 几乎不抑制，因此胃肠道不良反应的发生率显著降低。

选择性环氧化酶抑制药以 1999 年辉瑞公司的塞来昔布上市为开端，在 4 年时间内市场从零增长至 2003 年的 60 亿美元销售额。其中西乐葆的市场份额最大，其次是默沙东公司的罗非昔布和辉瑞公司的伐地昔布。随着全球对本类药物的广泛应用，许多临床统计数据不断发出警示：选择性环氧化酶抑制药会导致严重心血管事件的发生率增高，包括心肌梗死和缺血性脑血管意外。2004 年 10 月默沙东公司主动将罗非昔布全部撤出世界医药市场。美国 FDA 对这类新型 NSAIDs 的心血管系统风险做了重新评估，认为昔布类药物均有增加心血管疾病的可能性，因此要求辉瑞公司从市场上撤回伐地昔布，另在塞来昔布的说明书中加入黑框警告，以突出这些药品有增加心血管不良事件和胃肠道出血事件的风险。

目前，选择性环氧化酶抑制药的效果与实际安全性仍有待医药界与时间的进一步确立。临床应综合考虑药物给患者带来的利益和风险，权衡利弊后用药，减少不良反应的发生。

尼美舒利
（Nimesulide）

【作用与适应证】本品临床适用于骨关节炎、关节外风湿病，手术和急性创伤的疼痛和炎症，急性上呼吸道炎症引起的疼痛和发热、痛经。此外，本品还具有抗过敏和抗组胺作

用，适用于对阿司匹林等过敏的哮喘患者。

【制剂】本品主要为口服剂型，包括片剂（分散片、口腔崩解片、缓释片）、胶囊剂、颗粒剂、干混悬剂，凝胶剂等。

【不良反应】本品的胃肠道不良反应少而轻微，发生率显著低于其他 NSAIDs。但曾有本品导致严重肝脏损害的报道。

【用药指导】本品在肝内代谢，肾脏排泄，严重肝肾功能不全者慎用，且不宜用于孕妇及哺乳期妇女。临床作为二线用药，仅在至少一种其他 NSAIDs 治疗失败的情况下使用。2010 年的儿童用药安全国际论坛上，专家提醒儿童发热用药的选择上需慎用尼美舒利，该药对中枢神经和肝脏造成损伤的案例时常出现。国家食品药品监督管理部门 2011 年发布通知，修改尼美舒利说明书，并禁止尼美舒利口服制剂用于 12 岁以下儿童。

【商品信息】尼美舒利是瑞士 Helsinn 公司的专利产品，1985 年在意大利首次上市，目前已在 50 多个国家使用，市场规模超过 10 亿美元。2005～2013 年尼美舒利在国内市场的 NSAIDs 品种销售额中持续进入前十位，2013 年销售额 1475 万元。

【贮藏】本品需遮光，密封，干燥处保存。

案例

默沙东"万络"（罗非昔布）全球撤市事件

2004 年 8 月 25 日，全球第 20 届药物流行病学和治疗风险处理国际会议上，默沙东制药公司产品"万络"被指大剂量服用可增加心肌梗死和心脏性猝死的发病概率。9 月 30 日，该公司发表了收回"万络"的公开信。10 月 1 日起，默沙东公司开始在全球范围内撤回"万络"（罗非昔布）。

罗非昔布是默沙东公司研制并生产的一种选择性 COX-2 抑制药，用于治疗关节炎和急性疼痛，1999 年被美国食品药品管理局（FDA）批准上市。与其他 NSAIDs 相比，该药不仅疗效显著，而且对胃肠没有伤害。至 2003 年底，罗非昔布已畅销全球 80 多个国家和地区，已开出的处方超过 8400 万张，2003 年全球销售额高达 25.5 亿美元，成为默沙东四大拳头产品之一，更高居美国畅销药品榜前列。

不过，在 2004 年时，一项由 FDA 牵头的研究显示，服用罗非昔布可能已引起超过 2.7 万起心脏病发作和心脏性猝死的病例。更早的一项前瞻性、随机、双盲的临床研究，题目为"罗非昔布预防肿瘤性息肉"的试验结果显示：每日 25mg 罗非昔布，顿服，治疗 18 个月，患者出现的心血管不良事件（心脏病、脑卒中）的危险比使用安慰剂的对照组高 2 倍多。

该药 2001 年起开始在我国销售，且属于暂时不需要凭医师处方即可以在药店内购买到的处方药。

2004 年 10 月 9 日，默沙东制药公司正式启动在我国回收"万络"的工作。退药的具体信息登载在默沙东公司的中方网站上，并开通了免费查询电话。同时，公司通过公众媒体和电视节目，广泛传达回收"万络"的消息。

这是国内继中美史克"康泰克"、拜耳"拜斯亭"事件之后的第 3 起药品召回事件，也是国内第一起由制药企业自愿回收药品的事件。

第三节 抗痛风药

扫码"学一学"

痛风是一种由体内嘌呤代谢紊乱所引起的慢性疾病，具有间歇性发作的特点。主要特征是体内尿酸产生过多和（或）尿酸排泄减少，引起血中尿酸浓度持续增高，临床上称为高尿酸血症。由于尿酸盐在关节、软骨、肾脏及结缔组织中析出结晶，引起关节局部炎性发作和尿酸性尿路结石，严重者会造成关节畸形及功能障碍，甚至引发肾功能衰竭及尿毒症。

近年来，随着人们饮食结构及生活方式的变化，痛风和高尿酸血症与其他代谢性疾病如高血压病、高脂血症、肥胖、糖尿病等，已成为现代社会的常见病和多发病，在欧美国家发病率平均为 0.3%，在亚洲为 0.2%。国外研究发现，高尿酸血症能增加心脑血管疾病如冠心病、脑梗死和脑出血的发病率和死亡率，缩短患者的寿命。因此，其药物治疗和新药研发已越来越引起重视。急性痛风主要在于迅速缓解关节炎，纠正高尿酸血症；慢性痛风的治疗关键是降低血中尿酸浓度。

一、抗痛风药分类

能够改善血中尿酸浓度，使其维持正常水平，用于治疗痛风的药物称为抗痛风药。临床治疗痛风的药物按药理作用分为以下几类：①抑制尿酸合成药，如别嘌醇、非布司他（主要针对肾功能不全或对别嘌醇过敏的患者）；②促进尿酸排泄药，如丙磺舒、苯磺吡酮、苯溴马隆等；③抑制白细胞游走进入关节的药物，如秋水仙碱；④一般的解热镇痛抗炎药，如 NSAIDs 等。

二、典型抗痛风药

秋 水 仙 碱
（Colchicine）

【作用与适应证】为痛风治疗尤其是重症急性发作的首选药物，用药后可在 12 小时内缓解关节红、肿、热、痛等症状，对一般性疼痛及其他类型关节炎无效。

【制剂】本品主要有片剂和注射剂。

【不良反应】本品胃肠道反应如恶心、呕吐、腹痛、腹泻多见，并有骨髓抑制及肾损害。可引起生育缺损，妊娠 3 个月前需完全避用。

【用药指导】①秋水仙碱是一种有剧毒的生物碱，局部刺激作用强，注射时不得漏出血管外。用药期间应定期检查血常规及肝、肾功能。②骨髓造血功能不全、肝肾功能不全、孕妇及哺乳期妇女禁用。③可增强中枢神经系统抑制药的作用，降低抗凝剂及抗高血压药的作用，配伍时需应酌情调节用量。④本品也属于抗癌药，可通过抑制细胞的有丝分裂，治疗白血病、乳腺癌等。

【商品信息】秋水仙碱 1957 年在德国首次上市，国内 1988 年注册。因其毒性较大，且治疗剂量与中毒剂量接近，临床应用受到限制。如美国 FDA 于 1939 年批准一种由秋水仙碱及促进尿液中尿酸排泄的介质组成的复合制剂用于痛风，但直至 2009 年才首次批准单成分

秋水仙碱口服制剂 Colcrys 用于急性痛风发作。

【贮藏】遮光，密封保存。

别嘌醇
(Allopunnol)

本品及其代谢产物通过抑制黄嘌呤氧化酶的活性，使尿酸生成减少，血及尿中的尿酸浓度降低，从而防止尿酸析出结晶沉积在骨、关节及肾脏组织内，也有助于痛风结节及尿酸结晶的重新溶解。主要用于慢性痛风，为临床唯一的抑制尿酸生成药物。因本品无消炎作用，控制急性痛风发作时，须同时应用秋水仙碱或其他消炎药。

别嘌醇不良反应较少，可以长期服用，服药期间应多饮水，并使尿呈中性或碱性以利于尿酸排出。同时宜食低嘌呤饮食，并应饭后服药以减少对胃的刺激。

国内获得别嘌醇制剂生产批准文号的共 17 家制药企业，获得原料药批准文号的共 6 家制药企业。由于临床缺乏优质的同类药物上市，别嘌醇近年在痛风市场的销量仍在稳步攀升。

非布司他
(Febuxostat)

本品为黄嘌呤氧化酶抑制剂，适用于具有痛风症状的高尿酸血症的长期治疗，不推荐用于治疗无症状性高尿酸血症。轻、中度肝功能或肾功能损伤患者服用本品时不必调整剂量。与别嘌醇不同，本品给药时无需考虑食物或抗酸剂的影响。2016 年版《中国痛风诊疗指南》将非布司他进行了中等程度的推荐，目前本药已成为内分泌科、风湿免疫科的常用药。

本药的不良反应主要是皮疹，同时发现极少数患者有心血管方面的问题，如冠心病或者高血压，因此出于心血管安全性考虑，美国 FDA 要求在该药的标签上就此予以警告。

非布司他由日本帝人制药公司研发，2009 年被 FDA 批准用于治疗痛风患者的高尿酸血症。香港、台湾、印度均有仿制生产，国内的生产厂家有江苏万邦、江苏恒瑞、杭州朱养心等。

重点小结

疼痛是临床上常见的症状之一，包括伤害性刺激作用于机体所引起的痛感觉，以及机体对伤害性刺激的痛反应。世界卫生组织将疼痛确定为继血压、呼吸、脉搏、体温之后的"第五大生命体征"，认为"消除疼痛是患者的基本权利"。因此必须合理应用镇痛药，包括麻醉性镇痛药和非麻醉性镇痛药，对轻度疼痛推荐使用非甾体抗炎药。痛风作为现代社会的常见病，其药物治疗和新药研发亦逐渐引起重视。

本章中麻醉性镇痛药主要介绍了吗啡、哌替啶和芬太尼；非麻醉性镇痛药介绍了曲马多和高乌甲素。

解热镇痛抗炎药按药理学和化学分类，主要介绍了水杨酸类——阿司匹林，苯胺类——

对乙酰氨基酚；乙酸类——双氯芬酸钠，芳基丙酸类——布洛芬、芬布芬；在选择性环氧化酶抑制药中主要介绍了尼美舒利。

抗痛风药主要介绍了秋水仙碱和别嘌醇。

每一分类下的代表药品需要重点掌握它们的适应证、用药指导和相关的商品信息。

（倪开勤）

扫码"练一练"

第九章　神经系统用药

神经系统疾病是发生于中枢神经系统、周围神经系统、自主神经系统的以感觉、运动、意识、自主神经功能障碍为主要表现的疾病，又称神经病。其症状可分为缺失症状、释放症状、刺激症状及休克症状，神经系统用药可以缓解和改善上述症状。神经系统用药在全球药物市场一直扮演着非常重要的角色，约占全球药物市场份额的 10%。近年来，此类药物在我国医院终端化学药各大类药品市场份额中所占比例逐年增长，2015 年已达 11.39%，居各大类药物中的第六位。

神经系统用药种类众多，中枢神经系统用药是其重要组成部分。中枢神经系统用药按用途可以分为中枢兴奋药、镇痛药、镇静催眠药、抗癫痫药、抗焦虑药、抗抑郁药、抗躁狂药、抗精神病药和抗退行性疾病药。其中，镇痛药大多能引起躯体依赖性，按麻醉药品管理。许多镇静催眠药连续使用产生精神依赖性，按精神药品管理。一些镇静催眠药还具有抗癫痫药或抗焦虑药的作用，将与抗焦虑药、抗抑郁药、抗躁狂药、抗精神病药一起在治疗精神障碍药一章进行介绍。本章主要介绍中枢兴奋药、抗癫痫药、抗帕金森病药和阿尔茨海默病治疗药。

第一节　中枢兴奋药

中枢兴奋药是一类能选择性兴奋中枢神经系统，提高其功能活动的药物。根据其主要用部位可分为三类：①主要兴奋大脑皮层的药物，如咖啡因、茶碱等；②主要兴奋延脑呼吸中枢的药物，又称呼吸兴奋药，如尼可刹米、洛贝林、多沙普仑等；③促进大脑功能恢复的药物，也称促智药，如吡拉西坦、奥拉西坦、胞磷胆碱等；这种分类是相对的。随着剂量的增加，其中枢作用部位也随之扩大，过量均可引起中枢各部位广泛兴奋而导致惊厥。按结构也可分为三类：①黄嘌呤生物碱类，如咖啡因、茶碱等；②酰胺类，如尼可刹米、吡拉西坦、茴拉西坦等；③其他类，如多沙普仑、甲氯芬酯、胞磷胆碱等。

扫码"学一学"

一、典型中枢兴奋药

咖 啡 因
(Caffeine)

【作用与适应证】本品适用于解救因急性感染中毒及催眠药、麻醉药、镇痛药中毒引起的呼吸、循环衰竭；与溴化物合用，用于神经官能症；与阿司匹林制成复方制剂用于一般性头痛；与麦角胺合用治疗偏头痛；还可用于小儿多动症，早产儿呼吸暂停症。

【制剂】本品剂型有注射剂和口服剂，常制成复方制剂。

【不良反应】常见不良反应有头痛、恶心、呕吐和失眠。大剂量服用本品或大量饮用含本品的饮料，可引起头痛、焦躁不安、过度兴奋、肌肉震颤、耳鸣心悸、心动过速、视物不清、抽搐、惊厥。成人致死量约10g。长期大量服用，可产生耐受性，也可有成瘾性。

【用药指导】胃溃疡患者禁用。

【商品信息】①本品制剂较多，除安钠咖注射液和枸橼酸咖啡因注射液外，还有氨基比林咖啡因片，咖溴合剂及麦角隐亭咖啡因口服液等。②我国是咖啡因的生产和出口大国。由于我国咖啡因出口价格不断降低，提升了我国产品在国际市场上的竞争力。今后，国内外市场对咖啡因的需求还会不断增加，一是因为巴氏合剂等用于治疗神经衰弱和精神抑制症状的药物以及含有咖啡因的复方解热镇痛药在市场上应用广泛；二是含有咖啡因的"可乐"类饮料销量不断上升。

【贮藏】避光，密闭保存。

吡 拉 西 坦
(Piracetam)

【作用与适应证】本品适用于急、慢性脑血管病，脑外伤，各种中毒性脑病等多种原因所致的记忆减退及轻、中度脑功能障碍。也可用于儿童智能发育迟缓。

【制剂】本品制剂有片剂、胶囊剂、口服液和注射液。

【不良反应】消化道不良反应常见有恶心、腹部不适、食欲减退、腹胀、腹痛等，症状的轻重与服药剂量直接相关。中枢神经系统不良反应包括兴奋、易激动、头晕、头痛和失眠等，但症状轻微，且与服用剂量大小无关，停药后以上症状消失。偶见轻度肝功能损害，表现为轻度转氨酶升高，但与药物剂量无关。

【用药指导】①本品与华法林联合应用时，可延长凝血酶原时间，可诱导血小板聚集的抑制。②在接受抗凝治疗的患者中，同时应用本品时应特别注意凝血时间，防止出血危险，并调整抗凝治疗药物的剂量和用法。③锥体外系疾病，Huntington舞蹈症者禁用，孕妇、新生儿禁用。

【商品信息】①本品能改善脑创伤、脑卒中、脑炎、中毒等引起的意识障碍，起苏醒作用，提高学习和记忆能力，无镇静、抗胆碱、抗组胺作用。②生产厂家有海口康力元制药有限公司、湖北武汉怡奥药业有限公司、山东罗欣药业股份有限公司、国药集团国瑞药业有限公司等。

【贮藏】 遮光、密闭保存。

二、其他中枢兴奋药

1. **尼可刹米**（Nikethamide） 本品选择性兴奋延髓呼吸中枢，也可作用于颈动脉体和主动脉体化学感受器，反射性地兴奋呼吸中枢，并提高呼吸中枢对二氧化碳的敏感性。对血管运动中枢有微弱兴奋作用。用于中枢性呼吸抑制及各种原因引起的呼吸抑制。主要剂型有尼可刹米注射液。常见不良反应有面部刺激征、烦躁不安、抽搐、恶心呕吐等。大剂量时可出现血压升高、心悸、出汗、面部潮红、呕吐、震颤、心律失常、惊厥、甚至昏迷。

2. **胞磷胆碱**（Citicoline） 本品为核苷衍生物，通过降低脑血管阻力，增加脑血流而促进脑物质代谢，改善脑循环。还可增强脑干网状结构上行激活系统的功能，增强锥体系统的功能，改善运动麻痹，对促进大脑功能的恢复和促进苏醒有一定作用。用于急性颅脑外伤和脑手术后的意识障碍。主要剂型有胞磷胆碱钠注射液和胶囊剂。本品对人及动物均无明显的毒性作用，对呼吸、脉搏、血压无影响，偶有一过性血压下降、失眠、兴奋及给药后发热等，停药后即可消失。脑内出血急性期，不宜用大剂量。

3. **奥拉西坦**（Oxiracetam） 本品属新型吡咯烷酮类衍生物。本品为促智药，可促进磷酰胆碱和磷酰乙醇胺合成，促进脑代谢，透过血脑屏障，对特异性中枢神经道路有刺激作用。对脑血管病、脑损伤、脑瘤（术后）、颅内感染、痴呆、脑变性疾病等均有良好疗效。适用于轻中度血管性痴呆、老年性痴呆以及脑外伤等症引起的记忆与智能障碍。目前已在欧洲、美国、日本和韩国上市并广泛应用于临床。国内外研究表明奥拉西坦注射液较吡拉西坦注射液具有更高的药理活性和显著的临床疗效。制剂有注射剂和胶囊剂。本品不良反应少见，偶见皮肤瘙痒、恶心、精神兴奋、头晕、头痛、睡眠紊乱，但症状较轻，停药后可自行恢复。

第二节　抗癫痫药

癫痫是慢性反复发作性短暂脑功能失调综合征，其特征为脑神经元突发性异常高频率放电并向周围扩散。由于异常放电神经元所在部位（病灶）和扩散范围不同，临床表现为不同的运动、感觉、意识和自主神经功能紊乱的症状。按临床表现可分为大发作、小发作、精神运动性发作及局限性发作。

目前，全球癫痫患者约有 5000 万人，其中 80% 在发展中国家，每年新发病例 200 万。中国现约有 1000 万癫痫患者，其中 600 万时有发作症状，每年新发病例 40 万左右。

药物治疗是目前抗癫痫的主要方法。1912 年发现了第一个用于治疗癫痫的化学药物苯巴比妥；1938 年开始应用苯妥英钠；20 世纪 70 年代原本用于治疗三叉神经痛的卡马西平被发现对癫痫有效。在近 30 年，又陆续有多个治疗癫痫的新药上市，目前居市场前几位的有丙戊酸钠、左乙拉西坦和奥卡西平等。

一、抗癫痫药的分类

抗癫痫药按化学结构分类如下。①巴比妥类：如苯巴比妥、异戊巴比妥；②乙内酰脲及其类似物：如苯妥英钠、乙琥胺、苯琥胺、扑米酮、三甲双酮；③二苯并氮䓬类：如卡马西平、奥卡西平；④γ-氨基丁酸类：如氨己烯酸、卤加比、加巴喷丁；⑤脂肪酸类：如

扫码"学一学"

丙戊酸钠；⑥其他类：如拉莫三嗪、左乙拉西坦等。巴比妥类药物还具有镇静催眠或抗焦虑作用，将在相应章节介绍。

抗癫痫药物的疗效和安全性是药物治疗过程中最受关注的因素。当单药治疗癫痫无效时，通常会采用多药联合治疗，长期治疗过程中需考虑药物之间的相互作用。

二、典型抗癫痫药

苯 妥 英 钠
（Phenytoin Sodium）

【作用与适应证】本品适用于治疗全身强直－阵挛性发作、复杂部分性发作（精神运动性发作、颞叶癫痫）、单纯部分性发作（局限性发作）和癫痫持续状态。可治疗洋地黄中毒所致的室性及室上性心律失常，也可用于三叉神经痛和坐骨神经痛。

【制剂】本品制剂有片剂和注射剂。

【不良反应】常见齿龈增生，长期服用可能引起恶心、呕吐甚至胃炎，饭后服用可减轻。神经系统不良反应与剂量相关，常见眩晕、头痛，严重时可引起眼球震颤、共济失调、语言不清和意识模糊，调整剂量或停药可消失。可影响造血系统，致粒细胞和血小板减少，常见巨幼细胞贫血，可用叶酸加维生素 B_{12} 防治。小儿长期服用易引起软骨病，可服用维生素 D 预防。

【用药指导】①久服不可骤停，否则可使发作加剧，或引起癫痫持续状态。②长期使用应定期检查血常规，孕妇和哺乳期妇女慎用。③本品为肝药酶诱导剂，与皮质激素、洋地黄类等药合用时，可降低这些药物的效应。

【商品信息】本品为防治癫痫大发作的首选用药，因疗效较好，价格便宜，目前在临床使用上占主导地位。目前国内有多家企业生产本品。

【贮藏】避光，密闭保存。

卡 马 西 平
（Carbamazepine）

【作用与适应证】本品适用于治疗癫痫复杂部分性发作、简单部分性发作和继发性全身发作，强直、阵挛、强直阵挛发作。此外还可用于治疗躁狂症、戒酒综合征、原发或继发性三叉神经痛、原发性舌咽神经痛、糖尿病性神经病引起的疼痛、中枢性尿崩症、神经内分泌性多尿和烦渴，预防躁郁症。

【制剂】制剂有胶囊剂和片剂。

【不良反应】常见不良反应有头晕、嗜睡、疲劳、共济失调、皮肤过敏反应、荨麻疹；偶见头痛、复视、视物模糊。

【用药指导】①本品有肝药酶诱导作用，与氯磺丙脲、氯贝丁酯、垂体后叶素、加压素、避孕药、环孢素、洋地黄类、雌激素、左甲状腺素或奎尼丁等合用，合用的各药都需减量。②严重肝功能不全者、妊娠初期及哺乳期妇女禁用；青光眼，严重心血管疾患和老年患者慎用。③用药期间应定期检查血常规及肝功能。

【商品信息】本品最初用于癫痫的治疗，后发现其对三叉神经痛具有较好的疗效。不良反应较苯妥英钠为少，但临床使用率低于苯妥英钠，是单纯及复杂部分性发作的首选药。

【贮藏】避光，密封保存。

三、其他抗癫痫药

1. **丙戊酸钠**（Sodium Valproate） 又名德巴金、敌百痉、抗癫灵。本品为脂肪酸类癫痫药，具有广谱抗癫痫作用，对癫痫小发作、肌阵挛性癫痫、局限性发作、大发作和混合型癫痫均有效，也有抗惊厥作用。多用于其他抗癫痫药无效的各型癫痫患者，尤以小发作为最佳。制剂有片剂和糖浆剂。不良反应以胃肠道反应多见，较轻微；少数患者出现肝脏毒性，血清碱性磷酸酶升高、氨基转移酶升高。本品可抑制苯妥英钠、苯巴比妥、扑米酮、氯硝西泮的代谢，与华法林或肝素等合用时，出血的危险性增加。

2. **拉莫三嗪**（Lamotrigine） 本品为苯基三嗪类化合物，是一种新型的抗癫痫药。本品抗癫痫简单部分性发作、复杂部分性发作、继发性及原发性全身强直－阵挛性发作，适用于12岁以上儿童及成人的单药治疗。制剂主要有片剂。不良反应有头痛、疲倦、皮疹、恶心、头晕、嗜睡和失眠。2008年11月国家食品药品监督管理部门规定拉莫三嗪片说明书增加关于自杀风险的内容。

3. **左乙拉西坦**（Levetiracetam） 又名开浦兰。本品具有吡咯烷酮结构，为酰胺类化合物。本品主要用于成人及4岁以上儿童癫痫患者部分性发作的加用治疗。制剂有片剂、缓释片、颗粒剂、口服液和注射剂。常见的不良反应有嗜睡，乏力和头晕，常发生在治疗的开始阶段。本品由比利时UCB Pharma S. A. 公司开发，于1999年在美国首先上市片剂，2006年进入中国市场，最初用于成人部分性癫痫发作，现已被广泛认作全球治疗癫痫的金标准，也是唯一具有预防癫痫发病的抗癫痫药。目前国内生产企业有深圳信立泰药业、浙江京新药业、重庆圣华曦药业和珠海联邦制药股份有限公司。

第三节　抗帕金森病药

帕金森病（Parkinson's disease，PD）又称震颤麻痹，是中枢神经系统锥体外系功能障碍引起的一种慢性退行性疾病。帕金森病是一种常发于中老年人的神经系统变性疾病，其主要症状表现为静止性震颤、肌肉僵直、运动迟缓以及姿势平衡障碍。随着社会老龄化趋势的加剧，我国帕金森患病率正在日益增多。流行病学调查显示，中国65岁以上帕金森病发病率男性为1.7%，女性为1.6%。全球现有600万帕金森病患者，我国就有300万，居世界首位。帕金森病已成为仅次于阿尔茨海默病的第二大神经退行性疾病，已成为位居脑卒中、老年性痴呆之后的严重威胁老年人健康的第三大杀手。

目前研究认为，帕金森病是因纹状体内缺乏多巴胺所致，主要病变在黑质－纹状体多巴胺能神经通路。在黑质－纹状体中存在两种递质，乙酰胆碱和多巴胺，正常时两种递质处于平衡状态，共同调节运动功能。当多巴胺减少或乙酰胆碱增多时，可引起震颤麻痹。

一、抗帕金森病药的分类

抗帕金森病药包括拟多巴胺药和中枢抗胆碱药两大类。

1. **拟多巴胺药** 又可分为以下几类。①多巴胺类似物，如左旋多巴；②外周多巴脱羧

扫码"学一学"

酶抑制剂，如卡比多巴、苄丝肼；③中枢多巴胺受体激动剂，如溴隐亭、卡麦角林、培高利特、罗匹尼罗、吡贝地尔、普拉克索等；④单胺氧化酶（MAO）抑制剂，如司来吉兰、雷沙吉兰；⑤儿茶酚-O-甲基转移酶（COMT）抑制剂，如恩他卡朋、托卡朋。

2. 中枢抗胆碱药　主要有苯海索、普罗吩胺、比哌立登。

在左旋多巴问世前的一个多世纪时期，抗胆碱药一直是治疗帕金森病最有效的药物。目前抗胆碱药已经降为次要位置，拟多巴胺药已成为抗帕金森病的主角。临床应用较为广泛的是左旋多巴及其复方制剂，以及非麦角类多巴胺受体激动剂普拉克索和罗匹尼罗。此外，MAO 抑制剂雷沙吉兰和 COMT 抑制剂恩卡他朋也位居抗帕金森病药的五大品种之列。

二、典型抗帕金森病药

左旋多巴
（Levodopa）

【作用与适应证】本品适用于治疗震颤麻痹。对轻、中度病情者效果较好，重度或老年患者效果差。可使肝昏迷患者清醒，症状改善。

【制剂】制剂有胶囊剂和片剂。

【不良反应】本品不良反应较多，主要由于外周产生的多巴胺过多引起。治疗初期主要有胃肠道反应，如恶心、呕吐、食欲减退；用药 3 个月后可出现不安、失眠、幻觉精神症状，此外尚有直立性低血压、心律失常及不自主运动等。还有"开关"现象（患者突然多动不安是为"开"，而后又出现肌强直运动不能是为"关"），见于年龄较轻患者，约在用药后 8 个月左右出现。

【用药指导】①支气管哮喘、肺气肿、消化性溃疡、高血压、精神病、糖尿病、心律失常及闭角型青光眼、孕妇患者禁用。②禁与 A 型单胺氧化酶抑制剂、麻黄碱、利血平及拟肾上腺素药合用。

【商品信息】①左旋多巴是 PD 治疗中的一个里程碑。本品自 1967 年应用于临床以来，一直是治疗 PD 最有效的药物，被称为 PD 治疗的"金标准"。②本品是一种替代多巴胺的手段，但其在脑内和脑外可迅速脱羧而变成多巴胺，这导致多巴胺的浪费及不良反应频繁发生。为降低外周多巴胺不良反应，临床常合用外周多巴胺脱羧酶抑制剂。"息宁""心宁美"是本品与卡比多巴组成的复方制剂，"美多巴"是其与苄丝肼组成的复方制剂。

【贮藏】避光，密封保存。

司来吉兰
（Selegiline）

【作用与适应证】本品临床可单独服用治疗早期帕金森病，也可与左旋多巴或与左旋多巴/外周多巴脱羧酶抑制剂合用。在与左旋多巴合用时，特别适用于治疗运动波动。

【制剂】制剂有片剂和胶囊剂。

【不良反应】可出现口干，短暂血清转氨酶值升高及睡眠障碍。加入本品给已服用最大耐受剂量左旋多巴患者，可能出现不随意运动、恶心、激越、错乱、幻觉、头痛、直立性

低血压及眩晕等。

【用药指导】①对本品过敏者、严重的精神病、严重的痴呆、迟发性异动症、有消化性溃疡以及病史者禁用。②与左旋多巴合用时，对甲状腺功能亢进、肾上腺质的肿瘤、青光眼患者也应禁用。

【商品信息】本品为第 1 代的 MAO – B 抑制剂，雷沙吉兰为第 2 代的 MAO – B 抑制剂。雷沙吉兰与本品相比，作用强，不良反应小，因而其临床应用更加广泛。

【贮藏】遮光、室温、密闭保存。

苯 海 索
（Trihexyphenidyl）

【作用与适应证】本品适用于帕金森病、帕金森病综合征，也可用于药物引起的锥体外系疾患。

【制剂】本品主要剂型为片剂。

【不良反应】常见口干、视物模糊等，偶见心动过速、恶心、呕吐、尿潴留、便秘等。长期应用可出现嗜睡、抑郁、记忆力下降、幻觉、意识混浊。

【用药指导】①青光眼、前列腺肥大患者禁用。②与左旋多巴合用时两药的作用不稳定，应隔开 2~3 小时给药。

【商品信息】本品为治疗帕金森病的常用药。

【贮藏】避光，密封保存。

三、其他抗帕金森病药

1. **恩他卡朋**（Entacapone） 本品是一种可逆性的 COMT 抑制剂，主要作用于外周的 COMT，与左旋多巴制剂同时使用。本品可作为标准药物左旋多巴/苄丝肼或左旋多巴/卡比多巴的辅助用药，用于治疗以上药物不能控制的帕金森病及剂末现象（症状波动）。剂型主要是片剂。常见的不良反应有异动症、恶心、眩晕、呕吐、腹泻、尿液变色及直立性低血压。本品增加左旋多巴/苄丝肼制剂的生物利用度比其增加左旋多巴/卡比多巴的生物利用度多 5%~10%。因此，服用左旋多巴/苄丝肼制剂的患者在开始合用本品时需要较大幅度地减少左旋多巴的用量。本品可以与司来吉兰联合使用，但是后者的日剂量不能超过 10mg。本品销售额近年呈增长趋势，目前已居抗 PD 药物的前三位。目前使用的本品制剂均为进口。

2. **普拉克索**（Pramipexole） 又名森福罗。本品为合成的非麦角类中枢多巴胺受体激动剂，单独或与左旋多巴联合用于治疗特发性帕金森病的体征和症状。剂型为片剂。不良反应有恶心、头昏、嗜睡、失眠、幻觉、运动障碍、便秘等。治疗初期常见直立性低血压。可引起"睡眠发作"，驾车和机械操作者应特别注意。本品与左旋多巴联用时，在增加本品的剂量时应降低左旋多巴的剂量，而其他抗帕金森病治疗药物的剂量保持不变。本品由勃林格殷格翰公司开发，1997 年经 FDA 批准用于特发性帕金森病的治疗，2006 年由 FDA 批准用于中 – 重度不宁腿综合征的治疗。目前在全球 70 多个国家上市。在我国，本品位居抗帕金森病药的五大品种之列，是近年来市场增速最快的抗帕金森用药，2015~2017 年国内重点城市公立医院森福罗市场年增长率达到 18.36%。

📖 知识拓展

美国 FDA 批准帕金森病长效疗法

最近艾伯维公司宣布其开发的用于治疗帕金森病的药物 DUOPA 获得 FDA 的上市批准。

DUOPA 是目前市面上第一种治疗帕金森病患者运动波动的药物。它主要是通过一个小型药物泵将卡比多巴和左旋多巴注入人体，以达到治疗效果。与传统的口服卡比多巴和左旋多巴不同，DUOPA 是将药物直接泵注到小肠部位，避过了患者的胃部，从而避免了胃部的酸性环境和酶类对药物的破坏，保证药效。这种疗法的持续时间可以长达 16 个小时，极大程度上降低了患者的负担和痛苦。

第四节　阿尔茨海默病治疗药

扫码"学一学"

阿尔茨海默病（Aizheimer's disease，AD）又称为老年性痴呆，是发生于老年和老年前期，以进行性认知功能障碍和行为损害为特征的中枢神经系统变性疾病。AD 是老年人的常见病之一，主要表现为记忆力减退及识别能力障碍等，是一种渐进性的神经功能退化性失调。该病病程一般较长，为 3～20 年，给社会、家庭和患者带来沉重的负担，给患者带来极大的痛苦。流行病学调查显示，我国 AD 的患病率为 6.25%。世界卫生组织 2017 年 12 月报道，全世界大约有 5000 万痴呆症患者，到 2030 年将达 8200 万，到 2050 年将达 1.52 亿。AD 已成为严重威胁老年人健康的第二大杀手，WHO 已将该病定为 21 世纪五大重点疾病之一。

AD 的特征性病理改变包括以 β - 淀粉样蛋白（β - amyloid protein，Aβ）沉积为核心的老年斑，以过度磷酸化 Tau 蛋白为主要成分的神经元纤维缠结，以胆碱能神经元变性和死亡为主的神经元丢失和特定区域的脑萎缩。

一、阿尔茨海默病治疗药的分类

根据作用机制可将抗 AD 药物分为乙酰胆碱酯酶抑制剂、抑制 Aβ 形成和聚集的药物、具有神经保护和促进大脑功能恢复的药物。

1. **乙酰胆碱酯酶抑制剂**　此类药物可阻止乙酰胆碱酯酶（AChE）分解乙酰胆碱（ACh），提高脑内乙酰胆碱的含量，恢复胆碱能神经传导，提高患者学习记忆能力和认知水平。代表药物有多奈哌齐、加兰他敏、利斯的明、石杉碱甲、他克林等。其中，他克林为第一代的 AChE 抑制剂，其他均为第 2 代 AChE 抑制剂。

2. **抑制 Aβ 的形成和聚集的药物**　AD 患者痴呆的程度与 Aβ 密切相关。抑制 Aβ 的形成和聚集是治疗 AD 的重要环节。抑制 Aβ 形成的药物目前用于临床的只有 α - 分泌酶抑制剂，具有此作用的药物有他汀类药物、雌二醇、睾酮、胰岛素、钙调蛋白等。抑制 Aβ 聚集的药物有司来吉兰、姜黄素、维生素 E 等。这些药物都兼具其方面的作用。

3. **神经细胞保护剂和促进大脑功能恢复的药物**　作用于神经传递系统的细胞保护剂可以延缓脑神经元变性过程，抑制其神经毒性，保护或修复神经元。用于临床的主要有 N - 甲基 - D - 天冬氨酸（NMDA）受体阻断剂，如美金刚。促进大脑功能恢复的药物主要是复智药，如吡拉西坦、奥拉西坦等，在中枢兴奋药部分已经介绍。

欧洲神经病学学会联盟（EFNS）及美国心理学会（APA）指南均一致推荐乙酰胆碱酯酶抑制剂及 NMDA 受体阻断剂为阿尔茨海默病的一线治疗药物。国内 AD 用药市场也主要依赖多奈哌齐、美金刚、利斯的明和石杉碱甲，多奈哌齐和美金刚是其中的重点品种。2017 年国内重点城市公立样本医院多奈哌齐和美金刚购药金额为 1.83 亿元和 1.18 亿元，同比增加 17.58% 和 19.95%。

二、典型阿尔茨海默病治疗药

多奈哌齐
（Donepezil）

【作用与适应证】本品适用于轻、中度阿尔茨海默病的治疗。

【制剂】本品主要剂型有片剂、胶囊、分散片、口腔崩解片。

【不良反应】常见腹泻、恶心、头痛、普通感冒、厌食、呕吐、皮疹、瘙痒、幻觉、易激惹、攻击行为、昏厥、眩晕、失眠、胃肠功能紊乱、肌肉痉挛、尿失禁、乏力、疼痛、意外伤害。

【用药指导】①本品应由对阿尔茨海默型痴呆的诊断和治疗富有经验的医生处方并指导患者的使用。②禁用于对本品及制剂中赋形剂有过敏史的患者禁用，禁用于孕妇。

【商品信息】①本品为第 2 代用于治疗 AD 的 AChE 抑制剂，与第 1 代 AChE 抑制剂相比，具有达标剂量小、不良反应小、耐受性好等优点。②本品由日本卫材制药公司开发，1996 年 11 月获得 FDA 的特许批准用于临床，商品名"安理申"，是第 2 个被美国 FDA 特许治疗阿尔默海茨病的 AChE 抑制剂。1997 年初首先在美国上市，由卫材/辉瑞共同开发全球市场，1999 年 10 月安理申在中国上市。

【贮藏】遮光、室温、密闭保存。

美金刚
（Memantine）

【作用与适应证】本品用于治疗中重度至重度阿尔茨海默型痴呆，也可直接激动多巴胺受体，并促进多巴胺释放，用于治疗震颤麻痹综合征。

【制剂】本品主要剂型为片剂。

【不良反应】本品不良反应通常为轻度，常见的有幻觉、意识混沌、头晕、头痛和疲倦。

【用药指导】①对本品的活性成分或其赋形剂过敏者禁用。②在合并使用 NMDA 拮抗剂时，左旋多巴、多巴胺能受体激动剂和抗胆碱能药物的作用可能会增强，巴比妥类和神经阻断剂的作用有可能减弱。③美金刚与金刚烷胺在化学结构相似，且都是 NMDA 拮抗剂，因此应避免合用，以免发生药物中毒性精神病。

【商品信息】①本品是目前唯一用于抗 AD 的 NMDA 受体阻断剂，在抗 AD 药物中占有较大市场份额。②本品由德国 Merz 公司研发，于 1997 年在德国上市，剂型还有胶囊剂和口服液，于 2002 年和 2003 年分别在欧洲和美国上市。阿特维斯（Actavis）与 Adamas 制药公司开发的复方新药 Namzaric（由美金刚和多奈哌齐组成）已于 2014 年获 FDA 批准用于正接受盐酸

美金刚和盐酸多奈哌齐治疗且病情稳定的中度至重度阿尔茨海默型老年性痴呆的治疗。

【贮藏】密封，室温保存。

三、其他阿尔茨海默病治疗药

1. **加兰他敏**（Galanthamine） 本品为第 2 代可逆性 AChE 抑制剂，易透过血脑屏障，产生较强的中枢作用。本品注射剂用于重症肌无力、脊髓灰质炎后遗症以及拮抗氯化筒箭毒碱及类似药物的非去极化肌松作用。片剂适用于良性记忆障碍，提高患者指向记忆、联想学习、图像回忆、无意义图形再认及人像回忆等能力；对痴呆患者和脑器质性病变引起的记忆障碍亦有改善作用。剂型主要是片剂。个别患者用药开始时有暂时性头晕、心动过缓、口干、恶心、轻度腹痛等，继续服用后自行消失。本品是希雷与强生公司合作开发的化学合成药物，2000 年 7 月被欧盟批准后在英国、爱尔兰首次上市，2001 年获美国 FDA 许可用于治疗阿尔茨海默病。1998 年上海申兴制药厂已生产加兰他敏原料药，1999 年国家药品监督管理部门批准苏州第六制药厂生产四类新药氢溴酸加兰他敏胶囊，2000 年已在我国主要城市重点医院抗痴呆药品中崭露头角。

2. **石杉碱甲**（Huperzine A） 本品系由石杉科植物蛇足石杉中提取的一种生物碱，是一强效的胆碱酯酶可逆性抑制剂。本品有较高的脂溶性，分子小，易透过血脑屏障，具有促进记忆再现、增强记忆保持和加强肌肉收缩强度的作用。本品适用于良性记忆障碍，提高患者指向记忆、联想学习、图像回忆、无意义图形再认及人像回忆等能力；对痴呆患者和脑器质性病变引起的记忆障碍有改善作用；本品亦用于重症肌无力的治疗。剂型主要有片剂和注射剂。本品不良反应不明显，剂量过大时可引起头晕、恶心、胃肠道不适、乏力等反应，一般可自行消失，反应明显时减量或停药后缓解、消失。国内研制的哈伯因（石杉碱甲），系我国学者从石杉属植物千层塔中分离到的一种新生物碱。

重点小结

神经系统疾病特别是帕金森病、阿尔茨海默病等疾病的发病率近年来持续增长，因而对神经系统用药的需求也在不断增加。

本章介绍了中枢兴奋药、抗癫痫药、抗帕金森病药和阿尔茨海默症治疗药。

中枢兴奋药主要介绍了大脑皮层兴奋药物——咖啡因；呼吸兴奋药——尼可刹米、洛贝林、多沙普仑；促智药——吡拉西坦、奥拉西坦、胞磷胆碱。

抗癫痫药主要介绍了乙内酰脲及其类似物——苯妥英钠；二苯并氮䓬类——卡马西平；脂肪酸类——丙戊酸钠；γ-氨基丁酸类——加巴喷丁；苯基三嗪类——拉莫三嗪；酰胺类——左乙拉西坦。

抗帕金森病药主要介绍了拟多巴胺药——左旋多巴、卡比多巴、司来吉兰、恩他卡朋、普拉克索；中枢抗胆碱药——苯海索。

阿尔茨海默病治疗药主要介绍了乙酰胆碱酯酶抑制剂——多奈哌齐、加兰他敏、石杉碱甲；NMDA 受体阻断剂——美金刚。

重点掌握各类代表药的适应证、用药指导和相关的商品信息。

扫码"练一练"

（甄宇红）

第十章　治疗精神障碍药

近年来，我国精神障碍患者数量逐年增多，主要为抑郁症、失眠症、焦虑症和精神病症。在国外，抑郁症与焦虑症用药销量合计占中枢神经用药市场份额的45%，而抗抑郁药与精神分裂症治疗剂合计占世界精神病药物80%的份额。

治疗精神障碍药包括抗精神病药、抗抑郁药、抗焦虑药、抗躁狂药和镇静催眠药。抗躁狂药品种较少，临床使用的主要是碳酸锂，在本章不做介绍。

扫码"学一学"

第一节　抗精神病药

精神病又称精神分裂症，是以思维、情感、行为之间不协调，精神活动与现实相脱离为主要特征的最常见的一类精神疾病。

抗精神病药可在不影响意识清醒的情况下，消除精神病患者的烦躁不安、精神错乱等精神症状。并对非精神病患者的兴奋不安、焦虑、失眠等也有疗效。

一、抗精神病药的分类

目前常用的抗精神病药物按化学结构分类如下。①吩噻嗪类：氯丙嗪、奋乃静、氟奋乃静、硫利达嗪、美索达嗪；②硫杂蒽类：氯普噻吨、珠氯噻醇、替沃噻吨；③丁酰苯类：氟哌啶醇、氟哌利多；④苯甲酰胺类：舒必利、硫必利、奈莫必利、舒托必利；⑤二苯丁基哌啶类：五氟利多、匹莫齐特；⑥二苯二氮卓草类：氯氮平、奥氮平、喹硫平；⑦苯并异噁唑类：利培酮、齐拉西酮；⑧其他类：舍吲哚、阿立哌唑。

抗精神病药物通过结构修饰可以制成长效药物，以减少给药次数，避免患者不服从而造成难以治疗，如氟奋乃静、癸氟哌啶醇等。

二、典型抗精神病药

氯 丙 嗪
（Chlorpromazine）

【作用与适应证】本品适用于：①治疗精神病；②镇吐；③低温麻醉及人工冬眠；④与镇痛药合用治疗癌症患者的剧痛；⑤治疗心力衰竭。

【制剂】本品剂型有片剂和注射剂。

【不良反应】主要不良反应为锥体外系反应，发生率较高，与阻断多巴胺通路有关。常见不良反应还有嗜睡、乏力和自主神经功能失调所致的口干、心悸、便秘、视力模糊、排尿困难。注射给药可引起直立性低血压，静脉注射可引起血栓性静脉炎。

【用药指导】①本品能增强催眠、麻醉、镇静药的作用，故合用时应减量。②与抗高血压药合用易致直立性低血压。③同用甲氧氯普胺可加重锥体外系反应。④长期服药可出现迟发性运动障碍，抗胆碱药可使之加重，宜减低剂量或考虑停药。⑤长期用药后突然撤药可出现类似戒断症状样反应，宜逐渐减量停药。

【商品信息】①本品为第一个应用于临床的抗精神病药物，有"精神科的阿司匹林"之称。但随着锥体外系反应小的抗精神病药物出现，其使用在减少。②与哌替啶、异丙嗪组成冬眠合剂，用于创伤性休克、中毒性休克、烧伤、高热及甲状腺危象的辅助治疗。

【贮藏】避光，密封保存。

氟 哌 啶 醇
（Haloperidol）

【作用与适应证】本品适用于急、慢性各型精神分裂症、躁狂症、抽动秽语综合征。控制兴奋躁动、敌对情绪和攻击行为的效果较好。也可用于脑器质性精神障碍和老年性精神障碍。

【制剂】本品剂型有片剂和注射剂。

【不良反应】锥体外系反应较重且常见，急性肌张力障碍在儿童和青少年更易发生，出现明显的扭转痉挛，吞咽困难，静坐不能及类帕金森病。长期大量使用可出现迟发性运动障碍，还可出现口干、视物模糊、乏力、便秘、出汗等。可引起血浆中泌乳素浓度增加，可能有关的症状为溢乳、男子女性化乳房、月经失调、闭经。

【用药指导】①基底神经节病变、帕金森病、帕金森综合征、严重中枢神经抑制状态者、骨髓抑制、青光眼、重症肌无力及对本品过敏者禁用。②与抗高血压药物合用时，可产生严重低血压；与抗胆碱药物合用时，有可能使眼压增高；与甲基多巴合用，可产生意识障碍、思维迟缓、定向障碍；与麻醉药、镇痛药、催眠药合用时应减量。

【贮藏】遮光，密闭保存。

三、其他抗精神病药

1. **氟奋乃静**（Fluphenazine）　本品为吩噻嗪类抗精神病药，抗精神病作用比奋乃静

强，且较久。用于各型精神分裂症，有振奋和激活作用，适用于单纯型、紧张型及慢性精神分裂症的情感淡漠及行为退缩等症状。用药时可考虑同时用抗震颤麻痹药，以预防或减少副作用发生。制剂有片剂和注射剂。

2. 五氟利多（Penfluridol） 本品抗精神病作用强而持久，口服一次可维持数天至一周，用于治疗各型精神分裂症，更适用于病情缓解者的维持治疗。制剂主要是片剂。主要不良反应为锥体外系反应。急性精神分裂症、焦虑症、情感精神病、癔症、反应性精神病不宜选用。本品与乙醇或其他中枢神经系统抑制药合用，中枢抑制作用增强；与抗高血压药合用，有增加直立性低血压的危险；与其他抗精神病药合用，有发生锥体外系反应的危险性。

3. 舒必利（Sulpiride） 本品属苯甲酰胺类抗精神病药，对淡漠、退缩、木僵、抑郁、幻觉和妄想症状的效果较好，适用于精神分裂症单纯型、偏执型、紧张型及慢性精神分裂症的孤僻、退缩、淡漠症状，对抑郁症状有一定疗效。制剂有片剂和注射剂。不良反应主要为锥体外系反应及睡眠障碍，其他可有头晕、乏力、烦躁不安、恶心、吞咽困难、流涎、便秘、视物模糊、高血压、闭经、男性乳腺增生、泌乳等。高血压患者慎用，患嗜铬细胞瘤者禁用。

4. 利培酮（Risperidone） 本品是强的多巴胺 D_2 受体阻断剂，用于治疗急性和慢性精神分裂症以及其他各种精神病性状态的明显的阳性症状和明显的阴性症状，也可减轻与精神分裂症有关的情感症状。对于急性期治疗有效的患者，在维持期治疗中，本品可继续发挥其临床疗效。主要剂型有片剂、胶囊剂、口腔崩解片、口服溶液剂等。常见不良反应有失眠、焦虑、激越、头痛、口干，可能引起锥体外系症状，还会出现体重增加、水肿和肝酶水平升高的现象。

🔗 知识链接

深入挖掘，延长产品的生命力

一个新药从发现到上市往往需要 10 多年的时间，花费巨大，成功率极低。为避免研发高失败率，对现有成功产品进行深入挖掘以延长产品的生命力成为各企业研发的一个热点。

利培酮是强生公司治疗精神疾病的重磅药物，1993 年获得 FDA 批准上市。由于疗效显著，在 1993 年推出片剂后，陆续于 1996 年及 2003 年推出其口服溶液及口崩片。2006 年其销售达到其峰值的 41.83 亿美元，但是 2008 年由于专利到期，有数十家仿制药企业出现，其销售 2009 年下降至 8.99 亿美元，损失惨重。对于重磅药专利到期的应对策略，各大药企不约而同想到了研发其长效制剂，对于精神病药物市场而言，此类剂型极为适宜。2003 年利培酮长效注射剂获批，迅速地部分补偿了利培酮专利到期造成的损失。2006 年强生又推出利培酮的活性代谢物——帕潘立酮（9 - 羟基利培酮）。帕潘立酮由强生的子公司杨森公司开发，商品名 Invega，是自 2003 年以来 FDA 批准的第一个治疗精神分裂症的处方药。通过现有产品成功地开发出适合市场规律的新品，强生公司很快从利培酮专利到期的创伤中恢复过来。

第二节 抗抑郁药

抑郁症是一种常见的精神疾病，主要表现为情绪低落、思维迟缓和运动抑制，严重者可出现自杀念头和行为，在西方被称为"蓝色隐忧"。在世界十大疾病中，抑郁症发病率高居第 5 位。全球人口中，每 20 人就有 1 人患有抑郁症。由于抑郁症发病普遍，医学界也称之为"精神系统感冒"。中国是世界上抑郁症发病率最高的国家，目前全球抑郁症患者多达3.5 亿，我国有抑郁症患者 5400 万人，但就医率不足 10%。随着医生对抑郁症识别率逐渐提高以及人们就诊观念改变，未来几年，中国抗抑郁药市场正在迅速扩容。

一、抗抑郁药的分类

抑郁症的病理基础是患者脑内 5 - 羟色胺（5 - HT）缺乏，去甲肾上腺素（NA）减少。如果 5 - 羟色胺缺乏，去甲肾上腺素增加则产生躁狂症。针对其病因可将抗抑郁症的药物作如下分类。根据药物应用于临床的时间阶段划分，前两类应用较早，被称为第 1 代抗抑郁药，后三类可称为第 2 代抗抑郁药。

1. **单胺氧化酶抑制剂（MAOIs）** 此类药物可抑制中枢末梢单胺氧化酶（MAO），减少单胺类递质 5 - HT 和 NA 等的代谢失活，而起到抗抑郁的作用。作为最早使用的抗抑郁药，MAOIs 已有 50 余年历史，可分为肼类和非肼类。肼类有苯乙肼和异卡波肼，属于不可逆性 MAOIs。非肼类对 MAO 的抑制作用是可逆的，代表药物有反苯环丙胺、吗氯贝胺、托洛沙酮等。

2. **去甲肾上腺素重摄取抑制剂** 此类药物由于具有三环结构也称三环类抗抑郁药（TCAs）。主要通过选择性抑制中枢神经突触前膜对 NA 的重摄取，增强中枢神经系统 NA的功能，而起到抗抑郁的作用。常用药物有丙米嗪、阿米替林、多塞平、氯米帕明、地昔帕明、普罗替林等。

3. **选择性 5 - 羟色胺重摄取抑制剂（SSRIs）** 此类药物可选择性抑制突触前膜对 5 -HT 的重摄取，提高突触间隙 5 - HT 的浓度从而起到抗抑郁的作用。几乎无镇静作用，安全性高，服用方便，临床应用较为广泛。代表药物有氟西汀、帕罗西汀、舍曲林、西酞普兰、氟伏沙明等。

4. **5 - HT 与去甲肾上腺素重摄取抑制剂（SNRIs）** 此类药物对 NA 和 5 - HT 的重摄取具有双重抑制作用，代表药物有文拉法辛、度洛西汀。

5. **非典型抗抑郁药** 此类药物的作用机制比较复杂，但主要还是通过影响单胺神经递质的重摄取或代谢过程而发挥抗抑郁作用。常用药物有马普替林、米塔扎平、曲唑酮、安非他酮等。

二代抗抑郁药帕罗西汀、西酞普兰、舍曲林、文拉法辛以及氟西汀被业界称为"五朵金花"。在这 5 个品种中，有四个为 SSRIs，一个是 SNRI，可见，在抗抑郁药市场中，SSRIs类药物占据重要地位。2017 年，抗抑郁药物销售前五的品种分别是艾司西酞普兰、舍曲林、文拉法辛、帕罗西汀、度洛西汀。2018 年中国公立医疗机构终端抗抑郁药市场规模上涨至81.28 亿元，同比增长 19.13%。

二、典型抗抑郁药

阿米替林
（Amitriptyline）

【作用与适应证】本品适用于治疗各种抑郁症，镇静作用较强，主要用于治疗焦虑性或激动性抑郁症。

【制剂】本品主要剂型为片剂。

【不良反应】常见不良反应有口干、嗜睡、便秘、视物模糊、排尿困难、心悸，偶见心律失常、眩晕、运动失调、癫痫样发作、直立性低血压、肝损伤及迟发性运动障碍。

【用药指导】①本品与肾上腺素受体激动药合用，可引起严重高血压与高热；与中枢抑制药合用可加强其作用。②严重心脏病、近期有心肌梗死发作史、癫痫、青光眼、尿潴留、甲状腺功能亢进、肝功能损害、对三环类药物过敏者禁用。

【商品信息】本品市场销量很大。

【贮藏】避光，密闭保存。

氟 西 汀
（Fluoxetine）

【作用与适应证】本品可用于治疗抑郁症、强迫症、神经性贪食症和社交恐怖症。

【制剂】本品主要剂型为胶囊剂。

【不良反应】常见不良反应为口干、恶心、失眠、乏力、焦虑、头痛，可见全身或局部过敏，长期用药可发生食欲减退或性功能障碍。

【用药指导】不宜与单胺氧化酶抑制剂并用，必要时，应停用本药5周后，才可换用单胺氧化酶抑制剂。

【商品信息】①目前本品已成为国际上 SSRIs 的"金标准药物"，被誉为世界药物开发史上的一大里程碑，其独特的药理性质和临床疗效，备受医生与患者的青睐。②是全球第一个上市的 SSRIs 抗抑郁药物，于20世纪80年代由美国礼来公司开发，商品名"百忧解"。本品上市后，在全球进行了广泛的市场开发，获得了令人鼓舞的经营业绩。2002年在美国200种非专利畅销药品中居于首位。氟西汀给礼来公司带来了丰厚的利润，公司也一直致力于氟西汀换代产品的开发，如氟西汀分散片，长效缓释制剂周效片等。1995年进入我国，曾经是第一畅销的抗抑郁药，但由于新的 SSRIs 的出现，本品近几年市场份额呈下降趋势逐。

【贮藏】遮光，密封，阴凉干燥处保存。

文 拉 法 辛
（Venlafaxine）

【作用与适应证】本品适用于各种类型抑郁症，包括伴有焦虑的抑郁症及广泛性焦虑症。

【制剂】本品主要剂型为胶囊剂。

【不良反应】主要不良反应有胃肠道不适；亦可出现头痛、不安、无力、嗜睡、失眠、头晕或震颤等。可引起血压升高，且与剂量呈正相关。大剂量时可诱发癫痫。

【用药指导】①与选择性5－羟色胺再摄取抑制剂或与单胺氧化酶抑制剂合用时，可引起高血压、僵硬、肌阵挛、不自主运动、焦虑不安、意识障碍乃至昏迷和死亡。因此，在由一种药物转换为另一种药物治疗时，需7～14日的洗净期。②突然停药可见撤药综合征，如失眠、焦虑、恶心、出汗、震颤、眩晕或感觉异常等。2008年10月28日，加拿大卫生部与文拉法辛缓释胶囊的生产商联合发布致医务人员的信，警告文拉法辛缓释胶囊过量使用导致死亡的风险。

【商品信息】①本品是一种新型抗抑郁药，是FDA第一个批准治疗广泛性焦虑症的抗抑郁药。②由惠氏公司开发，该药的速释剂型于1993年获得美国食品药品管理局批准，缓释剂型于1997年获得批准，并已在加拿大、丹麦、英国、意大利、澳大利亚等国上市。1999年国产盐酸文拉法辛（博乐欣）上市，当年占抗抑郁药年度销售额的0.86%，而2000年提高到7.04%，2001年更是飙升到17.85%，目前其销售额居抗抑郁药的前五位。

【贮藏】密封，阴凉干燥处保存。

三、其他抗抑郁药

1. 米塔扎平（Mirtazapine） 本品为四环类非典型抗抑郁药，适用于各种类型的抑郁症。制剂主要是片剂。在用药1～2周后起效。常见的不良反应有食欲增加、体重增加、嗜睡、镇静；还可加重乙醇的抑制作用，因此患者在治疗期间应禁止饮酒。本品由欧加农公司研发，1994年在荷兰首次上市，1996年6月通过美国FDA认证。

2. 西酞普兰（Citalopram） 本品是一种选择性的5－HT再摄取抑制剂，可用于各种类型的抑郁症；焦虑性神经症、强迫症、广场恐怖症、经前期心境障碍等神经症等。制剂主要是片剂。常见的不良反应有恶心、口干、头晕、头痛、嗜睡、睡眠时间缩短、多汗、流涎减少、震颤、腹泻等。本品可能会引发癫痫或躁狂的发作，有癫痫病史或躁狂病史的患者慎用。本品是丹麦灵北药厂研制的选择性5－HT再摄取抑制剂，被称为"最纯的SSRIs"。本品的左旋异构体艾司西酞普兰（escitalopram）是目前销售额居首位的抗抑郁药。

3. 帕罗西汀（Paroxetine） 本品为选择性中枢5－HT再摄取抑制剂，适用于抑郁症，亦可治疗强迫症、惊恐障碍或社交焦虑障碍。制剂主要是片剂。可有胃肠道不适；亦可出现头痛、不安、无力、嗜睡、失眠、头晕等；少见不良反应有过敏性皮疹及性功能减退。停药可见撤药综合征。与色氨酸合用，可造成高血清素综合征，重者可出现肌张力增高、高热或意识障碍。本品由英国葛兰素史克公司研发，1992年12月获得FDA批准上市，现已在全球近百个国家上市。在21世纪初，其达到销售鼎盛期，创下了33.66亿美元的销售高峰。1995年11月进入中国市场，得到较好的开发。目前，本品居国内抗抑郁药物市场前五位。

第三节 抗焦虑药

焦虑是神经衰弱患者的常见症状之一。抗焦虑药具有减轻忧虑、稳定情绪和改善睡眠的作用，可以松弛肌肉的紧张状况。

扫码"学一学"

一、抗焦虑药的分类

1. **苯二氮䓬类药物**　具有镇静、催眠、抗焦虑、抗惊厥及肌肉松弛等多方面药理作用，是临床常用的抗焦虑药。此类药物疗效肯定，不良反应相对较小，使用广泛，在 20 世纪后 30 年里发展迅速。常用药物有氯氮䓬、地西泮、奥沙西泮、劳拉西泮、三唑仑、艾司唑仑、阿普唑仑等，此类药物的严重缺点是可导致依赖性和耐受性，长期、大剂量应用以及突然撤药时都会产生不良反应。此类药物的使用比例近年来已经明显呈递减趋势。

2. **5-HT 受体激动剂**　是一类新型的抗焦虑药，具有氮杂螺酮结构，代表药物有丁螺环酮和坦度螺酮。此类药物选择性高，无镇静、催眠、抗惊厥及肌肉松弛作用，长期使用无戒断反应，不会产生药物依赖性。

3. **5-HT 重摄取抑制剂**　既具有抗抑郁作用也具有抗焦虑作用，如氟西汀、帕罗西汀、氟伏沙明、西酞普兰等。5-HT 和 NA 的再摄取的强抑制剂文拉法辛是可用于治疗广泛性焦虑症的抗抑郁药。

二、典型抗焦虑药

地西泮
(Diazepam)

【作用与适应证】本品为苯二氮䓬类抗焦虑药，用于治疗焦虑症及各种神经官能症，失眠；可与其他抗癫痫药合用，治疗癫痫大发作或小发作及癫痫持续状态；各种原因引起的惊厥；脑血管意外或脊髓损伤性中枢性肌强直或腰肌劳损、内窥镜检查等所致肌肉痉挛。

【制剂】本品主要剂型有片剂和注射液。

【不良反应】常见不良反应有嗜睡、轻微头痛、乏力、运动失调。偶见共济失调、低血压、呼吸抑制、视物模糊、皮疹、尿潴留、忧郁、精神紊乱、白细胞减少。长期应用可致耐受性与依赖性，突然停药有戒断症状出现，宜从小剂量用起，过量出现持续的精神错乱、严重嗜睡、抖动、语言不清、蹒跚、心跳异常减慢、呼吸短促或困难、严重乏力。

【用药指导】①本品能增强其他中枢抑制药的作用，若同时应用应注意调整剂量。②西咪替丁可抑制本品的排泄，合用时，应注意调整剂量。③苯妥英钠与本品合用，可减慢苯妥英钠的代谢，而利福平又可增加本品的排泄。④青光眼、重症肌无力、新生儿、哺乳期妇女、孕妇禁用。

【商品信息】①本品现为最常用的催眠药物之一。较大剂量时可诱导入睡，大剂量时亦可引起麻醉。此外，还具有较好的抗癫痫作用，对癫痫持续状态极有效。②本品按第二类精神药品管理。

【贮藏】密封保存。

阿普唑仑
(Alprazolam)

【作用与适应证】本品为苯二氮䓬类药物，主要用于焦虑、紧张、激动，也可用于催眠

或焦虑的辅助用药，也可作为抗惊恐药，并能缓解急性酒精戒断症状。

【制剂】本品主要剂型为片剂。

【不良反应】常见不良反应有嗜睡、头昏、乏力等，大剂量偶见共济失调、震颤、尿潴留、黄疸。个别患者发生兴奋、多语、睡眠障碍、幻觉，停药后很快消失。有成瘾性，长期应用后，停药可能发生撤药症状，表现为激动或忧郁。少数患者有口干、精神不集中、多汗、心悸、便秘或腹泻、视物模糊、低血压症状。

【用药指导】①对苯二氮䓬药物过敏者、青光眼患者、孕妇及哺乳期妇女禁用。②长期用药应逐渐停药，不可突停或减量过快，以免造成疾病反跳或出现戒断症状。③服用本品者不宜驾驶车辆或操作机器。④本品与中枢抑制药、含乙醇饮料合用时，可增强中枢抑制作用，合用时应注意调整剂量。

【商品信息】①本品为新的苯二氮䓬类药物，用量小、作用强、毒副作用小、安全范围大。②本品按第二类精神药品管理。

【贮藏】避光，密闭保存。

三、其他抗焦虑药

1. **艾司唑仑（Estazolam）**　本品为短效苯二氮䓬类药，适用于焦虑、失眠、紧张、恐惧及癫痫大、小发作，亦可用于术前镇静。制剂有片剂和注射剂。本品不良反应较少，偶有疲乏、无力、嗜睡等反应，1~2小时后可自行消失。有依赖性，但较轻。本品与成瘾性药物合用，可加强成瘾性。与中枢抑制药合用，加强中枢抑制作用。与左旋多巴合用，可降低后者疗效。避免长期大量使用而成瘾，如长期使用应逐渐减量，不易骤停。本品按第二类精神药品管理。

2. **丁螺环酮（Buspirone）**　本品属氮杂螺环癸烷二酮类抗焦虑药，因起效慢不适用于急性病例。用于各种焦虑症，亦可用于焦虑伴有轻度抑郁者。本品是首个获得FDA批准用于治疗广泛性焦虑的非苯二氮䓬类抗焦虑药，最大优点为不产生依赖，因而无滥用危险。制剂主要是片剂。不良反应有胃肠道不适、恶心、腹泻、头痛、眩晕、激动、失眠。重肝、肾功能不全、青光眼及重症肌无力、儿童、孕妇禁用。不宜与中枢抑制剂、降压药、抗凝药及单胺氧化酶抑制剂类合用。

第四节　镇静催眠药

睡眠障碍严重影响着人们的工作和生活，还会危害身体健康。WHO的资料显示，全球有近1/4的人受到失眠困扰。持续的睡眠障碍是抑郁患者的危险因子，也是精神分裂症和其他精神障碍早期临床症状之一。当失眠严重非药物治疗无效时，就必须借助药物以改善睡眠。

扫码"学一学"

一、镇静催眠药的分类

镇静催眠药是对中枢神经系统具有广泛抑制作用的一类药物，在较小剂量时起镇静作用，在较大剂量时则起催眠作用。按结构可分为巴比妥类、苯二氮䓬类及其他类，按发展进程可分为三代。

1. **第1代镇静催眠药物**　包括巴比妥类、水合氯醛、三溴合剂等。巴比妥类药物早在

1903 年发现具有镇静作用，是第 1 代镇静催眠药的代表。按作用时效可分为长效、中效、短效和超短效，代表药物分别为苯巴比妥、异戊巴比妥、司可巴比妥和硫喷妥钠。

2. **第 2 代镇静催眠药物** 主要是苯二氮䓬类药物。该类药物同时具有镇静催眠、抗惊厥和抗焦虑作用。是临床上最常用的镇静催眠药，其中地西泮（安定）曾经是临床上使用频率最高的药物。常用药物有氟西泮、硝西泮、劳拉西泮、三唑仑、咪达唑仑、艾司唑仑、阿普唑仑、溴替唑仑等。这类药物的特点是治疗指数高、对内脏毒性低和使用安全。到目前为止，仍是治疗失眠常用的药物。此类药物兼有抗焦虑作用，已在抗焦虑药一节加以介绍。

3. **第 3 代镇静催眠药物** 主要包括唑吡坦、扎来普隆、佐匹克隆等。本类药物基本不改变正常的生理睡眠结构，不产生耐受性、依赖性。由于治疗指数高，安全性高，在临床上的应用愈加广泛。

二、典型镇静催眠药

苯巴比妥
（Phenobarbital）

【作用与适应证】本品为长效巴比妥类药物，主要用于治疗焦虑、失眠（用于睡眠时间短早醒患者）、癫痫及运动障碍，是治疗癫痫大发作及局限性发作的重要药物。也可用作抗高胆红素血症及麻醉前用药。

【制剂】制剂有片剂和注射剂。

【不良反应】用药后可出现头晕、困倦等后遗效应，久用可产生耐受性及依赖性。多次连用应警惕蓄积中毒。长期用于治疗癫痫时不可突然停药，以免引起癫痫发作，甚至出现癫痫持续状态。

【用药指导】①对严重肺功能不全（如肺气肿）、支气管哮喘及颅脑损伤呼吸中枢受抑制者慎用或禁用；严重肝肾功能不全者、肝硬化者禁用。②本品为肝药酶诱导剂，与皮质激素、洋地黄类、口服避孕药等合用时可使其代谢加速，疗效降低；也可使在体内活化的药物作用增加，如环磷酰胺等。

【商品信息】①本品按第二类精神药品管理。②本品由拜耳公司于 1912 年合成，我国于 1957 年生产。

【贮藏】避光，密闭保存。

佐匹克隆
（Zopiclone）

【作用与适应证】本品是环吡咯酮类药物，属第三代镇静催眠药。疗效确切，不良反应较少，具有快速短效的特点，是较为理想的镇静催眠药物，用于治疗各种失眠症。

【制剂】本品主要剂型为片剂。

【不良反应】本品不良反应与剂量及患者的敏感性有关。偶见思睡、口苦、口干、肌无力、遗忘、醉态，有些人出现异常的易恐、好斗、易受刺激或精神错乱、头痛、乏力。长

期服药后突然停药会出现戒断症状（因药物半衰期短故出现较快），可能有较轻的激动、焦虑、肌痛、震颤、反跳性失眠及噩梦、恶心及呕吐，罕见较重的痉挛、肌肉颤抖、神志模糊（往往继发于较轻的症状）。

【用药指导】①本品与神经肌肉阻滞药或其他中枢神经抑制药同服可增强镇静作用；与苯二氮䓬类抗焦虑药和催眠药同服，戒断综合征的出现可增加。②禁用于对本品过敏者，失代偿的呼吸功能不全患者、重症肌无力、重症睡眠呼吸暂停综合征患者。

【商品信息】①本品最早由法国罗纳普朗克乐安公司于20世纪80年代中期开发，商品名"忆梦返"。目前在世界上80多个国家的地区生产销售，是临床上用于失眠症最多的药物之一。与市场份额较低的众多二代安眠药相比，其在副作用和安全性方面均优于第2代药物。②佐匹克隆的右旋异构体与消旋体相比有明显优势，具有药效强、副作用小、毒性低等特点。2004年12月，FDA批准佐匹克隆的右旋异构体艾司佐匹克隆（Eszopiclone）也称右佐匹克隆（Dexzopiclone）上市，为第一个获准用于长期使用的失眠症治疗药物。

【贮藏】遮光，密封保存。

三、其他镇静催眠药

1. 司可巴比妥（Secobarbital） 本品为短效巴比妥类催眠药，催眠作用与异戊巴比妥相同，作用出现快，持续时间亦短。主要用于催眠、镇静、抗惊厥及麻醉前给药。主要制剂有片剂和注射剂。本品久用可产生耐受性、依赖性，严重肝功能不全者禁用。本品按第一类精神药品管理。

2. 唑吡坦（Zolpidem） 本品是选择性的ω_1受体激动剂，作用时间短，起效快，主要用于失眠症的短期治疗。制剂主要是片剂。常见的不良反应有眩晕、嗜睡、恶心、呕吐、头痛等。唑吡坦是首先面市的新一代非苯二氮䓬类催眠药。由法国Sythelabo公司研制开发，1988年在法国上市，商品名Stilnox（舒睡晨爽）。唑吡坦上市后得到广泛认同，已成为治疗失眠症的标准药物，有逐步取代苯二氮䓬类药物的趋势。

3. 咪达唑仑（Midazolam） 本品为短效苯二氮䓬类催眠药，作用快，持续时间短，用于治疗各种失眠症、睡眠节律障碍。主要制剂有片剂和注射剂。常见不良反应有低血压、急性谵妄、定向力缺失、幻觉、焦虑、神经质等。肌内注射后可导致局部硬结、疼痛；静脉注射后有静脉触痛等。长期大剂量用药在易感患者中可致成瘾性。对苯二氮䓬类药过敏者、重症肌无力患者、精神分裂症患者、严重抑郁状态者、急性乙醇中毒者禁用。本品是瑞士罗氏公司开发上市的第2代苯二氮䓬类药物。1998年，国产咪达唑仑开发成功。

重点小结

精神障碍患者数量逐年增多，主要为抑郁症、失眠症、焦虑症和精神病症。虽然目前坚持接受药物治疗的比例偏低，但其负面效应已经引起社会高度关注，抗精神障碍产品将会有广阔的市场前景。

本章介绍了抗精神病药、抗抑郁药、抗焦虑药和镇静催眠药。

抗精神病药主要介绍了吩噻嗪类——氯丙嗪、氟奋乃静；丁酰苯类——氟哌啶醇；二苯丁基哌啶类——五氟利多；苯甲酰胺类——舒必利；硫杂蒽类——氯普噻吨；苯并异恶唑——利培酮。

扫码"练一练"

抗抑郁药主要介绍了单胺氧化酶抑制剂——吗氯贝胺；去甲肾上腺素重摄取抑制剂——阿米替林；选择性5-羟色胺重摄取抑制剂——氟西汀、西酞普兰、帕罗西汀；5-羟色胺与去甲肾上腺素重摄取抑制剂——文拉法辛；四环类非典型抗抑郁药——米塔扎平。

抗焦虑药主要介绍了苯二氮草类——地西泮、艾司唑仑、阿普唑仑；5-HT受体激动剂——丁螺环酮。

镇静催眠药主要介绍了巴比妥类——苯巴比妥、异戊巴比妥、司可巴比妥；苯二氮草类——咪达唑仑；其他类——佐匹克隆、唑吡坦。

重点掌握各类代表药的适应证、用药指导和相关的商品信息。

（甄宇红）

第十一章　心血管类药

心血管疾病在所有疾病类别中，是发病率较高，治疗难度较大的一类疾病。据国家心血管病中心《中国心血管病报告 2018》推算，我国心血管病现患人数 2.9 亿，其中脑卒中 1300 万，冠心病 1100 万，肺源性心脏病 500 万，心力衰竭 450 万，风湿性心脏病 250 万，先天性心脏病 200 万，高血压 2.45 亿。心血管病死亡率居首位，每 5 例死亡中就有 2 例死于心血管病，高于肿瘤及其他疾病，占居民疾病死亡构成的 40% 以上，特别是农村近几年来心血管病死亡率持续高于城市。心脑血管病住院总费用也在快速增加，2004 年至今，年均增速远高于国民生产总值增速。中国心血管病负担日渐加重，已成为重大的公共卫生问题，防治心血管病刻不容缓。

膳食不合理、吸烟、饮酒和缺乏运动等不良生活习惯，导致心脑血管病危险因素流行趋势明显，心脑血管病患病人数呈快速增长态势。如果不采取积极有效的预防和治疗措施，如果没有更安全有效的药物上市，心血管病的发病率和死亡率将进一步增长。

第一节　心血管类药概述

自 1987 年心血管类药物的年销售额首次超过抗感染药，成为全球最畅销药物类别后，多年来始终呈现出持续增长态势，在全球医药市场中处于领先地位。但是，从全球新药研发进展来看，心血管药品数量涨幅不大，很多研发企业热衷于抗肿瘤药物，使得现有心血管药物很难满足临床需求。

按照 WHO 国际药品 ATC 编码分类，心血管系统药物分为 9 个亚类。分别是心脏病治疗用药物、血管保护剂、周围血管扩张药物、钙通道阻滞剂、作用于肾素 – 血管紧张素 – 醛固酮系统药物、调血脂类药物、β 受体阻断药、抗高血压药物和利尿剂。

根据我国临床用药习惯，参照国家基本药物目录（2018 年版），可分为 6 个类别，分别是抗高血压药、抗心绞痛药、抗心律失常药、抗心力衰竭药、抗休克药、调血脂及抗动脉粥样硬化药。

扫码"学一学"

173

第二节　抗高血压药

高血压病是世界各国最常见的心血管疾病，尤其在中老年人群及肥胖患者中患病率较高。高血压可分为原发性和继发性两大类。90%以上的高血压患者原因不明，称为原发性高血压；少数高血压是肾或内分泌疾病的一种症状，称为继发性高血压。目前，我国采用国际上统一的标准，即在未服用抗高血压药物的情况下，成人收缩压≥140mmHg或舒张压≥90mmHg即可诊断为高血压。

2017年11月，美国心脏协会（AHA）和美国心脏病学会（ACC）联合其他9个学会，发布了2017版成人高血压防治指南，将高血压定义为血压超130/80mmHg。这一定义体现了早期干预的重要性，在130/80mmHg就开始干预可以预防更多的高血压并发症。

我国现有高血压患者2.45亿，高血压患病率已高达23.2%，但其知晓率不及50%，治疗率为40.7%，控制率仅为15.3%。

近年来，随着我国对慢性病管理的重视，健康知识科普率不断提升，医疗保障体系不断完善，我国抗高血压药物市场表现出持续增长的态势。目前，抗高血压处方药市场已形成三大梯队，第一梯队为钙通道阻滞药（CCB）、血管紧张素Ⅱ受体阻断药（ARB）；第二梯队为复方降压药、β受体阻断药；血管紧张素转换酶抑制剂（ACEI）、利尿剂等为第三梯队。

一、抗高血压药的分类

根据抗高血压药物其作用部位及作用机制，可分类如下。

1. 影响血管紧张素Ⅱ形成和作用药

（1）血管紧张素转化酶抑制剂　如卡托普利、依那普利、雷米普利等。

（2）血管紧张素Ⅱ受体阻断药　如氯沙坦、缬沙坦、坎地沙坦等。

2. 钙离子通道阻滞药　包括硝苯地平、氨氯地平、尼群地平、尼莫地平等。

3. 交感神经阻断药

（1）中枢性抗高血压药　如可乐定、α-甲基多巴、莫索尼定。

（2）神经节阻断药　如美卡拉明、樟磺咪芬。

（3）抗去甲肾上腺素能神经末梢药　如利血平、胍乙啶。

（4）肾上腺素受体阻断药　①β受体阻断药，如普萘洛尔、美托洛尔；②α受体阻断药，如哌唑嗪、特拉唑嗪、多沙唑嗪；③α和β受体阻断药，如拉贝洛尔、卡维地洛。

4. 利尿药　包括氢氯噻嗪、吲达帕胺、呋塞米、螺内酯等。

5. 血管扩张药

（1）直接舒张血管平滑肌药　如肼屈嗪、硝普钠。

（2）钾通道开放药　如二氮嗪、吡那地尔、米诺地尔。

二、血管紧张素转换酶抑制剂

血管紧张素转化酶抑制剂（ACEI）是抗高血压药中的重要品种。自1981年第一个血管紧张素转化酶抑制剂卡托普利上市以来，一直活跃在心血管舞台上，为数亿原发性、继发性高血压患者缓解了危象。迄今为止，世界医药市场约有20余种ACE抑制剂上市销售，

占据全球心血管药物市场份额的 1/5。

目前国产 ACEI 已超过 500 个生产批文。主要品种是卡托普利、依那普利、贝那普利、福辛普利、赖诺普利、雷米普利、咪达普利、培哚普利、西拉普利和喹那普利等制剂及复方制剂。

卡 托 普 利
（Captopril）

【作用与适应证】本品对绝大多数轻、中度高血压有效，特别对正常肾素型及高肾素型高血压疗效更佳。主要适用于治疗高血压，可单独应用或与其他降压药合用。还可用于治疗心力衰竭。

【制剂】本品主要剂型有片剂（普通片、缓释片）、注射剂，还常与氢氯噻嗪等降压药制成复方片剂。

【不良反应】本品最突出的不良反应是使缓激肽降解受阻而造成缓激肽含量升高并作用于呼吸道引起咳嗽。还可发生皮疹、心悸、心动过速、胸痛、味觉迟钝等。

【用药指导】①胃中食物可使本品吸收减少 30%~40%，故宜在餐前 1 小时服药。②本品宜在医师指导或监护下服用，开始用小剂量，逐渐调整剂量。给药剂量须遵循个体化原则，视病情或个体差异而定，按疗效而予以调整。③本品可使血尿素氮、肌酐浓度增高，偶有血清肝脏酶增高；可能增高血钾，与保钾利尿剂合用时尤应注意检查血钾。④与其他扩血管药同用可能致低血压，如拟合用，应从小剂量开始。

【商品信息】本品是百时美施贵宝公司和日本三共研发成功的抗高血压药物，1981 年获得美国 FDA 批准上市。本品作为历史悠久的普利类降血压老药，价格低廉，能为国内众多低收入患者所接受，也是临床医生的首选降压药品之一。在我国最早由江苏常州制药厂仿制成功并在 20 世纪 90 年代在国内上市。目前已有多家制药厂获生产批文。

【贮藏】本品注射剂应遮光、密封，在 30℃ 以下干燥处保存。口服制剂需遮光、密封保存。

三、血管紧张素 II 受体阻断药

血管紧张素 II 受体阻断药（ARB，沙坦类药）是全球市场抗高血压药的主流品种。相继有氯沙坦、缬沙坦、坎地沙坦酯、厄贝沙坦、依普罗沙坦、他索沙坦、替米沙坦、奥美沙坦酯、阿齐沙坦 9 个单方制剂通过美国 FDA 批准上市。还有氯沙坦＋氢氯噻嗪、缬沙坦＋氢氯噻嗪、厄贝沙坦＋氢氯噻嗪、替米沙坦＋氢氯噻嗪、依普罗沙坦＋氢氯噻嗪、奥美沙坦＋氢氯噻嗪多个复方制剂上市，被誉为是目前最理想、最有潜力的抗高血压药物。

在国外抗高血压药物市场上，沙坦类已经占据半壁江山。近两年，受国家医疗保障体系逐步完善、老龄化社会快速发展、沙坦类国产仿制药工业化生产推进以及药品价格下降等因素的共同影响，国内沙坦类药品的发展也逐渐提速。

氯 沙 坦
（Losartan）

【作用与适应证】本品可以阻断内源性及外源性的血管紧张素 II 所产生的各种药理作用（包括促使血管收缩、醛固酮释放等作用）；还可选择性地作用于 AT_1 受体，不影响

其他激素受体或心血管中重要的离子通道的功能，也不抑制降解缓激肽的血管紧张素转化酶（激肽酶Ⅱ），不影响血管紧张素Ⅱ及缓激肽的代谢过程。适用于治疗原发性高血压。

【制剂】本品主要剂型为片剂，临床常用其钾盐。也有与氢氯噻嗪制成的复方制剂。

【不良反应】主要不良反应有头晕、恶心、干咳、偶有过敏、腹泻、高血钾等。还可出现低血压、高血钾及单或双侧肾动脉狭窄所致的肾功能降低。

【用药指导】①有肝肾功能损害的患者应调整剂量，妊娠期和哺乳期妇女应停用本药。②本品与保钾利尿药（如螺内酯、氨苯蝶啶、阿米洛利）、补钾剂或含钾的盐代用品合用时，可导致血钾升高。③非甾体抗炎药吲哚美辛可降低本品的抗高血压作用。

【商品信息】本品是由默克公司开发的第一代口服非肽类血管紧张素Ⅱ受体阻断药，于1994年6月首先在瑞典上市，现已在全球75个国家作为临床治疗药物广泛应用。产品专利到期时间为2010年2月。1996年氯沙坦钾在中国获得行政保护，杭州默沙东制药公司进口分装的产品氯沙坦钾片剂，于1998年7月在我国正式上市。2000年国家食品药品监督管理部门批准杭州默沙东公司生产该品，现为国内抗高血压的一线用药，具有作用时间长、药效强、耐受性好、不良反应少等优点。

【贮藏】本品制剂应于30℃以下，在干燥处保存。

缬沙坦
（Valsartan）

缬沙坦是一种较理想的血管紧张素Ⅱ受体阻断药，其作用机制同氯沙坦相似，疗效略优于氯沙坦，可24小时持续降压。最大的优点是不良反应发生率极低，无论年龄、性别，不管老人或肝肾功能不全者均可使用，基本不被代谢，体内无蓄积，是一种简单、方便、有效、耐受性良好的降压药。适用于轻中度原发性高血压，尤其适用于继发性肾性高血压。主要剂型为片剂、胶囊和分散片；需避光、密闭保存。

缬沙坦是瑞典汽巴制药和诺华公司开发成功的产品，1996年12月获得美国FDA批准，首先在德国上市。1998年由北京诺华公司进口分装并在国内上市，尔后在日本上市，其与利尿剂氢氯噻嗪的复方制剂于1998年首次在德国上市销售。

在国内，2000年丽珠制药厂率先获得原料药和胶囊剂生产批件，是国内第2个上市的ARB，2006～2009年来无论是销售额还是销售数量均居首位。但随着专利期满的临近，增长速度已趋于缓慢；缬沙坦/氨氯地平复方制剂则是一个快速增长的品种。

四、钙离子通道阻滞药

钙离子通道阻滞药（CCB），简称钙拮抗剂，主要为二氢吡啶类化合物，代表药物为硝苯地平、维拉帕米和地尔硫䓬。近年研制出一系列二氢吡啶类衍生物，如尼群地平、尼卡地平、非洛地平和氨氯地平等。此类药物降压过程中不减少心脑肾等重要生命器官的血流量，对血糖、血脂等代谢无不良影响。

目前，钙拮抗剂是全球抗高血压市场中稳步增长的品种。我国钙拮抗剂市场自20世纪末已进入了一个快速发展时期，从产品开发、学术推广到终端市场呈现出持续增长，在抗高血压药物市场中占主导地位。氨氯地平、硝苯地平、非洛地平、尼莫地平、左氨氯地平

五大品种占据了较大的市场份额，显示出很高的市场集中度。

氨氯地平
（Amlodipine）

【作用与适应证】 适用于轻中度高血压，还能用于预防或推迟心绞痛倾向者发作、延长运动时限、提高运动耐量。最适用于高血压伴冠心病患者。

【制剂】 主要剂型为片剂、胶囊剂、分散片、滴丸剂等。

【不良反应】 本品主要不良反应有头痛、水肿、头晕、潮红和心悸、疲倦、恶心、腹痛和嗜睡等。有严重的阻塞性冠状动脉疾病的患者，在开始应用钙通道拮抗剂治疗或加量时，会出现心绞痛发作频率、时程和（或）严重性上升，或发展为急性心肌梗死，需慎用。

【用药指导】 ①由于本品逐渐产生扩血管作用，口服一般很少出现急性低血压。但本品与其他外周扩血管药物合用时仍需谨慎，特别是对于有严重主动脉瓣狭窄的患者。同时应慎用于心衰患者。②本品与非甾体类抗炎药，尤其吲哚美辛合用可减弱本品的降压作用。与雌激素合用可引起体液潴留而增高血压。与磺吡酮合用可增加本品的蛋白结合率，产生血药浓度变化。③舌下硝酸甘油和长效硝酸酯制剂时与本品合用可加强抗心绞痛效应。④停药时应在医生指导下逐渐减量。

【商品信息】 本品是第 3 代钙拮抗剂中的重要品种，由辉瑞公司开发后，1990 年在英国和爱尔兰首先上市。1992 年 7 月 31 日获 FDA 批准后在美国上市，现已在世界几十个国家、地区上市。

1993 年本品在国内上市，于 1993 年 12 月 1 日在中国获得的药品行政保护，已于 2001 年 6 月 1 日期限届满。近年来已在心血管类药物中脱颖而出，成为抗高血压药市场销售最畅销品种之一。

20 世纪末，国内科研院所与企业合作，分别开发了甲磺酸氨氯地平、马来酸氨氯地平、苯磺酸氨氯地平及左旋氨氯地平，产品相继上市用于临床。

【贮藏】 本品制剂需遮光、密封保存。

非 洛 地 平
（Nitrendipine）

【作用与适应证】 适用于轻、中度原发性高血压的治疗（可单独使用或与其他抗高血压药物合并使用）。

【制剂】 本品主要剂型为片剂、缓释片和胶囊剂等。

【不良反应】 本品主要不良反应有面色潮红、头痛、头晕、心悸和疲劳，并可引起与剂量有关的踝肿、牙龈或牙周炎患者用药后可能会引起轻微的牙龈肿大。另也可见皮疹、瘙痒。在极少数患者中可能会引起显著的低血压伴心动过速，这在易感个体可能会引起心肌缺氧，故低血压患者慎用。

【用药指导】 ①慎用于心力衰竭和心功能不全患者、孕妇、哺乳期妇女和儿童。老年人

（65 岁以上）或肝功能不全患者宜从低剂量开始治疗，并在调整剂量过程中密切监测血压。肾功能不全患者一般不需要调整建议剂量。②应空腹口服或食用少量清淡饮食，并整片吞服勿咬碎或咀嚼。保持良好的口腔卫生可减少牙龈增生的发生率和严重性。③服用本品时，同时加服影响细胞色素 P450 类药物可影响非洛地平的血药浓度。

【商品信息】本品是第 2 代钙拮抗剂，瑞典阿斯利康公司研制开发成功后，1988 年率先在丹麦上市。1991 年获 FDA 批准在美国上市，随后在全球许多国家用于临床。该药具有高度选择性，适用于各型高血压、缺血性心脏病和心力衰竭，自上市后深受医生和患者欢迎，市场占有率迅速提高。

非洛地平缓释片剂 1995 年引入国内获准生产，是钙拮抗剂中销售较好的品种。

【贮藏】本品制剂应遮光、密闭保存。

扫码"学一学"

第三节　抗心绞痛药

心绞痛是冠状动脉粥样硬化性心脏病（冠心病）的常见症状，是冠状动脉供血不足，心肌急性暂时缺血、缺氧引起的临床综合征，其主要临床表现为胸骨后或左心前区的阵发性绞痛或闷痛，常放射至左上肢、颈部和下颌部，休息或含服硝酸甘油几分钟内缓解。

能够增加冠状动脉血流量及降低心肌需氧量，同时治疗动脉粥样硬化的药物称为抗心绞痛药。目前药物治疗仍是心绞痛最重要的基本治疗方法，硝酸酯类、β 受体阻断药和钙通道阻滞剂是可用于心绞痛治疗的三类主要药物。它们均可降低动脉硬化性心绞痛的耗氧量。除 β 受体阻断药外，硝酸酯类和钙拮抗剂还可解除血管痉挛而增加供氧。

一、抗心绞痛药的分类

1. **硝酸酯类和亚硝酸酯类**　硝酸酯类药物有硝酸甘油、硝酸异山梨酸酯、单硝酸异山梨酯、戊四硝酯。亚硝酸酯类药硝酸异戊酯因副作用较多，现已少用。

2. **钙通道阻滞药**　可用于心绞痛治疗的有二氢吡啶类，如硝苯地平、非洛地平、尼卡地平、尼索地平、氨氯地平、尼群地平；非二氢吡啶类，如维拉帕米、地尔硫䓬、苄普地尔等。

3. **β受体阻断药**　可用于心绞痛治疗的有普萘洛尔、卡维地洛、氧烯洛尔、阿普洛尔、吲哚洛尔、索他洛尔、美托洛尔、阿替洛尔、醋丁洛尔、纳多洛尔等。

二、硝酸酯类

硝酸酯类药物在临床上可以说已风光百年，在产品结构不断完善的基础上，现已由速效类药物发展到中效类、长效类药物。随着新释药技术的推广应用，目前，缓控释制剂、气雾剂、透皮贴剂的生产工艺已经成熟，从而推动了硝酸酯类药品市场的发展，并呈现出平稳增长的态势。据统计，临床上常用的硝酸酯类药物单硝酸异山梨酯、硝酸异山梨酯和硝酸甘油三大品种，占据了这一类药物较大的市场份额。

硝 酸 甘 油
（Nitroglycerin）

【作用与适应证】本品主要药理作用是松弛血管平滑肌。用于冠心病心绞痛的治疗及预防，也可用于降低血压或治疗充血性心力衰竭。

【制剂】本品主要剂型有片剂、注射液、气雾剂、透皮贴剂、控释口颊片等。

【不良反应】本品的主要急性不良反应有直立性低血压、心动过速、头痛等，这些都是其治疗性扩血管作用延伸而引起的，通常在用药的前几天较明显。可用于眼内压升高者，但禁用于颅内高压的患者。

【用药指导】①本品具有起效迅速、作用时间长的特点，用于治疗及预防心绞痛，特别适用于半夜易发作和需要长时间用药的心绞痛患者。②应用本品时应使用能有效缓解急性心绞痛的最小剂量，剂量过大可引起剧烈头痛，并可导致耐受现象。③本品小剂量可能发生严重低血压，尤其在直立位时。舌下含服用药时患者应尽可能取坐位，以免因头晕而摔倒。④应慎用于血容量不足或收缩压低的患者。如果出现视物模糊或口干，应停药。⑤中度或过量饮酒时，使用本药可致低血压。

【商品信息】由于良好的治疗效果，硝酸甘油（GTN）是目前应用最为广泛，同时也是最"高龄"的心血管药物之一。自从 19 世纪 70 年代被认识到具有缓解心绞痛的作用至今，GTN 已有 130 多年历史。由于其具有速效、短效的特征，在对不同患者的差异化治疗中，表现出良好的效果，从而成为抗冠心病、心绞痛临床用药中永不凋谢的花朵。

【贮藏】本品需遮光、密封，在阴凉处保存。

三、钙通道阻滞药

本类药品除用作抗高血压药外，还是强有力的抗心绞痛药物，其治疗冠心病心绞痛的作用是通过降低心肌耗氧量和（或）改善心肌缺血区的血流灌注而实现的。

硝 苯 地 平
（nifedipine）

【作用与适应证】本品适用于原发性或肾性高血压，尚可用于治疗冠心病，尤其冠状动脉痉挛引起的心绞痛更佳。

【制剂】本品临床应用剂型多种多样，主要有片剂（普通片、缓释片、控释片）、胶囊剂、缓释胶囊剂、胶丸、注射剂等。

【不良反应】本品主要不良反应有外周水肿、头晕、头痛、恶心、乏力和面部潮红。还可发生一过性低血压，多不需要停药。个别患者发生心绞痛，可能与低血压反应有关。本品过敏者可出现过敏性肝炎、皮疹，甚至剥脱性皮炎等。

【用药指导】①低血压、心力衰竭、糖尿病患者慎用。②与硝酸酯类合用，可控制心绞痛发作，且有较好的耐受性。③与 β 受体阻断药合用，绝大多数患者对本品有较好的耐受性和疗效，但个别患者可能诱发和加重低血压、心力衰竭和心绞痛。

【商品信息】本品是德国拜耳公司开发的第 1 代钙拮抗剂药物，具有抗高血压、扩张冠脉血管、改善心肌缺血作用。1975 年首先在阿根廷、奥地利、德国、瑞士等国上市。1982

年辉瑞公司获得授让后在美国上市。经过多年临床已得到医学界充分的肯定，是许多国家临床首选的抗高血压用药。

我国在 20 世纪 80 年代初已具备了生产硝苯地平的能力，1981 年上海第十七制药厂率先获得原料药生产批件。

【贮藏】本品制剂需遮光、密封保存。

四、β 受体阻断药

β 受体阻断药防治心肌缺血和心绞痛的主要机制是通过阻断心脏的 β_1 受体，拮抗儿茶酚胺的作用使心率减慢，心肌收缩力减弱，减缓左室内压力升高速率，降低心肌耗氧量。其次是心率减慢，延长了心脏舒张时间有利于心肌血液灌注。主要适用于高血压合并心绞痛、心肌梗死后、冠脉高危险患者，心力衰竭、伴有窦性心动过速或心房颤动等快速性室上性心律失常患者，也适用于交感神经兴奋性高的年轻患者。

在过去数十年间，β 受体阻断药曾长期作为一类重要降压药物而在临床上广泛应用。2006 年英国 NICE/BHS 更新的指南中，明确指出此类药物不宜用于一线降压治疗。由于目前具有种类繁多的降压药物可供选用，因此若无心肌梗死与心力衰竭等使用 β 受体阻断药的强适应证，应优先考虑其他降压药物。特别是在无并发症的老年高血压患者中，β 受体阻断药不宜继续作为一线降压药物。

卡 维 地 洛
（Carvedilol）

【作用与适应证】治疗轻度或中度心功能不全，可合并应用洋地黄类药物、利尿剂和血管紧张素转换酶抑制剂（ACEI）。也可用于 ACEI 不耐受和使用或不使用洋地黄类药物、肼屈嗪或硝酸酯类药物治疗的心功能不全者。

【制剂】本品作为抗心绞痛用药时，主要剂型为片剂。用药剂量必须个体化，需在医师的密切监测下加量。

【不良反应】本品不良反应主要有乏力、心动过缓、直立性低血压、体位依赖性水肿、下肢水肿、眩晕、失眠、多汗等。

【用药指导】①本品可诱发或加重外周血管疾病患者的动脉血流不足症状，此类患者需小心使用。也可能掩盖低血糖症状，易自发性低血糖者或接受胰岛素或口服降糖药的糖尿病患者慎用。②本品不能突然停药，尤其是缺血性心脏病患者。必须 1～2 周以上逐渐停药。③直立位时血压可能下降，导致眩晕，罕见昏晕，这时应立即坐下或躺下。如果患者出现眩晕或昏晕，必须避免驾驶或危险工作。④本品可能增强胰岛素或口服降糖药降低血糖的作用，因此合用时需监测血糖。

【商品信息】本品作为第 3 代 β 受体阻断药的代表药物，在欧洲本药被批准用于充血性心衰、心绞痛和高血压；在美国唯一被 FDA 批准用来提高心衰患者心存率的药物。目前国内有多家企业生产。

【贮藏】本品需遮光、密封保存。

扫码"学一学"

第四节　抗心律失常药

心律失常是指心跳频率和节律的异常，是心血管系统常见的临床病征。其临床症状表现不一，轻者可无自觉症状，严重者可引起心脏泵血功能障碍，甚至危及生命。抗心律失常药是能防治心动过速、过缓或心律不齐的药物。

最早用于临床抗心律失常治疗的是钠通道阻滞药——奎尼丁，1918 年开始用于治疗心律失常，是该类药物的标准品种。用较早的还有普鲁卡因胺、利多卡因等。由于副作用的影响，目前用量渐少。进入 20 世纪 80 年代后，普罗帕酮、氟卡尼、恩卡尼相继应用。1995 年，抗恶性室性心律失常药物吡美诺在日本上市。1999 年，日本三井株式会社开发的尼非卡兰获准上市。新型第Ⅲ类钾通道阻滞药伊布利特、多非利特和司美利特是近年开发的新药，系兼有一定Ⅰ类活性的Ⅲ类抗心律失常药物。总的来说，抗心律失常药物研究进展快，门类多，临床应用药物已有近百个品种，但临床具有卓越业绩的新品较少。

从我国抗心律失常药物结构看，应用成熟的药品与国外差距较小，治疗室上性、室性心动过速用药中普罗帕酮、美托洛尔、索他洛尔和胺碘酮均具有较高的普及率，控制房颤和房扑的药物维拉帕米、地尔硫䓬也占据了一定的市场份额。

一、抗心律失常药的分类

根据目前的分类体系（Vaughan Williams 分类法）一般将抗心律失常药分为四类。

1. **Ⅰ类——钠通道阻滞药**　根据阻滞钠通道特性和程度的不同等可分为三个亚类。①ⅠA 类：适度阻滞钠通道，属此类的有奎尼丁、普鲁卡因胺、丙吡胺等，属于广谱抗心律失常药，用于室上性及室性心律失常。②ⅠB 类：轻度阻滞钠通道，属此类的有利多卡因、苯妥英钠、美西律等，用于治疗室性心律失常。③ⅠC 类：重度阻滞钠通道，属此类的有普罗帕酮、氟卡尼等，用于治疗室上性和室性心律失常。

2. **Ⅱ类——β肾上腺素受体阻断药**　它们因阻断 β 受体而有效，代表性药物为普萘洛尔、醋丁洛尔，适用于室上性及室性心律失常。

3. **Ⅲ类——延长动作电位时程药**　又称钾通道阻滞药。以胺碘酮、索他洛尔为代表，适用于室上性和室性心律失常。

4. **Ⅳ类——钙拮抗药**　代表药物有维拉帕米和地尔硫䓬，适用于室上性和室性心律失常。

此外，还有一些药物在临床上也用作抗心律失常药，如强心苷用于治疗心房纤颤伴快速心室率患者；腺苷用于治疗阵发性室上性心动过速；镁盐和钾盐在控制心肌梗死伴心律失常或强心苷中毒所致心律失常治疗方面均有十分重要的作用。

二、典型抗心律失常药

胺 碘 酮

（Amiodarone）

【作用与适应证】本品适用于危及生命的阵发室性心动过速及室颤的预防，也可用于其

他药物无效的阵发性室上性心动过速、阵发心房扑动、心房颤动，包括合并预激综合征者及持续心房颤动、心房扑动电转复后的维持治疗等。

【制剂】临床常用其盐酸盐，主要剂型为片剂、胶囊剂和注射剂。

【不良反应】本品主要不良反应有心血管反应如窦性心动过缓、窦性停搏或窦房阻滞、房室传导阻滞等。还可引起甲状腺功能亢进或甲状腺功能低下。胃肠道反应有便秘、恶心、呕吐、食欲减退等。肺部不良反应多发生在长期大量服药者，主要产生过敏性肺炎，肺间质或肺泡纤维性肺炎等。

【用药指导】①本品对光敏感与疗程及剂量有关，皮肤石板蓝样色素沉着，停药后经较长时间（1～2年）才渐褪。②本品宜用氯化钠注射液或注射用水稀释，每次静注完后在原位注射少量氯化钠注射液可以减轻刺激。③服本品者不宜哺乳。肝肾功能不全、孕妇及哺乳期妇女慎用。

【商品信息】本品为广谱抗心律失常治疗药物，1962年由Labaz实验室研制成功，1967年作为抗心绞痛药物在瑞士、比利时等国上市。由于胺碘酮对抗心律失常具有较好的疗效，多家公司进行了开发。法国赛诺菲公司研发的胺碘酮于1984年在澳大利亚上市，1985年12月通过美国FDA批准，已在世界20多个国家地区销售。

20世纪80年代胺碘酮已在我国用于临床，于1983年由桂林药厂获准生产。现有多家制药企业生产此品种。

【贮藏】本品需遮光、密封保存。

美 托 洛 尔
（Metoprolol）

【作用与适应证】本品用于治疗高血压、心绞痛、心肌梗死、肥厚型心肌病、主动脉夹层、心律失常、甲状腺功能亢进、心脏神经官能症等。尚可用于心力衰竭的治疗，此时应在有经验的医师指导下使用。

【制剂】临床常用其酒石酸盐，主要剂型有片剂、胶囊剂、缓释片和注射剂等。口服常用于高血压和心绞痛治疗，因个体差异较大，故剂量需个体化。

【不良反应】本品主要不良反应有胃部不适、眩晕、头痛、疲倦、失眠、噩梦等。

【用药指导】①哮喘患者不宜应用大剂量，应用一般剂量时也应分为3～4次服。②心动过缓、糖尿病、甲亢患者及孕妇慎用。③Ⅱ、Ⅲ度房室传导阻滞、严重心动过缓及对洋地黄无效的心衰患者忌用。④肝、肾功能不良者慎用。

【商品信息】本品于1992年1月通过FDA批准上市，是世界心血管药物市场上销路最好的β受体阻断药之一。在我国医院用药中具有很好的市场，常作为心肌梗死二级预防治疗用药。

【贮藏】本品需遮光，密封保存。

第五节　抗心力衰竭药

心力衰竭是指各种病理因素损伤心脏舒缩功能，导致心排血量不能满足对全身组织供氧的需要而产生的临床综合征。

扫码"学一学"

凡能够改善心脏舒缩功能，增加心排血量，用于治疗心力衰竭的药物即抗心力衰竭药。自从 18 世纪地高辛被应用以来，人们对于心力衰竭的治疗，尽管已经进行了 200 多年的基础和临床研究，但是药物治疗的基础在本质上还是局限于利尿剂、肾素－血管紧张素－醛固酮系统抑制药、β 肾上腺素受体阻断药。在某些情况下还包括血管扩张剂如硝酸盐或肼屈嗪等。最近几十年来，虽然各国在心力衰竭的治疗方面取得了一些进展，例如 β 受体阻断药和肾素－血管紧张素系统阻断剂的应用，但是抗心力衰竭药物研发仍少有突破，临床仍然缺乏安全有效的治疗药物。

一、抗心力衰竭药的分类

根据近年来的循证医学证据，美国心脏病学会和欧洲心脏病学会的 2005 年《慢性心力衰竭诊治指南》修订版对 2001 年的《慢性心力衰竭诊治指南》作了重大调整，对药物的分类进行了重新调整。

1. **肾素－血管紧张素－醛固酮系统抑制药**　包括：①血管紧张素转化酶抑制剂，如卡托普利、依那普利和培哚普利等；②血管紧张素 II 受体阻断药，如氯沙坦、缬沙坦和厄贝沙坦；③醛固酮受体阻断药，如螺内酯和依普利酮。

2. **利尿药**　如噻嗪类利尿药氢氯噻嗪、袢利尿药呋塞米等。

3. **β 肾上腺素受体阻断药**　如卡维地洛、拉贝洛尔和比索洛尔等。

4. **强心苷**　如地高辛、洋地黄毒苷、去乙酰毛花苷和毒毛花苷 K 等。

5. **血管扩张药**　如硝酸酯类和肼屈嗪等。

6. **其他正性肌力药物**　如氨力农、米力农等。

二、典型抗心力衰竭药

地 高 辛
（Digoxin）

【作用与适应证】本品用于高血压、瓣膜性心脏病、先天性心脏病等急性和慢性心功能不全，尤其适用于伴有快速心室率的心房颤动的心功能不全。还用于控制伴有快速心室率的心房颤动、心房扑动患者的心室率及室上性心动过速等。

【制剂】本品主要剂型为片剂、注射剂和酊剂。

【不良反应】本品主要不良反应包括：新出现的心律失常、胃纳不佳或恶心、呕吐、下腹痛、无力、软弱等。在洋地黄的中毒表现中，心律失常最重要，最常见者为室性期前收缩，其次为房室传导阻滞、室性心动过速、窦性停搏、心室颤动等。儿童中心律失常比其他反应多见，但室性心律失常比成人少见。

【用药指导】①本品中毒后应立即停药，并采取适当措施，如传导阻滞或心动过缓可用阿托品解救。②用药期间应注意监测血压及心率，心电图，电解质尤其钾、钙、镁和肾功能等。③近期用过其他洋地黄类强心药者慎用。有显著心动过缓，完全性房室传导阻滞及心绞痛频繁发作者禁用。④本品不宜与酸、碱类药物配伍，用药期间不可静注钙制剂。

【商品信息】本品是经典的治疗充血性心力衰竭的药物，临床应用已有 200 多年的历史。因用药方便、显效迅速、安全有效，已成为广泛首选的洋地黄制剂。临床研究证明，

扫码"学一学"

地高辛能减轻心衰症状，提高生活质量，各国心衰指南给予它Ⅰ级或Ⅱa级较高水平的推荐。

【贮藏】 本品注射剂和酊剂需遮光、密闭保存，片剂需密闭保存。

第六节 抗休克药

休克是肌体在受到各种有害因子的侵袭时，有效循环血量减少，组织器官的血液灌注不足，细胞代谢紊乱和功能受损为主要病理生理改变的综合征。临床突出表现为血压下降，心率、呼吸加快，脉搏细弱，神志淡漠，面色苍白，皮肤冰冷，出冷汗，尿量减少等。

休克有着复杂的病理生理过程，治疗上必须采取综合疗法。对于不同类型的休克，在不同的阶段应给予不同的处理。在积极治疗的同时，寻找引起休克的病因，针对病因进行治疗。

一、抗休克药的分类

能够恢复充足的组织灌注并保证氧代谢正常进行，用于治疗休克的药物即抗休克药。抗休克的血管活性药物的应用是休克治疗的主要措施之一。借以提高心脏排血量，改善微循环和维持动脉血压等。抗休克的血管活性药物按对血管的作用可分为以下几种。

1. **血管扩张药** 包括：①直接扩血管药，如硝普钠、硝酸甘油、硝酸异山梨酯等；②扩血管兼强心药，如异丙肾上腺素、多巴胺、多培沙明等；③α受体阻断药，如酚妥拉明、酚苄明等。

2. **收缩血管药** 如肾上腺素、去甲肾上腺素、去氧肾上腺素、间羟胺等。

3. **强心药** 如氨力农、米力农、毒毛花苷K、毛花苷C、多巴酚丁胺等。

二、典型抗休克药

肾上腺素
（Adrenaline）

【作用与适应证】 本品主要用于过敏性休克的治疗，还用于因支气管痉挛所致严重呼吸困难，亦可用于延长浸润麻醉用药的作用时间。也是各种原因引起的心脏骤停进行心肺复苏的主要抢救用药。

【制剂】 本品主要为注射剂，临床常用其盐酸盐。

【不良反应】 本品主要不良反应有心悸、搏动性头痛。若焦虑、烦躁、头痛、眩晕、震颤、面色苍白、恐惧、多汗等症状持续存在时应引起注意。

【用药指导】 ①本品最常用于治疗过敏性休克，若与肾上腺皮质激素合用则疗效更为显著。②与α受体阻断药如酚妥拉明、酚苄明等合用时，可以使加压作用减弱。③与全身麻醉药如三氯甲烷、氟烷合用，可使心肌对拟交感胺类药物更敏感，应减量使用，否则有发生室性心律失常的危险。④与洋地黄合用可导致心律失常。⑤与降糖药合用，可使降糖效应减弱。

【商品信息】 19世纪（1895年）O'liver和Schafer报道了从肾上腺髓质提取出的物质具

有显著的生理功能，20 世纪初该提取物的活性要素被分离出来，并命名为肾上腺素（adrenaline），是最古老、最有效、应用最广泛的心肺复苏用药，亦是近几十年来心肺复苏的首选药物。

【贮藏】本品需遮光、密闭，在阴凉处保存。

第七节 调血脂及抗动脉粥样硬化药

扫码"学一学"

动脉硬化是动脉管壁增厚、变硬、管腔缩小等各种退行性和增生性病变。动脉粥样硬化是动脉硬化的最常见类型，是心肌梗死和脑梗死的主要病因。动脉粥样硬化的发生与高脂血症有着直接的关系，因此可用于动脉粥样硬化治疗的药物主要是调节血脂药。

血脂异常是指血中总胆固醇（TC）、低密度脂蛋白胆固醇（LDL－C）、极低密度脂蛋白胆固醇（VLDL－C）和三酰甘油（TG）超出正常范围（增高），高密度脂蛋白胆固醇（HDL－C）降低，即所谓高脂血症。人群中血脂异常，特别是总胆固醇（TC）和低密度脂蛋白胆固醇（LDL－C）增高，促进了动脉粥样硬化的形成，增加了缺血性心血管病（冠心病和缺血性脑血管意外联合终点）的危险性。因此有效地调节血脂能够改善血管内壁斑块剥落及血栓的形成与栓塞，对心血管系统疾病的预防有着积极的作用和深远的意义。

近 30 年来，中国人群的血脂水平逐步升高，血脂异常患病率明显增加。中国成人血脂异常总体患病率高达 40.4%。人群血清胆固醇水平的升高将导致 2010～2030 年期间我国心血管病事件约增加 920 万。2012 年全国调查结果显示，高胆固醇血症的患病率 4.9%；高三酰甘油（TG）血症的患病率 13.1%；低高密度脂蛋白胆固醇（HDL－C）血症的患病率 33.9%。

我国降血脂用药市场规模持续增长，据米内网数据，2016 年我国城市公立医院、县级公立医院、城市社区中心以及乡镇卫生院合计销售额达到 206 亿元。随着我国老年化进度加快，老年人比例升高，降血脂用药市场规模未来几年将维持较高增长态势。目前降血脂化学药市场中，阿托伐他汀的销售额排名第一，2016 年销售额突破 100 亿元关口。他汀类单独或联合用药占整个降血脂市场销售额的 90% 以上，他汀类仍然是降血脂市场的主流用药。

一、调血脂药的分类

能够调节血脂，使血中总胆固醇、低密度脂蛋白胆固醇、极低密度脂蛋白胆固醇、三酰甘油和高密度脂蛋白胆固醇恢复正常范围的药物称为调血脂药。临床上用于调节血脂的药品种类繁多，按照化学结构特点及调脂作用机制不同可分为以下几类。

1. **HMG－CoA 还原酶抑制剂** 即他汀类，比其他的药物更能降低血中 TC 和 LDL－C 水平。包括阿托伐他汀、辛伐他汀、普伐他汀、氟伐他汀、洛伐他汀、美伐他汀、瑞舒伐他汀、匹伐他汀、血脂康等。本类药物属于调血脂药品市场中用药金额最大的一类药物。

2. **胆汁酸结合树脂** 主要降低血中 TC 和 LDL－C 水平。包括考来烯胺、考来替泊和地维烯胺。

3. **苯氧芳酸类** 或称纤维酸类或贝特类，主要降低血中 TG 和 VLDL－C，升高 HDL－C 水平。包括氯贝丁酯、吉非贝齐、苯扎贝特、非诺贝特、环丙贝特和利贝特等。在国内

外调血脂市场上，贝特类产品是仅次于他汀类的调血脂药物，在市场中占据重要地位。

4. 烟酸类 主要降低血中 TG 和 TC，升高 HDL – C 水平。包括烟酸（即维生素 B_3）、阿昔莫司、烟酸铝和烟酸肌醇。

5. 抗氧化药 如普罗布考，可降低血中 TC、LDL – C 和 HDL – C 水平，对 TG 无影响。

6. 多烯脂肪酸类 包括鱼油类二十五碳烯酸（EPA）、二十二碳烯酸（DHA），月见草油、亚油酸等。主要降低血中 TG 和 VLDL – C，升高 HDL – C 水平，促进胆固醇自粪便排出，抑制体内脂质和脂蛋白合成。

7. 其他调血脂药 如肝素、低分子量肝素和类肝素，可降低血中 TG、LDL – C 和 TC，升高 HDL – C 水平，具有中和多种血管活性物质，保护动脉内皮的功能。

他汀类药物自从广泛用于临床以来，已经成为降胆固醇高脂血症市场上的主要品种。目前，活跃在胆固醇高脂血症市场的他汀类药物主要有：阿托伐他汀钙、瑞舒伐他汀、辛伐他汀、普伐他汀、氟伐他汀、洛伐他汀、匹伐他汀以及复方制剂辛伐他汀 + 依折麦布、阿伐他汀 + 氨氯地平、洛伐他汀 + 烟酸等十大品种。

在国内调血脂处方药市场中，他汀类药物占据了 85% 以上的份额，以原研药立普妥和国产药阿乐为代表的阿托伐他汀钙片剂仍是市场主力。

二、典型调血脂药

阿托伐他汀

（Atorvastatin）

【作用与适应证】本品用于治疗高胆固醇血症和混合型高脂血症及冠心病和脑血管意外的防治。

【制剂】本品主要剂型为片剂、胶囊剂及分散片，临床常用其钙盐。

【不良反应】本品主要不良反应有便秘、肠胀气、腹痛等胃肠道反应，其他还有头痛、皮疹、头晕、视物模糊和味觉障碍。偶可引起血氨基转移酶可逆性升高，因此有肝病史者服用本品还应定期监测肝功能。少见的不良反应有阳痿、失眠。罕见的不良反应有肌炎、肌痛、横纹肌溶解等，横纹肌溶解可导致肾功能衰竭。

【用药指导】①本品与免疫抑制剂、叶酸衍生物、烟酸、吉非贝齐、红霉素等合用可增加肌病发生的危险。②应用期间应定期检查血胆固醇和血肌酸磷酸激酶。在治疗过程中如发生血氨基转移酶增高达正常高限的 3 倍，或血肌酸磷酸激酶显著增高或有肌炎、胰腺炎表现时，应停用本品。③应用时如有低血压、严重急性感染、创伤、代谢紊乱等情况，须注意可能出现的继发于肌溶解后的肾功能衰竭。肾功能不全时应减少本品剂量。④本品宜与饮食共进，以利吸收。

【商品信息】1996 年底，阿托伐他汀钙获美国食品药品管理局（FDA）批准上市，1997 年初春，华纳兰伯特公司将其推上美国、德国和英国市场。一经上市即成为全球最畅销药品之一。是全球首个销售额破百亿美元的药品，在调血脂药物发展史上成绩卓著。国产制剂由北京嘉林药业股份有限公司率先开发成功，1999 年 9 月获国家药品监督管理部门颁发新药证书和生产批件。

【贮藏】本品需密封，于 25℃ 以下干燥处保存。

案例

拜斯亭（西立伐他汀）事件

德国拜耳（Bayer）公司 2001 年 8 月 8 日宣布，在除日本以外的全球范围内撤下各种剂量的商品名为 Baycol/Lipobay（商品名拜斯亭，主药成分为西立伐他汀）的降脂药。之后，考虑到吉非贝齐即将在日本上市，进而有可能出现西立伐他汀和吉非贝齐联用导致罕见的肌无力不良反应，因而，拜耳公司最终还是将拜斯亭从日本市场撤出。至此，拜斯亭撤离全球市场。

西立伐他汀属 HMG－CoA 还原酶抑制剂，为他汀类药物中的一种，能有效降低胆固醇和患者发生心脏病的危险性，自 1997 年首次上市以来广受欢迎。全世界 80 多个国家有 600 多万患者使用该药，仅美国就有约 70 万的服用者。截至拜斯亭从全球市场撤下，美国已有 31 例死亡病例，估计与该药引起的肌病——横纹肌溶解有关。此外，全球估计至少还有 9 例类似的死亡病例。公司尚不愿透露全球罹患横纹肌溶解症的人数。

横纹肌溶解是一种可危及生命的疾病，患者肌细胞被破坏释放至血液，引起严重的疾病。主要发生在腓肌和下背部，严重时可导致危及生命的肾衰。其症状有肌痛、肌无力、压痛、发热、黑尿、恶心和呕吐。

美国之前曾告诫服用西立伐他汀的患者应及时就诊换用其他治疗药物，如联用其他降脂药物如吉非贝齐并有肌痛的患者，应立即停用西立伐他汀并报告有关情况。西立伐他汀对于使用较高剂量的老年患者最为危险，而与吉非贝齐联用者危险性亦较大，美国的死亡病例中有 12 例死于两药联用。尽管在其禁忌证和注意事项中已有说明，但该药引起肌无力横纹肌溶解不良反应的报道仍在增加，尤其是已服用吉非贝齐的患者。

拜斯亭在我国作为进口一类新药，曾获国家药品监督管理部门批准。而吉非贝齐商品名有脂必清、诺衡等，在我国也已得到普遍使用，所幸我国尚无此类不良反应的死亡病例报道。

2001 年 8 月 9 日，国家药品监督管理部门发出通知：由于西立伐他汀钠片（商品名：拜斯亭）与吉非贝齐药品合用有发生横纹肌溶解症不良反应的危险，拜耳医药保健有限公司提出报告停止在中国市场销售拜斯亭。

重点小结

过去 30 年，我国心血管疾病发病率、死亡率持续上升，目前尚未看到下降拐点。心血管疾病早期应重视改变生活方式，避免或延迟用药；需要长期甚至终身服药的患者则不应盲目恐惧药物副作用，要坚持用药。

本章根据我国临床用药习惯，参照国家基本药物目录（2012 年版）的分类方式，将心血管类药品分为 6 个类别，分别是抗高血压药、抗心绞痛药、抗心律失常药、抗心力衰竭药、抗休克药、调血脂及抗动脉粥样硬化药。

抗高血压药品主要介绍了血管紧张素转换酶抑制剂——卡托普利；血管紧张素 II 受体阻断药——氯沙坦和缬沙坦；钙离子通道阻滞药——氨氯地平和非洛地平。

抗心绞痛药主要介绍了硝酸酯类——硝酸甘油和硝苯地平；β受体阻断药——卡维地洛。

抗心律失常药主要介绍了胺碘酮和美托洛尔。

抗心力衰竭药主要介绍了地高辛。

抗休克药主要介绍了肾上腺素。

调血脂及抗动脉粥样硬化药主要介绍了阿托伐他汀。

应重点掌握各类代表药的适应证、用药指导和相关的商品信息。

（田丽娟）

扫码"练一练"

第十二章　呼吸系统用药

呼吸系统疾病是常见病、多发病，包括诸如感冒、咳嗽、支气管炎、支气管哮喘等疾病。由于日益严重的大气污染、吸烟人群的增加、人口老龄化等因素，使各种呼吸系统疾病的发病率、死亡率有增无减。呼吸系统疾病发生在人体呼吸道（包括咽喉、气管、支气管、肺部和胸腔），以咳、痰、喘为其共同的特点，而炎症则是疾病的起因，咳、痰、喘是继发的症状。这些症状影响患者的休息和健康，如果长期不愈，还可能发展成肺气肿、支气管扩张及肺源性心脏病等。因此，在病因治疗的同时，及时应用镇咳药、祛痰药和平喘药，以控制症状，防止病情发展，是十分必要的。临床上常采用这几种药品配伍使用或制成复方制剂，以获得较好的协同效果。

第一节　祛痰药

痰是呼吸道黏膜的分泌产物，可因炎症增加而分泌并刺激呼吸道黏膜引起咳嗽，黏痰如不能顺利排出将加重感染。祛痰药是一类能使呼吸道分泌增加，从而使痰液变稀，黏稠度降低，易于咯出的药物。祛痰药通过排除呼吸道内积痰，减少对呼吸道黏膜的刺激，间接起到镇咳、平喘作用，也有利于控制继发感染。

一、祛痰药的分类

按其作用方式可将祛痰药分为三类。

1. **恶心性祛痰药和刺激性祛痰药**　常用药品有氯化铵、愈创甘油醚等，口服后可刺激胃黏膜，引起轻微的恶心，通过迷走神经反射，促进支气管腺体分泌，使痰液稀释，易于咯出。

2. **黏液溶解剂**　可分解痰液的黏性成分如黏多糖和黏蛋白，使痰液黏滞性降低而易于咯出。常用的药物有乙酰半胱氨酸。

3. **黏液调节剂**　作用于气管、支气管的黏液产生细胞，使其分泌物的黏滞性降低，易于咯出。常用的药物有溴己新和氨溴索。

二、典型祛痰药

溴己新

（Bromhexine）

【作用与适应证】本品主要用于慢性支气管炎、哮喘、支气管扩张、硅沉着病等有白色黏痰又不易咯出的患者。

【制剂】剂型主要有片剂和注射剂。

【不良反应】本品对胃黏膜的刺激性可引起胃部不适。偶有恶心、胃部不适、少数患者有转氨酶增高等不良反应。

【用药指导】①本品适用于有白色黏痰的患者，脓性痰患者需加抗生素控制感染。溃疡病及肝病患者慎用。②本品与四环素合用时，能增强四环素在支气管的分布浓度。

【商品信息】本品 1936 年合成并用于临床。我国 1973 年投产。

【贮藏】遮光，密封保存。

氨溴索

（Ambmxol）

【作用与适应证】本品适用于急、慢性呼吸道疾病（如急、慢性支气管炎，支气管哮喘，支气管扩张，肺结核等）引起的痰液黏稠、咯痰困难。手术后肺部并发症的预防性治疗。早产儿或新生儿呼吸窘迫综合征（IRDS）的治疗。

【制剂】剂型主要有片剂、胶囊剂和注射剂。

【不良反应】本品通常能很好耐受。曾有轻度的胃肠道不良反应报道，主要为胃部灼热，消化不良和偶尔出现恶心，呕吐。过敏反应极少出现，主要为皮疹。

【用药指导】①本品为一种黏液调节剂，仅对咯痰症状有一定作用，在使用时应注意咳嗽、咯痰的原因，如使用 7 日后未见好转，应及时就医。②应避免与中枢性镇咳药（如右美沙芬等）同时使用，以免稀化的痰液堵塞气道。③本品与抗生素同时服用，可导致抗生素在肺组织浓度升高。

【商品信息】氨溴索是临床上广泛应用的祛痰药。20 世纪 80 年代初在德国上市，以后在日本、欧洲等地上市。1994 年，德国勃林格殷格翰公司的氨溴索进入我国市场，一直占据主要的市场份额。目前我国有多家制药企业生产此药。

【贮藏】遮光，密封保存。

三、其他祛痰药

1. **氯化铵（Ammonium Chloride）** 本品为痰液稀释药，适用于痰黏稠不易咯出者。也用于泌尿系统感染需酸化尿液时。本品为祛痰类的非处方药品。治疗量祛痰作用较弱，主要用作祛痰合剂的组成部分。大剂量可引起恶心、呕吐、胃痛。本品自 1936 年用于临床，疗效确切。

2. **乙酰半胱氨酸（Acetylcysteine）** 本品为呼吸道黏痰溶解药，适用于手术后的咯痰

困难，支气管炎、支气管扩张、肺结核、肺炎、肺气肿等引起的痰液黏稠、咯痰困难等，也可用于对乙酰氨基酚的中毒解救。本品偶可引起咳嗽、支气管痉挛、呕吐、恶心、胃炎等不良反应，一般减量即可缓解。本品由日本田边制药（Tanabe）公司生产，1993 年在我国注册，1995 年，上海第一生化药业的乙酰半胱氨酸原料药及其喷雾剂获准生产上市，是我国最常用的黏痰溶解药之一。由于给药途径只能通过雾化吸入和气管滴入，临床使用不便，使其应用受到一定限制。

扫码"学一学"

第二节　镇咳药

咳嗽是一种保护性呼吸道反射，是呼吸道受到炎症、痰液、异物的刺激后，发出冲动经传入神经传至延髓咳嗽中枢引起的一种生理反射，通过咳嗽可以排出呼吸道的分泌物或异物，保护呼吸道的清洁和通畅。但是剧烈、频繁的咳嗽可影响休息与睡眠，甚至使病情加重或引起并发症。从目前临床镇咳药的药理作用机制来看，镇咳药主要分为中枢性和外周性两类。有些药物兼有中枢和外周两种作用。

在应用镇咳药前，应明确病因，针对病因进行治疗。对于剧烈无痰的咳嗽，例如上呼吸道病毒感染所致的慢性咳嗽或者经对因治疗后咳嗽未见减轻者，为了减轻患者的痛苦，防止原发疾病的发展，避免剧烈咳嗽引起的并发症，应该采用镇咳药物进行治疗。若咳嗽伴有咯痰困难，则应使用祛痰药，慎用镇咳药，否则积痰排不出，易继发感染，并且阻塞呼吸道，引起窒息。

一、典型中枢性镇咳药

直接抑制延脑咳嗽中枢发挥镇咳作用的药物称为中枢性镇咳药，可分为成瘾性镇咳药和非成瘾性镇咳药两类。成瘾性镇咳药如可待因、福尔可定等，镇咳作用强、疗效可靠，但易产生成瘾性，需采取严格控制措施，防止流入非法渠道。非成瘾性镇咳药如右美沙芬、喷托维林等，这类药物几乎没有镇痛作用和成瘾性，在临床上应用广泛。

可 待 因
（Codeine）

【作用与适应证】本品直接抑制延脑咳嗽中枢，镇咳作用强而迅速，其镇咳强度约为吗啡的1/4，也具镇痛作用。用于各种原因引起的剧烈干咳和刺激性咳嗽，对胸膜炎干咳伴胸痛者尤其适用。由于此药能抑制呼吸道腺体分泌和纤毛运动，故对有少量痰液的剧烈咳嗽，应与去痰药并用。

【制剂】剂型主要有片剂、注射剂、糖浆剂等。

【不良反应】①本品可引起幻想、呼吸微弱或不规则、心律失常。②大剂量明显抑制呼吸中枢，单次口服剂量超过 60mg 时，可出现烦躁不安等中枢神经兴奋症状。

【用药指导】不宜用于多痰黏稠的患者；哮喘、不明原因的腹泻、前列腺肥大及新生儿、婴儿慎用；长期应用可引起依赖性。

【商品信息】本品是从罂粟属植物中分离出来的一种天然阿片类生物碱，之后不久证明其具有镇痛作用。目前临床使用的可待因是由阿片提取或者由吗啡经甲基化制成。本品为

国家特殊管理的麻醉药品，务必严格遵守国家对麻醉药品的管理规定使用。

【贮藏】片剂应遮光，密封保存；注射液应遮光，密闭保存；糖浆剂应密封，置阴凉处保存。

喷 托 维 林
（Pentoxyverine）

【作用与适应证】本品对咳嗽中枢具有直接抑制作用，并有轻度阿托品样作用和局部麻醉作用。用于上呼吸道感染引起的干咳、阵咳。对于小儿百日咳效果尤好。

【制剂】剂型主要有片剂、滴丸剂等。

【不良反应】本品因具有阿托品样作用，偶有轻度头痛、头晕、口干、恶心、腹胀和便秘等不良反应。

【用药指导】①本品属于氨基酯类非成瘾性镇咳药。镇咳效果低于可待因，长期使用不产生依赖性。②青光眼、前列腺肥大者及心功能不全伴有肺淤血的咳嗽患者慎用。③痰多者宜与祛痰药合用。④对本品过敏者禁用，过敏体质者慎用。

【商品信息】本品是我国镇咳药市场占有份额量最高的药品之一，常作为多种复方制剂的主要成分。我国 1961 年始即生产本品。

【贮藏】密封保存。

复 方 甘 草 片
（Compound Liquorice）

【作用与适应证】本品由甘草浸膏、阿片粉、樟脑、八角茴香、苯甲酸钠等成分组成复方制剂，有镇咳祛痰的协同作用。

【制剂】片剂，口服或含化。

【不良反应】应用时有微弱的恶心、呕吐不良反应。

【用药指导】一般情况下复方甘草片不宜与强心苷类配伍使用。复方甘草片中甘草浸膏能促进机体钾排泄，使机体血钾浓度降低，因而可增强机体对强心苷的敏感性，易诱发强心苷的敏感性。

【商品信息】复方甘草片是我国最常见的镇咳祛痰药，生产厂家众多，并在此基础上还开发了诸如合剂、浸膏等多剂型的系列产品。复方甘草片疗效确切且经济实惠，无论从大医院到小诊所，还是从城市到农村，都得到广泛应用，并受到广大消费者的认可。

【贮藏】密封，在干燥处保存。

右 美 沙 芬
（Dextromethorphan）

【作用与适应证】本品为中枢性镇咳药。主要用于干咳，适用于感冒、上呼吸道感染、急慢性支气管炎、支气管哮喘及肺结核所致咳嗽。

【制剂】剂型主要有片剂和溶液剂。

【不良反应】偶有头晕、轻度嗜睡、恶心、胃部不适、皮疹等轻度反应，但不影响继续用药。

【用药指导】①用药7天，症状未缓解，请咨询医师或药师。②哮喘患者、痰多的患者、肝肾功能不全患者慎用。③不宜与抗抑郁药、降压药、解痉药、巴比妥类、氯霉素、洋地黄苷类药物并用。

【商品信息】本品为中枢非依赖性镇咳药代表性的药物，是目前临床上应用较广的非依赖性镇咳品种。因具有在镇咳剂量下对呼吸系统无抑制作用，不会产生成瘾性，无镇痛和催眠的不良反应等特点，而被世界卫生组织推荐为可替代可待因的一种镇咳药。

商品名为惠菲宁的复方右美沙芬特别适合于儿童使用，2003年该药在中国上市。右美沙芬在我国1990年以片剂投放市场。

【贮藏】密闭，避光保存。

二、典型外周性镇咳药

能够抑制咳嗽反射弧中的感受器、传入神经、效应器中某一环节而起到止咳作用的药物称为外周性镇咳药，亦称为末梢性镇咳药，如苯丙哌林、复方甘草浸膏等。

苯丙哌林
（Benproperine）

【作用与适应证】本品为非麻醉性镇咳药，用于治疗急性支气管炎及各种原因如感染、吸烟、刺激物、过敏等引起的咳嗽。对刺激性干咳效果最好。

【制剂】剂型主要有片剂和胶囊剂。

【不良反应】服药后可出现一过性口咽发麻，此外，尚有乏力、头晕、上腹不适、食欲减退、皮疹等不良反应。

【用药指导】①对本品过敏者禁用，过敏体质者慎用。②服用时需整片吞服，勿嚼碎，以免引起口腔麻木。

【商品信息】本品目前尚未见耐受性和成瘾性，一般认为镇咳疗效优于磷酸可待因，是现在使用较为广泛的镇咳药之一。我国1985年投产。

【贮藏】遮光，密封保存。

第三节　平喘药

喘息是支气管哮喘和喘息性支气管炎的主要症状。其基本病理变化是炎症细胞浸润，释放炎症介质，引起气道黏膜下组织水肿，微血管通透性增加，纤毛上皮剥离，气管分泌物增多，支气管平滑肌痉挛。除抗原能致变态反应性喘息外，寒冷、烟尘等非特异性刺激也可引起喘息。抑制气道炎症及炎症介质是喘息的根本治疗方法。

扫码"学一学"

一、平喘药的分类

平喘药是指能作用于诱发哮喘的不同环节，缓解或预防哮喘发作的一类药物。常用的

平喘药可分五类。

1. **β肾上腺素受体激动剂**　包括非选择性 β 肾上腺素受体激动剂如麻黄碱、异丙肾上腺素和选择性 $β_2$ 肾上腺素受体激动剂如沙丁胺醇、克仑特罗等。其作用机制主要是通过激动呼吸道 $β_2$ 受体，激活腺苷酸环化酶，使细胞内的环磷腺苷（cAMP）含量增加，游离钙离子减少，从而松弛支气管平滑肌，抑制过敏反应介质释放，增强纤毛运动，降低血管通透性而发挥平喘作用。

2. **M胆碱受体阻断剂**　如异丙托溴铵等。可抑制哮喘患者常常出现的胆碱能神经功能亢进，如支气管平滑肌痉挛，腺体分泌增多以及细胞内环硫磷鸟苷（cGMP）水平升高而促进肥大细胞释放过敏介质等。可用于对拟肾上腺素药耐受的患者。

3. **磷酸二酯酶抑制剂**　如茶碱及其衍生物。本类药物通过抑制磷酸二酯酶，使 cAMP 破坏减少，细胞内 cAMP 水平增高而达到松弛支气管平滑肌作用。

4. **过敏介质阻释剂**　其主要作用是稳定肺组织肥大细胞膜，抑制过敏介质释放。主要药物有色甘酸钠、酮替酚等。

5. **肾上腺皮质激素类**　此类药物主要通过其抗炎作用、免疫抑制作用、增强机体对儿茶酚胺的反应而达到平喘作用，临床常用局部作用强、吸收很少的倍氯米松气雾剂等。

二、典型 β 肾上腺素受体激动剂

沙 丁 胺 醇
（Salbutamol）

【作用与适应证】本品为选择性 $β_2$ 受体激动药，具有较强的支气管扩张作用。适用于支气管哮喘、喘息型支气管炎和肺气肿患者的支气管痉挛。急症发作多用气雾剂，预防发作则可口服。

【制剂】本品片剂、缓释片、缓释胶囊属平喘类 OTC 药；口腔崩解片为本品处方类国家医保新药（非国家基本药物），注射剂为医保处方药。

【不良反应】较常见的不良反应有震颤、恶心、心悸、头痛、失眠。

【用药指导】①久用易产生耐药性。②心功能不全、高血压、糖尿病、甲亢患者慎用。③本品不宜与三环类抗抑郁药、单胺氧化酶抑制剂、$β_2$ 受体阻断剂合用。

【商品信息】本品应用广泛，是目前国内外临床最常用的平喘药之一，是安全有效的平喘药，可作为哮喘急性发作首选药物之一。本品由英国葛兰素公司开发，1968 年首次上市，1988 年在我国注册。国内于 1975 年生产。

【贮藏】遮光，密封保存。

麻 黄 碱
（Ephedrine）

【作用与适应证】本品能松弛支气管平滑肌，可使支气管黏膜血管收缩，减轻充血水肿，有利于改善小气道阻塞。用于预防支气管哮喘发作和缓解轻度哮喘发作，对重度哮喘发作效果不佳；也可用于防治蛛网膜下腔麻醉或硬膜外麻醉引起的低血压及慢性低血压症；

还可用于各种原因引起的鼻黏膜充血、肿胀引起的鼻塞及缓解荨麻疹和血管神经性水肿等变态反应的皮肤黏膜症状。

【制剂】剂型主要有片剂、注射剂、糖浆剂等。

【不良反应】本品用量过大或长期连续使用，可引起震颤、焦虑、心悸、失眠、头痛、恶心、呕吐、口渴、发热及出汗等不良反应。晚间服用时，常加镇静催眠药如巴比妥以防失眠。

【用药指导】①本品每日用药次数以不超过 3 次为宜。②不宜与帕吉林等单胺氧化酶抑制剂合用，以免引起血压过高。③高血压、甲状腺功能亢进及前列腺肥大患者禁用。④三环类抑郁药可增强其作用，拟肾上腺素药与本品有相加作用。

【商品信息】1887 年，日本长井长义从麻黄草中分出了麻黄碱单体。1929 年，中国陈克恢研究阐明了它的药理作用和临床药效后，麻黄碱开始在世界范围内广泛应用。世界市场对麻黄碱的需求量很大，其中美国是主要消费国，在美国市场上右旋体麻黄碱和对乙酰氨基酚或布洛芬组成的复方制剂非常多，并已被《美国药典》收载。

由于麻黄碱是合成苯丙胺类毒品也就是制作冰毒最主要的原料，我国现对麻黄碱实行特殊监督管理。由于大部分感冒药中含有麻黄碱成分，可能被不法分子大量购买用于提炼制造毒品。各药店对含麻黄碱成分的新康泰克、白加黑、日夜百服咛等数十种常用感冒、止咳平喘药限量销售。2012 年 8 月，国家食品药品监督管理局发布通知，要求原则上不再批准含麻黄碱类复方制剂仿制药注册；限制最小包装规格的麻黄碱含量。同时，销售含麻黄碱类复方制剂的药品零售企业应当查验、登记购买者身份证，每人每次购买量不得超过 2 个最小零售包装。服用麻黄碱后可以明显增加运动员的兴奋程度，对运动员本人有极大的副作用，因此，这类药品属于国际奥委会严格禁止的兴奋剂。

【贮藏】密封保存。

三、典型 M 胆碱受体阻断剂

异丙托溴铵

（Ipratropium Bromide）

【作用与适应证】本品为抗胆碱类药，具有较强的对支气管平滑肌的松弛作用，用于慢性阻塞性肺部疾病，如慢性支气管炎、肺气肿等引起的支气管痉挛、喘息的缓解和维持治疗。

【制剂】剂型主要为喷雾剂。

【不良反应】不良反应类似阿托品，可引起心悸、头痛、头晕、神经质、恶心、呕吐、消化道疼痛、震颤、视物模糊、口干、咳嗽、排尿困难、呼吸道症状加重以及皮疹等。

【用药指导】①本品对慢性阻塞性肺部疾病有平喘作用，其作用较明显，起效快，持续时间较长。②青光眼、前列腺肥大、尿潴留患者禁用。③对本药成分及阿托品类药物过敏者禁用。

【商品信息】吸入用复方异丙托溴铵溶液为复方制剂，其组分为异丙托溴铵和硫酸沙丁胺醇。

【贮藏】密封保存。

四、典型磷酸二酯酶抑制剂

氨 茶 碱

（Aminophyline）

【作用与适应证】 本品为茶碱和乙二胺的复盐，适用于支气管哮喘、哮喘持续状态以及慢性阻塞性肺部疾病；对心脏有刺激作用，能增加充血性心力衰竭患者的心排血量；有利尿作用，可用于治疗心源性和肾性水肿、胆绞痛。

【制剂】 剂型主要有片剂和注射剂。

【不良反应】 可能出现恶心、呕吐、食欲减退、胃部不适、焦虑、失眠、颜面潮红等不良反应。

【用药指导】 ①本品呈强碱性，口服对胃肠刺激性大，肌内注射可能引起局部红肿、疼痛，剂量大时可发生惊厥。②氨茶碱在体内代谢为茶碱起作用，由于茶碱的消除速率存在较大个体差异，所以对应用氨茶碱的患者提倡进行血药浓度检测。③氨茶碱静脉注射须慢，以防发生心律失常、心搏骤停、惊厥等。④与酸性药物合用可增加其排泄，与碱性药物合用可减少其排泄。⑤急性心肌梗死、低血压、休克等患者禁用；小儿易致惊厥，必须慎用。

【商品信息】 氨茶碱1907年合成并用于临床，已有百年历史，如今随着新的长效抗哮喘药物的应用，它已不再是临床治疗哮喘的首选药物，但因其厂家较多，价格较低，效果确切，仍深受老年患者的喜爱，近年来尽管其市场份额不断缩小，但临床上仍大量使用。

【贮藏】 遮光，密封保存。遇热或空气易氧化，先变为淡黄色，渐变为棕色，并放出强烈氨臭，不可使用。

五、典型过敏介质阻释剂

色 甘 酸 钠

（Sodium Cromoglicate）

【作用与适应证】 本品能在抗原抗体的反应中，稳定肥大细胞膜、抑制肥大细胞裂解、脱粒，阻止过敏介质释放，预防哮喘的发作。本品有平喘作用，能抑制反射性支气管痉挛，抑制支气管的高反应性，抑制血小板活化因子（PAF）引起的支气管痉挛。主要用于预防季节性哮喘发作，但本药奏效慢，数日甚至数周后才收到防治效果，对正在发作哮喘者无效。本药用于过敏性鼻炎和季节性枯草热，能迅速控制症状。外用于湿疹及某些皮肤瘙痒也有显著疗效。对运动性哮喘的疗效较好。

【制剂】 主要有胶囊剂、滴眼液、粉雾剂和气雾剂等。

【不良反应】 本药口服无效，只能喷雾吸入。不良反应少，少数患者可有咽痛，气管刺激症状甚至诱发哮喘，与少量异丙肾上腺素同时吸入可预防。肝、肾功能不全者，孕妇及哺乳期妇女慎用。

【用药指导】 ①本品对正在发作的哮喘无效。但在接触抗原前7~10天给药，可预防哮喘发作，抑制抗原抗体结合后过敏性介质的释放。②极少数人在开始用药时出现哮喘加重，

此时可先吸入少许扩张支气管的气雾剂,如沙丁胺醇。③不要中途突然停药,以免引起哮喘复发。④肝、肾功能不全者慎用。

【商品信息】本品于 1974 年在美国首次上市,我国 1974 年投产。

【贮藏】遮光,密闭保存。气雾剂应密闭,在阴凉处保存。

酮 替 芬
(Ketotifen)

【作用与适应证】本品为口服强效过敏介质阻释剂,用于预防各型支气管哮喘发作,对外源性、内源性和混合性哮喘均有较好效果,对儿童哮喘疗效最好。一般在连续用药 12 周后,可获得最大的疗效。还可用于过敏性鼻炎、荨麻疹、皮肤瘙痒等。

【制剂】主要有片剂、胶囊剂、溶液剂、滴鼻剂等。

【不良反应】少数患者在用药过程中可见镇静、疲倦、头晕、口干等不良反应,不必停药,因继续用药数天后可自行减轻。

【用药指导】本品用药后 1~2 周起效,3~4 周效果明显。用药初期,中枢活动受到抑制,驾驶员和操作精密机器者应慎用。

【商品信息】本品为 20 世纪 70 年代末继色甘酸钠后为临床接受的第二个哮喘预防药,由瑞士道士公司首先研制成功。我国 1984 年投产。

【贮藏】遮光,密封保存;原料及其他制剂遮光,密闭保存。

六、典型肾上腺皮质激素

严重哮喘或哮喘持续状态用其他药物无效时,可用肾上腺皮质激素控制症状。但症状缓解后,改为维持量,直至停用。目前常采用局部作用强,吸收作用弱的肾上腺皮质激素药物。目的是避免长期全身用药所致的严重不良反应。

倍 氯 米 松
(Beclometasone)

【作用与适应证】本品为局部应用的强效肾上腺素皮质激素,具有抗炎、抗过敏和止痒等作用,可用于依赖肾上腺皮质激素的慢性哮喘患者。亦可用于预防发作及过敏性鼻炎等。外用可治疗各种炎症皮肤病,如湿疹、过敏性皮炎、神经性皮炎、接触性皮炎、牛皮癣、瘙痒等。

【制剂】主要有气雾剂、胶囊剂、乳膏剂等。

【不良反应】气雾剂对个别患者有刺激感,咽喉部出现白色念珠菌感染,但吸后立即漱口可减轻刺激感,并可用局部抗真菌药控制感染。

【用药指导】本品气雾剂适用于轻症哮喘,急性发作时应加用其他平喘药。用药后应在哮喘控制良好的情况下逐渐停用口服皮质激素,一般在本品气雾剂治疗 4~5 天后才慢慢减量停用。

【商品信息】本品在哮喘治疗药物市场上属于地位较稳固的一类药。

【贮藏】密闭,在阴凉处保存。

重点小结

参照国家基本药物目录的分类方式，将呼吸系统用药分为 3 个类别，分别是祛痰药、镇咳药、平喘药。

祛痰药主要介绍了黏液调节剂——溴己新和氨溴索。

镇咳药主要介绍了中枢性镇咳药——喷托维林和右美沙芬。

祛痰药主要介绍了 β 肾上腺素受体激动剂——沙丁胺醇和麻黄碱；M 胆碱受体阻断剂——异丙托溴铵；磷酸二酯酶抑制剂——氨茶碱，过敏介质阻释剂——色甘酸钠，肾上腺皮质激素——倍氯米松。

重点掌握各类代表药的适应证、用药指导和相关的商品信息。

（张厚利）

扫码"练一练"

第十三章　消化系统用药

消化系统疾病是一种常见的多发病，总发病率占人口总数的 $10\% \sim 20\%$。主要以急、慢性胃炎，消化性溃疡，功能性消化不良等胃肠疾病为主，其中以消化性溃疡最为常见。随着人们生活节奏的加快和工作压力增大，消化系统疾病发生率呈上升趋势。

伴随着消化系统疾病的快速增长，大量的治疗药物也相继问世，我国消化系统用药的销售额位居各种药品类别的前五位，是位列于抗感染、心血管类和抗肿瘤之后的一个重要治疗类别。消化系统药物根据治疗目的可分为抗消化性溃疡药、胃肠解痉药、胃肠促动力药、止吐与催吐药、助消化药、泻药与止泻药、肝胆疾病辅助治疗用药等。

第一节　治疗消化性溃疡药

扫码"学一学"

消化性溃疡病主要是指发生在胃和十二指肠的慢性溃疡病，即胃溃疡和十二指肠溃疡，是一种常见病，发病率为 $10\% \sim 12\%$。溃疡的发生和形成与胃酸 - 胃蛋白酶的消化作用有关，消化性溃疡的发病机制还在深入研究之中，其中攻击因子 - 黏膜防御因子平衡理论已得到普遍认可；同时幽门螺杆菌是溃疡的主要病因在世界范围内已达到了共识。

近年来，随着对消化性溃疡的病因和发病机制的深入研究，研发上市了不少治疗消化性溃疡的新药。20 世纪 70 年代 H_2 受体阻断剂的问世，明显降低了消化性溃疡合并症的发生率，是消化性溃疡病治疗学上的一个里程碑。80 年代，比 H_2 受体阻断剂的抑酸作用更强大而持久的质子泵抑制剂问世，极大地提高了溃疡的愈合率；同时抗幽门螺杆菌药物的联合应用，不但提高了溃疡的治愈率，而且降低了其复发率，开创了消化性溃疡治疗的新纪元。

一、治疗消化性溃疡药的分类

常用的治疗消化性溃疡药可分为抗酸药、胃酸分泌抑制剂、胃黏膜保护剂、抗幽门螺杆菌药等几类。其中质子泵抑制剂类、H_2 受体阻断剂、胃黏膜保护剂占有较大市场份额，形成三足鼎立的格局。

二、抗酸药

抗酸药是治疗消化性溃疡最早应用的药物，已有百年历史。多为弱碱性化合物，口服后能直接中和胃酸，减轻或消除胃酸对溃疡面的刺激和腐蚀作用，从而缓解疼痛；同时能减弱胃蛋白酶的活性，降低胃液对溃疡面的自我消化，而有利于溃疡愈合。用于胃、十二指肠溃疡和胃酸分泌过多症的辅助治疗。餐后服用比空腹服用效果好，可延长药物的作用时间。常用的抗酸药按其效应分为：①吸收性抗酸药，如碳酸氢钠等；②非吸收性抗酸药，如碳酸钙、氧化镁、氢氧化铝（片剂或凝胶）、三硅酸镁等。

氢 氧 化 铝

（Aluminium Hydroxide）

【作用与适应证】本品对胃酸的分泌无直接影响，对胃内已存在的胃酸起中和或缓冲的化学反应，有抗酸、吸附、保护溃疡面、局部止血等作用。主要用于胃酸过多、胃及十二指肠溃疡、反流性食管炎及上消化道出血等。尿毒症患者服用大剂量氢氧化铝可减少磷酸盐的吸收，减轻酸血症。

【制剂】本品主要有片剂、凝胶剂和胶囊剂等。

【用药指导】①本品能妨碍磷的吸收，并能引起便秘，严重时甚至可引起肠梗阻，故不宜长期服用。②本品含有铝离子，不宜与四环素类合用。③对长期便秘者慎用；为防止便秘可与三硅酸镁或氧化镁交替服用。④治疗胃出血时宜用凝胶。⑤肾功能不全患者长期应用可能会有铝蓄积中毒，出现精神症状。

【商品信息】氢氧化铝本身有片剂、凝胶剂，还可作为主要组分构成多种复方制剂，如复方氢氧化铝片、斯达舒、胃舒平、盖胃平、和露胃片、胃泰康胶囊、复方维生素 U 胶囊等。这些均为抗酸与胃黏膜保护类非处方药药品。本品应用历史悠久，早在 20 世纪 40 年代上海就有生产。

【贮藏】片剂、胶囊剂应密封，在干燥处保存；凝胶剂需防冻。

三、胃酸分泌抑制剂

由胃壁细胞分泌的胃酸是诱发消化性溃疡的主要因素。壁细胞膜的 H_2 组胺受体、M 胆碱受体、胃泌素受体与胃酸分泌有关，这些受体最后介导胃酸分泌的共同途径是激活 H^+/K^+ -ATP 酶（又称质子泵）。因此，M 受体、H_2 受体和胃泌素受体的阻断药，以及 H^+/K^+ -ATP 酶抑制药均可抑制胃酸分泌，都可用于消化性溃疡的治疗。

（一）H_2 受体阻断剂

H_2 受体阻断剂选择性地竞争结合壁细胞膜上的 H_2 受体，使壁细胞内 cAMP 产生，胃酸分泌减少，作用较 M 胆碱受体阻滞药强而持久。雷尼替丁、法莫替丁、西咪替丁、尼扎替丁已广泛用于临床，新药罗沙替丁、拉呋替丁、乙溴替丁的开发，将进一步加大胃炎和胃肠溃疡临床药物的选择范围，尽管奥美拉唑在我国市场形势很好，但是"替丁类"药物符合我国国情，也展示出较好的市场前景。

1. 典型 H$_2$受体阻断剂

雷尼替丁
(Ranitidine)

【**作用与适应证**】本品为第 2 代 H$_2$受体阻断药，对胃及十二指肠溃疡疗效高，具有速效和长效的特点，不良反应小，安全性高。主要用于胃及十二指肠溃疡、术后溃疡、反流性食管炎及卓－艾综合征等。静脉注射可用于上消化道出血。

【**制剂**】本品主要有片剂、胶囊剂、注射液等。

【**不良反应**】可有恶心、皮疹、便秘、乏力、头痛、头晕等不良反应。与西咪替丁相比，对肾功能、性腺功能和中枢神经的不良反应较轻。

【**用药指导**】①孕妇及哺乳期妇女禁用；8 岁以下儿童禁用。②肝肾功能不全者慎用。

【**商品信息**】雷尼替丁是第 2 代 H$_2$受体阻断剂，1981 年英国葛兰素公司率先将产品推向市场，在英国上市。1983 年 6 月 9 日获得美国 FDA 批准，并相继在许多国家用于临床，1995 年作为非处方药在英国、美国、丹麦等国上市。雷尼替丁在全球上市后，市场快速扩展，1986 年首次超过西咪替丁，荣获世界最畅销药品的桂冠。我国最早于 1986 年由上海第六制药厂开发成功，1987 年投产。

【**贮藏**】本品原料药、片剂、胶囊剂应遮光、密封，在干燥处保存；注射剂应遮光，密闭保存。

法莫替丁
(Famotidine)

【**作用与适应证**】本品为第 3 代 H$_2$受体阻断药，用于胃及十二指肠溃疡、反流性食管炎、上消化道出血（消化性溃疡、急性应激性溃疡、出血性胃炎所致）、急性胃黏膜病变、卓－艾综合征等。

【**制剂**】本品主要有片剂和胶囊剂。

【**不良反应**】少数患者可有口干、头晕、失眠、便秘、腹泻、皮疹、面部潮红。偶有白细胞减少，轻度转氨酶增高等。

【**用药指导**】①法莫替丁是一特异性更高的 H$_2$受体阻断剂，与西咪替丁和雷尼替丁相比，具有效力强、长效（持续时间可延长 30%）、溃疡愈合率高、不良反应轻微等特点。②长期大剂量治疗时不会发生雄激素拮抗的副作用，如男性乳房发育、阳痿及女性溢乳等现象。③肝肾功能不全患者慎用。④哺乳期妇女使用时应停止授乳；对小儿安全性尚未确定。

【**商品信息**】法莫替丁是第 3 代 H$_2$受体阻断剂，由日本山之内公司研制开发，1985 年首先在日本上市。我国于 1989 年批准法莫替丁进口产品上市，1990 年我国企业研制成功。1992 年正式生产法莫替丁原料药及制剂。

【**贮藏**】15～25℃，避光保存。

2. 其他 H$_2$受体阻断剂

（1）西咪替丁（Cimetidine）　本品为第 1 代 H$_2$受体阻断剂，临床主要用于各种酸相关

性疾病，如十二指肠溃疡、胃溃疡、卓－艾综合征、上消化道出血、反流性食管炎、高酸性胃炎等。本品为 1976 年在英国第 1 个上市的 H_2 受体阻断剂，由史克公司开发研制。20世纪 90 年代中期，西咪替丁的全球销售额已稳定在 10 亿美元左右。因不良反应较多，特别是抗雄激素活性和中枢神经系统的作用，使其临床应用收到很大限制。

（2）乙溴替丁（ebrotidine）　是新一代 H_2 受体阻断剂，是第 1 个同时具有胃黏膜保护作用、抗幽门螺杆菌（Hp）作用及抗分泌作用的 H_2 受体阻断剂。临床上用于十二指肠溃疡、幽门螺杆菌及非甾体抗炎药引起的胃炎和消化性溃疡以及反流性食管炎。而且对有溃疡史的嗜酒者及抽烟者更有价值。其不良反应较少，耐受性良好。乙溴替丁 1997 年已在西班牙上市。

（二）质子泵抑制剂

H^+/K^+－ATP 酶抑制剂，即质子泵抑制剂（PPI）是一类新型的抑制胃酸分泌的药物。其抑酸作用与 H_2 受体阻断剂相比，具有明显的优越性，如选择性高、疗效好、不良反应少，与抗生素配伍的复方制剂可消除幽门螺杆菌。主要的质子泵制剂有奥美拉唑、兰索拉唑、泮托拉唑以及雷贝拉唑等。质子泵抑制剂已经成为治疗消化性溃疡的首选药，市场占有率远远超过 H_2 受体阻断剂。

1. 典型质子泵抑制剂

奥 美 拉 唑
（Omeprazole）

【作用与适应证】本品为新型质子泵抑制剂，抑酸能力强大，有强而持久的抑制基础胃酸及食物、五肽胃酸泌素所致的胃酸分泌的作用。临床用于胃溃疡、十二指肠溃疡、卓－艾综合征、慢性浅表性胃炎以及幽门螺杆菌感染的根除治疗等，其静脉注射剂可用于上消化道出血和预防应激性溃疡。

【制剂】本品主要有片剂（肠溶片）、胶囊剂、注射剂等。

【不良反应】常见不良反应是腹泻、头痛、恶心、腹痛、胃肠胀气及便秘。

【用药指导】①本品具有治愈率高、显效快、不良反应轻微等特点。已成为胃及十二指肠溃疡、反流性食管炎、幽门螺杆菌感染、非类固醇类抗炎药引起的溃疡等疾病治疗的首选药。②本品为肠溶胶囊，服用时注意不要嚼碎，以免药物在胃内过早释放而影响疗效。③肝肾功能不全者慎用；婴幼儿禁用。

【商品信息】奥美拉唑是首个上市的质子泵抑制剂，由瑞典阿斯特拉制药公司（阿斯利康制药前身）研发成功，于 1988 年在瑞士首先上市。在 1998～2000 年间，连续 3 年排名全球畅销药物之首，是 20 世纪消化系统用药中的又一个里程碑产品。1992 年奥美拉唑胶囊在国内上市，1997 年开始出现注射剂。在治疗消化性溃疡类药物中，奥美拉唑一直占据着相当大的市场份额。

【贮藏】本品原料药遮光、密封，在干燥、冷处保存；片剂、胶囊剂遮光，密封，在阴凉干燥处保存。

2. 其他质子泵抑制剂

（1）兰索拉唑（Lansoprazole）　本品是继奥美拉唑之后世界上开发的第 2 个质子泵抑制剂，对幽门螺杆菌的抑菌活性比奥美拉唑提高了 4 倍。临床上用于十二指肠溃疡、胃溃

疡、反流性食管炎，卓-艾综合征的治疗，疗效显著。常用片剂、胶囊剂。不良反应轻微，主要表现为口干、头晕、恶心。本品由 1992 年初由武田公司和 Houde 公司在法国正式投放市场。1995 年 5 月获 FDA 批准后在美国上市。国内兰索拉唑在 20 世纪 90 年代中期仿制成功。

（2）埃索美拉唑（Esomerprazole）　本品为奥美拉唑的左旋光学异构体，而阿斯利康公司在 2002 年推出了换代产品埃索美拉唑，2003 年初该品在中国上市，商品名为"耐信"。

埃索美拉唑抑酸起效快、作用强、抑酸持续时间长，因此，对胃食管反流病疗效明显优于其他质子泵抑制剂，治疗成本却明显降低。

四、胃黏膜保护剂

胃黏膜保护剂是一类具有保护和增强胃肠黏膜防御功能的药物，适用于治疗所有与消化道黏膜损伤有关的疾病，包括消化性溃疡、急慢性胃炎、成人及儿童的急慢性腹泻、胃食管反流、食管炎、结肠炎、肠易激综合征等疾病的治疗。临床上常用的药物有枸橼酸铋钾、硫糖铝、替普瑞酮、米索前列醇等。

1. 典型胃黏膜保护剂

枸 橼 酸 铋 钾
（Bismuth Potassium Citrate）

【作用与适应证】本品主要成分是三钾二枸橼酸铋，用于治疗胃溃疡、十二指肠溃疡、复合溃疡、多发溃疡及吻合口溃疡。

【制剂】本品主要有片剂、胶囊剂、颗粒剂等。

【不良反应】服药期间，口内可能带有氨味，并可使舌苔及大便呈灰黑色，停药后即自行消失。偶见恶心、便秘。

【用药指导】①牛奶和抗酸药可干扰本品的作用，不能同时服用。②严重肾病患者及孕妇禁用，一般肝肾功能不良者应减量。

【商品信息】本品作用方式独特，既不中和胃酸也不抑制胃酸分泌，而是在溃疡表面形成氧化铋胶体沉淀，成为保护性薄膜，隔绝胃酸、酶及食物对溃疡黏膜的侵蚀作用。临床上经常采用奥美拉唑加枸橼酸铋钾、克拉霉素、替硝唑组成的四联方案。

国内较早的产品为珠海丽珠制药的丽珠得乐颗粒剂，现已开发枸橼酸铋钾片、枸橼酸铋钾胶囊及丽珠维三联（枸橼酸铋钾、克拉霉素、替硝唑）等制剂。

【贮藏】遮光，密封，在干燥处保存。

2. 其他胃黏膜保护剂

（1）硫糖铝（Sucralfate）　本品为蔗糖硫酸酯的碱式铝盐。在酸性环境下形成一层保护性屏障，阻断胃酸、胃蛋白酶对溃疡的消化作用，防止胃黏膜进一步损伤。还能促进内源性前列腺素 E 的合成以及吸附表皮生长因子，使之在溃疡或炎症处浓集，有利于黏膜再生。用于胃、十二指肠溃疡及胃炎治疗。本品不但疗效确切，不良反应少，而且与同类产品相比，价格具有竞争力。多年来一直在国内外广泛使用。硫糖铝于 1975 年首先在意大利上市，我国是硫糖铝的主要出口国之一，主要生产厂家为南京制药厂和东北制药总厂。

（2）米索前列醇（Misoprostol）　本品为最早进入临床的合成前列腺素 E 的衍生物，具

有强大的抑制胃酸分泌作用。主要用于胃及十二指肠溃疡，预防因使用非甾体消炎药所致的胃肠道溃疡。主要不良反应为稀便或腹泻，其他可有轻微短暂的恶心、头痛、眩晕和腹部不适。

第二节　胃肠解痉药

胃肠解痉药主要是 M 胆碱受体阻断剂，它们能阻断胆碱神经介质与受体的结合，解除胃肠痉挛，松弛平滑肌，缓解疼痛，抑制多种腺体（汗腺、唾液腺、胃液）分泌，达到止痛的目的。可用于胃酸过多、胃及十二指肠溃疡、胃肠痉挛、胃炎等的治疗，也可用于治疗胆道痉挛、胆石症、胰腺炎等。主要品种有阿托品、溴丙胺太林、氢溴酸山莨菪碱片、颠茄流浸膏（颠茄片）、盐酸哌仑西平片等。

一、典型胃肠解痉药

阿 托 品
（Atropine）

【作用与适应证】本品为典型的 M 胆碱受体阻断剂。主要用于各种内脏绞痛，如胃肠绞痛及膀胱刺激症状，抢救感染中毒性休克，解救有机磷酸酯类中毒，全身麻醉前给药，严重盗汗和流涎症。

【制剂】本品主要有片剂、注射液等。

【不良反应】本品作用广泛，但选择性较差，不良反应较多。常有口干、眩晕，严重时瞳孔散大、皮肤潮红、心率加快、兴奋、烦躁、谵语、惊厥。严重中毒时可由中枢兴奋转入抑制，产生昏迷和呼吸麻痹等。

【用药指导】①老年人容易发生抗 M 胆碱样副作用，如排尿困难、便秘、口干。②与甲氧氯普胺并用时，后者的促进肠胃运动作用可被拮抗。③青光眼及前列腺肥大患者禁用。

【商品信息】本品于 1831 年从颠茄中分离获得，我国于 1958 年由杭州民生药厂从植物中分离成功。本品的原料药按医疗用毒性药品管理。

【贮藏】避光，阴凉、密闭保存。

丙 胺 太 林
（Propantheline）

【作用与适应证】本品为抗胆碱药。作用与阿托品相似，也有弱的神经节阻断作用。用于治疗胃、十二指肠溃疡，胃痉挛，胆绞痛和胰腺炎等引起的腹痛，也可用于多汗症、妊娠呕吐及遗尿症。

【制剂】主要是片剂。

【不良反应】本品常见的不良反应为口干、面红、视物模糊、尿潴留、便秘、头痛、心悸等，减量或停药后可消失。

【用药指导】①本品与甲氧氯普胺、多潘立酮不能同用。②对本品过敏及青光眼患者禁

用。③肝、肾功能不全者及心脏病、高血压、前列腺肥大、消化道阻塞性疾病、重症肌无力、尿潴留、呼吸道疾病患者慎用。

【商品信息】溴丙胺太林片剂、复方溴丙胺太林铝镁片可作为胃肠解痉类甲类非处方药药品。

【贮藏】密封保存。

二、其他胃肠解痉药

1. **氢溴酸山莨菪碱**（Anisodamine Hydrobromide） 本品为阻断 M 胆碱受体的抗胆碱药，主要用于感染中毒性休克，脑血栓、脑栓塞等血管性疾患以及胃、肠平滑肌痉挛等。主要制剂有片剂和注射液。常见的不良反应为口干、面红、视近物模糊。用量较大时可出现心率加快，排尿困难等；用量过大会出现抽搐、甚至昏迷等中枢神经兴奋症状。青光眼、前列腺肥大、尿潴留患者等禁用。遮光，密闭保存。

2. **颠茄流浸膏**（Belladonna Liquid Extract） 本品为棕色的液体；气微臭。抗胆碱药，解除平滑肌痉挛，抑制腺体分泌。用于胃及十二指肠溃疡，胃肠道、肾、胆绞痛等。青光眼患者忌服。密封，于阴凉处保存。

第三节 胃肠促动力药

扫码"学一学"

随着生活水平的提高，人们的饮食结构发生了很大变化，饮食不节包括进食过多、过度摄入高脂肪、高蛋白及饮酒过量等都会引起不同程度的胃肠动力障碍性疾病，常常会导致胃部不适、胃胀、食欲减退等症状。

胃肠促动力药主要通过阻断多巴胺受体和 5 - 羟色胺受体，刺激乙酰胆碱的释放，从而增强胃及十二指肠的推进性蠕动，协调幽门的收缩，广泛用于胃肠胀满、食管反流以及放化疗患者恶心呕吐的治疗。现在临床上应用的胃动力药主要有甲氧氯普胺、多潘立酮、西沙必利、莫沙必利、溴米因等。

一、典型胃肠促动力药

甲 氧 氯 普 胺

（Metoclopramide）

【作用与适应证】本品为多巴胺受体阻断剂，用于各种病因所致恶心、呕吐、嗳气、消化不良、胃部胀满、胃酸过多，有利于溃疡愈合；也可用于因脑部肿瘤手术、肿瘤的放疗及化疗、脑外伤后遗症、急性颅脑损伤以及药物所引起的呕吐等。

【制剂】本品主要为片剂。

【不良反应】①主要不良反应为倦怠、嗜睡、头晕等，便秘、腹泻、皮疹等，溢乳、男子乳房发育等较为少见。②长期或大量使用可引起锥体外系反应，主要表现为帕金森综合征，可出现肌震颤、发音困难、共济失调等。③注射给药可引起直立性低血压。

【用药指导】①醛固酮与血清催乳素浓度可因甲氧氯普胺的使用而升高。②与乙醇或中枢抑制药等同时并用，镇静作用均增强。③抗胆碱药如溴丙胺太林、山莨菪碱、颠茄片等

会减弱本品的作用，不宜同服。

【商品信息】甲氧氯普胺作为临床应用历史最久的第1代胃肠促动力药，20世纪60年代问世。目前该药以低廉的价格满足了低端市场的需要，其市场销售量仅次于多潘立酮和西沙必利，属于国家基本药物。

【贮藏】原料及片剂密封保存；注射液密闭保存。

多潘立酮
（Domperidone）

【作用与适应证】本品为一种特效的外周多巴胺受体阻断剂，用于胃排空缓慢、慢性胃炎、胃食管反流等引起的消化不良症，如腹胀、嗳气、恶心、呕吐等；对偏头痛、放射治疗、非甾体抗炎药等引起的恶心、呕吐均有效。

【制剂】本品主要有片剂、混悬剂、滴剂、栓剂、注射剂等。

【不良反应】①偶见轻度腹部痉挛、口干、皮疹、头痛、腹泻、神经过敏、倦怠、嗜睡、头晕等。②有时血清泌乳素水平会升高，溢乳、男子乳房女性化等，但停药后即可恢复正常。

【用药指导】①抗胆碱药会减弱本品的作用，不宜同服。②建议儿童使用多潘立酮混悬剂。③栓剂最好在直肠排空时插入。

【商品信息】本品为强效的多巴胺受体阻断剂，现已成为国内临床最主要的胃动力药。由比利时杨森（Janssen）制药公司开发。于1978年首次在比利时上市。我国于1991年投产，西安杨森公司出产的吗丁啉首次引入了胃动力的概念。

【贮藏】遮光，密闭保存。

二、其他胃动力药

莫沙必利（Mosapride）为新型的第3代胃动力药，主要用于功能性消化不良伴有胃灼热、嗳气、恶心、呕吐、早饱、上腹胀等消化道症状。主要不良反应为腹泻、腹痛、口干、皮疹及倦怠、头晕等，对心率、血压及心电图均无影响，故较西沙必利具有更好的安全性。主要制剂是片剂。莫沙必利1998年6月在日本上市，我国1999年由成都大西南制药有限公司生产。

第四节　助消化药

助消化药是促进胃肠道消化过程的药物，大多数助消化药本身就是消化液的主要成分。在消化液分泌功能不足时，用它们能起到替代疗法的作用。另外有些药物能促进消化液的分泌，或制止肠道过度发酵，也用作消化不良的辅助治疗。

胃蛋白酶
（Pepsin）

【作用与适应证】本品是一种消化性蛋白酶，用于胃蛋白酶缺乏或消化功能减退引起的消化不良症。

扫码"学一学"

【制剂】本品主要有片剂、颗粒剂等。

【不良反应】治疗剂量无明显不良反应，偶见过敏反应。

【用药指导】①性质不稳定，水溶液易变质，遇热则凝固变性失效。②消化力在 pH 为 1.6～1.8 时为最强，故常与稀盐酸合用；忌与碱性药物配伍。

【商品信息】1836 年，索多·施旺（Theodor Schwann）在对消化过程进行的研究中，发现了一种能够参与消化作用的物质，并将其命名为胃蛋白酶。胃蛋白酶也是第一个从动物身上获得的酶。

【贮藏】密闭，置阴凉（不超过 20℃）干燥处保存。

胰　酶
（Pancreatin）

【作用与适应证】本品是胰蛋白酶、胰淀粉酶、胰脂肪酶的混合物。用于消化不良、食欲减退，肝、胰腺疾病引起的消化障碍。

【制剂】本品主要有片剂（肠溶片）、胶囊剂等。

【不良反应】可引起口和肛门周围疼痛，特别是幼儿易发生；偶见过敏反应，可有打喷嚏、流泪、皮疹、鼻炎和支气管哮喘等反应。

【用药指导】①本品与等量碳酸氢钠同服，可增加疗效。②本品在酸性条件下易被破坏，服用时不可嚼碎。

【贮藏】遮光，密封，在干燥处保存。

第五节　泻药与止泻药

一、泻药

泻药是能增加肠内水分，促进蠕动，软化粪便或润滑肠道促进排便的药物。按其作用机制分为容积性、刺激性和润滑性泻药三类。①容积性泻药：为非吸收的盐类和食物性纤维素等物质。药物有硫酸镁、硫酸钠等。②接触性（刺激性）泻药：通过刺激肠壁使肠蠕动加强而促进排便。其药物有比沙可啶、乳果糖、酚酞、蓖麻油等。③润滑性泻药：这类药物能润滑肠壁，软化大便，使粪便易于排出。药物有甘油、山梨醇、液状石蜡等。

1. 典型泻药

扫码"学一学"

硫酸镁
（Magnesium Sulfate）

【作用与适应证】本品口服不易被肠道吸收，停留于肠腔内，刺激肠壁增加肠蠕动而致泻。为导泻剂，主要用于清除肠道内毒物，亦用于某些驱肠虫药后的导泻及治疗便秘。

【制剂】本品主要有粉剂、注射剂等。

【不良反应】导泻时如浓度过高，可引起脱水。静脉注射硫酸镁常引起潮红、出汗、口干等症状。胃肠道有溃疡、破损之处，易造成镁离子大量的吸收而引起中毒。

【用药指导】①导泻时如服用大量浓度过高的溶液，可能自组织中吸取大量水分而导致脱水，宜同时多饮水。②药物过量，急性镁中毒时可引起呼吸抑制，可很快达到致死的呼吸麻痹，此时应即刻停药，并缓慢注射钙剂解救。③中枢抑制药（如苯巴比妥）中毒患者不宜使用本品导泻排除毒物，以防加重中枢抑制。④本品给药途径不同呈现不同的药理作用，须注意。

【贮藏】遮光，密闭保存。

2. 其他泻药

（1）甘油（Glycerol） 本品能润滑并刺激肠壁，软化大便，使易于排出。用于妊娠期及月经期妇女、小儿、年老体弱者便秘的治疗。由于本品可提高血浆渗透压，可作为脱水剂，用于降低眼压和颅内压。外用有吸湿作用，并使局部组织软化，用于冬季皮肤干燥皲裂等。制剂主要是栓剂，为缓泻药类非处方药药品。产生缓和的泻下作用，并不影响营养物质的吸收。原料密封，在干燥处保存。栓剂，应密封在30℃以下保存。

（2）酚酞（Phenolphghalein） 本品为刺激性缓泻药，适用于习惯性顽固便秘。忌与碱性药物配伍，连用偶能引起发疹；也可出现过敏反应、肠炎、皮炎及出血倾向等。婴儿禁用，幼儿及孕妇慎用。老年人应忌用，因为它的持久作用可严重耗竭水和电解质。常用制剂为酚酞片，密封保存。

二、止泻药

腹泻是疾病的症状，治疗时应采取对因疗法，例如肠道细菌感染引起的腹泻，应当首先用抗菌药物。但剧烈而持久的腹泻，可引起脱水和电解质紊乱，应在对因治疗的同时，适当给予止泻药。止泻药是指可以通过减少肠道蠕动或保护肠道免受刺激而达到止泻目的的药物。可分为以下几类：①阿片及其衍生物，如复方樟脑酊、地芬诺酯、盐酸洛哌丁胺等；②吸附剂，如药用炭；③收敛剂，如鞣酸蛋白；④保护剂，如次碳酸铋等。

1. 典型止泻药

地 芬 诺 酯
（Diphenoxylate）

【作用与适应证】本品是哌替啶的衍生物，适用于急、慢性功能性腹泻及慢性肠炎等。复方地芬诺酯由地芬诺酯和阿托品组成。地芬诺酯配以抗胆碱药阿托品，协同加强对肠管蠕动的抑制作用。

【制剂】本品主要是片剂。

【不良反应】服药后偶见口干、腹部不适、恶心、呕吐、嗜睡、烦躁、失眠等，减量或停药后消失。大剂量可产生欣快感，长期服用可致依赖性。

【用药指导】地芬诺酯本身具有中枢神经系统抑制作用，因其可加强中枢抑制药的作用故不宜与巴比妥类、阿片类、乙醇或其他中枢抑制药合用。

【商品信息】本品长期应用时可产生依赖性，按麻醉药品管理。

【贮藏】密封保存。

2. 其他止泻药

洛哌丁胺
（Loperamide）

【作用与适应证】本品的化学结构类似于哌替啶，能明显抑制肠蠕动而止泻，适用于急性腹泻以及各种病因引起的慢性腹泻。尤其适用于临床上应用其他止泻药效果不显著的慢性功能性腹泻。

【制剂】本品主要是胶囊剂。

【不良反应】主要有皮疹、瘙痒、口干及腹胀、恶心，也可有头晕、头痛、乏力。

【用药指导】①本品适用于成人及 5 岁以上的儿童。②因用抗生素导致伪肠膜炎患者不宜用。③细菌性腹泻及溃疡性结肠炎、重病肝损害者慎用。

【商品信息】本品由比利时杨森公司于 20 世纪 70 年代开发上市，商品名为易蒙停。

【贮藏】密封，在干燥处保存。

蒙脱石
（Dioctahedral Smectite）

【作用与适应证】本品从天然蒙脱石中提取，主要用于急、慢性腹泻，尤以对儿童急性腹泻疗效为佳，但在必要时应同时治疗脱水。也用于食管炎及与胃、十二指肠、结肠疾病有关的疼痛的对症治疗。

【制剂】本品主要是散剂。

【不良反应】少数人可能产生轻度便秘，可减少剂量继续服用。

【用药指导】①蒙脱石散剂可作为止泻类甲类非处方药药品用于成人及儿童急、慢性腹泻。②本品可能影响其他药物的吸收，必须合用时应在服用本品之前 1 小时服用其他药物。

【商品信息】本品因快速止泻和安全无副作用的优势突出，在儿童腹泻治疗领域的应用尤为广泛。最早在国内上市的蒙脱石制剂是博福－益普生（天津）制药有限公司的思密达。

【贮藏】密封，在干燥处保存。

第六节　肝胆疾病辅助用药

肝胆疾病辅助用药主要包括肝炎辅助用药、利胆药、治疗肝昏迷药等。由于肝胆系统疾病的防治比较复杂，目前尚无确定的有效的药物，本类药物仅作为一些辅助治疗措施供临床应用。

一、治疗肝炎辅助用药

肝脏是人体新陈代谢的重要器官，多种因素可引起肝脏病变和损伤。肝病包括急慢性肝炎、肝硬化、肝性脑病等。病毒性肝炎除可以应用相关的抗病毒药物治疗以外，至今尚无理想的特效的治疗药物能减轻肝脏的损伤或促进肝细胞再生。治疗肝炎辅助用药能改善肝脏功能，促进肝细胞再生，增强肝脏的解毒能力。如联苯双酯、葡醛内酯、肌苷、齐墩

扫码"学一学"

果酸等。

1. 典型肝炎辅助用药

联 苯 双 酯
（Bifendate）

【作用与适应证】本品为我国创制的一种治疗肝炎的降酶药物，临床用于慢性迁延型肝炎伴 ALT 升高者，也可用于化学毒物、药物引起的 ALT 升高。

【制剂】本品主要是滴丸。

【不良反应】个别病例可出现口干、轻度恶心，偶有皮疹发生，一般加用抗变态反应药物后即可消失。

【用药指导】①少数患者用药过程中 ALT 可回升，加大剂量可使之降低。②个别患者于服药过程中可出现黄疸及病情恶化，应停药。③肝硬化者禁用，慢性活动性肝炎者慎用。

【贮藏】遮光，密封保存。

2. 其他肝炎辅助用药

葡 醛 内 酯
（Glucurolactone）

【作用与适应证】本品有保护肝脏及解毒作用。另外，葡萄糖醛酸可使肝糖原含量增加，脂肪储量减少。用于急慢性肝炎的辅助治疗，可用于食物或药物中毒。

【制剂】本品主要是片剂（含内酯片）、注射剂等。

【不良反应】偶有面红，轻度胃肠不适，减量或停药后即消失。

【用药指导】本品提高肝脏解毒能力，修复受损肝组织，迅速缓解肝炎症状、恢复肝脏功能作用，减轻肝脏负担、改善肝内微循环，降低转氨酶作用，防止肝纤维化，保护肝脏。

【贮藏】遮光，密闭保存。

二、利胆药

利胆药主要通过促进胆汁分泌和排泄，有利于胆病的治疗。临床常用利胆药按作用方式可分为以下几类。①促进胆汁分泌药，如去氢胆酸、熊去氧胆酸、利胆素、苯丙醇、胆维他等；②促进胆汁排空药，如硫酸镁等。

熊 去 氧 胆 酸
（Ursodeoxycholic Acid）

【作用与适应证】本品为胆石溶解药。长期服用本药可增加胆汁酸分泌，并使胆汁成分改变，降低胆汁中胆固醇及胆固醇脂，有利于胆结石中的胆固醇逐渐溶解，用于不宜手术治疗的胆固醇结石，但不能溶解胆色素结石、混合结石及不透 X 光的结石。对胆囊炎、胆道炎及消化不良亦有一定疗效。

【制剂】本品主要有片剂、胶囊剂等。

【不良反应】可见恶心、呕吐、腹泻、皮肤瘙痒、头痛、胰腺炎、心动过速等，对肝脏毒性很小。

【用药指导】①胆道完全梗阻和严重肝功能减退者禁用。②本品不能溶解胆色素等其他类型结石。③长期使用本品可增加外周血小板的数量。④本品不宜与考来烯胺或含氢氧化铝的制酸剂同时合用，因可阻碍本品的吸收。

【商品信息】我国进口的熊去氧胆酸胶囊（优思佛胶囊）由德国福克制药有限公司生产，目前国内也有生产。

【贮藏】遮光，密封保存。

苯 丙 醇

（Phenylpropanol）

【作用与适应证】本品有促进胆汁分泌、促进消化作用，主要用于胆囊炎、胆道感染、胆石症、胆道手术后综合征和高胆固醇血症等。

【制剂】本品主要是胶丸剂。

【不良反应】偶有胃部不适，减量或停药后消失。

【用药指导】①本品胶丸为利胆药类非处方药药品，用于慢性胆囊炎的辅助治疗。②对本品过敏者、胆道阻塞者、黄疸患者禁用。

【贮藏】密封保存。

重点小结

参照国家基本药物目录的分类方式，将消化系统用药分为 6 个类别，分别是治疗消化性溃疡药、胃肠解痉药、胃肠促动力药、助消化药、泻药与止泻药、肝胆疾病辅助用药。

消化性溃疡药主要介绍了胃酸分泌抑制剂——雷尼替丁和法莫替丁，质子泵抑制剂——奥美拉唑，胃黏膜保护剂——枸橼酸铋钾和硫糖铝。

胃肠解痉药主要介绍了阿托品和丙胺太林。

胃肠促动力药主要介绍了甲氧氯普胺和多潘立酮。

助消化药主要介绍了胃蛋白酶和胰酶。

泻药与止泻药主要介绍了硫酸镁和地芬诺酯等。

肝胆疾病辅助用药介绍保肝药——联苯双酯和葡醛内酯，利胆药——熊去氧胆酸。

重点掌握各类代表药的不良反应、用药指导和相关的商品信息。

扫码"练一练"

（张厚利）

第十四章　血液系统用药

📖 学习目标

1. **掌握**　重点掌握尿激酶、华法林、肝素、鱼精蛋白、氨甲苯酸、维生素 K、氯吡格雷、利伐沙班及双嘧达莫的药品信息。掌握阿司匹林、铁剂、维生素 B_{12}、替格瑞洛、达比加群酯及叶酸的药品信息。

2. **熟悉**　常见抗贫血药物、抗凝药、促凝药及抗血小板药物的不良反应及用药注意事项。

3. **了解**　腺苷钴胺、重组人促红素、氨甲环酸、凝血酶、阿替普酶及链激酶的药品信息。

血液是一种由血浆和血细胞组成的流体组织，在心血管系统中不断循环流动，起到运输氧气和营养物质及维持机体内环境稳态的作用。当血液中血细胞和血浆成分发生变化或大量丢失时，即可引起血液系统性疾病，如贫血、出血、休克和血栓等。

药物通过改变促凝系统或在系统的反应建立新的平衡，保持血液在脉管系统中的流动性。抗凝药、抗血小板药和溶栓药在防治血栓栓塞症和毒理方面具有相互协调作用，但三类药物若过量使用则有可能引起出血。而促凝血药通过其止血作用，用于围手术期出血，也称止血药。

扫码"学一学"

第一节　抗贫血药

贫血是指人体单位容积的血液中，红细胞计数、血红蛋白量或红细胞压积低于正常值。目前常用的分类方法是细胞学分类法，即按照细胞形态的不同，可分为大细胞性贫血（常见病为巨幼细胞贫血）、正常细胞性贫血（常见病为再生障碍性贫血、溶血性贫血等）和小细胞低色素性贫血（常见病为缺铁性贫血）三类。我国患有不同程度贫血症的人群高达 2 亿。贫血治疗可分为病因治疗、药物治疗、输血、脾切除、骨髓移植等方法。抗贫血药是一种最常用的基本治疗方法。

一、典型抗贫血药

贫血中最常见的类型是失血引起的贫血和缺乏铁元素、维生素 B_{12}、叶酸所致的营养缺乏性贫血和再生障碍性贫血。抗缺铁性贫血药物、抗巨幼细胞贫血药物和促红细胞生长素是这一亚类的重要品种。目前，临床使用的主要品种有铁剂、维生素 B_{12} 及叶酸等，其中维生素 B_{12} 及叶酸的发现源于 100 多年前，并获得两项诺贝尔奖。1831 年，Blaud 将碳酸亚铁用于贫血的治疗，随后口服硫酸亚铁和注射用铁剂相继用于贫血的治疗。

铁 剂
（Ferrous Preparations）

【作用与适应证】铁是红细胞中血红蛋白的组成元素。缺铁时，红细胞合成血红蛋白量减少，致使红细胞体积变小，携氧能力下降，形成缺铁性贫血，口服铁剂可补充铁元素。用于各种原因（如慢性失血、营养不良、妊娠、儿童发育期等）引起的缺铁性贫血。

【制剂】主要有片剂、缓释片、注射剂、胶囊及糖浆剂等。

【不良反应】①口服铁剂对胃肠道有刺激性，可引起恶心、腹痛、腹泻。饭后服用可以减轻症状。②也可引起便秘，因铁与肠腔中硫化氢结合，减少了硫化氢对肠壁的刺激作用。③小儿误服1g以上铁剂可引起急性中毒，表现为坏死性胃肠炎、呕吐、腹痛、血性腹泻、休克、呼吸困难、死亡。急救措施为以磷酸盐或碳酸盐溶液洗胃，以特殊解毒剂去铁胺注入胃内以结合残存的铁。④肌内注射可致局部刺激疼痛。

【用药指导】①服用铁剂的同时忌饮茶或咖啡，因为茶叶及咖啡中含有大量鞣酸，能与铁生成不溶性的铁质沉淀，影响铁的吸收。②贫血补铁应坚持"小量、长期"的原则。应严格按医嘱服药，不可自作主张加大服药剂量，以免铁中毒；也绝不能一次大剂量，否则易致急性铁中毒。③口服铁剂时应将药物放在舌面上，直接用水冲饮服下，不要咀嚼药物，以免染黑牙齿，影响美容。④应在饭后服药，避免空腹服药，以减轻药物对胃肠道的刺激而引起的恶心呕吐。⑤服用铁剂时，服用维生素C或果汁，因酸性环境有利于铁的吸收。⑥含钙类食品（如豆腐）和高磷酸盐食品（如牛奶）等，与铁剂能络合而生成沉淀，故应尽量避免合用。⑦口服铁剂治疗期间，因铁与大肠内硫化氢反应生成硫化铁，使大便颜色变为褐黑色，停用铁剂后即恢复正常。

【商品信息】琥珀酸亚铁是抗缺铁性贫血市场中的主要品种，江苏金陵药业南京金陵制药厂是该药主要生产厂商，琥珀酸亚铁颗粒剂和缓释片是其独家品种。2013年7月25日，美国食品药品管理局（FDA）批准了Luitpold制药公司新药羧基麦芽糖铁注射液用于治疗口服铁剂疗效不满意或不能耐受口服铁剂的缺铁性贫血成年患者；该产品是一种肠外铁剂替代产品，是第一个获得FDA批准用于治疗IDA的非右旋糖酐静脉铁剂。

【贮藏】密封，在干燥处保存

维生素 B_{12}
（Vitamin B_{12}）

【作用与适应证】维生素 B_{12} 既与细胞分裂有关，又为维持神经组织髓鞘完整所必需。适用于恶性贫血及巨幼细胞贫血，也用于神经炎、神经萎缩症。

【制剂】主要有片剂和注射剂。

【不良反应】可致过敏反应，甚至过敏性休克，促进恶性肿瘤生长，偶可引起皮疹、瘙痒、腹泻及哮喘等。

【用药指导】①恶性贫血内因子缺乏，影响维生素 B_{12} 的肠道吸收，必须肌内注射给药。②能加速核酸降解，使血尿酸升高，诱发痛风发作。③用药期间应注意低血钾。④老人、素食且不吃蛋和奶制品的人必须补充维生素 B_{12}。⑤应避免与氯霉素合用，否则可抵消维生素 B_{12} 具有的造血功能。⑥体外实验发现维生素C可破坏维生素 B_{12}，同时给药或长期

大量摄入维生素 C 时可使维生素 B_{12} 血浓度降低。

【商品信息】本品是 B 族维生素中迄今为止发现最晚的一种。研究人员最初发现服用全肝可控制恶性贫血症状，经 20 年研究，到 1948 年才从肝脏中分离出一种具有控制恶性贫血效果的红色晶体物质，定名为维生素 B_{12}，因含钴而呈红色，又称红色维生素，是少数有色的维生素。1963 年确定其结构式，1973 年完成人工合成。维生素 B_{12} 在体内因结合的基团不同，可有多种存在形式，如氰钴胺素、羟钴胺素、甲钴胺素和 5 - 脱氧腺苷钴胺素，后两者是维生素 B_{12} 的活性型，也是血液中存在的主要形式。国内有 400 多家企业生产维生素 B_{12} 制剂。

【贮藏】密封，在干燥处保存。

叶 酸 类
(Folic Acid Preparations)

【作用与适应证】叶酸进入体内被还原为四氢叶酸，参与多种生物代谢。当叶酸缺乏时，将出现巨幼细胞贫血。临床主要用于巨幼细胞贫血治疗。

【制剂】主要有片剂和注射剂。

【不良反应】通常叶酸较少出现不良反应，但应注意过量问题，个别患者长期大量服用叶酸可出现厌食、恶心、腹胀等胃肠道症状。

【用药指导】①服用叶酸可以掩盖维生素 B_{12} 缺乏的早期表现，而导致神经系统受损害。②服用叶酸 350mg 可能影响锌的吸收，而导致锌缺乏，使胎儿发育迟缓，低出生体重儿增加。③服用叶酸可以干扰抗惊厥药物的作用，诱发患者惊厥发作，不宜与抗惊厥药、避孕药及抗结核药合用。④大量服用叶酸时，可出现黄色尿。

【商品信息】叶酸是 B 族维生素之一，其天然品存在于绿色蔬菜、肝脏、酵母、牛肉及大豆中，最初是由 Lucy Wills 博士于 1931 年从肝脏浸出液中提取，命名为威尔斯因子，后称维生素 U。1941 年 Stokstad 等人将叶酸从多种菜叶中分离成功，故改名为叶酸。1946 年，Watson 等人证明对治疗恶性贫血除了需要维生素 B_{12} 以外，还需要叶酸。在我国，叶酸最早于 1958 年由上海信宜药厂生产。目前国内本品的生产企业达 100 多家。

【贮藏】密封，在干燥处保存。

二、其他抗贫血药

腺苷钴胺（Cobamamide） 用于巨幼细胞贫血、营养不良性贫血、妊娠期贫血、多发性神经炎、神经根炎、三叉神经痛、坐骨神经痛、神经麻痹；也可用于营养型神经疾患以及放射线和药物引起的白细胞减少症。制剂主要有片剂和注射剂；需遮光，密闭保存。本品遇光易分解，溶解后要尽快使用；治疗后期可能出现缺铁性贫血，应补充铁剂。20 世纪 90 年代，腺苷钴胺已在国内开发上市。目前国内腺苷钴胺制剂的生产企业有 20 多家。上海第一生化药业和华北制药集团的腺苷钴胺冻干粉针注射剂占据了主要份额。

重组人促红素（Recombinant Human Erythropoietin） 适用于因慢性肾衰竭引致贫血，包括行血液透析、腹膜透析和非透析治疗者；治疗接受化疗的非髓性恶性肿瘤成人患者的症状性贫血。制剂有重组人促红素注射液，应于 2~8℃ 避光保存和运输。最常见的不良反应为血压升高或现有高血压加重。1988 年在瑞士首次上市，国内有多家生产企业。进口制剂

的生产企业有日本的协和发酵麒麟株式会社高崎工厂、德国罗氏诊断有限公司及韩国的 LG 生命科学公司三家。Afymax 和武田（Takeda）制药有限公司合作开发的促红细胞生成素类药物 Peginesatide（商品名：Omontys）于 2012 年 3 月 27 日被美国 FDA 批准用于接受透析的慢性肾病（CKD）患者的抗贫血治疗。

罗沙司他（Roxadustat）2018 年 12 月，国家药品监督管理局通过优先审评审批程序批准 1 类创新药物罗沙司他胶囊（商品名：爱瑞卓）在我国首发上市，2019 年正式上市。该药为珐博进公司开发并与阿斯利康公司在中国合作。罗沙司他胶囊是全球首个开发的小分子低氧诱导因子脯氨酰羟化酶抑制剂类治疗肾性贫血的药物；用于治疗正在接受透析治疗的患者因慢性肾脏病引起的贫血，患者不需要再额外补铁；该药为因慢性肾脏病引起的贫血患者提供了新的治疗手段。

第二节　抗血小板药

扫码"学一学"

血栓是血流在心血管系统血管内面剥落处或修补处的表面所形成的小块。在可变的流体依赖型中，血栓由不溶性纤维蛋白、沉积的血小板、积聚的白细胞和陷入的红细胞组成。血栓形成有 3 个主要因素：①血管壁改变（内皮细胞损伤、抗栓功能减弱）；②血液成分改变（血小板活化、凝血因子激活、纤维蛋白形成）；③血流改变（血流缓慢、停滞、漩涡形成）。

血小板具有黏附、聚集与分泌功能。激活的血小板参与止血、血栓形成和动脉粥样硬化的形成。日益增多的证据表明，血小板在动脉硬化的发病、血栓形成（尤其是动脉血栓）过程中起重要作用。

一、抗血小板药的作用机制

肾上腺素、凝血酶、血清素（5 - 羟色胺）和胶原等物质可促进血小板聚集。血小板膜有多种受体，如凝血酶受体、二磷酸腺苷（ADP）受体、5 - 羟色胺受体等。凝血酶等与其相应受体结合可激活血小板，使血小板形成并释放血栓素 H_2（TXA_2）、ADP、5 - 羟色胺，它们都可使血小板聚集。血小板激活后，其膜糖蛋白 Ib - IX 复合物和 IIb/IIIa 复合物与各自的配基 vWF 和纤维蛋白原结合而发生血小板黏附和聚集。

抗血小板药就是通过封闭血小板膜上的受体或血小板内 TXA_2 合成途径等使血小板不被激活，从而抑制血小板的黏附和聚集，可延长血栓性疾病患者缩短了的血小板生存期。

二、典型抗血小板药

阿司匹林
（Aspirin）

【作用与适应证】阿司匹林能不可逆地抑制血小板的环氧化酶，使前列腺素 G_2 和 H_2 合成受阻，从而间接地抑制血小板合成血栓素 A_2，阻止血小板的功能而发挥抗血栓作用，用于防止血栓栓塞性疾病。

【制剂】主要有胶囊剂及片剂等。

【不良反应】①较常见的有恶心、呕吐、上腹部不适或疼痛（由于本品对胃黏膜的直

接刺激引起）等胃肠道反应（发生率 3% ～ 9%），停药后多可消失。长期或大剂量服用可有胃肠道出血或溃疡。②中枢神经，出现可逆性耳鸣、听力下降，多在服用一定疗程后出现。③过敏反应，出现于 0.2% 的患者，表现为哮喘、荨麻疹、血管神经性水肿或休克。④肝、肾功能损害，是可逆性的，停药后可恢复。但有引起肾乳头坏死的报道。

【用药指导】①下列情况应禁用：活动性溃疡病或其他原因引起的消化道出血；血友病或血小板减少症；有阿司匹林或其他非甾体抗炎药过敏史者，尤其是出现哮喘、神经血管性水肿或休克者。②下列情况应慎用：有哮喘及其他过敏性反应时；葡萄糖 - 6 - 磷酸脱氢酶缺陷者（阿司匹林偶见引起溶血性贫血）；痛风；肝功能减退、肝功能不全和肝硬变患者；心功能不全或高血压；肾功能不全；血小板减少者。③与口服抗凝药同用时可能增加出血的危险。④酸化药：酸性尿可减低水杨酸盐的排泄，使后者血药浓度升高，毒性反应增加。

【商品信息】1898 年，德国化学家霍夫曼用水杨酸与醋酐反应，合成了乙酰水杨酸。1899 年，德国拜耳药厂正式生产这种药品，阿司匹林作为商品化药物进入市场。1979 年，美国 FDA 准许其作为预防脑血栓再发药物而使用。1980 年，FDA 批准阿司匹林用于短暂性脑缺血发作或脑卒中的二级预防。1985 年适应证扩大到预防心肌梗死再发。其后，随着临床数据的积累，1994 年确立了应用阿司匹林等药物的抗血栓疗法作为预防和治疗动脉血栓再发的首选药地位。2009 年，我国批准拜阿司匹林 100mg 肠溶片用于心肌梗死一级预防。阿司匹林在中国的生产始于 1958 年。

【贮藏】密封，于阴凉干燥处保存。

双 嘧 达 莫
（Dipyridamole）

【作用与适应证】本品能抑制血小板的聚集和释放，与阿司匹林合用防治血栓性疾病，与华法林合用防治心脏瓣膜置换术后血栓形成。

【制剂】主要有片剂、胶囊剂及注射剂。

【不良反应】常见的不良反应有头晕、头痛、呕吐、腹泻、脸红、皮疹和瘙痒，罕见心绞痛和肝功能不全。不良反应持续或不能耐受者少见，停药后可消除。

【用药指导】①可引起外周血管扩张，故低血压患者应慎用；②与肝素合用可引起出血倾向；③有出血倾向患者慎用；④双嘧达莫从人乳汁中排泌，故哺乳期妇女应慎用。

【商品信息】本品是 1960 年德国贝林公司开发的血管扩张药，以商品名"潘丁生"上市销售。双嘧达莫是临床上常用的一种冠状动脉扩张及抗血小板聚集药，主要用于血栓性疾病的预防和治疗。目前国内的双嘧达莫制剂生产企业有上百家，进口的制剂有 Boehringer Ingelheim Pharma GmbH & Co. KG（德国勃林格殷格翰制药公司）生产的阿司匹林双嘧达莫缓释胶囊。

【贮藏】遮光、密闭，阴凉处保存。

氯 吡 格 雷
（Clopidogrel Bisulfate）

【作用与适应证】氯吡格雷为前体药物，通过 CYP450 酶代谢，生成能抑制血小板聚集的活性代谢物，从而抑制血小板聚集。适用于以下患者的预防动脉粥样硬化血栓形成事件：

近期心肌梗死患者（从几天到小于 35 天），近期缺血性脑卒中患者（从 7 天到小于 6 个月）或确诊外周动脉性疾病的患者；急性冠脉综合征的患者；在溶栓治疗中，可与阿司匹林联用。

【制剂】 本品主要剂型是片剂。

【不良反应】 常见的不良反应有皮疹、腹泻、腹痛、消化不良。过量使用可能会引起出血时间的延长以及出血并发症。

【用药指导】 ①因可能使出血加重，不推荐氯吡格雷与华法林合用。②氯吡格雷延长出血时间，患有出血性疾病（特别是胃肠、眼内疾病）的患者慎用。③严重的肝脏损伤患者禁用。④活动性病理性出血患者禁用，如消化性溃疡或颅内出血。⑤同时服用阿司匹林，非甾体解热镇痛药，肝素和血栓溶解剂可增加出血的危险，不建议配伍使用。

【商品信息】 氯吡格雷的原研厂家是法国赛诺菲，赛诺菲于 1990 年 2 月取得硫酸氢氯吡格雷的发明专利，产品于 1997 年上市。

【贮藏】 遮光、密封，在干燥处保存。

利 伐 沙 班
（Rivaroxaban）

【作用与适应证】 竞争性抑制游离和结合的 Xa 因子，并通过抑制 Xa 因子中断凝血级联反应的内源性和外源性途径，抑制凝血酶的产生，进而发挥其抗栓作用。用于治疗成人静脉血栓形成；具有一种或多种危险因素的非瓣膜性房颤成年患者，以降低脑卒中和全身性栓塞的风险。

【制剂】 本品主要剂型是片剂。

【不良反应】 使用利伐沙班时最常见的不良反应为出血；在非瓣膜性房颤患者中提前停药后脑卒中风险升高。

【用药指导】 ①对于不能整片吞服的患者，可在服药前将 10mg、15mg 或 20mg 利伐沙班片压碎，与苹果酱混合后立即口服。②在给予压碎的利伐沙班 15mg 或 20mg 片剂后，应当立即进食。

【商品信息】 利伐沙班是拜耳/强生在全球上市的第一个直接口服的 Xa 因子抑制剂。2017 年国家医保目录颁布后，利伐沙班在原限定用于下肢关节置换手术适应证基础上，增加了"华法林治疗控制不良反应或出血高危的非瓣膜性房颤患者"。2018 年，江苏正大天晴开发的利伐沙班首家按新注册办法新 4 类申报生产。

【贮藏】 遮光、密封，在干燥处保存。

三、其他抗血小板药

1. **奥扎格雷（Ozagrel）** 本品为高效、选择性血栓素合成酶抑制剂，用于治疗急性血栓性脑梗死和脑梗死所伴随的运动障碍。制剂主要有奥扎格雷注射液、奥扎格雷葡萄糖注射液及奥扎格雷氯化钠注射液等。主要不良反应为出血的倾向，要仔细观察，出现异常立即停止给药。

2. **曲克芦丁（Troxerutin）** 本品能抑制血小板聚集，有防止血栓形成的作用，用于缺血性脑血管病（如脑血栓形成、脑栓塞）、中心性视网膜炎、血栓性静脉炎、血管通透性增

高所致水肿等。制剂有注射液、胶囊及片剂等。不良反应主要有过敏反应，潮红、头痛及胃肠道不适等。用药期间避免阳光直射、高温及过久站立。

3. 达比加群酯（Dabigatran etexilate） 本品为直接凝血酶抑制剂，是达比加群的前体药物，属非肽类的凝血酶抑制剂；口服经胃肠吸收后，在体内转化为具有直接抗凝血活性的达比加群；是成年非瓣膜性心房抖动患者脑卒中和全身性栓塞预防药物。达比加群酯原研企业为勃林格殷格翰，2010 年 10 月 FDA 批准上市，2013 年 2 月进入中国市场。随着我国临床上广泛应用，国内编写出版了《达比加群酯用于非瓣膜病心房颤动患者卒中预防的临床应用建议》。2019 年，达比加群酯口服常释制剂被纳入到新版《国家医保药品目录》，作为医保乙类药品进行管理和使用。

4. 替格瑞洛（Ticagrelor） 本品为阿斯利康公司研发的一种新型的、具有选择性的小分子抗凝血药，2011 年 7 月 FDA 批准上市。替格瑞洛是直接作用、可逆结合的 P2Y12 血小板抑制剂，用于急性冠脉综合征患者，可降低血栓性心血管事件的发生率；与氯吡格雷相比，本品可以降低心血管死亡、心肌梗死或脑卒中复合终点的发生率。2012 年 11 月，我国批准替格瑞洛注册。

第三节　促凝血药

促凝血药是能加速血液凝固或降低毛细血管通透性，使出血停止的药物。根据药物的作用机制，促凝血药一般可分为：凝血酶；促进凝血因子活性的药物，如维生素 K 等；抗纤维蛋白溶解药，如氨甲苯酸、氨甲环酸等；作用于血管的药物，如卡巴克洛等。

一、典型促凝血药

维 生 素 K
（Vitamin K）

【作用与适应证】 维生素 K 作为羧化酶的辅酶参与凝血因子 Ⅱ、Ⅶ、Ⅸ、Ⅹ 的合成。用于维生素 K 缺乏引起的出血，如梗阻性黄疸，胆瘘，慢性腹泻所致出血，新生儿出血，香豆素类、水杨酸钠等所致出血。长期应用广谱抗生素应作适当补充，以免维生素 K 缺乏。

【制剂】 主要有注射剂及片剂。

【不良反应】 维生素 K_1 静脉注射太快可产生潮红、呼吸困难、胸痛、虚脱。较大剂量维生素 K_3 对新生儿、早产儿可发生溶血及高铁血红蛋白症。葡萄糖 – 6 – 磷酸脱氢酶缺乏患者也可诱发溶血。

【用药指导】 ①维生素 K_1 是口服抗凝药如华法林引起的低凝血酶原症唯一的拮抗药，对肝素引起的出血无效；②静脉注射有可能引起出汗、胸闷等，故一般不采用，如果必须采用静脉注射，需缓慢给药，每分钟不超过 5mg；③新生儿用维生素 K_1 可能出现高胆红素血症；④大剂量时可作为杀鼠药"敌鼠钠"中毒的解救药。

【商品信息】 1929 年，丹麦生化学家 Dam 观察到一些小鸡在用低脂食物喂养一段时间后流血死亡，1936 年 Dam 发现小鸡的出血原因是缺乏一种脂溶性维生素，并命名为维生素 K；1939 年维生素 K 被分离并合成；我国于 1966 年投入生产。

扫码"学一学"

【贮藏】遮光密封，防冻保存。

氨甲苯酸
（Aminomethylbenzoic Acid）

【作用与适应证】本品可抑制纤溶酶原激活因子，使纤溶酶原不能激活为纤溶酶，并可直接抑制纤溶酶。用于血纤维蛋白溶解亢进引起的各种出血，如产后出血、血尿及上消化道出血等；还可用于因链激酶或尿激酶应用过量引起的出血。

【制剂】主要有注射剂和片剂。

【不良反应】用量过大可致血栓形成，诱发心肌梗死。

【用药指导】①氨甲环酸对慢性渗血效果显著，但是对癌症出血或大量的创口出血则无止血效果；②有血栓形成倾向者禁用；③肾功能不全者禁用。

【商品信息】氨甲环酸于1959年合成，我国于1968年投入生产。

【贮藏】密封保存。

鱼精蛋白
（Protamine Sulfate）

【作用与适应证】本品在体内可与强酸性的肝素结合，形成稳定的复合物，使肝素失去抗凝活性。临床作为抗肝素药，用于因注射肝素过量所引起的出血。

【制剂】本品主要是注射剂。

【不良反应】可引起心动过缓、胸闷、呼吸困难及血压降低，大多因静脉注射过快所致，系药物直接作用于心肌或周围血管扩张引起；注射后有恶心呕吐、面红潮热及倦怠，如作用短暂，无须治疗；偶有过敏。

【用药指导】①口服无效；②禁与碱性物质接触；③过敏反应较少发生，但对鱼类过敏者应用时应注意。

【商品信息】鱼精蛋白发现于1870年，是从鱼类新鲜成熟精子中提取的一种碱性蛋白质的硫酸盐。从1958年开始，上海和青岛等地的水产品部门曾经多次从青鱼精巢中提取出鱼精蛋白。1999年，吴燕燕等成功地从鲅鱼、罗非鱼等淡水鱼的精巢中提取出鱼精蛋白；2001年谢俊杰等从鲢鱼精巢中提取出了鱼精蛋白，且对具有抑菌性的鱼精蛋白进行了纯化和鉴定。

【贮藏】密闭，在凉暗处（避光并不超过20℃）保存。

二、其他促凝血药

1. **氨甲环酸**（Tranexamic Acid）　主要用于急性或慢性、局限性或全身性原发性纤维蛋白溶解亢进所致的各种出血。制剂主要有注射剂、胶囊剂、片剂。偶有药物过量所致颅内血栓形成和出血；注射后可有视物模糊、头痛、头晕、疲乏等中枢神经系统症状；必须持续应用本品较久者，应做眼科检查监护（例如视力测验、视觉、视野和眼底）。对于有血栓形成倾向者（如急性心肌梗死）慎用；慢性肾功能不全时，用量应酌减，因给药后尿液中药物浓度常较高；治疗前列腺手术出血时，本品用量也应减少；与青霉素或输注血液有

配伍禁忌。

2. **凝血酶** （Thrombin） 包含牛血凝血酶、猪血凝血酶，可促使纤维蛋白原转化为纤维蛋白，应用于创口，使血液凝固而止血。用于手术中不易结扎的小血管止血、消化道出血及外伤出血等。剂型主要是冻干粉。偶可致过敏反应，应及时停药。凝血酶严禁注射，如误入血管可导致血栓形成、局部坏死危及生命；凝血酶必须直接与创面接触，才能起止血作用；凝血酶冻干粉应新鲜配制使用；凝血酶遇酸、碱、重金属发生反应而降效；为提高上消化道出血的止血效果，宜先服一定量制酸剂中和胃酸后口服本品，或同时静脉给予抑酸剂。

第四节　抗凝血药

正常人由于有完整的血液凝固系统和抗凝及纤溶系统，所以血液在血管内既不凝固也不出血，始终自由流动完成其功能，但当机体处于高凝状态或抗凝及纤溶减弱时，则发生血栓栓塞性疾病。抗凝血药是一类干扰凝血因子，阻止血液凝固的药物，通过影响凝血过程中的某些凝血因子阻止凝血过程，可用于防治血管内栓塞或血栓形成的疾病，预防脑血管意外或其他血栓性疾病。

一、典型抗凝血药

蛇毒血凝酶

（Hemocoagulase）

【作用与适应证】可用于需减少流血或止血的各种医疗情况，如外科、内科、妇产科、眼科、耳鼻喉科、口腔科等临床科室的出血及出血性疾病；也可用于预防出血，如手术前用药，可避免或减少手术部位及手术后出血。

【制剂】本品剂型主要是注射剂。

【不良反应】不良反应发生率极低，偶见过敏样反应。

【用药指导】①有血栓病史者禁用；②应注意防止用药过量，否则其止血作用会降低。

【商品信息】蛇毒血凝酶是 20 世纪中叶从巴西的矛头蝮蛇提取的具有促凝血、止血作用的物质，经过深入研制开发，最终以"巴曲酶"成功上市，历经半个多世纪的临床应用，证明该药安全性高、止血功效好。目前，蛇毒血凝酶已经在全球 50 多个国家和地区注册上市销售。蛇毒血凝酶主要是在医院临床使用，而零售药店、城市社区医疗中心、乡镇卫生院用量极少或不用。北京康辰药业的尖吻蝮蛇血凝酶是具有自主知识产权的首个蛇毒血凝酶国家 1 类新药，2009 年正式上市，商品名为"苏灵"。苏灵是利用从我国特有的尖吻蝮蛇蛇毒中提取的活性蛋白酶研制而成的止血药物，是唯一完成全部氨基酸测序的单一组分的蛇毒血凝酶药物，只作用于纤维蛋白，不含凝血酶原激活物，不激活凝血因子，从而避免了使用血凝酶类药物有可能出现血液高凝状态和正常血管内壁血栓形成的潜在隐患。

【贮藏】密闭，在冷处（2～10℃）保存。

扫码"学一学"

肝　素
(Heparin Sodium)

【作用与适应证】肝素主要通过与抗凝血酶Ⅲ（AT－Ⅲ）结合，而增强后者对活化的Ⅱ、Ⅸ、Ⅹ、Ⅺ和Ⅻ凝血因子的抑制作用。适用于防止血栓形成或栓塞性疾病（如心肌梗死、血栓性静脉炎、肺栓等）各种原因引起的弥散性血管内凝血（DIC），也用于血液透析、体外循环、导管术、微血管手术等操作中及某些血液标本或器械的抗凝处理。

【制剂】本品主要是注射剂。

【不良反应】本品毒性较低，主要不良反应是用药过多可致自发性出血；偶可引起过敏反应及血小板减少，常发生在用药初 5～9 天，故开始治疗 1 个月内应定期检测血小板计数；偶可见一次性脱发和腹泻；可引起骨质疏松和自发性骨折。

【用药指导】①对肝素过敏，有自发出血倾向者、血液凝固迟缓者（如血友病、紫癜、血小板减少），溃疡病、创伤、产后出血及肝功能不全者禁用。②妊娠后期和产后用药有增加母体出血危险，须慎用。③60 岁以上老年人，尤其是老年妇女对该药较敏感，用药期间容易出血，应减量并加强用药随访。④肝素与下列药物合用，可加重出血危险：香豆素及其衍生物；阿司匹林及非甾体消炎镇痛药；双嘧达莫、右旋糖酐；肾上腺皮质激素、促肾上腺皮质激素；其他药物如依他尼酸、组织纤溶酶原激活物、尿激酶、链激酶等。⑤肝素并用碳酸氢钠、乳酸钠等纠正酸中毒的药物可促进肝素的抗凝作用。⑥肝素与透明质酸酶混合注射，既能减轻肌内注射疼痛，又可促进肝素吸收。但肝素可抑制透明质酸酶活性，故两者应临时配伍使用，药物混合后不宜久置。

【商品信息】1916 年，约翰·霍普金斯大学医学院二年级的学生麦克廉在豪厄尔教授指导下进行科研工作，发现肝脏的提取物有抗凝血作用，由于是从肝脏中提取的因而得名"肝素"。1937 年，加拿大的查斯发现在肺脏内也有肝素，甚至比肝脏还要多；于是，他从肝组织的提取物中分离并纯化了肝素；这一年，肝素在临床上首次用于预防血栓形成并获得成功。1939 年，Brinkhous 和他的同事发现，肝素的抗凝作用是由血浆中的内源性物质介导的，这种内源性物质就是一种抗凝血酶；30 年后，抗凝血酶从血浆中被提纯；肝素就是催化剂，加速了抗凝血酶的反应，进而起到抗凝血作用。我国于 1966 年研制生产。而今，肝素通常由猪小肠黏膜和猪、牛的肺中提取，成为临床常用的体内、体外抗凝剂。我国是肝素的生产大国，产量占全球市场的三分之一，但大部分供出口，欧美国家是全球肝素药品最主要的消费国，并且肝素制剂和低分子肝素药品生产企业多为欧美跨国药企，因此长期以来，欧美一直是我国肝素产品最主要的出口市场。

【贮藏】遮光、密闭，在阴凉处保存。

华 法 林
(Warfarin Sodium)

【作用与适应证】本品为香豆素类抗凝血药，用于预防及治疗深静脉血栓及肺栓塞；预防心肌梗死后血栓栓塞并发症（脑卒中或体循环栓塞）；预防房颤、心瓣膜疾病或人工瓣膜置换术后引起的血栓栓塞并发症（脑卒中或体循环栓塞）。

【制剂】本品主要是片剂。

【不良反应】过量易致各种出血；早期表现有瘀斑、紫癜、牙龈出血、鼻衄、伤口出血经久不愈，月经量过多等；出血可发生在任何部位，特别是泌尿和消化道。偶见不良反应有恶心、呕吐、腹泻、瘙痒性皮疹，过敏反应及皮肤坏死。大量口服甚至出现双侧乳房坏死，微血管病或溶血性贫血以及大范围皮肤坏疽；一次量过大的尤其危险。

【用药指导】①肝肾功能损害、严重高血压、凝血功能障碍伴有出血倾向、活动性溃疡、外伤、先兆流产、近期手术者禁用，妊娠期禁用；②治疗期间应严密观察口腔黏膜、鼻腔、皮下出血及大便隐血、血尿等，用药期间应避免不必要的手术操作，选期手术者应停药 7 天；③若发生轻度出血，或凝血酶原时间已显著延长至正常的 2.5 倍以上，应即减量或停药。④华法林易通过胎盘并致畸胎，妊娠期使用本品可致"胎儿华法林综合征"。妊娠后期应用可致出血和死胎，故妊娠早期 3 个月及妊娠后期 3 个月禁用本品。

【商品信息】1921 年，在加拿大和美国北部的很多牧场中，牛羊因为吃了发霉腐败的牧草流血不止死去，因此推测是这些腐败的牧草造成了牲畜的凝血功能障碍。1940 年，化学家卡尔·保罗·林克从这些发霉的牧草中最终分离出了具有抗凝血作用的物质，并确定了它的结构，这是一种双香豆素类的物质。此后几年中，人们陆续发现了几种分子结构类似的物质，它们都具有抗凝血的作用。这种物质发现以后的最初几年，人们并没有想到把它当作药物使用，倒是把它做成了老鼠药。为了让老鼠药的药劲更大，林克对双香豆素进行结构改造，于 1948 年得到了一种更强效的抗凝物质，并把它命名为华法林。1954 年，华法林被正式批准用于人体。在华法林上市之前，临床使用的抗凝药物是肝素，这种药物只能注射，对于需要长期使用的患者而言非常不便。华法林片剂的出现解决了这个问题。

【贮藏】遮光，密封保存。

尿激酶
（Urokinase）

【作用与适应证】尿激酶直接作用于内源性纤维蛋白溶解系统，能催化裂解纤溶酶原成纤溶酶，从而发挥溶栓作用。主要用于血栓栓塞性疾病的溶栓治疗；也用于人工心瓣膜手术后预防血栓形成，保持血管插管和胸腔及心包腔引流管的通畅等。溶栓的疗效需要后继的肝素抗凝加以维持。

【制剂】本品主要是注射剂。

【不良反应】①出血，发生严重出血并发症时需立即停止输注，必要时输新鲜血或红细胞、纤维蛋白原等。预防出血主要是严格选择适应证和禁忌证，事先建立好静脉通路，开始输注本品后禁止肌内注射给药。②尿激酶为内源性纤溶酶原激活剂，无抗原性，但个别患者可发生轻度过敏反应，如皮疹、支气管痉挛、发热等。③消化道反应，如恶心、呕吐、食欲减退。

【用药指导】①下列情况的患者禁用本品：急性内脏出血、急性颅内出血、陈旧性脑梗死、近 2 个月内进行过颅内或脊髓内外科手术、颅内肿瘤、动静脉畸形或动脉瘤、出血体质、严重难控制的高血压患者。②用药期间应密切观察患者反应，如脉率、体温、呼

吸频率和血压、出血倾向等。③静脉给药时，要求穿刺一次成功，以避免局部出血或血肿。④动脉穿刺给药时，给药毕，应在穿刺局部加压至少30分钟，并用无菌绷带和敷料加压包扎，以免出血。

【商品信息】本品为从健康人尿中分离的，或从人肾组织培养中获得的一种酶蛋白。在对脑血管意外患者治疗过程中，溶栓是最重要也是最有效的治疗方法，我国乃至全球临床都在使用。目前可替代尿激酶的只有进口药"阿替普酶"，二者有同等的溶栓效果。但进口药"阿替普酶"与国产尿激酶的价格却相差很大。

【贮藏】遮光，密闭，在10℃以下保存；已配制的注射液在室温（25℃）8小时内使用；冰箱内（2~5℃）可保存48小时。

二、其他抗凝血药

低分子肝素（Low Molecular Weight Heparin）由猪小肠黏膜水溶液中提取出来的肝素钠片段组成。低分子量肝素在凝血的早期阶段有最大活性，适用于有轻至中度血栓栓塞危险的患者，预防手术中及手术后深部静脉血栓形成（例如普通外科手术）。制剂主要为注射剂。低分子肝素造成的出血为剂量依赖性副反应，特别是皮肤、黏膜、伤口、胃肠道和泌尿生殖系统出血；偶见轻度血小板减少症。低分子肝素绝不能肌内注射，因有引起血肿的危险，且不可与其他静脉推注和滴注药混合。目前国内低分子肝素制剂有国产与进口可供选择。

重组链激酶（Recombinant Streptokinase）是从C族β-溶血性链球菌培养液中制得的一种不具有酶活性的蛋白质。用于急性心肌梗死、深部静脉血栓、肺栓塞、脑栓塞、急性亚急性周围动脉血栓、中央视网膜动静脉栓塞、血透分流术中形成的凝血、溶血性和创伤性休克及并发弥散性血管内凝血（DIC）的败血症休克等。制剂主要为注射剂。出血为主要并发症，一般为注射部位出现血肿，不需停药，可继续治疗，严重出血可给予氨基己酸或氨甲苯酸对抗溶栓酶的作用，更严重者可补充纤维蛋白原或全血。在使用本品过程中，应尽量避免肌注及动脉穿刺，因可能引起血肿。

阿替普酶（Alteplase）本品为重组人组织型纤维蛋白溶酶原激活剂，可用于急性心肌梗死，已被证实可降低急性心肌梗死患者30天死亡率；血流不稳定的急性大面积肺栓塞；急性缺血性脑卒中。制剂为注射用阿替普酶，静脉给药；溶液配制后，立即使用；已经证实配制好的溶液能够在2~8℃保持稳定24小时。最常见的不良反应为出血，可导致红细胞比积和（或）血红蛋白下降，很常见血管损伤处出血（如血肿）、注射部位处出血（穿刺部位处出血，导管放置部位处血肿，导管放置部位处出血）。不能用于18岁以下及80岁以上的急性脑卒中患者治疗。目前仅有德国Boehringer Ingelheim Pharma GmbH & Co. KG进口的"爱通立"注射用阿替普酶，规格为每支50mg和20mg。

重点小结

本章根据我国临床用药习惯，参照国家基本药物目录（2012年版）的分类方式，将心血管类药品分为4个类别，分别是抗贫血药、抗血小板药、促凝血药及抗凝血药。

抗贫血药物主要介绍了铁剂、叶酸及维生素B_{12}。

抗血小板药通过封闭血小板膜上的受体或血小板内TXA_2合成途径等使血小板不被激活，从而抑制血小板的黏附和聚集，防止血栓性疾病。主要介绍了阿司匹林、双嘧达莫、

利伐沙班及氯吡格雷。

　　促凝血药是能加速血液凝固或降低毛细血管通透性，使出血停止的药物。主要介绍的药物有维生素 K_1、氨甲苯酸、凝血酶及鱼精蛋白等。

　　当机体处于高凝状态或抗凝及纤溶减弱时，则发生血栓栓塞性疾病。抗凝血药通过影响凝血过程中的某些凝血因子阻止凝血过程，可用于防治血管内栓塞或血栓形成的疾病，预防脑血管意外或其他血栓性疾病。本章主要介绍常用药物肝素、华法林及尿激酶等。

　　重点掌握各类代表药的不良反应、用药指导和相关的商品信息。

（林津晶）

扫码"练一练"

第十五章　泌尿系统用药

泌尿系统是由肾、输尿管、膀胱、尿道及与其有关的血管神经组成，主要功能是生成和排出尿液，将人体内代谢产生的废物和毒素排泄出去，以调节机体的水盐和酸碱平衡，维持机体内环境稳定。泌尿系统疾病病因复杂，其各器官（肾脏、输尿管、膀胱、尿道）都可发生疾病，并波及整个系统。其主要表现在泌尿系统本身，如排尿改变、尿的改变、肿块、疼痛等，但亦可表现在其他方面，如高血压、水肿、贫血等。

2017年4月，世界肾脏大会发布了首个最新全球肾脏病健康报告。数据显示全球肾病患者人数超过6亿，每年死于慢性肾病相关疾病的患者人数超过100万。全球约10%的成年人患有肾脏疾病，而大多数人对患有肾病并不自知。而据中国首次肾病流行病学调查报告显示：我国慢性肾病的总发病率为10.8%。由此推算，我国慢性肾病患者人数估计约为1.195亿。慢性肾病已经成为我国重要的公共卫生问题。泌尿系统用药按其作用特点可分为利尿药、脱水药、尿崩症用药以及良性前列腺增生用药。

第一节　利尿药

扫码"学一学"

利尿药是一类作用于肾脏，主要通过影响肾小管重吸收功能，促进体内电解质和水分排出的药物。此类药物临床应用广泛，可用于治疗不同原因引起的水肿性疾病，在某些经过肾排泄的药物或毒物中毒时，该类药物能促使这些物质的排泄。近年来，利尿药在抗高血压临床用药的产品结构中逐渐受到重视，在抗高血压用药中，利尿药使用率已达到10%，被世界卫生组织推荐为抗高血压的六大药物类之一。

一、利尿药的分类

临床常用的利尿药根据作用强度可分为以下3类。

1. **高效利尿药**　包括呋塞米、依他尼酸、布美他尼、托拉塞米等，主要作用于髓袢升支髓质部，抑制该部 Cl^- 和 Na^+ 的重吸收，影响尿的稀释和浓缩机制，而呈现强大的利尿作用，适用于严重的水肿和急性肺水肿，但易引起水盐代谢紊乱。呋塞米曾是临床广泛应用的利尿药，但近年来研究发现其不良反应较多，限制了其应用。依他尼酸的作用和用途基本上与呋塞米相似，但有较强的耳源性毒性，目前已很少用。

2. 中效利尿药　包括噻嗪类中效利尿药（以氢氯噻嗪为典型代表）以及环戊噻嗪、卞氟噻嗪、氯噻酮等。它们主要抑制髓袢升支皮质部及远曲小管 Cl^- 和 Na^+ 的重吸收，干扰尿的稀释功能，产生中等强度的利尿作用，适用于各型水肿，并可引起低钾血症。

3. 弱效利尿药　包括氨苯蝶啶、阿米洛利、乙酰唑胺、螺内酯等。主要作用于远曲小管抑制 Na^+ 的重吸收，增加 Na^+、Cl^- 排泄而产生利尿作用，对钾有潴留作用。螺内酯为醛固酮拮抗剂，可在远曲小管和集合管竞争性地对抗醛固酮的作用，抑制 $Na^+ - K^+$ 交换，增加 Na^+、Cl^- 排泄而产生保钾排钠的利尿作用。本类药物单独使用利尿作用较弱，故常与排钾性利尿药合用以相互取长补短。此外，乙酰唑胺、双氯非那胺能抑制碳酸酐酶，也能产生较弱的利尿作用，主要用于治疗青光眼。

二、高效利尿药

1. 典型高效利尿药

呋 塞 米
（Furosemide）

【作用与适应证】作用于髓袢升支粗段 $Na^+ - K^+ - 2Cl^-$ 的同向转运，抑制 NaCl 再吸收，影响尿液的稀释和浓缩机制，而发挥强大的利尿作用。临床适用于对其他药无效的各型严重水肿，如心性、肾性和肝性水肿等，并可促进上部尿道结石的排泄。

【制剂】本品主要有片剂、注射剂等。

【不良反应】①常见的不良反应与电解质紊乱有关，表现为低血容量、低血钾、低血钠、低血镁、低氯碱血症等。②此外尚可出现高尿酸血症、高血糖、直立性低血压、听力障碍等；极少数病例出现胰腺炎、皮疹、中性粒细胞减少、血小板减少性紫癜、肝功能障碍等。

【用药指导】①药物剂量应个体化，从最小有效剂量开始，然后根据利尿反应调整剂量，以减少水、电解质紊乱等不良反应。②应注意掌握剂量，长期使用应适当补充钾盐。③肠道外给药宜静脉给药，不主张肌内注射。大剂量静脉注射过快时，可出现听力减退或暂时性耳聋，故应缓慢注射。④本品与两性霉素、头孢菌素、氨基糖苷类等抗生素合用，肾毒性和耳毒性增加。⑤肾上腺素，促肾上腺皮质激素及雌激素能降低其利尿作用。⑥与非甾体类抗炎镇痛药合用，能降低本品的利尿作用。

【商品信息】①本品作用强、疗效好、价格低廉，是临床最常用的利尿药之一；②我国于 1966 年生产本品，国内市场以片剂和注射剂为主。

【贮藏】遮光，密封于干燥处保存。本品遇光会变色，但不影响疗效。

布 美 他 尼
（Bumetanide）

【作用与适应证】本品利尿作用为呋塞米 20～40 倍。此外可能有扩张肾血管作用。临床适用于各型顽固性水肿及急性肺水肿，尤其对急慢性肾衰竭患者较为适宜，用大剂量呋塞米无效时，可试用本品。

【制剂】本品主要有片剂、注射剂等。

【不良反应】不良反应基本同呋塞米。长期或大量应用本品应定期检查电解质。

【用药指导】①本品长期使用应适当补充钾剂。②肾功能不全患者使用大剂量时，可能发生皮肤、黏膜及肌肉疼痛，大多持续1~3小时，可自行消失，如疼痛剧烈或持久，应停药。③本品可加强降压药的作用，故治疗高血压伴水肿时，宜减少降压药的用量。

【商品信息】①本品为较新型的利尿药，临床上可作为呋塞米的代用品，由于疗效好、毒性低、价格适中，其销售量呈逐渐上升趋势。②我国1980年生产，主要剂型以片剂和注射剂为主。

【贮藏】遮光、密闭保存。

2. 其他高效利尿药

（1）依他尼酸（Ethacrynic Acid）　利尿作用及机制、作用特点均与呋塞米相似，临床用于各类水肿、急性肾衰。但引起水电解质紊乱、耳毒性与肾毒性等不良反应较多见而严重，故比呋塞米相对少用。主要制剂有片剂和注射剂，国内市场以片剂和注射剂为主。避光，密封保存。

（2）托拉塞米（Torasemide）　是新一代强效、长效利尿剂，临床上主要用于急慢性心衰、肝硬化腹腔积液、肾功能不全、原发性高血压以及其他各种原因引起的水肿。是一种目前评价最高的速效、高效、低毒利尿药。主要制剂有片剂和注射剂。本品1990年由挪威Hafslund Nycomed公司率先开发，1993年以来先后在德国、美国、意大利、比利时等国家上市，是近十年来由美国FDA批准的唯一高效利尿药。20多年临床应用证实，托拉塞米适应证广，利尿作用迅速强大且持久，不良反应发生率低，更符合药物经济学要求，是临床上值得推广的一类高效利尿药。托拉塞米用药以注射剂为主，一直占市场的主导地位，达到80%以上的份额。

三、中效利尿药

1. 典型中效利尿药

氢氯噻嗪
（Hydrochlorothiazide）

【作用与适应证】主要抑制远端小管前段和近端小管对Na^+和Cl^-的再吸收，从而促进肾脏对NaCl的排泄而产生利尿作用。临床上适用于各型水肿，对心性水肿疗效较好。肝性水肿常与螺内酯合用。亦作为基础降压药用于各期高血压，也可用于轻型尿崩症的治疗。

【制剂】本品主要是片剂。

【不良反应】本品毒性较低，但长期应用可引起：①电解质紊乱，如低钠血症、低氯血症和低钾血症；②肠胃道症状，如恶心、呕吐、腹泻、气胀；③高糖血症、高尿酸血症、氮质血症、血氨上升等反应。

【用药指导】①长期使用应适当补充钾剂；②停药时应逐渐减量，突然停药可能引起水、钠的潴留；③糖皮质激素、促肾上腺皮质激素、雌激素能降低本品的利尿作用，增加发生低钾血症的机会；④本品可升高尿酸及血糖水平，同用抗痛风药或降血糖药时应注意调整剂量；⑤非甾体抗炎药或交感神经节阻断药可减弱本品的作用。⑥肝功能不全者及糖

尿病患者慎用；对磺胺药过敏及严重肝肾功能损害者禁用。

【商品信息】①本品使用方便、安全、价格低廉，广泛应用于临床多年，是最常用的利尿药之一；②本品也是广泛用于高血压的基础降压药，与其他类型抗高血压药组成复方制剂联合用药，逐渐成为发展趋势，销售量也较大。

【贮藏】遮光，密闭保存。

2. **其他中效利尿药**　氯噻酮（Chlorthalidone）药理作用与噻嗪类利尿药相似，口服后胃肠道吸收较慢且不完全；临床适用于充血性心力衰竭、慢性肾炎、肝硬化、更年期综合征等引起的水肿。也可与其他降压药如利血平合用治疗高血压。主要制剂是片剂。遮光，密闭保存。

四、弱效利尿药

1. 典型弱效利尿药

螺 内 酯
（Spironolactone）

【作用与适应证】本品为醛固酮受体阻断剂，使 Na^+、Cl^- 和水的排出增加而利尿。临床上用于治疗与醛固酮升高有关的顽固性水肿，如肾病综合征、慢性心力衰竭、肝硬化腹腔积液等，常与噻嗪类利尿药合用可增强疗效，并可对抗噻嗪类排钾作用；诊断和治疗原发性醛固酮增多症；也可作为高血压的辅助用药。

【制剂】本品主要有片剂、胶囊剂。

【不良反应】①高钾血症最常见，尤其单用药、与钾剂或含钾药物合用时；②胃肠道反应，如恶心、呕吐；③少见低钠血症；④抗雄性激素样作用。

【用药指导】①给药应个体化，从最小有效剂量开始使用，以减少电解质紊乱等不良反应；②本品有留钾作用，在应用过程中不可使用氯化钾等含钾药物，以免引起钾中毒。可与氢氯噻嗪合用，其排钾作用可被螺内酯所抵消，合用后疗效增加、不良反应减轻；③本品与引起血压下降的药物合用，可增强利尿和降压作用；④肾衰竭患者及血钾偏高者忌用；孕妇、哺乳期妇女慎用。

【商品信息】本品是临床较为常用的利尿药之一，销售量较大。利尿作用较弱，起效缓慢，但效力持久。

【贮藏】密封，在干燥处保存。

氨 苯 蝶 啶
（Triamterene）

【作用与适应证】本品为低效利尿药，利尿作用迅速但较弱，临床上用于治疗心力衰竭、肝硬化和慢性肾炎等引起的顽固性水肿或腹腔积液，尚可使尿酸排出而用于痛风。

【制剂】本品主要是片剂和胶囊剂。

【不良反应】①大剂量长期使用可出现血钾过高现象，停药后症状可逐渐消失。②长期使用可使血糖升高。③偶出现头痛、口干、低血压、皮疹及胃肠道反应。

【用药指导】①给药应个体化，从最小有效剂量开始，以较少不良反应；②服药后多数患者会出现淡蓝色荧光尿；③高钾血症，严重肝、肾功能不全者禁用；孕妇慎用。

【商品信息】本品作用迅速但较弱，保钾作用低于螺内酯，临床应用中常与排钾利尿药合用，以避免对血钾的影响。

【贮藏】避光，密闭保存。

2. 其他弱效利尿药

（1）阿米洛利（Amiloride）　本品作用部位及作用机制与氨苯蝶啶相似，在远曲小管及集合管皮质段抑制 $Na^+ - H^+$ 和 $Na^+ - K^+$ 交换，为目前排钠留钾利尿药中作用最强的药物。临床用于心、肝、肾疾病引起的水肿，能增强氢氯噻嗪和依他尼酸等利尿药的作用并减少钾的丢失，一般不单独应用。不良反应以高血钾常见，可有高血钾症状。主要制剂有盐酸阿米洛利片。

（2）乙酰唑胺（Acetazolamide）　本品抑制肾小管上皮细胞中的碳酸酐酶，使H_2CO_3的形成减少，随之 H^+ 的分泌受阻，$Na^+ - H^+$ 交换减慢，Na^+ 重吸收减少而产生利尿作用。本品利尿作用不强，易致代谢性酸中毒，且长期服用会导致耐受性的发生，目前很少单独用于利尿。临床可用于治疗青光眼、心性水肿、脑水肿。不良反应主要为四肢麻木感、嗜睡等，长期应用可致高氯血症、低钾血症、粒细胞减少症等。主要制剂有乙酰唑胺片。

第二节　脱水药

脱水药是指一类在体内不被代谢或代谢较慢，静脉给药后能迅速升高血浆渗透压，引起组织脱水的药物，又称为渗透性利尿药。这类药物在大量静脉给药时，可升高血浆渗透压及肾小管腔液的渗透压而产生脱水及利尿作用。这些药物在相同浓度时，分子量越小，所产生的渗透压越高，脱水能力也越强。此类药物包括甘露醇、山梨醇、葡萄糖、尿素等，其中甘露醇最为常用。本类药物主要用于脑水肿、青光眼及急性肾衰竭。

扫码"学一学"

一、典型脱水药

甘露醇

（Mannitol）

【作用与适应证】本品能迅速提高血浆渗透压，导致渗透性利尿作用。临床适用于治疗脑水肿及青光眼、大面积烧烫伤引起的水肿，预防和治疗肾功能衰竭、腹腔积液等。

【制剂】本品主要为注射剂。

【不良反应】不良反应少见，但注射过快可引起头痛、视物模糊、眩晕等。

【用药指导】①快速静脉注射，可因血容量突然增加，加重心负荷，故心功能不全者慎用。颅内有活动性出血者禁用；肺水肿、充血性心力衰竭、严重失水者及孕妇禁用。②因本品排水多于排钠，故不适用于全身性水肿的治疗，仅作为其他利尿药的辅助药。③本品可加剧强心苷类药品的毒性作用。

【商品信息】①本品临床常用、价格低廉、销售量大。②寒冷地区冬季需防冻。气温较低时本品易析出结晶，可置热水（80℃）中使其完全溶解，否则不能使用。③本品除可直

接作为医药原料使用，也广泛用于食品工业，再加上近年来甘露醇作为口腔崩解片的关键辅料这一新用途，预测甘露醇国际市场需求会大增。

【贮藏】遮光，密闭保存。

二、其他脱水药

1. **山梨醇（Sorbitol）** 为甘露醇的同分异构体，作用和用途与甘露醇相似。本品价格便宜，且溶解度大，临床上常配成25%注射液静脉注射，用于治疗脑水肿和青光眼，也可用于心、肾功能正常的水肿少尿者。主要的制剂为注射液。遮光，密封保存。我国山梨醇生产始于1958年，近年来，我国山梨醇的产能和产量一直在稳步增长，无论是生产规模、技术水平，还是产量和质量都有很大的提高，预计今后我国山梨醇产销形势还将长期看好。全国山梨醇生产企业约40家左右，总生产能力已达200余万吨，年产量达120万吨，已经成为全球最大的山梨醇生产国和出口国。

2. **葡萄糖（Glucose）** 本品静脉注射50%高渗溶液，具有脱水和渗透性利尿作用。因葡萄糖可进入组织中被代谢利用，故脱水作用较弱，持续时间较短（1～2小时）。葡萄糖进入脑脊液和脑组织被代谢后，使颅内压回升，故单独用于脑水肿可产生"反跳"现象。一般与甘露醇或山梨醇合用于脑水肿或青光眼。本品需密封保存。本品临床应用甚广，价格便宜，销售量很大。

3. **尿素（Urea）** 作用与山梨醇相似。其高渗液用于脑水肿、颅内压增高，也用于烧伤后、手术后、创伤后的少尿症等。脱水作用快而强，但维持时间短。用药后常继发脑体积增大和颅内压反跳性回升，故在本药注射后3～4小时，须加用其他脱水药物。本品水溶液不稳定，久置可分解而释出氨，产生毒性，故须在24小时内用完。药物贮存太久或药液温度过低，注入后引起面色潮红、精神兴奋、烦躁不安等症状。药液漏出血管外，可引起局部红肿起泡。本品可增加血中非蛋白氮，故肾功能不全、严重休克及明显脱水者、有活动性颅内出血者、血内氮质积留过多者忌用。主要制剂有尿素注射液。

第三节　尿崩症用药

尿崩症是由于下丘脑垂体后叶病变致使加压素（抗利尿素）分泌或释放减少引起的疾病，主要症状为多尿、烦渴及失水，能缓解这些症状的药，可称为尿崩症用药。

1. **垂体后叶粉（Powdered Posterior Pituitary）** 本品主要成分为抗利尿激素（加压素），有抗利尿作用。临床适用于尿崩症，对垂体功能减退性尿崩症疗效较好。用药后能较快地减少尿量和减轻口渴症状。制剂有粉剂，吸入时应注意避免喷嚏，以保证疗效。吸入不宜过多、过猛、过深，否则可引起气短、气闷、胸痛及腹胀痛等。呼吸道和副旁窦疾病哮喘患者禁用。本品疗效可靠、价廉，但临床应用量不大，销售量较小。遮光，密闭，在凉处保存。

2. **鞣酸加压素（Vasopresin Tannate）** 本品为鞣酸加压素的油剂注射剂，临床用于诊断和治疗由于缺乏抗利尿激素引起的尿崩症，也用于其他药物效果不佳的腹部肌肉松弛。其作用特点是吸收慢，维持时间长，可减少患者频繁注射的麻烦。主要用于中、重型尿崩症。大剂量可引起恶心、皮疹、盗汗及过敏反应等。高血压、动脉硬化、冠状动脉疾病、心力衰竭患者及孕妇禁用。制剂有鞣酸加压素注射液，肌内注射。注射前须摇匀。遮光，

扫码"学一学"

密闭于凉处保存。

第四节 良性前列腺增生用药

扫码"学一学"

良性前列腺增生症（BPH）是由机械因素引起的尿路梗阻性疾病，即多余的雄性激素和胆固醇堆积在前列腺内而形成的疾病。是一种男性老年退行性病变，病因尚未完全阐明，主要临床表现是尿频尿急、排尿困难、尿失禁、血尿等。

良性前列腺增生症是老年男性的常见病。世界卫生组织的一项全球统计表明，目前 60 岁以上的老年人中，约有 50% 患有前列腺疾病，而 70 岁以上的发病率高达 88%。现在我国已经步入老龄社会，对 BPH 应引起社会的广泛关注，近 10 年来，药物治疗已经成为轻度和中度症状患者的主要治疗方法，并取得较好效果。在我国，前列腺增生药物市场相对较为成熟，随着老年病用药需求量的不断增长，显示出较大的发展空间，治疗前列腺增生的新药正不断地补充市场，全国前列腺药物总体市场已到达 20 亿元左右。

一、良性前列腺增生药的分类

1. **α 受体阻断剂** 通过阻断交感神经向 α$_1$ 受体输入信号，从而导致前列腺和膀胱颈平滑肌松弛，缓解症状，增加尿流速率。如坦索罗辛、多沙唑嗪、阿夫唑嗪、特拉唑嗪、萘哌地尔等。

2. **5α–还原酶抑制剂** 该类药物竞争性地抑制 5α–还原酶活性，从而抑制睾酮转化成双氢睾酮，使前列腺体积缩小而改善症状、增加尿流速率、预防良性前列腺增生进展。如非那雄胺、度他雄胺、爱普列特等。

3. **天然植物药** 有前列康、保前列、通尿灵、舍尼通、塞尿通等。

二、典型前列腺增生药

特 拉 唑 嗪
（Terazosin）

【作用与适应证】本品为选择性 α$_1$ 受体阻断药，能降低外周血管阻力，对收缩压和舒张压都有降低作用；具有松弛膀胱和前列腺平滑肌的作用，可缓解良性前列腺肥大而引起的排尿困难症状。

【制剂】本品主要是片剂。

【不良反应】轻微不良反应如头痛、头晕、无力、心悸、恶心、直立性低血压等，继续治疗可自行消失，必要时可减量。

【用药指导】①本品首次服药应从睡前顿服 1mg 开始，以防止和减轻晕厥和"首剂"效应的发生，在确定无明显不适后，逐渐增加剂量；②停药数天后再服本药时，仍应从小剂量开始，逐渐增加剂量；③使用过程中注意监测血压；④严重肝肾功能不全患者及 12 岁以下儿童、孕妇禁用。

【商品信息】①本品为第 2 代 α 肾上腺能受体阻断剂，近年来在前列腺增生用药市场占有重要地位，另一个适应证是高血压，因此是前列腺增生并伴有高血压疾病患者的首选药

物，现已进入国家医疗保险用药目录。②该药由美国雅培公司开发，商品名高特灵，1987年首次上市。在我国有 10 多个厂家生产。

【贮藏】遮光，密闭保存。

坦洛新
（Tamsulosin）

【作用与适应证】本品对尿道、膀胱及前列腺等器官平滑肌有高选择性的阻断作用，抑制尿道内压力上升的能力是抑制血管舒张压力上升能力的 13 倍；用于改善排尿障碍作用；降低前列腺部尿道内压，对膀胱内压无明显影响，故可用于前列腺增生引起的排尿障碍。

【制剂】本品主要是缓释胶囊剂。

【不良反应】①偶有精神神经症状，如头晕、头痛、失眠等；②消化系统症状，如恶心、呕吐、胃部不适、食欲减退等；③其他，如过敏反应，皮疹、直立性低血压、肝功能损伤等。

【用药指导】①患者应排除前列腺癌后，才可使用；②应用抗高血压药物患者，在开始口服时，应注意对血压的影响，不要咀嚼胶囊内颗粒，过量会引起血压降低。③与 β 受体阻断药、利尿药、ACEI、钙通道阻滞药合用，降压作用增强。与非甾体抗炎药合用，本品的降压作用降低；④直立性低血压患者、肝肾功能不全患者、对磺胺过敏者、哺乳期妇女、孕妇慎用。

【商品信息】①本品是第一个针对前列腺增生疾病的长效 α_1 肾上腺能受体阻断剂，由日本山之内（Yamanouchi）制药公司开发，是目前全球治疗良性前列腺增生症的最常用药物。1993 年以商品名"Harnal"首次上市，在欧洲商品名为"flomax"。该药于 1996 年投入我国市场，国内商品名为"哈乐"，现已进入国家基本药物目录。2004 年 3 月，哈乐在我国行政保护期结束后，多家企业相继取得生产批文。②2014 年 8 月，盐酸坦索罗辛缓释胶囊的口崩缓释片新剂型——坦索罗辛口崩缓释片（新哈乐）在中国正式上市，可减少老年人因药物吞咽困难等服药问题而延误最佳治疗时机。

【贮藏】遮光，密闭保存。

非那雄胺
（Finasteride）

【作用与适应证】非那雄胺是一种强有力的 5α-还原酶抑制剂，可用于治疗良性前列腺增生，使增大的前列腺缩小，其逆转过程需 3 个月以上；可改善排尿症状，使最大尿流率增加，减少发生急性尿潴留和手术几率。还可用于治疗男性秃发，能促进头发生长并防止继续脱发。

【制剂】本品主要是片剂。

【不良反应】①乳房增大和压痛。偶见性功能障碍，偶有瘙痒感、皮疹、口唇肿胀等过敏反应和睾丸疼痛；②有中度抑郁临床表现。

【用药指导】①本品主要在肝脏代谢，肝功能不全者慎用；②对于有大量残留尿或严重尿流减少的患者，应密切监测其尿路梗阻的情况；③治疗前期，须认真鉴别有无患前列腺

癌的可能性，且随后要定期检查。

【商品信息】①非那雄胺是市场上第一个 5α - 还原酶抑制剂，由美国默沙东公司开发，1992 年 6 月通过美国 FDA 批准，以商品名"Proscar"上市，目前已在全球 110 多个国家地区获得注册后上市。20 世纪 90 年代初，非那雄胺开始进入我国市场，1993 年 8 月获得我国行政保护。同年，中美杭州默沙东公司的非那雄胺以商品名"保列治"在我国上市，该药在近几年的前列腺增生用药市场中高居榜首，占市场份额 40% 以上，且其销售额仍在逐年增长。2003 年保列治的行政保护到期，多家国内企业陆续介入该市场。

【贮藏】遮光，密封保存。

重 点 小 结

本章根据临床用药情况，将泌尿系统药品分为四个类别，分别是利尿药、脱水药、尿崩症用药以及良性前列腺增生用药。

利尿药主要介绍了高效利尿药——呋塞米和布美他尼；中效利尿药——氢氯噻嗪；低效利尿药——螺内酯和氨苯蝶啶。

脱水药主要介绍了甘露醇。

尿崩症用药主要介绍了垂体后叶粉和鞣酸加压素。

因发病率的增高和用药需求的增加，本章也新增了治疗良性前列腺增生药品，主要介绍了坦洛新、特拉唑嗪和非那雄胺。

重点掌握各类代表药的适应证、用药指导和相关的商品信息。

（邓　卅　田丽娟）

扫码"练一练"

第十六章　激素及影响内分泌药

激素是由内分泌腺或内分泌细胞所分泌的具有高效生物活性的化学物质，可直接进入血管和淋巴管，随血液循环到全身，选择性地作用于一定的组织器官，通过调节其代谢活动来影响人体的生理活动，是生命中的重要物质。激素的分泌均极微量，为毫微克水平，但其调节作用非常明显，作用甚广。激素分泌一旦失衡，就会引起疾病的产生，应用激素类药品应严格掌握适应证，避免导致药源性疾病。

激素类药品在临床应用上有十分重要的地位，自20世纪五六十年代以来，激素类药物已经有了很大的发展，不但开发了众多品种，而且临床用途也日益扩大，成为国际医药市场上一大类重要药物品种，世界各国现生产的品种多达上百个。

激素及影响内分泌药物按其作用特点可分为肾上腺皮质激素类药物、性激素类药物、胰岛素及口服降血糖药物、甲状腺激素及抗甲状腺药物。

第一节　肾上腺皮质激素类药

肾上腺皮质激素为肾上腺皮质所分泌的甾体化合物，根据其主要生理作用分为糖皮质激素和盐皮质激素两类。1927年Rogoff和Stewart通过静脉注射肾上腺匀浆提取物使切除肾上腺的狗存活而证明了肾上腺皮质激素的存在。本类产品经过几十年的研究开发，目前已形成种类繁多、临床应用广泛和需求旺盛的一大类药物。

我国自20世纪60年代已开展研制，经过多年发展，已初具规模，能生产皮质激素40余种，目前具有一定生产能力的产品仍以中低端糖皮质激素为主，主要有氢化可的松系列、泼尼松系列、地塞米松系列、倍他米松系列近20个产品，虽然激素品种已从20世纪80年代的火爆市场转向理性使用，总体增速平稳，但肾上腺皮质激素类药物仍是医院中不可缺少的药物。

扫码"学一学"

一、糖皮质激素类药

糖皮质激素由肾上腺皮质中层束状带合成和分泌，主要影响糖、蛋白质和脂肪的代谢，对电解质平衡影响较少。糖皮质激素作用广泛而复杂，其药理作用主要表现为抗炎、免疫抑制、抗毒素、抗休克等，对中枢神经系统、消化系统、对血液和造血系统也有影响。

糖皮质激素临床上主要用于急、慢性肾上腺皮质功能减退、严重感染、自身免疫性疾病、过敏性疾病、防止某些炎症的后遗症、各种原因引起的休克、血液系统疾病等。

糖皮质激素类药物可分为短效（如可的松、氢化可的松等）、中效（如泼尼松、泼尼松龙等）、长效（如地塞米松、倍他米松等）三类。

1. 典型糖皮质激素类药

氢 化 可 的 松
（Hydrocortisone）

【作用与适应证】本品为糖皮质激素类药物，具有抗炎、免疫抑制、抗毒素、抗休克等作用。用于各种急性细菌感染、严重的过敏性疾病、各种原因引起的肾上腺皮质功能减低症、自身免疫疾病等。

【制剂】本品主要有片剂、软膏剂、眼膏剂、注射剂等。

【不良反应】本品不良反应较多，大剂量或长期应用本类药物，可引起人向心性肥胖、多毛、痤疮、血糖升高、高血压、眼内压升高、钠和水潴留、水肿、血钾降低、精神兴奋、胃及十二指肠溃疡甚至出血穿孔、骨质疏松、脱钙、病理性骨折、伤口愈合不良等。

【用药指导】①有中枢抑制症状或肝功能不全患者慎用，大剂量更应注意。②本品的注射剂（醇型）含有 50% 的乙醇，不能直接静注，必须充分稀释至 0.2mg/ml 后静脉注射。③本品为天然短效糖皮质激素，抗炎作用为可的松的 1.25 倍，其潴留活性较强，可直接注入静脉而迅速发挥作用。④本品混悬剂（酯型）可供关节腔内注射。⑤本类药品对病原微生物并无抑制作用，且可降低机体的防御能力，故一般感染不宜用本类药物。⑥应尽量避免长期或大剂量用药，不可骤然停药，应逐渐减量，以免复发或出现肾上腺皮质功能不足的症状。

【商品信息】①本品及其醋酸酯为短效天然糖皮质激素，于 1937 年自肾上腺分离得到，1950 年化学合成，我国于 1958 年研制投产。②我国是氢化可的松的主要供应国。氢化可的松及其醋酸酯均可为临床使用，价格低且剂型多，故临床应用广泛，销售量比较大。由于美国 FDA 已批准氢化可的松为非处方药上市，从而带动了销售增长。

【贮藏】原料、片剂、注射剂、滴眼液应遮光，密闭保存；软膏剂、眼膏剂密闭于凉暗处保存。

地 塞 米 松
（Dexamethasone）

【作用与适应证】本品是长效糖皮质激素，抗炎及抗过敏作用比泼尼松更显著，主要用于过敏性与自身免疫性炎症性疾病。临床用途同泼尼松，但其针剂可代替氢化可的松用于

抢救患者，尤其是中枢抑制或肝功能不全的患者。

【制剂】 本品主要有片剂、注射剂、软膏和滴眼液等。

【不良反应】 本品对下丘脑－垂体肾上腺轴功能的抑制较强。引起水钠潴留的不良反应较少，较大剂量易引起糖尿病、类库欣综合征及精神症状。

【用药指导】 ①本品潴钠作用微弱，不宜用作肾上腺皮质功能不全的替代治疗。②较大量服用，易引起糖尿及类库欣综合征。③长期服用，较易引起精神症状及精神病，有癫病史及精神病史者最好不用。④溃疡病、血栓性静脉炎、活动性肺结核、肠吻合术后患者忌用或慎用。其他用药注意参见本节概述部分。

【商品信息】 ①本品为人工合成的长效糖皮质激素药物，具有长效、强效、不良反应少，对水盐代谢影响小且价格适中等优点而在临床广泛应用，是糖皮质药物中销量较大的品种之一。②本品是含卤素的高档激素品种，1958 年合成并用于临床，我国 1966 年研制，1968 年投产。现今国内已具有了一定的生产规模，奠定了我国激素产业在国际市场的牢固地位。③我国地塞米松系列产品，临床应用广泛，前景较好。天津药业集团目前生产的皮质激素类原料药和制剂品种及规模均居全国之首。

【贮藏】 遮光，密闭保存。软膏遮光，密闭于阴凉处保存。

2. 其他糖皮质激素类药

（1）泼尼松龙（Prednisolone） 本品作用和用途同泼尼松。制剂有片剂、注射液、软膏剂等。本品为能直接起作用的合成糖皮质激素，是中效糖皮质激素，抗炎及抗过敏作用较强，不良反应较少，其水、钠潴留及促进钾排泄作用比可的松小。可用于肝功能不良的患者。我国 1961 年研制，1963 年上海通用药厂投产。泼尼松龙是后期发展出来的中效糖皮质激素，是全球皮质激素的高端品种，具有临床推广价值，供应价格和数量近年来上升十分稳定。总体国际市场需求仍然十分旺盛，且价格得到较好保持，未来激素类产品价格将维持强势。

（2）莫米松（Mometasone） 本品具有抗炎、抗过敏、止痒及减少渗出等作用。主要用于对皮质激素治疗有效的皮肤病，如神经性皮炎、湿疹、异位性皮炎及银屑病等引起的皮肤炎症和皮肤瘙痒。制剂有莫米松霜剂或乳膏。该产品由美国先灵葆雅公司 1997 年将该产品引入国内市场，目前国内也有生产。

二、盐皮质激素类药

本类药物的作用特点是能促进钠的潴留，增加钾的排泄，对糖代谢几乎无作用。与糖皮质激素相比，临床需求较少，商品品种也较少，主要药物有 9α－氟可的松和去氧皮质酮。

9α－氟可的松（Fluorohydrocortisone） 为氢化可的松的氟化物，因有较强的水钠潴留作用，主要用于外用。常用于湿疹、过敏性皮炎、接触性皮炎、瘙痒等症。制剂有片剂和软膏剂。遮光，密闭保存。妊娠期、肝病及黏液性水肿患者应用本品时，剂量应适当减少，以防钠潴流过多、水肿、高血压和低钾血症，用药期间可给予低钠高钾饮食。乳膏剂长时间外用可引起皮肤色素沉着；皮肤有化脓性感染时禁用。本品疗效好，价格便宜，适合长期使用。

去氧皮质酮（Desoxycortone） 主要影响水盐代谢，促进远端肾小管对钠的再吸收及钾的排泄，主要用于原发性肾上腺皮质功能减退症的替代治疗。制剂有注射液和微结晶混悬液。遮光，密封保存。注射液遇光易变色，色泽变深，不可供药用。本品长期或大剂量服用，可致高血压。高血压、水肿、肾炎、肝硬变等患者禁用。

第二节　性激素类药

性激素包括雄激素、雌激素和孕激素，主要由性腺分泌，受脑垂体前叶分泌的促性腺激素所调节，可促进性器官的发育和第二性征的形成。同时性激素对促性腺激素有负反馈作用，常利用这一机制来治疗一些因促性腺激素过多引起的病症。性激素一般分为以下几类：雄激素及蛋白同化激素类、雌激素类、孕激素类及促性腺激素类。

扫码"学一学"

一、雄激素及蛋白同化激素类药

天然雄激素为睾丸素（睾酮），具有雄激素活性，并有一定的蛋白同化作用。睾丸素由睾丸分泌，肾上腺皮质、卵巢和胎盘也有少量分泌。雄激素主要用于男性性腺功能不足的替代治疗，也可用于女性转移性乳腺癌。临床常用的雄激素主要是睾酮的衍生物，如丙酸睾酮，可供肌内注射；此外还有睾酮的甲基衍生物，其在肝脏破坏较慢，适用于口服。

睾酮经结构改造后使雄激素活性减弱，而蛋白同化作用得以保留或加强，从而提高分化指数，这些药物称为蛋白同化激素。临床上主要用于蛋白质同化或吸收不足，以及蛋白质分解亢进或损失过多等情况，如营养不良、严重烧伤、术后恢复期、骨折不易愈合等。临床应用的有苯丙酸诺龙、癸酸诺龙、达那唑等。

1. 典型雄激素及蛋白同化激素类药

甲 睾 酮
（Methyltestosterone）

【作用与适应证】本品作用与天然睾酮相似，能促进男性性器官及第二性征的发育、成熟等。用于男性性腺功能减退症、无睾症及隐睾症；绝经妇女晚期乳腺癌姑息性治疗。

【制剂】本品主要为片剂。

【不良反应】大剂量（每月 300mg 以上）可引起男性睾丸功能不全和萎缩、女性男性化、水肿、肝损害、黄疸、头晕、痤疮等。大剂量或长期应用易导致胆汁淤积性肝炎，出现黄疸、肝损伤等。舌下给药可致口腔炎，表现为疼痛、流涎。

【用药指导】①有过敏反应者应停药；肝功能不全者慎用；前列腺癌患者、孕妇及哺乳期妇女禁用。②本品遇光易变为黄色而失效；③本品能由口腔黏膜及胃肠道吸收，口服有效，但口服后在肝脏代谢失活，故以舌下含服为佳，长期或大剂量可引起男性睾丸功能不全和萎缩、女性男性化、水肿、肝损害、黄疸、头晕、痤疮等。

【商品信息】本品 1937 年合成，我国 1958 年研制投产。

【贮藏】遮光，密封，干燥处保存。遇光变黄色者不可供药用。

苯 丙 酸 诺 龙
（Nandrolone Phenylpropionate）

【作用与适应证】本品为蛋白同化类激素，用于慢性消耗性疾病、严重灼伤、手术前后、骨折不易愈合和骨质疏松症、早产儿、儿童发育不良等。尚可用于不能手术的乳腺癌、

功能性子宫出血、子宫肌瘤等。

【制剂】本品主要为注射剂。

【不良反应】①妇女使用后，可有轻微男性化作用，如痤疮、多毛症、声音变粗、阴蒂肥大、闭经或月经紊乱等反应，应立即停药。②本品长期使用后可能引起黄疸及肝功能障碍，也可能使水钠潴留而造成水肿，不宜做营养品使用。

【用药指导】①发现黄疸应立即停药，肝功能不全者慎用。②前列腺癌患者、孕妇及哺乳期妇女禁用。③可使骨骼骺端过早融合，影响身高，并促进性早熟及女性男性化，健康儿童禁止使用。

【商品信息】①本品蛋白同化作用为丙酸睾酮的 12 倍，雄激素活性仅为其 1/2。②本品 1959 年合成，我国 1966 年投产。

【贮藏】遮光，密封，干燥处保存。

2. 其他雄激素及蛋白同化激素类药

（1）司坦唑醇（Stanozolol）　本品蛋白同化作用较强，为甲睾酮的 30 倍，雄激素活性则为甲睾酮的 1/4。临床用于慢性消耗性疾病、重病及手术后体弱消瘦、年老体弱、骨质疏松症、小儿发育不良、再生障碍性贫血、白细胞减少症、血小板减少症、高脂血症等。制剂主要为片剂。本品 1959 年合成，我国 1973 年广州第八制药厂投产。

（2）丙酸睾酮（Testosterone）　本品作用和适应证同睾酮、甲睾酮，可肌注，口服无效，肌内注射作用时间较持久，肌内注射 1 次，可维持 2~3 日。制剂主要是注射液，一周 2~3 次。遮光密闭保存。大剂量可引起女性男性化、浮肿、肝损伤、黄疸、头晕等。有过敏反应者应立即停药。肝、肾功能不全、前列腺癌患者及孕妇忌用。本品 1935 年合成，我国 1958 年研制投产。

二、雌激素类药

雌激素主要由卵巢和胎盘产生，肾上腺皮质也产生少量雌激素。天然的雌激素包括雌二醇、雌酮及雌三醇，以雌二醇的活性最强，主要作用为促进女性性器官的形成及第二性征的发育。但天然雌二醇及其衍生物口服活性很低，仅供注射且价格比较贵。目前临床常用的雌激素类药物是人工合成品及其衍生物，如注射用的长效雌激素苯甲酸雌二醇、戊酸雌二醇、环戊丙酸雌二醇以及口服有效的炔雌醇、己烯雌酚等。雌激素主要用于绝经期综合征、卵巢功能不全和闭经、功能性子宫出血、乳房胀痛、青春期痤疮及晚期乳腺癌、前列腺癌。它们还可与孕激素组成各种不同的复方用作避孕药。

1. 典型雌激素类药

雌 二 醇
（Estradiol）

【作用与适应证】本品促进女性性征和性器官的发育成熟，用于卵巢功能不全或卵巢激素不足引起的各种症状，主要是功能性子宫出血、原发性闭经、绝经期综合征以及前列腺癌等。

【制剂】本品主要有注射剂、片剂（含缓释片）、凝胶剂、贴片等。

【不良反应】大剂量可有恶心、呕吐、乳房胀痛、子宫内膜过度增生；静脉和动脉血栓

形成及胆汁淤积型黄疸；外用贴剂，可引起局部红肿、瘙痒、皮疹。

【用药指导】①应与孕激素联合应用，以对抗单纯雌激素引起的子宫内膜过度增生而导致腺癌。②凝胶剂不可口服，忌用于乳房、外阴和阴道黏膜。③巴比妥类、卡巴西平、甲丙氨酯、保泰松、利福平等会减低雌激素活性。④乳腺癌、子宫内膜癌、子宫内膜异位、原因未明的阴道出血、严重肝功能损害、血栓栓塞性疾病患者及孕妇禁用。严重高血压、子宫出血倾向、子宫内膜炎及糖尿病患者慎用。⑤不宜长期、大剂量使用。

【商品信息】本品 20 世纪 30 年代首先从雌猪卵泡液和怀孕雌马尿中分离出来。

【贮藏】遮光，密闭保存。

2. **其他雌激素类药**　己烯雌酚（Diethylstilbestrol）为人工合成的非甾体雌激素，作用与雌二醇相似，口服作用为雌二醇的 2～3 倍。本品口服吸收良好，用于卵巢功能不全或垂体异常引起的闭经、子宫发育不全、绝经期综合征、功能性子宫出血、老年性阴道炎、退乳等。可有恶心、呕吐、厌食、头痛和轻度腹泻等，中途停药可导致子宫出血，肝、肾病患者及孕妇禁用。主要制剂有己烯雌酚片和己烯雌酚注射液。遮光，密闭保存。本品 1938 年合成，使用广泛，价格低廉。

知识链接

己烯雌酚与少女阴道癌

己烯雌酚是一种广泛用于治疗先兆流产的药物。1966～1969 年间，美国波士顿市妇科医院的医生们在较短时间里先后发现有 8 名十多岁的少女患阴道癌，大大超过了自然情况下这种病在少女人群中的发病率。经过深入的流行病学调查，证明这些病例的发生与患者母亲妊娠期间服用己烯雌酚有因果关系，其相对危险度大于 132 倍。其他医院也陆续有报道，至 1972 年，各地共收到 91 例 8～25 岁的阴道癌患者的报告，其中 49 例患者的母亲在妊娠期间服用过己烯雌酚。

三、孕激素类药

孕激素主要由卵巢黄体分泌，妊娠后逐渐改由胎盘分泌。其主要作用是促进子宫内膜生长，利于受精卵的着床与胚胎发育，用于月经失调，也用于子宫内膜异位症及某些乳癌、子宫内膜癌。天然孕激素黄体酮口服后在肝脏被迅速破坏，仅供注射。因此临床上主要应用的是人工合成品及其衍生物，如甲地孕酮、炔诺酮类等作用较强，在肝脏破坏亦较慢，可以口服。孕激素是避孕药的主要成分，单用或与雌激素合用，口服或肌内注射均可达到避孕目的。

1. **典型孕激素类药**

黄 体 酮
（Progesterone）

【作用与适应证】本品是天然黄体酮的合成代用品。用于习惯性流产、闭经、痛经、经血过多或血崩症等。口服大剂量也用于黄体酮不足所致疾患，如经前期综合征、排卵停止所致月经紊乱、良性乳腺病、绝经前和绝经期等。

【制剂】本品主要有注射剂、胶囊剂。

【不良反应】可有头晕、头痛、恶心、抑郁、乳房胀痛等。长期大量使用可致子宫内膜萎缩、月经量减少，肝功能异常容易并发阴道霉菌感染。每日用量过高时可能有嗜睡。

【用药指导】①肝功能不全、不明原因阴道出血、动脉疾患高危者、乳腺癌患者禁用。②本品在肝脏迅速代谢失活，故一般采用注射给药或其他途径给药。③大剂量时可致水、钠潴留，故肾病、心脏病水肿患者慎用。

【商品信息】本品 1934 年从孕猪卵巢中分离出黄体酮，并确定其化学结构。我国 1958 年研制投产。

【贮藏】遮光，密闭保存。

2. **其他孕激素类药** 甲羟孕酮（Medroxyprogesterone）作用与黄体酮相似，为作用较强的孕激素，无雌激素活性，口服和注射均有效。用于痛经、功能性闭经、功能性子宫出血、先兆流产或习惯性流产、子宫内膜异位症等。大剂量可用作长效避孕药。制剂有片剂和注射液。本品可引起黄体酮类反应如乳房疼痛、溢乳、阴道出血、闭经等；长期应用也有肾上腺皮质功能亢进的表现，肌内注射时由于贮存于局部组织缓慢释放，可维持长达 2~4 周的药效，若剂量加大可达 3 个月之久。本品 20 世纪 50 年代晚期由美国 Upjohn 公司制备，我国 1964 年上海华联药厂研制投产。

四、促性腺激素类药

促性腺激素是由垂体前叶分泌的一组蛋白激素。主要用于治疗两性性腺功能不全所致的各种疾病，还用于计划生育、妇产科疾病及抗肿瘤。目前临床应用的促性腺制剂，主要是注射用绒促性素、氯米芬等。

1. **绒促性素**（Chorionic Gonadotrphin） 本品用于不孕症、黄体功能不足、功能性子宫出血、先兆流产或习惯性流产、隐睾症、男性性功能减退症等。制剂主要是注射剂。用本品促进排卵，可增加多胎率，而使新生儿发育不成熟。发现卵巢过度刺激综合征及卵巢肿大、胸腔积液、腹腔积液等并发症时应停药。除了男性促性腺激素功能不足、为促发精子生成以外，其他情况本品不宜长期连续使用。

2. **氯米芬**（Clomifene） 本品具有较强的抗雌激素作用和较弱的雌激素活性。用于避孕药引起的闭经及月经紊乱。对经前期紧张症、溢乳症可改善症状。尚可用于精子缺乏的男性不育症。制剂主要有片剂和胶囊剂。本品为治疗无排卵型不育症的首选促排卵药。促排卵药是处方药，必须在医生的监控指导下服用。盲目滥用本品会导致卵巢过度刺激综合征，严重的甚至会危及生命。国家卫生部门已明确规定，禁止以多胎妊娠为目的应用促排卵药物。药品监督管理部门也应加强处方药在药店的销售管理，堵住其销售泛滥的漏洞。

第三节 计划生育药

应用避孕药物是开展计划生育的重要措施之一。进入新世纪后，生殖系统及性激素类药物市场呈现快速增长的趋势，其中避孕药物占据了该市场的 50%。

一、口服避孕药

1960 年，首款口服避孕药诞生。它通过雌激素和孕激素的协同作用，可从多个环节阻

扫码"学一学"

断精子与卵子结合并着床发育，从而实现避孕的效果。目前，全球已有 535 种口服避孕药品牌，全世界约有 1 亿多女性使用复方口服避孕药。

口服避孕药有两种类型，即复合型和孕激素型。复合型是最普通的口服避孕药，由雌激素和孕激素两种合成激素组成。当前，该类药物已从第 1 代炔诺酮、第 2 代左炔诺孕酮，发展到第 3 代孕二烯酮、去氧孕烯和诺孕酯，第 4 代屈螺酮及其类似物和复合口服制剂。

目前，我国市场上使用最多的是口服避孕药，并呈现出逐年增长的趋势。根据避孕作用时间长短不同，可分为紧急、短效、长效 3 种。紧急避孕药在零售市场用量最大，大约占 70% 的市场份额。短效避孕药主要成分是孕激素，是避孕常规药品，可长期服用，副作用小，停药后可恢复受孕，占 20% 的市场份额。长效避孕药主要成分是人工合成孕激素和长效雌激素，每月只需服用一片便可达到避孕效果，虽然服用方便，但停药后会影响生育，因此使用量相对较少。

1. 典型口服避孕药

左炔诺孕酮
（Levonorgestrel）

【作用与适应证】本品为口服强效孕激素，是目前应用较广泛的一种口服避孕药。与炔雌醇组成复合片或双相片、三相片可作为短效口服避孕药。通过剂型改变，还可作为多种长效避孕药。

【制剂】本品主要有片剂（含双相片和三相片）、滴丸剂等。

【不良反应】少数可有恶心、呕吐、头晕以及不规则出血等。

【用药指导】①本品为限复方制剂活性成分非处方药。②活动性肝炎、肾炎患者禁用。子宫肌瘤、血栓病史及高血压患者慎用。③为保证避孕效果，必须定时服用。

【商品信息】左炔诺孕酮已被多个国家批准使用，是国内外应用最广泛的一种口服避孕药。近 10 年来，左炔诺孕酮全球性市场稳步增长。左炔诺孕酮三相片用小剂量激素模拟生理月经周期激素的动态变化，既达到了避孕效果，又减少了不良反应，是 20 世纪 70 年代末发展起来的短效低剂量新型避孕药。

左炔诺孕酮炔雌醚片为女用长效口服避孕片，复方左炔诺孕酮片为女用短效口服避孕片，是在我国应用较广的一种紧急避孕药。左炔诺孕酮在我国医院市场和零售市场均有较大销售空间。

【贮藏】遮光，密闭，干燥处保存。

2. 其他口服避孕药
甲地孕酮（Megestrol）具有显著排卵抑制作用，用作短效口服避孕药，也可肌内注射作长效避孕药。还用于功能性子宫出血、子宫内膜腺癌、子宫内膜异位症、痛经、闭经等。制剂有片剂（含纸型片和探亲片）、膜剂。本品为高效孕激素，口服时其作用约为黄体酮的 75 倍，注射时约为 50 倍，并无雌激素和雄激素活性。本品的片剂，因主药在糖衣层内，受潮后溶解、黏结，使含量不准或变质，不可供药用。本品 1959 年合成，我国 1967 年研制，1970 年投产。

二、抗早孕药

抗早孕药是一类新型的抗生育药物，第一个孕酮受体阻断剂米非司酮已用于抗早孕和

催经止孕等。3β - 羟甾脱氢酶抑制剂环氧司坦能抑制孕酮的合成，用于抗早孕有效。它们与前列腺素合用，可使完全流产率显著提高。前列腺素除用于中期引产外，还用于抗早孕及扩张宫颈等，如卡前列素及其甲酯，而吉美前列素和硫前列酮临床效果更好。米索前列醇与米非司酮合用，抗早孕同样有效，更方便。

1. **米非司酮（Mifepristone）** 本品为新型的抗孕激素，用于抗早孕、催经止孕、宫内死胎引产、扩宫颈。与小剂量前列腺素类药物合用，能提高完全流产率。可有恶心、呕吐、头晕、乏力、腹痛等。本品 1982 年由法国 Roussel - Uclaf 公司研制，1988 年在法国、英国上市，我国 1995 年生产。具有使用方便、更有效、更安全的特点，被认为是目前为止最有效的紧急避孕药物之一。该药属于严格监管的处方药，只能在医院购买，并在医生监督下使用。

2. **米索前列醇（Misoprostol）** 本品对妊娠子宫底具有明显收缩作用，而对子宫颈却表现为松弛、软化作用。与米非司酮合用，抗早孕有良好效果，不良反应小，且使用方便。本品还有抑制胃酸分泌作用和胃黏膜保护作用，用于防治消化道溃疡。可见恶心、呕吐、腹痛、头晕等。过敏者禁用，心、脑血管病者慎用。主要制剂为片剂。

第四节　胰岛素及其他降血糖药

扫码"学一学"

糖尿病是由多种原因引起的胰岛素分泌相对或绝对不足以及靶细胞对胰岛素敏感性降低，继而引起糖、脂肪和蛋白质等代谢障碍的一种综合征，其主要特点是持续的血糖升高。糖尿病作为一种系统性疾病可引起多种组织、器官的结构和功能改变，严重威胁身体健康。临床将糖尿病分为两型，1 型糖尿病，即胰岛素依赖型糖尿病，是由于胰岛 B 细胞损害引起胰岛素分泌水平降低，约占糖尿病患者的 5%，其治疗只能依赖于外源性给予胰岛素；另一类为 2 型糖尿病，即非胰岛素依赖型糖尿病，是胰岛素分泌的相对不足及胰岛素作用不健全而致血糖水平升高，可用化学药物促使 B 细胞分泌更多胰岛素，或改善靶组织对胰岛素敏感性进行治疗。

根据国际糖尿病联盟（IDF）公布的最新数据，2017 年全球糖尿病患者已达到 4.25亿，预计到 2045 年，糖尿病患者可能达到 6.29 亿。而中国糖尿病患者数量约 1.144 亿，其中 90% 以上为 2 型糖尿病，已成为患者数量最多的国家。全球糖尿病防控形势已日趋严峻，糖尿病已对全球医疗体系构成巨大挑战。

比疾病更可怕是，人们对疾病认知的缺乏。调查显示，在中国，糖尿病患者知晓率仅为 36.5%。也就是说，在 1.144 亿糖尿病患者中，有 7 千多万人不知情。同样令人感到担忧的是，我国糖尿病患者的治疗率为 32.2%，而糖尿病的危害主要在于并发症，毫无疑问，未能接受治疗的患者更易遭受到并发症的侵袭。常用治疗糖尿病的药物包括胰岛素及口服降血糖药。

一、胰岛素类药

（一）胰岛素类药物的分类

1. 按来源分类

（1）动物胰岛素　是经动物胰腺提取或适当纯化的猪、牛胰岛素。

（2）人胰岛素　是指采用不同制备工艺获得的与人胰岛素氨基酸序列完全相同的胰

岛素。

（3）胰岛素类似物　是利用重组 DNA 技术，通过对人胰岛素的氨基酸序列进行修饰生成的，可模拟正常胰岛素分泌和作用的一类物质。目前已经用于临床的有赖脯胰岛素和门冬胰岛素两种超短效胰岛素类似物，以及甘精胰岛素和地特胰岛素两种长效胰岛素类似物。

国外胰岛素类似物的市场份额已经超过了常规胰岛素，但国内目前常规胰岛素仍然占据主流市场，胰岛素类似物表现出良好的增长势头，潜力非常大。

2. 按作用时间分类

（1）短效（速效）胰岛素制剂　又称为普通胰岛素或正规胰岛素。由于不含任何延缓其吸收的物质，吸收和起作用均迅速，但作用持续时间短。短效胰岛素主要控制饭后的高血糖，可供皮下注射，如胰岛素注射液 400U，重组人胰岛素注射液 300U 和 400U。

（2）中效胰岛素制剂　在普通胰岛素的基础上，为了延缓胰岛素的吸收而加入了低量的鱼精蛋白，皮下注射后吸收缓慢而均匀，作用可持续 18～28 小时。中效胰岛素主要控制基础高血糖即两餐之间和空腹血糖，如低精蛋白锌胰岛素注射液 400U。

（3）长效胰岛素制剂　加入过量鱼精蛋白和锌，与正规胰岛素混合，形成新的鱼精蛋白锌胰岛素而使长效部分增多，皮下注射后吸收缓慢而均匀，作用可持续 24～36 小时。长效胰岛素无明显作用高峰，主要提供基础水平的胰岛素，如精蛋白锌胰岛素注射液 400U。

（4）预混胰岛素制剂　是指短效或超短效胰岛素与中效或长效胰岛素按不同比例混合制成一系列的预混胰岛素制剂供某些患者使用，其优点是使用方便，注射次数相对少。常用的如：精蛋白锌胰岛素注射液（30R）400U，精蛋白生物合成人胰岛素注射液（预混30R）300U。

3. 根据胰岛素的制剂类型分类　除传统注射剂以外，目前胰岛素新开发了胰岛素笔芯、胰岛素笔、特充装置、胰岛素连续皮下注入装置（CSH）以及喷射注射器系统等。吸入性胰岛素目前在国内外已经有上市的制剂（EXUBERA），但在国内尚未见应用与临床。

（二）典型胰岛素类药

胰岛素迄今为止仍是抗糖尿病最有效的药物之一。近年，进口胰岛素及其类似物一直占据着国内市场的主导地位，市场领先的品种有甘精胰岛素、门冬胰岛素、赖脯胰岛素、精蛋白生物合成人胰岛素和地特胰岛素等。而国内胰岛素生产企业亦通过不断改进工艺，同时加大市场开发，销售规模已占据国内胰岛素及其类似物的 15%，未来胰岛素及其类似物的"国产替代进口"趋势还会延续。

胰岛素
（Insulin）

【作用与适应证】本品的作用主要为调节糖代谢，临床用于 1 型糖尿病，特别是幼年型糖尿病；2 型糖尿病经饮食控制及口服降血糖药物治疗无效的患者；糖尿病合并妊娠及分娩时；糖尿病合并重度感染或消耗性疾病，或兼有外科病在进行手术前后；糖尿病酮症及糖尿病性昏迷。

【制剂】本品主要是注射剂。

【不良反应】剂量过大可引起低血糖反应，如饥饿感、出汗、心悸、昏迷甚至惊厥等；亦有过敏反应，局部反应为注射部位红肿、结节，全身性过敏反应有荨麻疹、紫癜及血管

神经性水肿；以及产生胰岛素耐受性等。

【用药指导】①为避免用药后发生低血糖，应于饭前半小时使用。如出现低血糖反应应及时给予葡萄糖进行解救。②本品疗效确切，是治疗糖尿病的特效药，起效亦较快，持续 6～8 小时。若应用过量可使血糖降低，可出现饥饿感、神经不安、瞳孔扩大、共济失调、昏迷甚至惊厥。③凡用于本品的注射器等用具消毒时，勿用碱性物质。④低血糖、肝硬化、溶血性黄疸、胰腺炎、肾炎等患者禁用。⑤注射部位可有皮肤发红、皮下结节和皮下脂肪萎缩等局部反应，故须经常更换注射部位。

【商品信息】我国在 1965 年首次人工合成具有生物活性的结晶牛胰岛素。目前可通过重组 DNA 技术利用大肠杆菌合成胰岛素。

【贮藏】未开瓶使用的胰岛素应在 2～8℃ 条件下冷藏密闭避光保存。已开瓶使用的胰岛素注射液可在室温（最高 25℃）保存最长 4～6 周，使用中的胰岛素笔芯不要放在冰箱里，可以与胰岛素笔一起使用或者随身携带，在室温最长保存 4 周。冷冻后的胰岛素不可使用。

（三）其他胰岛素类药

甘精胰岛素（Insulin Glargine）是 2000 年 4 月获美国 FDA 批准的第一个长效胰岛素类似物。注射后在皮下可形成细小的胰岛素微沉淀，然后缓慢、持续地溶解，并在 24 小时内不断吸收进入血液。此种胰岛素释放方式更接近于生理基础胰岛素分泌，平稳无峰，在血糖轻易控制达标的同时，几乎没有低血糖风险，且每天只需注射一次，更适合用于基础胰岛素替代治疗，一般也和短效胰岛素或口服降糖药配合使用。2002 年，赛诺菲的甘精胰岛素进入中国市场，商品名为"来得时"。2005 年，北京甘李药业获得生产批号，商品名为"长秀霖"。珠海联邦的甘精胰岛素注射液 2016 年获得 CFDA 批准上市，成为国内继赛诺菲、甘李之后第 3 家上市甘精胰岛素的企业，商品名优乐灵（Uslen）。此外还有多家企业的重组甘精胰岛素处于临床或报产审批中。

二、口服降糖药

口服降糖药主要从促进胰岛素分泌、改善胰岛素抵抗、促进组织对葡萄糖的利用和延缓肠道葡萄糖吸收等方面发挥治疗作用。它的发展大致分为 3 个时期。①早期的口服降糖药主要有磺酰脲类和双胍类两类，药品种类少，但有效改善了此前糖尿病患者缺乏药物治疗的局面。②爆发增长期（1980～2000 年），此阶段各类新的治疗方案不断出现，涌现了 α-糖苷酶抑制剂、噻唑烷二酮类以及格列美脲为代表的新一代磺脲类药物等诸多新品种。③发展成熟期（2000 至今），该阶段主要研发治疗效果更优而副作用更低的药品如 DPP-4 抑制剂和 GLP-1 受体激动剂等，新一代药物在减少低血糖发生风险、给药方式上等明显优于前期药品，市场规模增长迅速。

目前全球降糖药新药开发有三大热点。①GLP-1 类似物（胰高血糖素样肽-1 类似物）；②DPP-4 抑制剂（二肽酰肽酶-4 抑制剂），首个 DPP-4 抑制剂西格列汀于 2006 年在美国上市，2010 年登陆中国。目前我国市场还有沙格列汀、维格列汀等，销售最好的是西格列汀；③SGLT-2 抑制剂（钠-葡萄糖协同转运蛋白 2）。SGLT-2 是最近新发现的糖尿病治疗新靶点，不良反应少。目前该类药物还没有进入中国市场。强生/杨森公司的卡格列净于 2013 年 3 月获得 FDA 批准，成为全球首个上市的 SGLT-2 抑制剂。

据米内网数据统计，2018 年国内重点省市公立医院化药终端糖尿病用药市场达到了

42.49 亿元（不含胰岛素类药物），同比上一年增长了 9.73%。糖尿病口服化药 TOP5 品种为阿卡波糖、二甲双胍、格列美脲、瑞格列奈和西格列汀，占据了糖尿病化药市场的 60% 以上。

（一）磺酰脲类

磺酰脲类降糖药是应用最早、品种最多、临床应用最广的降糖药，能直接刺激胰岛 β 细胞释放胰岛素，使内源性胰岛素增加，同时抑制细胞释放胰高血糖素。用于胰岛功能尚存的 2 型糖尿病且单用饮食控制无效者。第 1 代的磺酰脲类药物于 20 世纪 50 年代开始应用于临床，代表药物有甲苯磺丁脲、氯磺丙脲等，由于治疗剂量大及毒副作用较大，接近淘汰边缘。第 2 代磺酰脲类药物疗效更好，用量更小，不良反应少，代表药物有格列吡嗪、格列喹酮、格列齐特、格列美脲等，但是除了格列美脲外，其他品种的销售都到了平台期，增长幅度都不大。本类药物的缺点是有引起高胰岛素血症和低血糖症的潜在因素。

格 列 吡 嗪
（Glipizide）

【作用与适应证】 本品作用于胰岛 B 细胞，促进内源性胰岛素分泌。主要用于单用饮食控制治疗未能取得疗效的轻、中度非胰岛素依赖型糖尿病患者；对胰岛素抵抗患者可家用本品，但用量应在 30～40U 者。

【制剂】 本品主要是片剂（含控释片）。

【不良反应】 偶有低血糖，尤其是年老体弱活动过度、不规则进食、饮酒或肝肾功能损害者。有胃肠道反应如恶心、腹泻等。

【用药指导】 ①本品口服吸收完全，降血糖作用强而迅速，不良反应少且较为轻微；故无或极少因蓄积而产生"低血糖症"的不良反应。②有消化道狭窄、腹泻者不宜用控释片，控释片应整片吞服，不可嚼碎或掰开服用。③与 β 受体阻断剂相互作用，增加低血糖危险，掩盖低血糖症状。④本品可增加乙醇毒性，治疗期间应戒酒。

【商品信息】 本品为第 2 代磺酰脲类口服降血糖药，近年发展速度很快，2007 年占磺酰脲类糖尿病用药市场 19.8% 份额。

【贮藏】 避光，密闭保存。

（二）双胍类

双胍类药物自 20 世纪 50 年代起应用于临床，代表药物有苯乙双胍和二甲双胍。在我国，2013 年销量最好的双胍类是二甲双胍。主要用于轻型患者，尤适用于肥胖者，单纯饮食控制无效者。

二甲双胍（metformin）为目前广泛应用的双胍类口服降血糖药。用于单纯饮食控制不满意的 2 型糖尿病患者，尤其是肥胖和伴高胰岛素血症者。也可与磺酰脲类合用，治疗单独用磺酰脲类控制不满意或远期效果不佳者；也可与胰岛素合用治疗 2 型糖尿病，减少胰岛素用量。主要制剂为片剂。虽然糖尿病新药层出不穷，但二甲双胍的疗效、安全性及价格优势仍然无可比拟，其一线用药的地位未被撼动，特别是二甲双胍可与其他类降糖药联用，且价格低廉，在全国范围内广泛使用。

（三）α-葡萄糖苷酶抑制剂类

目前应用于临床的有阿卡波糖和伏格列波糖，在缓解糖尿病患者餐后高血糖方面优于前两类药物。这种抑制作用是可逆的，它也有一定的降血脂作用，能防治糖尿病的慢性并发症。主要毒副作用为肠道反应，并且价格较贵。α-糖苷酶抑制剂是国内口服降糖药销售金额较大的药物类别，约占糖尿病用药市场近 30% 的份额，在口服降糖药中的份额超过 40%，近年来一直保持着较为稳定的增长速度。

阿卡波糖
（Acarbose）

【作用与适应证】本品为 α-葡萄糖苷酶抑制剂，用于胰岛素依赖型或非胰岛素依赖型糖尿病，亦可与其他口服降血糖药或胰岛素联合应用。

【制剂】本品主要为片剂。

【不良反应】时常出现胀气、腹胀、肠鸣响，偶尔有腹泻、绞痛。个别出现红斑、皮疹和荨麻疹等皮肤反应。

【用药指导】①胃肠道的不良反应可通过缓慢增加剂量和控制饮食而减轻，多在继续用药中消失。②每顿主餐第一口饭时咀嚼服用，饭后服用无效。③本品抗餐后的高血糖作用，单独应用时不引起低血糖，但与磺脲类、二甲双胍和胰岛素合用时，可发生低血糖，则应适当减少这些药物的剂量。低血糖时，应使用葡萄糖来纠正低血糖反应。

【商品信息】①阿卡波糖于 1975 年由德国拜耳公司研制成功，并于 1986 年在瑞士首次上市。该药是经美国 FDA 批准的世界上第一个 α-葡萄糖苷酶抑制剂，已被推荐为治疗 2 型糖尿病的一线用药。1994 年在我国销售，商品名"拜糖苹"。作为主食为稻谷类的国内患者，对该产品的接受度高，因此本品多年来一直位于糖尿病用药的前列。

【贮藏】密闭保存。

（四）非磺酰脲类胰岛素分泌促进剂

也称为"餐时血糖调节药"，代表药有瑞格列奈和那格列奈。本类药物通过刺激胰岛素的早期分泌有效降低餐后血糖，具有吸收快、起效快和作用时间短的特点，也是增长速度最快的口服降糖药。

1. 瑞格列奈（Repaglinide）　本品是一种新型的促胰岛素分泌剂，被称为"膳食葡萄糖调节剂"，是一种起效快、作用时间短、耐受性好、安全性高的血糖调节剂，用于饮食控制及运动不能有效控制高血糖的 2 型糖尿病。与二甲双胍合用具有协同作用。制剂主要为片剂。本品由丹麦诺和诺德公司和德国勃林格殷格翰公司联合开发，1998 年在美国上市，目前已在全球许多国家地区销售，2000 年在中国上市。国内也有生产。

2. 那格列奈（Nateglinide）　本品为苯丙氨酸衍生物，口服后直接作用于胰腺 B 细胞，促使其释放胰岛素，适用于饮食、运动疗法和服用 α-葡萄糖苷酶抑制剂不能控制的轻、中度 2 型糖尿病的治疗。与瑞格列奈相比起效更快、持续作用时间更短，能有效控制餐后血糖高峰，且不引起低血糖。制剂主要为片剂，由日本山之内、味之素和 Roussel Morishjtu 等 3 家公司联合开发，于 1999 年 8 月在日本获准上市。国内也有生产。

（五）胰岛素增敏剂

如罗格列酮、吡格列酮和曲格列酮。这些化合物都具有 2,4 - 噻唑烷二酮骨架，能增加周围组织对葡萄糖的利用率及降低肝脏对葡萄糖的输出率，改善胰岛素抵抗状态。

罗格列酮（Rosiglitazone）为噻唑烷二酮类胰岛素增敏剂，可明显降低空腹血糖及胰岛素水平，对餐后血糖和胰岛素亦有降低作用。主要制剂为片剂。其不良反应为肝功能异常、头晕、头痛、腹泻等，本品可造成血浆容积增加和由前负荷增加引起的心脏肥大，诱发心力衰竭。合并使用其他降糖药物时，有发生低血糖的风险。老年患者可能有轻中度水肿及轻度贫血。罗格列酮降血糖作用较曲格列酮强约 100 倍，为吡格列酮的 30～40 倍。罗格列酮是第二个上市的噻唑烷二酮类胰岛素增敏剂，由葛兰素史克制药公司开发，1999 年上市。国内也有生产。

> **知识链接**
>
> ### 文迪雅的曲折命运
>
> 文迪雅是葛兰素史克（GSK）公司开发的用于治疗 2 型糖尿病的药物马来酸罗格列酮。曾是 GSK 畅销全球的糖尿病口服药物，于 2006 年上市，在美国的销售额达 30 亿美元，上市当年全球服用人数超过 600 万。
>
> 令人意外的是，2007 年 FDA 和 GSK 共同宣布，文迪雅存在增加女性骨折风险的可能。2007 年 5 月《新英格兰医学杂志》网站刊出的研究报告称，罗格列酮可能大幅增加心脏病风险，导致死亡率增加。2010 年 9 月，美国 FDA 因文迪雅可能诱发心脏病而对该药的使用进行严格限制，欧洲监管部门则勒令该药退出欧洲市场，我国 SFDA 也发文要求限制该药的使用。这一事件的发生，使得文迪雅当年销量直线下降，2009 年，文迪雅全球销售额已经下降到 8.4 亿美元左右。自此，GSK 不得不面对市场失利的现实，而文迪雅事件似乎也尘埃落定。
>
> 2013 年 11 月 25 日美国 FDA 发布安全公告，称经过审查后认定，与标准的 2 型糖尿病药物二甲双胍和磺脲类药物相比，含罗格列酮的药物［如葛兰素史克（GSK）的降糖药文迪雅（Avandia）］，不会增加心脏病发作的风险，因此将取消对这类药物在处方和配药方面的限制。
>
> 因此，目前 FDA 将需要修改罗格列酮处方信息和患者用药指南，以包含这些新的信息。FDA 建议，含罗格列酮药物的分销将不再受限制。医疗保健专业人员、药店、患者将不再需要加入罗格列酮 REMS（风险控制计划）才能开立处方、配药或获得罗格列酮药物；作为 REMS 的一部分，主办方将确保向有可能处方罗格列酮药物的卫生保健专业人士，提供基于当前关于罗格列酮药物心血管风险科学知识的培训。制造商也将向医疗保健提供者和专业协会发送信件，对开处方人员进行这些新信息的教育。

第五节　甲状腺激素及抗甲状腺药

一、甲状腺激素

甲状腺是人体最大的内分泌腺，主要由大小不同的、呈囊状的腺泡所组成。甲状腺

扫码"学一学"

激素包括甲状腺素（四碘甲状腺原氨酸，T_4）和碘甲腺氨酸（三碘甲状腺原氨酸，T_3），它们由甲状腺滤泡上皮细胞分泌的一组含碘酪氨酸。T_3 是主要的生物活性物质，能促进生长，提高糖类与氨基酸向细胞内转运，增强生物氧化，提高代谢率。T_4 要转变为 T_3 才起作用。

左甲状腺素（Levothyroxine）为人工合成的四碘甲状腺原氨酸，常用其钠盐。适用于单纯性甲状腺肿及甲状腺切除手术后服用，也可以预防甲状腺肿的复发，还可作为各种原因引起的甲状腺功能减退的补充治疗等。左甲状腺素也是我国甲状腺疾病用药市场的主要品种。

二、抗甲状腺药

当甲状腺功能亢进或低下，可分别导致体内甲状腺素水平过高或低下，都会引起各种临床症状。甲状腺激素药物主要用于甲状腺功能减退的替代治疗。而抗甲状腺药主要用于治疗甲状腺功能亢进症，缓解亢进症状及术前维备等。包括硫脲类、碘和碘化物、放射性碘、β 受体阻断剂等四类。

甲状腺疾病是内分泌领域的第二大疾病，其中女性患者为男性患者的 6~10 倍，在 40 岁以上的女性中有 10%~20% 的人群患有甲状腺疾病。近年来，甲状腺疾病发病率呈现快速上升的趋势。中华医学会内分泌学会于 2019 年完成的针对 31 个省市自治区的调查结果显示，甲亢的患病率是 1.22%，甲减的患病率是 13.95%，最高的是甲状腺结节 20.43%。但由于甲状腺疾病的公众认知度较低，仅有少数的患者接受了治疗。临床上常用的抗甲状腺药有硫脲类、碘及碘化物、放射性碘和 β 受体阻断药。

甲状腺疾病这个大类，在中国的发病率相当高，根据各方数据估计，总发病率大约在 20%，2 亿以上人口患有这类疾病。而且，从 2010 年到 2016 年的流行病学统计数据来看，甲状腺疾病的发生率在我国呈现快速上升的趋势。

在 2010 年《中国首次十城市社区居民的甲状腺疾病流行病学调查》公布结果当中，甲状腺功能减退症患病率达 6.5%，甲状腺结节患病率达 18.6%。

（一）硫脲类抗甲状腺药

硫脲类是最常用的抗甲状腺药。可分为硫氧嘧啶类和咪唑类两类。前者有甲硫氧嘧啶和丙硫氧嘧啶；后者有甲巯咪唑和卡比马唑。甲硫氧嘧啶和丙硫氧嘧啶是治疗甲亢的主要药物，甲巯咪唑的活性约是丙硫氧嘧啶的 10 倍。

丙 硫 氧 嘧 啶
（Propylthiouracil）

【作用与适应证】本品能抑制甲状腺素的合成。用于甲状腺功能亢进，甲状腺功能亢进症的手术前准备或放射性碘治疗作准备，甲状腺危象等。

【制剂】本品主要为片剂。

【不良反应】较多见的有皮肤瘙痒和皮疹，可停药或减量或换用其他制剂；严重不良反应为血液系统异常，轻度的有白细胞减少，严重的有粒细胞缺乏，再生障碍性贫血。其他不良反应有胃肠道反应、关节痛、头痛脉管炎和红斑狼疮样综合征。

【用药指导】①服用本品的患者须密切监护，一旦出现不良反应应立即就医，并应定

期检查血常规。②与有抑制甲状腺功能和引起甲状腺肿大作用的药物合用需注意，如磺胺类、保泰松、巴比妥类、磺酰脲类等。③结节性甲状腺肿大合并甲状腺功能亢进者、甲状腺癌患者及对本品过敏者禁用，孕妇及哺乳期妇女慎用。④在用本品前避免服用碘剂。

【商品信息】本品疗效好、不良反应轻、使用方便、价格适中，使临床治疗甲亢的常用药品。本品 1945 年合成，我国 1958 年最早由上海新亚药厂生产。

【贮藏】遮光，密闭保存。

（二）碘和碘化物

碘和碘化物是人体内必需的微量元素之一，正常人每日需碘 100～150μg。目前常用复方碘溶液，又称卢戈液，含碘 5%，碘化钾 10%，也可用碘化钠等。

碘为合成甲状腺激素的原料。小剂量碘剂可促进甲状腺素合成，纠正原来垂体促甲状腺素分泌过多，而使肿大的甲状腺缩小，可治疗地方性甲状腺肿。大剂量有抗甲状腺作用。但作用时间短暂，且服用时间过长，可使病情加重，因此不作为常规用药，主要应用于甲亢危象的治疗和甲状腺功能亢进的手术前准备。制剂有复方碘口服溶液。长期应用可出现口内铜腥味、喉部烧灼感、鼻炎、皮疹等，停药可消退。活动性肺结核及碘过敏者禁用。孕妇及哺乳期妇女慎用。我国 1950 年天津制药厂投产。

（三）放射性碘

碘的放射性同位素有 ^{131}I、^{125}I、^{123}I 等几种。^{125}I 的 $t_{1/2}$ 太长（60 天），^{123}I 的 $t_{1/2}$ 太短（13 小时），均不便于应用。^{131}I 的 $t_{1/2}$ 约 8 天，用药后一个月可消除其放射性的 90%，56 天可消除 99%，因此比较适用。

由于放射性物质对人体具有广泛的影响，尤其是其可能的致癌及致突变作用，故应严格限制其适应证。放射性 ^{131}I 主要用于甲状腺功能亢进的治疗和甲状腺摄碘功能测定，但仅适用于不宜手术、手术后复发、因过敏或其他原因不能应用硫脲类抗甲状腺药者，或长期药物治疗无效或复发者。

^{131}I 治疗甲状腺功能亢进症后大多数患者无不良反应，少数在 1 周内有乏力、食欲减退、恶心等轻微反应，一般在数天内即可消失。服药后 2 周左右可出现甲状腺功能亢进症状加剧的现象，个别患者甚至发生甲状腺危象。^{131}I 治疗甲亢最重要的并发症是永久性甲状腺功能低下症。

（四）β受体阻断药

普萘洛尔等 β 受体阻断药主要通过阻断 β 受体，减轻甲亢患者交感－肾上腺系统兴奋所知心率加快、心悸、多汗、手震颤等症状，此外还可抑制甲状腺激素的分泌。临床主要用于控制甲亢、甲亢术前准备及甲状腺危象时的辅助治疗，适用于不宜用抗甲状腺药、不宜手术及 ^{131}I 治疗的甲亢患者。甲亢患者用药后，可迅速减轻焦虑、震颤及窦性心动过速等症状；甲亢术前应用大剂量本类药物可避免甲状腺充血，缩短手术时间，有利于手术进行；静脉注射该药可帮助甲状腺危象患者度过危险期，若与硫脲类药物合用疗效更佳。本类药物不干扰硫脲类药物对甲状腺的作用，且起效快，但要注意防止本类药物对心血管系统和气管平滑肌等的不良反应。

重点小结

　　激素类医药在临床应用上有十分重要的地位，自 20 世纪五六十年代以来，激素类药物已经有了很大的发展，不但开发了众多品种，而且临床用途也日益扩大，成为国际医药市场上一大类重要药物品种。

　　本章将激素及影响内分泌药物按其作用特点可分为肾上腺皮质激素类药物、性激素类药物、胰岛素及口服降血糖药物、甲状腺激素及抗甲状腺药物。

　　肾上腺皮质激素主要介绍了糖皮质激素——氢化可的松和地塞米松。

　　性激素主要介绍了雄激素类和蛋白同化激素——甲睾酮和苯丙酸诺龙；雌激素类——雌二醇；孕激素类——黄体酮；口服避孕药——左炔诺孕酮。

　　胰岛素和口服降糖药主要介绍了胰岛素、磺酰脲类的格列吡嗪、α-葡萄糖苷酶抑制剂阿卡波糖、罗格列酮。

　　甲状腺激素和抗甲状腺药物的分类主要介绍了左甲状腺素和丙硫氧嘧啶。

　　重点掌握各类代表药的适应证、用药指导和相关的商品信息。

（邓　卅　田丽娟）

扫码"练一练"

第十七章　抗变态反应药

学习目标

1. **掌握**　抗变态反应药的分类；氯苯那敏、氯雷他定的药品信息。

2. **熟悉**　变态反应的概念；抗组胺药的临床应用；两代抗组胺药的区别；西替利嗪、酮替芬的药品信息。

3. **了解**　抗组胺药的作用原理；苯海拉明、色甘酸钠的药品信息；白三烯受体阻断剂、钙剂、脱敏制剂在变态反应疾病中的应用。

变态反应也叫超敏反应，是机体受抗原性物质（又称过敏原，如细菌、病毒、寄生虫、花粉、食物、药物等）刺激后引起的组织损伤或生理功能紊乱，属于异常的或病理性的免疫反应。

2005 年的世界首个过敏性疾病日，世界变态反应组织公布了对 30 个国家 12 亿人口进行流行病学调查的结果：其中 22%（2.5 亿人）患有免疫球蛋白 E（IgE）介导的过敏性疾病，如过敏性鼻炎、哮喘、结膜炎、湿疹、食物过敏、药物过敏等，并且发病率迅猛增长。在瑞士，过敏性鼻炎的发病率 1926 年仅 0.82%，1995 年跃升为 14.2%。在美国，药物过敏占全部药物不良反应的 10%，如青霉素即为最常见的致敏原因之一。WHO 已把变态反应性疾病列为 21 世纪须重点研究和防治的三大疾病之一。

用于防治变态反应性疾病的药物为抗变态反应药，又称抗过敏药。根据其作用机制可分类如下。

1. **抗组胺药**　主要是组胺 H_1 受体阻断剂，其他尚有组胺酸脱羧酶抑制剂等。组胺 H_1 受体阻断剂，如苯海拉明、异丙嗪等，能与组胺竞争效应细胞上的组胺 H_1 受体，使组胺不能同 H_1 受体结合，从而抑制其引起变态反应的作用。

2. **过敏反应介质阻释剂**　能稳定肥大细胞膜，阻止组胺及其他过敏反应介质（如慢反应物质、缓激肽等）的释放，产生抗过敏效应，如色甘酸钠、酮替芬等。

3. **白三烯受体阻断剂**　通过阻断白三烯（LTs）受体而拮抗 LTs 的生物活性，阻断其引起的血管通透性增加、气道嗜酸性粒细胞浸润和支气管痉挛等变态反应病理过程。如扎鲁司特、普鲁司特、孟鲁司特。

4. **其他抗变态反应药**　包括钙盐，如氯化钙、葡萄糖酸钙；脱敏制剂，如粉尘螨注射液，肾上腺皮质激素的泼尼松等。

20 世纪 90 年代以来，我国抗变态反应药市场平均每年以 7% 左右的增速发展，尤其从 2010 年开始，增速明显，2012 年规模达 55 亿元。

第一节　抗组胺药

组胺是变态反应物质之一，广泛存在于人体的组织细胞中。当机体发生变态反应或受理化等因素刺激时，组胺从细胞中释放出来，与各种靶细胞膜上的组胺受体结合，产生一

扫码"学一学"

系列生理效应。目前已知组胺受体有 3 个亚型：H_1、H_2 和 H_3 受体。组胺作用于 H_1 受体，引起支气管、胃肠平滑肌收缩，毛细血管扩张导致血管通透性增加，产生喉部、胃肠痉挛、局部红肿、瘙痒和变应性鼻炎等；组胺作用于 H_2 受体，引起胃酸分泌增加，而胃酸过多与消化性溃疡的形成有密切关系；H_3 受体的作用尚在研究中。

一般说的抗组胺药是指 H_1 受体阻断剂，可拮抗组胺对毛细血管、平滑肌、呼吸道分泌腺、唾液腺、泪腺的作用，主要用于抗过敏。

一、抗组胺药的临床应用

1. **治疗变态反应性疾病**　本类药物对由组胺释放所引起的荨麻疹、花粉症和过敏性鼻炎等皮肤黏膜变态反应效果良好。对昆虫咬伤引起的皮肤瘙痒和水肿也有良效。对药疹和接触性皮炎有止痒效果。

2. **晕动病和呕吐**　苯海拉明、异丙嗪、布可立嗪对晕动病、妊娠呕吐以及放射病呕吐有镇吐作用。预防晕动病应在乘车、船前 15 ~ 30 分钟服用。

3. **失眠**　对中枢有明显抑制作用的异丙嗪、苯海拉明可用于治疗失眠。

知识链接

警惕抗组胺药主要不良反应——嗜睡

抗组胺药服用后最常见的副作用是嗜睡、倦怠和注意力不集中。如果晚间服用这类药物，当然不会产生什么影响，还有利于睡眠，但白天服用常因嗜睡等副作用而影响学习、工作，降低工作效率，特别是驾驶汽车的司机，由于困倦和精神不集中，容易发生交通事故。在抗组胺药中，以第 1 代该副作用较大，如氯苯那敏、苯海拉明等容易通过血脑屏障进入脑内，出现嗜睡不良反应的比例可达 20% ~ 30%；而第 2 代的特非那丁、西替利嗪等抗组胺药，血浆蛋白结合率高，不易通过血脑屏障，因此很少发生嗜睡类不良反应。

值得一提的是，我国生产的部分抗感冒药中所含抗组胺药，均为氯苯那敏或苯海拉明等第 1 代抗组胺药，如克感敏、白加黑感冒片中的黑片、感冒通、速效伤风胶囊、感冒清胶囊等。因此这类药物最好晚间服用，如果白天服用，应在家休息，特别是不能驾驶汽车。老年人服用，不宜自行上街，以免跌跤。

二、抗组胺药的分类

（一）根据有无镇静和抗胆碱作用以及应用时间分类

根据 H_1 受体阻断剂有无镇静和抗胆碱作用以及应用时间的先后分为两代。

第 1 代抗组胺药多数具有中枢抑制和抗胆碱作用，具有良好的止痒效果，也有一定的止吐、局部麻醉作用，常用的有苯海拉明、异丙嗪、氯苯那敏、赛庚啶等。由于药效维持时间较短，且用药后易产生嗜睡、视物模糊、口干和尿潴留等不良反应，目前市场份额较小。但因其价格便宜、治疗过敏性皮肤病及晕动病疗效可靠，对人体各系统和器官无明显毒副作用，在我国的基层医院及人群中仍然应用较广泛。

第 2 代抗组胺药多数无中枢抑制和抗胆碱作用，因血浆半衰期长而具有长效的特点，有的品种药效可维持 24 小时。药物吸收迅速，较难透过血脑屏障，故嗜睡等副作用不明显，对用药者的工作和日常生活影响较少，应用广泛。常用的有西替利嗪、阿司咪唑、特

非那定、氯雷他定等。但阿司咪唑、特非那定已被发现有较强的心脏毒性，美国、日本及欧洲各国先后停用。近年来，临床已出现第3代抗组胺药，如去甲基阿司咪唑、地氯雷他定（也称地洛他定）、左西替利嗪、盐酸司他斯汀，是第2代抗组胺药的活性代谢物，无中枢镇静作用，心脏毒副作用小，药物相互作用少，具有更广阔的应用前景。

（二）根据化学结构分类

抗组胺药根据化学结构还可以划分为：①烷基胺类，如氯苯那敏等；②乙醇胺类，如苯海拉明、氯马斯汀；③乙二胺类，如吡卞明等；④吩噻嗪类，如异丙嗪等；⑤哌嗪类，如羟嗪、去氯羟嗪、西替利嗪等；⑥哌啶类，如氯雷他定、地氯雷他定、特非那定、赛庚啶、依巴斯汀、左卡巴斯汀、咪唑斯汀等；⑦其他类，如多塞平等。

三、典型抗组胺药

氯 苯 那 敏
（Chlorphenamine）

【作用与适应证】本品抗组胺作用强，对中枢抑制作用和抗胆碱作用较轻。适用于各种过敏性疾病，如荨麻疹、枯草热、虫咬、药物过敏等。对过敏性鼻炎和上呼吸道感染引起的鼻充血有效，可用于感冒或鼻窦炎。

【制剂】本品主要有片剂、控释胶囊剂、滴丸剂、注射剂，还常与解热镇痛药配伍制成复方制剂。

【不良反应】本品不良反应较少，如轻度嗜睡、疲劳、乏力、口鼻咽喉干燥、痰液黏稠，少见皮肤瘀斑、出血倾向。

【用药指导】①本品与解热镇痛药配伍，可增强后者镇痛和缓解感冒症状的作用。②与中枢镇静药、催眠药、安定药或乙醇并用，可增加对中枢神经的抑制作用。③可增强抗抑郁药的作用。④驾驶车、船，操作精密仪器或高空作业者工作期间应禁用有中枢抑制作用的抗组胺药。⑤新生儿、早产儿不宜使用；孕妇及哺乳期妇女慎用；老年人使用时应注意调整剂量。

【商品信息】本品于1950年由先灵葆雅公司研制推出。与第1代抗组胺药的其他品种相比，其嗜睡反应较轻，目前在我国二、三线城市的抗组胺药市场仍占据一定份额。国内制剂生产以注射剂和片剂为主，较新的剂型是氯苯那敏滴丸。

【贮藏】避光，密闭保存。滴丸剂应遮光、密封，在凉处保存。

氯 雷 他 定
（Loratadine）

【作用与适应证】本品可缓解过敏性鼻炎的有关症状，如喷嚏、流涕、鼻痒、眼痒及烧灼感，用于季节性或常年性过敏性鼻炎，也可用于慢性荨麻疹、瘙痒性皮肤病以及其他过敏性皮肤病。

【制剂】本品主要有片剂（普通片、分散片、咀嚼片）、糖浆剂、颗粒剂和胶囊剂，均为口服制剂。

【不良反应】在推荐剂量下，本品未见明显的镇静作用。常见不良反应有乏力、头痛、嗜睡、口干、胃肠道不适包括恶心、胃炎以及皮疹等。罕见的有脱发、过敏反应、肝功能异常、心动过速及心悸等。

【用药指导】①对肝功能受损者，使用本品应减低剂量，可按隔日 10mg 服药。②膀胱颈梗阻、幽门十二指肠梗阻、甲状腺功能亢进、青光眼、消化性溃疡、高血压和前列腺肥大者慎用。③同时服用酮康唑、大环内酯类抗生素、西咪替丁、茶碱等药物，会提高氯雷他定在血浆中的浓度，应慎用。

【商品信息】氯雷他定最早于 1988 年由先灵葆雅公司研制成功在比利时上市，商品名"开瑞坦"。1994 年在全球市场的销售额为 5.05 亿美元，到 2002 年已达到 41.55 亿美元，在全球抗组胺药销售额中排名第一。2002 年开瑞坦专利期满后，国家食品药品监督管理部门先后批准了 129 个批准文号，其中氯雷他定原料药 38 个，其余为普通片剂、口腔崩解片、糖浆等多种剂型。

【贮藏】密封，干燥处保存。

苯 海 拉 明

（Diphenhydramine）

本品为 H_1 受体阻断剂，对中枢有明显抑制作用。主要用于各种皮肤黏膜的变态反应性疾病，包括各种皮炎、湿疹、荨麻疹、药疹、过敏性鼻炎等；可治疗失眠，尤其是因变态反应性疾病所致的烦躁失眠；亦能缓解帕金森病症状及诸多药物引起的锥体外系反应。本品用于预防和治疗晕动病及呕吐时，注意在旅行前最少 30 分钟服用。

苯海拉明是最早发现的抗组胺药，于 1946 年首次在美国上市，从此揭开了变态反应性疾病的治疗新篇章。由于本品对中枢神经系统的抑制较强，用于抗变态反应目前已较少口服，常制成皮肤用制剂，用于局部抗过敏。苯海拉明注射剂主要用于急性重症过敏反应。同类商品有茶苯海明片（乘晕宁），为苯海拉明和 8 - 氨茶碱的复合物，有较强的镇吐、防晕作用，可用于晕车船所致的恶心、呕吐或妊娠、放疗及术后等引起的恶心、呕吐。

西 替 利 嗪

（Cetirizine）

西替利嗪为第 2 代抗组胺药，具有长效选择性抗 H_1 受体的作用，主要用于季节性、常年性过敏性鼻炎、过敏性皮肤瘙痒、结膜炎及哮喘。不良反应主要包括轻微镇静作用、口干，偶尔出现头痛和眩晕等。近年来临床发现有导致心律失常并致死的严重不良反应，但发生病例少于特非那定、阿司咪唑和氯雷他定。本品一般口服给药，有肾功能障碍的老年患者应适当减量。

西替利嗪由美国辉瑞和比利时联合化工集团（UCB）在 1987 年联合开发成功，商品名"仙特明"。由于其药效强于其他第 2 代抗组胺药，且具有很高的生物利用度，2003 年仙特明在全球市场的销售额已突破 20 亿美元。目前国内已有 60 余家企业生产，并占领了超过六成的西替利嗪市场份额。

几种常用抗组胺药药理作用及主要不良反应比较见表 17 - 1。

表 17 – 1　常用抗组胺药药理作用及主要不良反应比较

	药物	抗过敏作用	镇静、嗜睡	防晕止呕	口干	心律失常
第1代	苯海拉明（Diphenhydramine）	+ +	+ + +	+ +	有	无
	异丙嗪（Promethazine）	+ +	+ + +	+ +	有	无
	氯苯那敏（Chlorphenamine）	+ + +	+	–	无	无
	赛庚啶（Cyproheptadine）	+ + +	+	+	有	无
第2代	阿司咪唑（Astemizole）	+ + +	–	–	无	有
	氯雷他定（Loratadine）	+ + +	–	–	无	极少见
	特非那定（Terfenadine）	+ + +	–	–	无	有
	西替利嗪（Cetirizine）	+ + +	+ +	+	有	极少见

第二节　过敏反应介质阻释剂

扫码"学一学"

过敏反应介质阻释剂是能稳定肥大细胞膜，阻止组胺及其他过敏反应介质（如慢反应物质、缓激肽等）的释放，产生抗过敏效应的药物。由于化学性质稳定，毒性低，即使应用较大剂量亦不致发生中毒反应，是一类比较安全的药物。但是此类药物起效较慢，一般要在连续用药12周后逐渐起效，与一般平喘药或抗组胺药不同，故必须按时给药，不要随意中断。少数人于用药期间出现困倦、恶心、食欲减退、口干等不良反应，一般能耐受或停药后自行消失，不影响连续用药。

酮 替 芬
（Ketotifen）

【作用与适应证】　本品兼具很强的组胺 H_1 受体阻断作用和抑制过敏反应介质的作用。因此具有预防和治疗变态反应性疾病的双重功能。除对皮肤、胃肠道、鼻部变态反应有效外，对多种类型的支气管哮喘均有较好的作用，且未发现耐受性。对儿童哮喘的疗效优于成年哮喘。

【制剂】　本品主要有片剂、胶囊剂、滴眼液、滴鼻液、鼻喷雾剂和鼻吸入气雾剂。

【不良反应】　用药初期可出现困倦、乏力等中枢抑制反应，少数有口干、恶心、胃肠不适。个别患者出现过敏症状，如皮疹、瘙痒、局部皮肤水肿等。如遇此情况应及时停药。

【用药指导】　对已发作的急性哮喘无效，对持续状态的哮喘亦无帮助。由于起效缓慢，对支气管哮喘的缓解作用一般需连续用药2～4周才逐渐出现，服药数月后才能达到最大效果。

【商品信息】　酮替芬为20世纪70年代末第二个被临床接受的哮喘预防药，由瑞士山道士公司研制成功，80年代初即在西欧、亚洲和我国用于哮喘，尤其是儿童哮喘的防治。因其疗效可靠且价格低廉，适合发展中国家使用。目前国内酮替酚的使用主要是在农村地区或偏远基层医疗诊所。由于具有一定的中枢神经抑制作用，影响患者的生活质量和儿童的智商发育，目前口服制剂仍未获得 FDA 的批准，仅爱尔康公司的酮替芬滴眼剂在1999年获FDA 批准在美国上市。酮替芬气雾剂经鼻吸入给药可以大大减轻中枢抑制作用，临床效果较好。

【贮藏】遮光，密封保存。

色甘酸钠

（Sodium Cromoglicate）

本品无抗组胺和抗炎作用，但能选择性地抑制抗原抗体结合所引起的过敏介质的释放，产生平喘效应。适用于：①支气管哮喘，对外源性哮喘特别是季节性哮喘有效，对儿童疗效尤为显著；②胃肠道变态反应、过敏性和季节性枯草热；③局部用于过敏性鼻炎及过敏性结膜炎能迅速控制症状；④外用于湿疹及某些皮肤瘙痒，也有显著疗效。

本品起效较慢，需连续用药数日后才能见效。不可骤然停药，以免哮喘加重。干粉吸入时少数患者有咽部刺激感、咳嗽、鼻腔充血、胸部紧迫感及恶心等不良反应。对牛奶、乳制品过敏者与本品有交叉过敏。

色甘酸钠是英国费森斯（Fisons）公司1969年研制成功的临床第一个专门针对哮喘的防治药物，目前仍是预防哮喘发作的常用药物之一。我国于1974年开始生产，2014年已获生产批文的品种共45个，以滴眼液、气雾剂为主。

第三节 白三烯受体阻断剂

白三烯（LTs）是体内重要的炎症介质，在人体的多种疾病中起作用。可引起支气管收缩、黏液分泌增加和肺水肿；引起冠状动脉收缩，加重心绞痛和心肌梗死；参与多种炎性疾病的病理过程，如风湿性关节炎、肾小球肾炎、哮喘等。

白三烯受体阻断剂是与位于支气管平滑肌等部位上的受体选择性结合，竞争性阻断LTs的作用，进而阻断器官对LTs的反应，终止炎症反应的药物。主要应用于轻度哮喘及合并过敏性鼻炎患者的长期控制治疗，尤其适用于2岁以上儿童。对于中、重度哮喘患者可以在吸入激素同时联合用药，具有协同作用，可以减少吸入激素的剂量。

该类药物是非激素类抗炎药物，其抗炎作用没有激素强，但已发现的优点有：口服药物，使用方便，疗效迅速，耐受性好，无明显不良反应；对阿司匹林哮喘、运动性哮喘均有较好疗效；使慢性哮喘症状减轻，改善肺功能；与 β_2 受体激动剂及肾上腺皮质激素有协同作用等。1997年美国变态反应、哮喘及免疫学研究院、临床免疫学会、美国免疫学家联合会三方联席会议上公布的新版《国家哮喘教育和预防纲要（NAEPP）》已将其列入哮喘治疗用药，认为可以代替吸入低剂量肾上腺皮质激素来治疗轻度的持续哮喘患者。

第一个白三烯受体阻断剂异丁司特（Ibudilast）于1989年在日本上市以来，本类药物的开发研究十分活跃。目前用于临床的主要有异丁司特、扎鲁司特、孟鲁司特、普鲁司特。国产的异丁司特主要为缓释制剂。扎鲁司特仅有进口品种。孟鲁司特制剂进口品种，包括普通压制品、咀嚼片、颗粒剂等，国内也有生产。

第四节 其他抗变态反应药

包括钙剂，如氯化钙、葡萄糖酸钙；某些免疫抑制剂，如肾上腺皮质激素的泼尼松、泼尼松龙等；脱敏制剂，如异种免疫血清（抗毒素）、菌苗制剂、粉尘螨注射液。

扫码"学一学"

扫码"学一学"

一、钙剂

钙离子能增加毛细血管的致密度，降低血管通透性，减少渗出，且钙在形成抗体的显微结构中具有重要意义，因此具有减轻炎症和非特异性抗过敏作用。可用于荨麻疹、湿疹、血清病、血管神经性水肿、接触性皮炎、皮肤瘙痒症等辅助治疗。

常用的钙剂有葡萄糖酸钙、氯化钙、果糖酸钙、维丁胶性钙、乳酸钙、钙素母等。其中葡萄糖酸钙对组织刺激性较小，临床较常用。氯化钙静脉注射时若漏出血管外可引起组织坏死，禁用于肌内注射。另外，钙离子具有心脏兴奋作用，注射过快可致心律失常，应加以注意。

二、免疫抑制剂

用于抗变态反应的免疫抑制剂主要是糖皮质激素类的某些药物，具有较强的免疫抑制作用，可抑制变态反应的多个环节，对各型变态反应都有较好疗效，是治疗严重变态反应的首选药物，如泼尼松和泼尼松龙。

泼尼松具有抗炎及抗过敏作用，并能抑制组胺及其他毒性物质的形成与释放，抗炎及抗过敏作用较强，不良反应较少，故比较常用。临床上可用于各种急性严重细菌感染、严重的过敏性疾病、结缔组织病（系统性红斑狼疮、结节性动脉周围炎等）、风湿病、肾病综合征、严重的支气管哮喘、血小板减少性紫癜、粒细胞减少症、急性淋巴性白血病、各种肾上腺皮质功能不足症、剥脱性皮炎、神经性皮炎、湿疹等。

三、脱敏制剂

脱敏治疗又称特异性免疫治疗或减敏疗法，是用于治疗特定过敏原所致 I 型超敏反应的方法。即通过注射少量过敏原，诱使机体致敏细胞仅释放微量活性介质，而不引发明显的临床症状，短时间内多次注射，可使致敏细胞内活性介质逐渐耗竭，从而消除机体致敏状态。治疗时选择相应过敏原注射剂，采用皮下注射。初次治疗从低浓度、小剂量开始，逐步递增浓度和剂量，直至患者所能耐受的最高浓度和最大剂量；将浓度和剂量固定在该水平，再重复注射一定时期。注射一般 2～3 天进行一次，总的治疗时间需 2～3 年。

该疗法是迄今为止对过敏性疾病进行病因治疗的最直接方法，主要用于过敏性哮喘、过敏性鼻炎、花粉症、过敏性皮肤病和蜂毒过敏症等疾病的防治。临床常见脱敏治疗根据给药方式不同包括：注射脱敏、舌下含服脱敏、敷贴脱敏贴等。

哮 喘 菌 苗

本品又称气管炎菌苗，是由甲型链球菌、奈瑟球菌及白色葡萄球菌分别培养杀死后混合制成的三联菌苗。能增强机体免疫力，对防治由病原微生物所诱发的支气管哮喘和慢性气管炎有一定效果。用于因伤风感冒、上呼吸道感染而引起的支气管哮喘、哮喘性支气管炎、慢性支气管炎及过敏性鼻炎等。一般在发作季节前 1 个月开始注射，可全年用药或连续数年用药。活动性结核、活动性肝炎、肺源性心脏病、肝硬化、肾炎及发热38℃以上患者禁用。

粉尘螨注射液

本品是由粉尘螨浸出液配制成的灭菌水溶液,为强烈过敏原,通过少量多次地接触过敏原,使机体产生较多的特异性阻断抗体（IgG）,占据肥大细胞及嗜碱性粒细胞抗体与抗原联接位置,产生免疫耐受性,经较长时期治疗后可使 IgE 减少而脱敏。对过敏性哮喘疗效显著,对异位性皮炎比一般抗组胺药好。适用于吸入型哮喘、过敏性鼻炎、异位性皮炎、泛发性湿疹、慢性荨麻疹等。

粉尘螨滴剂为舌下含服脱敏制剂。每日一次滴于舌下,含 1 分钟后吞服。相比于注射脱敏疗法,本品方便性增强,提高了患者的依从性。

重点小结

在过去的 30 年中,全球气候明显变暖、空气污染日益严重和人们抵抗力普遍下降,导致变态反应性疾病的流行趋势显著增加,这类疾病造成的经济上的花费甚至高于肺结核和艾滋病毒/艾滋病（HIV/AIDS）的总成本。

本章将抗变态反应药按作用机制分为 4 类,分别是抗组胺药、过敏反应介质阻释剂、白三烯受体阻断剂、其他抗变态反应药。

抗组胺药又分两代,第 1 代主要介绍了氯苯那敏和苯海拉明;第 2 代主要介绍了氯雷他定和西替利嗪。

过敏反应介质阻释剂主要介绍了酮替芬和色甘酸钠。

白三烯受体阻断剂主要介绍的是该类药物的作用机制、临床特点、应用评价和现有品种。

其他抗变态反应药介绍了钙剂、免疫抑制剂（如泼尼松）、脱敏制剂（如菌苗制剂、粉尘螨注射液）。

重点掌握各类代表药的不良反应、用药指导和相关的商品信息。

（倪开勤）

扫码"练一练"

第十八章　免疫系统用药

人体的免疫系统是由免疫器官、免疫细胞和免疫活性物质组成的。免疫器官包括骨髓、胸腺、脾、淋巴结等；免疫细胞如吞噬细胞、淋巴细胞；免疫活性物质包括抗体、淋巴因子、溶菌酶等。免疫系统有免疫防御、免疫监视和免疫自稳三大功能，能识别、破坏和清除异物，维持机体的内环境稳定。但其功能的亢进会对自身器官或组织产生伤害，如变态反应（过敏反应）等自身免疫性疾病；若功能过于低下即发生机体感染、恶性肿瘤为代表的免疫缺陷病。这些由于免疫系统结构或功能异常、免疫调节失去平衡而导致的疾病统称为免疫性疾病。

治疗免疫性疾病，可用影响免疫功能的药物，以调节机体的免疫过程。能抑制免疫功能的药物称为免疫抑制剂，能增强免疫功能的药物称为免疫增强剂。

近年来随着人们生活方式的改变，免疫性疾病的发病率不断升高，因此 2013 年全球新药研究开发中，从在研药物的作用机制来看，排名前五位的是免疫增强剂、免疫抑制剂、血管生成抑制剂、阿片 μ 受体激动剂和细胞凋亡刺激剂。

第一节　免疫抑制剂

扫码"学一学"

免疫抑制剂是对机体的免疫反应具有抑制作用的药物，主要用于防治器官移植的排斥反应和自身免疫性疾病如类风湿性关节炎、系统性红斑狼疮、皮肤真菌病、自身免疫性溶血贫血等。对自身免疫性疾病，免疫抑制剂仅能缓解症状而不能根治。

多数免疫抑制剂对机体免疫系统的作用缺乏特异性和选择性，既可抑制免疫病理反应，又干扰正常免疫应答反应，对正常组织代谢过程也有影响，故不良反应较明显，甚至有一定的危险性。长期用药除了各药特有的毒性外，还易出现一些共同的不良反应，包括：由于降低机体抵抗力而诱发感染、抑制造血功能、肿瘤发生率增加、影响生殖系统功能等。

常用的免疫抑制剂主要有 5 类：①肾上腺皮质激素类，如可的松和泼尼松等；②微生物代谢产物，如环孢素、他克莫司、麦考酚吗乙酯、西罗莫司、藤霉素等；③抗代谢物，如硫唑嘌呤、甲氨蝶呤和 6-巯基嘌呤等；④多克隆和单克隆抗淋巴细胞抗体，如抗淋巴细胞球蛋白、抗胸腺细胞球蛋白、莫罗单抗（OKT3）等；⑤烷化剂类，如环磷酰胺等；⑥中药类，如雷公藤多苷。

根据相关数据显示近年来全球免疫抑制剂销售额呈增长趋势。分析其原因，①器官移植患者需要在移植后终身服用免疫抑制药物，同时近年来新型免疫抑制剂的发展大大促进

了器官移植手术的成功率，意味着对该类药物的需求越来越大；②环境污染、饮食失调、心理压力增大等原因导致全球自身免疫性疾病的患病率大大增加；③本类药物价格昂贵，销售数量在各类药品中虽不占优势但销售金额和利润均高。

由于免疫抑制剂领域准入门槛高，国内企业进入该市场者较少，2008 年华东医药、华北制药和海正药业三家大型制药企业相继推出环孢素、他克莫司等品种。2012 年我国免疫抑制剂原料药出口超过 100 万美元。

环 孢 素
（Cyclosporine）

【作用与适应证】环孢素是一种强效的免疫抑制剂，首选用于抑制器官和组织移植后的排异反应；也可用于其他药物无效的难治性自身免疫性疾病，如 1 型糖尿病、类风湿性关节炎、肾病综合征、银屑病等。

【制剂】本品主要有胶囊剂、口服液、注射剂及滴眼液。

【不良反应】发生率较高，其严重程度、持续时间均与剂量相关，多为可逆性。最常见及严重的不良反应是肾毒性，可出现血清肌酐和尿素氮增高；其次为肝毒性，多见于用药早期，一过性肝损害；继发性感染也较常见，继发肝肿瘤发生率约为一般人群的 30 倍。此外还有厌食、嗜睡、多毛症、震颤、感觉异常、牙龈增生、过敏反应等。

【用药指导】①本品临床应用根据剂型及治疗疾病的种类不同，用量有一定差异，必须在专业医师的指导下用药。②病毒感染如水痘、带状疱疹感染时禁用本品；对环孢素过敏者禁用；严重肝、肾损害、未控制的高血压、感染及恶性肿瘤患者忌用或慎用。孕妇、哺乳期妇女慎用。③下列药物可以影响本品血药浓度，应避免联合用药，若必须使用时，应严密监测其血药浓度并调整剂量。增加环孢素血药浓度的药物：钙离子通道阻滞药、抗真菌药、大环内酯类抗生素、肾上腺皮质激素、多西环素、口服避孕药等。降低其血药浓度的药物：抗惊厥药苯巴比妥、苯妥英钠等、抗结核药利福平、异烟肼等、二氧萘青霉素、甲氧苄啶以及静脉给药的磺胺异二甲嘧啶等。

【商品信息】1983 年美国 FDA 批准环孢素用于临床肾移植，1984 年诺华公司首先推出环孢素产品（商品名"山地明"），抗排斥反应效果较其他药物强且感染发生率较低。环孢素的发明使移植后器官存活率大大提高，推动了现代器官移植事业的飞速发展。到 2014 年止，我国企业共持有 39 个环孢素批准文号。

【贮藏】注射液遮光，密封，30℃以下保存。软胶囊 25℃以下保存。

他 克 莫 司
（Tacrolimus）

本品是从土壤真菌中提取的一种大环内酯类抗生素，具有较强的免疫抑制特性，比环孢素强 10～100 倍。临床用于肝脏、肾脏、心脏及骨髓移植患者的排斥反应，对传统免疫抑制方案耐药者也适用。对特应性皮炎、系统性红斑狼疮、自身免疫性眼病等自身免疫性疾病也有一定作用。

本品主要不良反应与环孢素相似，但相关高血压的发病率较环孢素显著降低。可诱发

糖尿病（发生率 10%～30%），严重时可引起酮症酸中毒。孕妇禁用，对他克莫司或其他大环内酯类药物过敏者禁用。

他克莫司 1993 年在日本以商品名"普乐可复"（Prograf）上市。1999 年在我国上市，由于价格昂贵，其应用受到一定限制。

雷 公 藤 多 苷
（Tripterysium Glycosides）

本品为卫矛科植物雷公藤的去皮根部提取的总苷，具有较强的抗炎及免疫抑制作用。用于治疗类风湿性关节炎、原发性肾小球肾病、肾病综合征、系统性红斑狼疮、亚急性及慢性重症肝炎；亦可用于银屑病性关节炎、麻风反应、白塞病、强直性脊柱炎等。

雷公藤多苷对生殖系统有明显的影响，可致月经紊乱及精子活力降低、数量减少。亦可有胃肠道反应如恶心、呕吐、腹痛、腹泻等症状，偶可引起消化道出血。对血液系统有骨髓抑制作用，可引起白细胞及血小板减少，发生率为 15%。但大多数不良反应在停药后可自行缓解。孕妇、哺乳期妇女禁用。服此药时应避孕；老年有严重心血管病者慎用。

雷公藤多苷的疗效弱于环磷酰胺、环孢素、甲氨蝶呤等药，考虑到其不良反应可涉及多系统损害，临床一般将其使用限定在难治性肾病综合征，作为其他细胞毒药物的替补。

硫 唑 嘌 呤
（Azathioprine）

本品是嘌呤类似物的抗代谢类免疫抑制剂。主要用于肾移植的排异反应，和一些自身免疫性疾病，如类风湿性关节炎、系统性红斑狼疮等。若与皮质激素合用可以减少后者的使用量并增强其疗效。

硫唑嘌呤起效较慢，但维持时间长，疗效肯定，不良反应相对比其他免疫抑制剂少而轻，比较安全。最主要的不良反应是骨髓抑制，此外尚有胃肠道反应、肝功能损害，致畸胎，皮疹等。故孕妇、哺乳期妇女慎用。刚开始服用时，每隔 1～2 周需要进行常规的血液学检测，以后须每 3 个月检查 1 次。

20 世纪 60 年代英国器官移植的先驱 Calne 首先将本品应用于临床，其后硫唑嘌呤与肾上腺皮质激素并用一直是预防器官移植排斥反应的标准用药，直至环孢素的发现。故医学界将其作为推动器官移植发展的第一代免疫抑制剂的代表。

第二节　免疫增强剂

免疫增强剂（亦称免疫调节剂）是指单独使用或者与抗原联用时能增强机体免疫应答的物质。主要用于免疫缺陷病、慢性感染性疾病，也常作为肿瘤的辅助治疗药物。免疫增强剂对正常的免疫功能不产生影响，但可以增强已经低下的免疫功能，调节免疫反应从而恢复机体免疫力。

常用的免疫增强剂分为五类：①生物制剂类，如胸腺激素类、转移因子、免疫核糖核酸、干扰素、白细胞介素等；②微生物来源的制剂，即利用细菌抗原做成的制剂，类似菌苗类，

扫码"学一学"

如哮喘疫苗、卡介苗等；③化学合成药物，如左旋咪唑、异丙肌苷、羟壬嘌呤、二乙胺基硫代甲酸钠等；④聚合糖类，如微生态制剂、香菇多糖、云芝多糖 K、银耳多糖、灵芝多糖等；⑤中药及植物来源类，如人参、刺五加、枸杞子、黄芪、白芍、淫羊藿、蜂王浆、植物血凝素、刀豆素 a、胎盘脂多糖等。

值得注意的是，人体免疫系统相当复杂，包含着若干种免疫机制和调节对应体。免疫增强剂对于具有正常免疫功能的人来说作用并不明显，反而会抑制免疫功能或者引发免疫紊乱性疾病，而且会引起一些不良反应。免疫增强剂最常见的不良反应是发热、过敏反应，有时可能出现过敏性休克之类的严重不良反应。如使用干扰素的患者可能出现类似脑炎的脑部症状、左旋咪唑可引发流感症状、丙种球蛋白由于是血液制品也存在潜在危险性。总之，如果没有证据证实患者免疫功能低下，临床就不应盲目使用免疫增强剂。

由于免疫增强剂既可用于免疫缺陷性疾病，又可用于难治性感染，因此临床适用科室广泛，同时也是抗肿瘤必不可少的辅助用药。根据 2007 ~ 2013 年中国医院（包括各级医院、社区卫生服务中心、卫生院等）终端化学药各类别用药的市场调查，抗肿瘤和免疫调节剂作为一个大类的市场地位不断提高，从 2012 年起首次成为最大的用药类别，2013 年该类别市场份额达到 18.86%。2013 年单品种进入前 10 位排名的有该类中的胸腺五肽。国内市场的免疫增强剂共有 60 多个品种，其中以微生物制品居多（约占 36%），其次为生物工程制品（占 31%）。生产基本能够实现国产化，仅 7 个品种依赖进口，即乌体林斯、复合 α 干扰素、麻疹/流行性腮腺炎/风疹疫苗、保尔佳/绿脓杆菌菌苗、B 型流感嗜血杆菌疫苗、泛福舒、重组人干扰素 γ。

胸腺素
（Thymosin）

胸腺素又称胸腺肽，是从胸腺中分离的一组活性多肽，是高效的免疫调节剂。临床主要用于细胞免疫缺陷的疾病（包括艾滋病）、肿瘤、某些自身免疫性疾病和病毒感染。本品与干扰素合用，对于改善机体免疫功能有协同作用。

本品注射前或停药后再次注射时须做皮试，治疗期间应定期检查肝功能。除少数患者出现轻微过敏反应外，一般无严重不良反应。18 岁以下患者慎用。

胸腺素最早是由雪兰诺公司从小牛胸腺提取的一种胸腺因子，1980 年在意大利上市。我国 1985 年由北京东风制药厂投产，目前已能采用基因工程生物合成。根据对国内医院终端化学药重点品种分析，2013 年抗肿瘤和免疫调节剂前 10 位中，胸腺素类占两种（胸腺五肽和胸腺素 α_1），占本大类市场份额的 8.2%。

临床应用的主要剂型有冻干粉针剂、注射剂、肠溶片、肠溶胶囊剂等。

干扰素
（Interferon，IFN）

干扰素是一族可诱导的糖蛋白，是免疫系统产生的细胞因子，病毒感染或诱生剂可以促其生成。主要分为三型：INF - α（白细胞型）、INF - β（成纤维细胞型）、INF - γ（淋巴细胞型）。干扰素具有抗病毒、抗肿瘤和免疫调节作用。INF - α、INF - β 的抗病毒作用

强于 INF-γ，INF-γ 具有免疫调节作用，能增强自然杀伤细胞（NK 细胞）、巨噬细胞和 T 淋巴细胞的活力，对细胞免疫和体液免疫都有增强作用。

INF 几乎能抵抗所有病毒引起的感染，对感冒、乙型肝炎、带状疱疹和腺病毒性眼病等病毒性感染有预防作用。用于肿瘤的治疗，对成骨肉瘤的疗效较好，对其他肿瘤（如多发性骨髓瘤、乳癌、肝癌、肺癌、各种白血病）有辅助疗效，可改善患者的血常规和全身症状。

本品的不良反应主要是流感样症状如发热、头痛、寒战，以及神经系统症状如嗜睡、精神紊乱，另有皮疹、肝功能损害、低血压、心律失常。大剂量可致可逆性白细胞减少，约 5% 的患者用后产生 IFN 抗体。

白细胞介素-2
（Interleukin-2，IL-2）

白细胞介素-2 又称 T 细胞生长因子，在恶性肿瘤、免疫缺陷病和自身免疫性疾病的治疗和诊断方面有重要意义。临床主要用于治疗恶性黑色素瘤、肾细胞癌、霍奇金淋巴瘤等，可控制肿瘤发展，减小肿瘤体积及延长生存时间。还可用于病毒和细菌感染，与抗艾滋病药物合用可治疗艾滋病。

本品的不良反应较常见。全身性不良反应如发热、寒战，胃肠道症状如厌食、恶心、呕吐、腹泻，此外尚有心肺反应、泌尿系统反应、血液系统反应及神经系统症状等。使用较大剂量时，本品可能引起毛细血管渗漏综合征，表现为低血压、末梢水肿、暂时性肾功能不全等，应立即停用。IL-2 的不良反应常与剂量及用药时间呈相关性，停止用药后症状多迅速减轻或消失。

目前临床使用的主要是基因工程产品注射用重组人白细胞介素-2。

重点小结

人体免疫系统是由免疫器官、组织、细胞和分子间互相协作、互相制约，共同完成复杂的免疫防御功能的。由于遗传因素、环境因素，或心理压力增大等原因，造成免疫系统结构异常或功能紊乱，即需要使用药物调节机体的免疫过程。

本章将免疫系统用药按其功能分为免疫抑制剂和免疫增强剂。

免疫抑制剂主要介绍了环孢素、他克莫司、雷公藤多苷和硫唑嘌呤。

免疫增强剂主要介绍了胸腺素、干扰素和白细胞介素-2。

重点掌握各类药物代表药的不良反应、用药指导和相关的商品信息。

（倪开勤）　　　扫码"练一练"

第十九章　抗肿瘤药

扫码"学一学"

第一节　抗肿瘤药概述

恶性肿瘤是导致人类死亡的重要疾病之一，在我国癌症已成为死亡率居首位的疾病。据统计，2018 年全球大约有 1810 万癌症新发病例和 960 万癌症死亡病例；我国新增病例 380.4 万，死亡病例 229.6 万，居全球首位。目前，临床上治疗恶性肿瘤主要采用手术、放射治疗和化学治疗，化学治疗即药物治疗为临床治疗的重要方法。

抗肿瘤药物种类众多，按性质及来源可分为烷化剂、抗代谢药、抗生素、植物药、金属铂配合物、激素及靶向抗肿瘤药。在这些种类中开发最早的是烷化剂，但目前应用较好的是植物类抗肿瘤药和抗代谢抗肿瘤药。按其对细胞增殖动力学的影响可将抗肿瘤药物分为细胞周期非特异性药物和周期特异性药物。细胞周期非特异性药物对处于各种增殖状态，包括休止期在内的细胞均可起杀伤作用，如烷化剂。细胞周期特异性药物只能选择性杀伤处于增殖周期某时相的细胞，它仅对某一时相的细胞有杀伤作用，故其作用较弱，单独使用时很难达到较彻底的杀伤，如抗代谢药物。

现有抗肿瘤药物大多选择性不强，在抑制或杀伤肿瘤细胞的同时，对正常细胞，尤其是增殖旺盛的细胞（如骨髓、头发毛囊）也有抑制杀伤作用。因此，化疗药物在一般治疗剂量时就可使机体产生不良反应。常见的不良反应有骨髓抑制、消化道反应、神经毒性、心脏毒性、口腔黏膜反应、肝肾毒性、脱发等。耐药性问题也是影响治疗效果的原因之一。采用联合用药的方法，可一定程度地减少不良反应及耐药性的发生。为了从根本上解决抗肿瘤药选择性差、不良反应严重的问题，靶向药物已成为当前抗肿瘤药物研究中最活跃的领域之一。目前使用的靶向抗肿瘤药物主要是单克隆抗体和小分子靶向化合物。

全球抗肿瘤药物市场总额从 2013 年的 960 亿美元增加至 2017 年的 1300 亿美元，且预测在 2022 年将达到 2000 亿美元。2012～2016 年，中国抗肿瘤药市场规模由 603 亿元增长

至 1109 亿元，年均复合增长率约为 16.5%。据 2017 年统计结果，抗代谢药的市场份额最大，植物类药物排第二位，烷化剂类、抗肿瘤抗生素类、铂类药物近年增长趋缓，靶向药物将是未来最大增长亮点。

第二节　烷化剂

扫码"学一学"

烷化剂具有活泼的烷化基团，通过共价键与 DNA 相联，干扰 DNA 的复制或转录，从而抑制迅速增殖的肿瘤细胞的生长。烷化剂属细胞毒类药物，可杀伤各类细胞，尤其是增殖较快的细胞。烷化剂种类较多，分类及代表药物如下。①氮芥类：代表药物有环磷酰胺、苯丁酸氮芥、美法仑；②亚硝基脲类：代表药物有卡莫司汀、洛莫司汀、司莫司汀、福莫司汀；③乙烯亚胺类：代表药物有塞替哌；④甲基磺酸酯类：代表药物有白消安。

烷化剂的缺点是选择性差，对骨髓造血组织、消化道上皮和生殖细胞有较大的毒性。烷化剂曾经是抗肿瘤药物的主要类型，在肿瘤的化疗中发挥过重要的作用。但由于此类药物毒性大，加之各种类型新药的不断出现，其应用逐渐减少，所占市场份额也越来越低。2017 年国内抗肿瘤药的市场份额中烷化剂仅占 4.01%。

一、典型烷化剂

环 磷 酰 胺

（Cyclophosphamide）

【作用与适应证】本品为氮芥类衍生物，为细胞周期非特异性药物。抗瘤谱广，对多种类型的肿瘤均有效，尤其对恶性淋巴瘤疗效显著。适用于淋巴瘤、白血病、多发性骨髓瘤，对乳腺癌、卵巢癌、肺癌、胃癌、鼻咽癌等实体肿瘤也有一定疗效。本品还具有免疫抑制作用，常用于肉芽肿、系统性红斑狼疮等病的治疗。

【制剂】片剂和注射剂。

【不良反应】本品不良反应较多。最常见的不良反应为骨髓抑制，白细胞最低值出现在用药后 1~2 周，多在 2~3 周后恢复。其代谢产物有膀胱毒性，可引出起血性膀胱炎；还可引起食欲减退、恶心、呕吐等；亦可杀伤精子，但为可逆性。

【用药指导】①本品的代谢产物对尿路有刺激性，应用时应鼓励患者多饮水，大剂量应用时应水化、利尿，同时给予尿路保护剂美司钠。②骨髓抑制、感染、肝肾功能损害者禁用或慎用，对本品过敏者、妊娠及哺乳期妇女禁用。

【商品信息】①本品是第一个药效"潜伏化"的广谱抗肿瘤药，疗效确切，毒性低，价格适中，应用广泛。②本品因利润很低，甚至售价还低于原料价格，长期亏本使许多厂家不得不放弃生产。相关部门在降低许多价格昂贵的抗肿瘤药的价格的同时，上调了环磷酰胺的价格，以保证生产企业的利益。

【贮藏】片剂、注射液均遮光、密闭，在 30℃以下保存。水溶液不稳定，应在溶解后短期内使用。

卡莫司汀
(Carmustine)

【作用与适应证】本品为亚硝脲类烷化剂，为细胞周期非特异性药物。抗瘤谱广，对多种肿瘤有明显抑制作用，且起效快。因能够通过血脑屏障，对脑瘤、脑转移瘤和脑膜白血病有效，对恶性淋巴瘤、多发性骨髓瘤，与其他药物合用对恶性黑色素瘤有效。

【制剂】主要为注射剂。

【不良反应】本品主要不良反应为恶心、呕吐及迟发的骨髓抑制、白细胞和血小板下降，并对肝、肾也有一定毒性。

【用药指导】①肝肾功能不全者慎用，孕妇、哺乳期禁用。②使用时不要与皮肤接触，以免引起发炎及色素沉着。

【商品信息】本品给药后1小时即可进入脑组织，6小时后脑内浓度达血浓度的60%~70%，其代谢物仍有抗癌作用。

【贮藏】遮光、密闭，5℃以下保存。超过32℃即分解，运输时需装在冰盒中。

白消安
(Busulfan)

【作用与适应证】本品属甲基磺酸酯类双功能烷化剂，为细胞周期非特异性药物。主要适用于慢性粒细胞白血病的慢性期，对缺乏费城染色体Ph1患者效果不佳。也可用于治疗原发性血小板增多症，真性红细胞增多症等慢性骨髓增殖性疾病。

【制剂】主要为片剂。

【不良反应】不良反应为骨髓抑制，可见白细胞、血小板减少等，但比其他烷化剂缓和。久用偶见肺纤维化、皮肤色素沉着、性功能减退等。

【用药指导】慢性粒细胞白血病急性病变时应停药；用药期间应严格检查血常规。可致畸胎，孕妇禁用。

【贮藏】密闭、遮光，在干燥处保存。

二、其他烷化剂

1. **美法仑（Melphalan）** 本品为氮芥类烷化剂，用于多发性骨髓瘤、乳腺癌、卵巢癌、慢性白血病、恶性淋巴瘤、骨软骨病等；动脉灌注可用于治疗肢体恶性黑色素瘤、软组织肉瘤及骨肉瘤；大剂量给药用于造血干细胞移植的预处理。制剂有片剂和注射剂。不良反应主要为骨髓抑制和消化道反应，有时出现皮疹、瘙痒，长期应用可出现肺纤维化、脱发、皮炎、不育等。对本品过敏者、严重贫血及血小板减少者、妊娠早期妇女及哺乳妇女禁用。本品是苯丙氨酸氮芥的左旋体，作用强于消旋体苯丙氨酸氮芥。

2. **福莫司汀（Fotemustine）** 本品为亚硝基脲类烷化剂，用于原发性脑内肿瘤和播散性恶性黑色素瘤（包括脑内部位）。制剂有福莫司汀注射剂。主要不良反应为血小板和白细胞减少，发生较晚。若在本品治疗之前进行过其他化疗和（或）与其他可能诱发血液毒性的药物联合应用时，可加重血液学毒性。用药后2小时内出现中度恶心和呕吐、

暂时性可逆性转氨酶、碱性磷酸酶及胆红素升高、发热、暂时性血尿素氮升高、暂时性可逆性神经功能障等。孕妇、哺乳期禁用，严重骨髓抑制者，严重肝肾功能损害者禁用。

第三节　抗代谢药

扫码"学一学"

抗代谢药物是通过干扰 DNA 合成中所需物质的代谢途径而抑制肿瘤细胞的生长。由于正常细胞与肿瘤细胞之间生长的分数不同，抗代谢药物可更多地杀死肿瘤细胞而对正常细胞影响较小。抗代谢抗肿瘤药按其拮抗代谢物的不同可分为抗叶酸、抗嘧啶和抗嘌呤类药物。甲氨蝶呤和巯嘌呤分别是叶酸拮抗剂和嘌呤拮抗剂的代表；嘧啶拮抗剂品种较多，如氟尿嘧啶、阿糖胞苷、替加氟、吉西他滨、卡培他滨等。抗代谢药物近年来的市场份额稳步增长，2017 年占国内抗肿瘤药市场份额的 24.28%，居各类抗肿瘤药物之首，应用较好的品种有替加氟、吉西他滨、卡培他滨、培美曲塞。

一、典型的抗代谢药

氟 尿 嘧 啶
（Fluorouracil）

【作用与适应证】　本品为嘧啶的代谢拮抗剂。主要用于治疗消化系统肿瘤、乳腺癌、卵巢癌、绒毛膜上皮癌、子宫颈癌、肝癌、膀胱癌、皮肤癌（局部涂抹）、外阴白斑（局部涂抹）等。

【制剂】　注射剂和软膏剂。

【不良反应】　常见骨髓抑制及消化道反应。严重者可有腹泻，局部注射部位静脉炎。少数可有神经系统反应如小脑变性、共济失调，也有人出现皮疹、色素沉着、甲床变黑等。

【用药指导】　肝、肾功能不全患者及孕妇禁用，用药期间应严格检查血常规。

【商品信息】　①本品是第一个合成的抗代谢药，也是目前临床上应用最广的抗嘧啶类药物之一，在肿瘤内科治疗中占有重要地位。②复方氟尿嘧啶片由本品和环磷酰胺、鲨肝醇、奋乃静、白及粉和海螵蛸粉组成，适用于不易注射给药的消化道肿瘤。

【贮藏】　注射液应遮光，密闭保存；软膏应密闭，在阴凉处保存。

巯 嘌 呤
（Mercaptopurine）

【作用与适应证】　本品为抗嘌呤类抗肿瘤药物，为细胞周期特异性药物。适用于绒毛膜上皮癌、恶性葡萄胎、急性淋巴细胞白血病及急性非淋巴细胞白血病、慢性粒细胞白血病的急变期。

【制剂】　主要为片剂。

【不良反应】　常见消化道反应及骨髓抑制；少数患者有肝功能损伤、皮疹及脱发。高尿

酸血症多见于白血病治疗初期，严重的可发生尿酸性肾病。

【用药指导】①用药期间应注意定期检查外周血常规及肝、肾功能。②对本品高度过敏的患者及孕妇禁用。③别嘌呤可抑制本品的代谢，合用时明显增加本品的效能与毒性。

【贮藏】遮光、密封保存。

甲氨蝶呤
（Methotrexate）

【作用与适应证】本品为叶酸的代谢拮抗剂。对急性白血病、绒毛膜上皮癌、恶性葡萄胎效果较好，对骨肉瘤、乳腺癌、膀胱癌、睾丸肿瘤等均有一定疗效。

【制剂】片剂和注射剂。

【不良反应】常见不良反应有骨髓抑制、黏膜损伤、脱发、色素沉着等，少数患者有月经延迟及生殖功能减退。鞘内注射剂量过高可引起抽搐。

【用药指导】①用药期间应严格检查血常规；②肝、肾功能不全患者及孕妇禁用；③长期应用易产生抗药性，常用甲酰四氢叶酸为解毒剂。

【商品信息】本品为联合化疗方案中常用的细胞周期特异性药物。与环磷酰胺和氟尿嘧啶联合治疗乳腺癌；与环磷酰胺、长春新碱、泼尼松联合治疗恶性淋巴瘤等。

【贮藏】遮光、密闭，在阴凉处保存。

二、其他常用抗代谢药

1. 吉西他滨（Gemcitabine） 本品属抗嘧啶类抗代谢药物。适用于治疗中、晚期非小细胞肺癌。制剂主要是注射剂。可影响血液系统、消化系统，可引起蛋白尿和血尿，还可引起皮疹等不良反应。本品于 1995 年在南非、瑞典、荷兰、澳大利亚等国家获准上市，1996 年经美国 FDA 批准上市，作为临床治疗非小细胞肺癌和胰腺癌的一线药物。其在国内的销售额居抗肿瘤药的前 10 位。

2. 培美曲塞（Pemetrexed） 本品为多靶位叶酸拮抗剂，通过破坏细胞内叶酸依赖性的正常代谢过程而抑制肿瘤的生长。主要用于治疗恶性胸膜间皮瘤和非小细胞肺癌。制剂为培美曲塞二钠注射剂。主要不良反应为骨髓抑制。在本品治疗的同时以叶酸和维生素 B_{12} 进行补充治疗，可预防或减少治疗相关的血液学或胃肠道不良反应。禁用于对培美曲塞或药品其他成分有严重过敏史的患者。只能静脉滴注，注射前只建议用0.9%的氯化钠注射液溶解稀释。2004 年 2 月，FDA 批准本品与顺铂联用治疗一种罕见的癌症——恶性胸膜间皮瘤，是 FDA 批准的第一种治疗此症的药物；同年 10 月 FDA 又以快速审批途径批准将本品作为局部晚期肺癌或转移性非小细胞肺癌的二线治疗药物。本品市场份额增长迅速，2017 年销售额居抗代谢抗肿瘤药物之首。

第四节　抗肿瘤抗生素

抗肿瘤抗生素多直接作用于 DNA 或嵌入 DNA，干扰模板的功能。抗肿瘤抗生素可分为多肽类和蒽醌类。放线菌素 D、博来霉素、平阳霉素为多肽类，丝裂霉素、柔红霉素、多柔比星、表柔比星、米托蒽醌等均属蒽醌类。

一、典型抗肿瘤抗生素

放线菌素 D
（Dactinomycin）

【作用与适应证】本品属多肽类抗肿瘤抗生素，为细胞周期非特异性药物。对肾母细胞瘤、神经母细胞瘤及霍奇金病有效，对绒毛膜上皮癌及睾丸肿瘤也有一定疗效。

【制剂】主要为注射剂。

【不良反应】常见消化道反应和骨髓抑制。少数患者有脱发、皮炎、发热及肝功能损伤等。

【用药指导】①有出血倾向者慎用或不用本品，有患水痘病史者忌用；②本品有致突变、致畸和免疫抑制作用，孕妇禁用。

【商品信息】①本品是较早用于临床的抗肿瘤抗生素，由我国桂林的土壤中分离出的放线菌的发酵液中得到，与国外的放线菌素 D 结构相同。②本品抗瘤谱广，疗效肯定，与氟尿嘧啶合用，治疗绒癌疗效显著。

【贮藏】遮光、密闭，在阴凉处保存。

表柔比星
（Epirubicin）

【作用与适应证】本品的主要作用部位是细胞核，抑制 DNA 和 RNA 的合成。用于治疗急性白血病和恶性淋巴瘤、乳腺癌、支气管肺癌、卵巢癌、肾母细胞瘤、软组织肉瘤、膀胱癌、睾丸癌、前列腺癌、胃癌、肝癌以及甲状腺髓样癌等多种实体瘤。

【制剂】主要为注射剂。

【不良反应】本品主要不良反应有骨髓抑制、心脏毒性反应、脱发、黏膜炎、胃肠功能紊乱、高热等。

【用药指导】①口服无效，不能肌内注射或鞘内注射；②渗出血管外可导致局部坏死、溃疡；③妊娠和哺乳期妇女、水痘或疱疹患者禁用；④用药前应检查心脏功能，做心电图；⑤肝功能不全患者慎用。

【商品信息】本品为多柔比星（阿霉素）的同分异构体，为细胞周期非特异性药物，对多种移植性肿瘤均有效。其销售额居抗肿瘤抗生素之首。

【贮藏】原料遮光，密封，在冷处保存。干燥的药粉在 22℃下可保存 2 年不变。配制好的注射液可在冰箱保存 7 天，室温下仅能保存 24 小时。

二、其他抗肿瘤抗生素

吡柔比星（Pirarubicin）为半合成的蒽环类抗肿瘤药，是阿霉素的衍生物。对恶性淋巴瘤和急性白血病有较好疗效，对乳腺癌、头颈部癌、胃癌、泌尿系统恶性肿瘤、卵巢癌、

子宫内膜癌、子宫颈癌等有效。单用吡柔比星的有效率为 20%～70%。与多种化疗药物如阿糖胞苷、环磷酰胺、巯嘌呤、甲氨蝶呤、氟尿嘧啶、顺铂等联合应用抗癌作用增加。制剂为注射剂。不良反应有骨髓抑制、心脏毒性、胃肠道反应、肝肾功能异常、脱发、皮肤色素沉着等。膀胱内注入可出现尿频、排尿痛、血尿等膀胱刺激症状，甚至膀胱萎缩。严重器质性心脏病或心功能异常者及对本品过敏者禁用；妊娠期、哺乳及育龄期妇女禁用。本品近几年的销售额仅次于表柔比星和多柔比星，居抗肿瘤抗生素的第三位。我国从 1993 年起进行生产、销售。

扫码"学一学"

第五节　植物类抗肿瘤药

一、概述

天然植物类抗肿瘤药种类多、作用强，但大多数药物毒性较大、水溶性差，对其改造得到的半合成衍生物抗肿瘤作用强、毒副作用小、溶解性得到改善。天然植物抗肿瘤植物药及其衍生物的分类及代表药物如下。①长春碱类：长春碱、长春新碱、长春地辛、长春瑞滨；②喜树碱类：喜树碱、羟喜树碱、拓扑替康、伊立替康；③紫杉烷类：紫杉醇、多西他赛；④鬼臼毒素类：依托泊苷、替尼泊苷；⑤其他类：高三尖杉酯碱。

目前，此类药物在抗肿瘤药物市场中已占有较大份额，2017 年其销售额占国内抗肿瘤市场的 21.39%，抗肿瘤药物中居第二位。销售额最高的是紫杉醇和多西他赛，排在前列的还有伊立替康、长春瑞滨、依托泊苷等。

二、典型植物类抗肿瘤药

长春瑞滨
（Vinorelbine）

【作用与适应证】本品主要通过阻滞细胞有丝分裂过程中的微管形成，使细胞分裂停止于有丝分裂中期，为细胞周期特异性药物。是晚期非小细胞肺癌的一线治疗药物，也用于转移性乳腺癌、难治性淋巴瘤、卵巢癌及头颈部肿瘤的治疗。

【制剂】主要为注射剂。

【不良反应】不良反应有血液系统毒性、周围神经毒性反应、消化系统反应等，可引起呼吸困难或支气管痉挛，可在注药后数分钟或数小时内发生。

【用药指导】①用药期间应密切观察血常规变化，每次用药前均应检测血红蛋白、白细胞和粒细胞计数；②肝功能不全者应减量，肾功能不全者慎用。

【商品信息】①本品是一种半合成的长春碱衍生物，为广谱抗肿瘤药。对顽固性晚期卵巢癌、晚期乳腺癌的疗效较好。②2006 年，美国临床肿瘤学会共识，长春瑞滨＋顺铂是目前非小细胞肺癌辅助化疗的最好方案。同年，乳腺癌临床实践指南推荐本品为复发或转移性乳腺癌的首选化疗药物。

【贮藏】2～8℃密封、遮光保存。

伊立替康
（Irinotecan）

【作用与适应证】本品是水溶性喜树碱类衍生物，用于晚期大肠癌患者的治疗，与氟尿嘧啶和亚叶酸联合治疗既往未接受化疗的晚期大肠癌患者，作为单一用药，治疗经含氟尿嘧啶化疗方案治疗失败的患者。

【制剂】盐酸伊立替康注射液。

【不良反应】主要不良反应为消化道反应，

【用药指导】慢性肠炎和（或）肠梗阻的患者、对本品有严重过敏反应史的患者、胆红素超过正常值上限 1.5 倍的患者、孕期和哺乳期妇女禁用。

【商品信息】①本品是全球首个获批联合氟尿嘧啶和亚叶酸用于一线治疗转移性结直肠癌的拓扑异构酶抑制剂。无论是用于一线治疗，还是在氟尿嘧啶治疗失败后的二线治疗，本品都显示了对于转移性结直肠癌的抗肿瘤活性，是具有发展前景的喜树碱类抗肿瘤新药物之一。②本品由日本 Daiichi Seiyaku 公司和 Yakult Honsha 公司联合开发，已获得美国 FDA 和欧盟的共同批准，在全球 100 多个国家上市。它是美国 FDA 四十多年来继氟尿嘧啶以来，唯一批准用于晚期大肠癌一线治疗的化疗药。

【贮藏】遮光，室温密闭保存。

紫 杉 醇
（Paclitaxel）

【作用与适应证】本品作用于微管蛋白系统，可促进微管蛋白装配成微管，抑制微管的解聚，导致微管束的排列异常，形成星状体，使纺锤体失去正常功能，导致细胞死亡。本品与铂制剂联合应用治疗卵巢癌，用于常规治疗失败后的转移性乳腺癌的治疗，非小细胞肺癌的治疗，与阿霉素、环磷酰胺联合治疗结节阳性乳腺癌。

【制剂】紫杉醇注射液。

【不良反应】常见不良反应包括骨髓抑制、过敏反应、神经系统毒性，对心血管系统、肝胆也有影响。

【用药指导】①使用时应注意防过敏，定期检查血常规、心电图等；②治疗前必须采用肾上腺皮质激素、抗组胺药及 H_2 受体阻断剂预防过敏反应；③药液不能接触聚氯乙烯塑料器械。

【商品信息】①本品为一种新型抗微管药，抗瘤谱广，对顺铂、阿霉素耐药的癌细胞也有效。②是目前最热门的抗肿瘤药物之一，被誉为"抗乳腺癌明星"。受紫杉醇非专利药及其衍生物多西他赛的冲击，其在海外市场进入缓慢衰减期，而国内市场方兴未艾，销售额居抗肿瘤药之首。③紫杉醇是由珍稀植物红豆杉树干、树皮或针叶中提取的有效成分，提取工艺复杂，资源有限。3 吨红豆杉枝叶只能提取 1kg 本品，因而价格较高。美国施贵宝公司研发出一种新工艺，成功地利用紫杉树的细枝、叶等可再生材料，提取初级原料，再人工半合成生产紫杉醇。该方法很好地解决了资源保护与医学需要之间的矛盾。

【贮藏】遮光，密闭 25℃ 以下保存。

三、其他植物类抗肿瘤药

1. 长春新碱（Vincristine） 本品是由夹竹桃科植物长春花中提取的一种生物碱，抗瘤谱广，疗效肯定。主要用于急、慢性白血病，恶性淋巴瘤，乳腺癌，小细胞肺癌；亦可用于睾丸肿瘤、卵巢癌、消化道癌及恶性黑色素瘤。剂型为注射剂。本品对周围神经系统毒性较大，骨髓抑制和消化道反应较轻。用药期间应严格检查血常规。妊娠、孕妇与哺乳期妇女禁用。

2. 多西他赛（Taxotere） 本品为紫杉醇类抗肿瘤药，属于微管解聚抑制剂。适用于先期化疗失败的晚期或转移性乳腺癌的治疗，也适于使用以顺铂为主的化疗失败的晚期或转移性非小细胞肺癌的治疗。剂型为注射剂。不良反应包括骨髓抑制、体液潴留、过敏反应、胃肠道反应、神经毒性和心血管副反应等。所有患者在接受本品治疗前均必须口服糖皮质激素类，以预防过敏反应和体液潴留。销售额从 2002 年以来一直保持高速增长的态势，目前，其销售额仅次于紫杉醇，在植物类抗肿瘤药物中居第二位。

3. 高三尖杉酯碱（Homoharringtonine） 本品是从三尖杉属植物中分离的具有抗癌作用的生物酯碱，属细胞周期特异性药物。适用于各型急性非淋巴细胞白血病，对骨髓增生异常综合征、慢性粒细胞性白血病及真性红细胞增多症等亦有一定疗效。剂型为注射剂。不良反应有骨髓抑制、心脏毒性、低血压、胃肠道反应等。用药期间应密切观察血常规、心脏体征及心电图检查。孕妇及哺乳期妇女、严重或频发的心律失常及器质性心血管疾病患者禁用。

第六节　铂类抗肿瘤药

铂类抗肿瘤药是一类金属铂络合物。能与肿瘤细胞 DNA 结合，干扰 DNA 的复制，从而抑制肿瘤细胞的分裂。可将铂类抗肿瘤药按其发展进程分为三代。第 1 代开发于 20 世纪 70 年代，代表药物为顺铂。第 2 代开发于 20 世纪 80 年代，代表药物为碳铂和奈达铂。第 3 代于 20 世纪 90 年代后开发，代表药物有奥沙利铂、洛铂、赛特铂、依铂等。

铂类抗肿瘤药在临床上使用广泛，顺铂与奥沙利铂分别代表了抗肿瘤药物价格的两个发展方向，前者是肿瘤治疗中的"普药"，经过长期的应用已经为临床所熟知，价格低廉，用途广泛，是多种联合化疗方案的首选药物之一；而后者是新药的代表，价格往往是前者的几百倍。

一、典型铂类抗肿瘤药

顺　铂
（Cisplatin）

【作用与适应证】 本品为金属铂类络合物，属细胞周期非特异性抗肿瘤药。具有抗瘤谱广、对缺氧细胞有效的特点。本品在细胞内低氯环境中迅速解离，以水合阳离子的形式与细胞内 DNA 结合形成链间、链内或蛋白质 DNA 交联，从而破坏 DNA 的结构和功能。本品适用于小细胞与非小细胞肺癌、睾丸癌、卵巢癌、宫颈癌、子宫内膜癌、前列腺癌、膀胱

扫码"学一学"

癌、黑色素瘤、肉瘤、头颈部肿瘤及各种鳞状上皮癌和恶性淋巴瘤的治疗。

【制剂】主要为注射剂。

【不良反应】主要不良反应有胃肠道反应和骨髓抑制，还具有肾脏毒性、耳毒性和过敏反应等。

【用药指导】①使用前，尤其是高剂量时，应先检查肾脏功能及听力，并注意多饮水或输液强迫利尿；②肾功能不全者慎用。

【商品信息】①本品是第一个上市的铂类抗肿瘤药物，作用机制类似烷化剂。②本品抗瘤谱广，疗效确切，是目前被公认的治疗睾丸癌和卵巢癌的一线药物。也是联合化疗中最常用的药物之一。③本品水溶液不稳定，供药用者是含有甘露醇和氯化钠的冷冻干燥粉。

【贮藏】原料及注射液遮光、密闭保存。

奥 沙 利 铂
（Oxaliplatin）

【作用与适应证】本品为二氨基环己烷的铂类化合物，对大肠癌、卵巢癌有较好疗效，对胃癌、非霍奇金淋巴瘤、非小细胞肺癌、头颈部肿瘤有一定疗效。适用于经过氟尿嘧啶治疗失败之后的结、直肠癌转移的患者，可单独或联合氟尿嘧啶使用。

【制剂】主要为注射剂。

【不良反应】不良反应主要有神经毒性，如感觉迟钝、感觉异常；胃肠道反应，如恶心、呕吐、腹泻；对造血系统的影响，如贫血、白细胞减少、粒细胞减少、血小板减少等。

【用药指导】①不能与碱性药物或介质、氯化合物、碱性制剂等一起使用，也不能用含铝的静脉注射器具。②对铂类衍生物有过敏者禁用，妊娠及哺乳期间慎用。

【商品信息】①本品为第3代金属铂配合物，具有毒性低、抗瘤谱广、疗效显著等特点，也是迄今唯一对结直肠癌有显著活性的铂类药物。②本品是国内抗肿瘤药销售额居前10位的药物，在国内的销售额呈持续上涨趋势。③目前国内市场的奥沙利铂进口品占45%的市场份额，国产品占55%。至2012年，我国已有20家药厂获准生产奥沙利铂。

【贮藏】原料及注射液应遮光、密闭，在25℃以下保存。

二、其他铂类抗肿瘤药

卡铂（Carboplatin）为第2代金属铂配合物，对小细胞肺癌、卵巢癌、睾丸肿瘤、头颈部鳞癌及恶性淋巴瘤有较好的疗效；对膀胱癌及子宫颈癌也有一定疗效。剂型为注射剂。常见不良反应为骨髓抑制、注射部位疼痛，偶见过敏反应、黏膜炎或口腔炎、周围神经毒性、耳毒性、视物模糊及恶心呕吐、便秘或腹泻、食欲减退等。避免与氨基糖苷类抗生素等可能损害肾功能的药物同时使用。应避免与铝化合物接触，也不宜与其他药物混合滴注。

第七节　激素类抗肿瘤药

激素类抗肿瘤药物通过调节体内激素的平衡发挥抗肿瘤作用。由于机体许多正常组织的生长发育均受某种激素的调控，当这些组织发生癌变时，通常会保留与原有组织相似的激素依赖性，因此，有针对性地应用一些激素，调节体内激素平衡，可以控制肿瘤的生长。

扫码"学一学"

激素类药物能选择性地作用于相应的肿瘤组织，对一般增殖迅速的正常组织不会产生抑制作用，因而较少引起骨髓抑制、胃肠道反应及毛囊细胞增殖抑制等细胞毒类抗肿瘤药物常见的不良反应。

一、激素类抗肿瘤药的分类

根据其所调节激素的类型可分为以下 5 类。

1. 肾上腺皮质激素类抗肿瘤药物　包括肾上腺皮质激素和抗皮质激素。肾上腺皮质激素类主要是糖皮质激素，代表药物有地塞米松、倍他米松、波尼松龙等，用于急性白血病和恶性淋巴瘤的治疗，也可预防和治疗癌症化疗引起的恶心、呕吐。抗皮质激素类代表药物有米托坦，用于治疗肾上腺皮质癌及皮质增生或肿瘤所致的皮质醇增多症。

2. 雌激素类抗肿瘤药物　包括雌激素、雌激素受体调节剂和芳香化酶抑制剂。雌激素代表药物有己烯雌酚、雌二醇、炔雌醇等，主要用于前列腺癌的治疗。雌激素受体调节剂对雌激素受体有激动或拮抗活性，主要用于乳腺癌的治疗，代表药物有他莫昔芬、雷洛昔芬、氯米芬、托瑞米芬等。芳香化酶抑制剂能阻止雄激素转化为雌激素，减少体内雌激素的生成，主要用于乳腺癌的治疗，代表药物有氨鲁米特、阿那曲唑、来曲唑、依西美坦等。

3. 雄激素类抗肿瘤药物　包括雄激素和雄激素受体阻断剂。雄激素代表药物有甲睾酮、丙酸睾酮等，主要用于乳腺癌的治疗。雄激素受体阻断剂代表药物有氟他胺、比卡鲁胺和尼鲁米特，主要用于治疗前列腺癌。

4. 孕激素类抗肿瘤药物　主要用于治疗乳腺癌、子宫内膜异位症、前列腺癌和肾癌，代表药物有黄体酮、甲羟孕酮、甲地孕酮等。

5. 促性腺激素释放素类抗肿瘤药物　主要用于治疗前列腺癌，代表药物有亮丙瑞林、戈舍瑞林、布舍瑞林、戈那瑞林等。

激素类抗肿瘤药物一般用于手术后或与化疗药物合用，由于乳腺癌等生殖系统肿瘤的高发率，激素类抗肿瘤药物已成为抗肿瘤药物的重要组成部分。2017 年，激素类抗肿瘤药物占我国抗肿瘤药物市场份额的 11.5%，居前几位的药物分别是戈舍瑞林、来曲唑、比卡鲁胺、阿那曲唑和依西美坦等。

二、典型激素类抗肿瘤药

他 莫 昔 芬
（Tamoxifen）

【作用与适应证】本品为雌激素受体阻断剂，用于治疗女性复发转移乳腺癌，还可用作乳腺癌手术后转移的辅助治疗，预防复发。

【制剂】枸橼酸他莫昔芬片。

【不良反应】常见的不良反应有面部潮红、恶心、呕吐等，较少见的有月经不规则、阴道出血、白带增多、外阴瘙痒和皮炎等。本品尚有部分雌激素受体激动作用，长期应用可引起继发性子宫内膜肿瘤。

【用药指导】①高剂量长期应用可致视力障碍，故用药期间应定期作眼科检查。有月经

的妇女慎用，以免引起月经不规则和卵巢囊肿增大。②孕妇禁用。

【商品信息】本品有 Z 型和 E 型两个异构体，E 型具有弱雌激素活性，Z 型则具有抗雌激素作用，临床应用的是 Z 型异构体。

【贮　藏】遮光、密闭保存。

氨鲁米特
（Aminoglutethimide）

【作用与适应证】本品为肾上腺皮质激素抑制剂和芳香化酶抑制剂。主要适用于绝经后晚期乳腺癌，雌激素受体阳性效果更好。对乳腺癌骨转移有效，也可用于皮质醇增多症的治疗。

【制剂】主要为片剂。

【不良反应】可出现嗜睡、困倦、乏力、头晕等中枢神经抑制作用，一般 4 周左右逐渐消失。皮疹常发生在用药后 10～15 天，多可自行消退。少数患者有食欲减退、恶心、呕吐和腹泻。偶可出现白细胞减少、血小板减少和甲状腺功能减退。

【用药指导】①不宜与他莫昔芬合用。②对本品严重过敏者禁用，妊娠或哺乳期妇女及儿童禁用。

【商品信息】本品抑制芳香化作用比抑制肾上腺皮质激素合成作用大 10 倍。

【贮藏】遮光、密封保存。

三、其他激素类抗肿瘤药

戈舍瑞林（Goserelin）是一种合成的、促黄体生成素释放激素（LHRH）的类似物，适用于可用激素治疗的前列腺癌，可用激素治疗的绝经前期及围绝经期妇女的乳腺癌，子宫内膜异位症。制剂为醋酸戈舍瑞林缓释植入剂，在腹前壁皮下注射，每 28 天一次。曾有报道出现皮疹，多为轻度，不需中断治疗即可消退。在以本品治疗早期，一些妇女出现了不同持续时间和不同程度的阴道出血，通常出现于治疗的第一个月。这种出血可能是雌激素撤退性出血，应可以自动停止。已知对本品活性成分或其他 LHRH 类似物及本品其他任一辅料过敏者禁用。孕期及哺乳期妇女禁用。2017 年，本品的销售额居激素类抗肿瘤药物之首，占此类药物的 27.61%。

第八节　靶向抗肿瘤药

随着人们对肿瘤发生的分子机制的认识逐渐深入，分子靶向治疗已成为肿瘤治疗的重要组成部分。靶向抗肿瘤药物是通过与肿瘤发生及肿瘤细胞生长所必需的特定分子靶点的作用来阻止肿瘤细胞生长而发挥抗肿瘤作用的药物。目前应用的靶向抗肿瘤药物根据分子的大小可分为单克隆抗体和小分子靶向药物。

靶向抗肿瘤药物的共同特点是：具有靶向性和非细胞毒性；具调节作用和细胞稳定性作用；毒性的作用谱和临床表现与常用的细胞毒类药物有很大区别；与常规治疗（化疗、放疗）合用有更好的效果等。

抗肿瘤的单克隆抗体药物根据作用靶点可分为：①以白细胞分化抗原 CD 分子为靶点的

扫码"学一学"

单克隆抗体，如利妥昔单抗、奥法木单抗、替伊莫单抗、托西莫单抗、吉妥单抗；②以表皮生长因子受体（EGFR）家族为靶点的单克隆抗体，如西妥昔单抗、曲妥珠单抗、帕妥珠单抗、帕尼单抗、尼莫珠单抗、阿仑单抗；③以血管内皮生长因子（VEGF）为靶点的单克隆抗体，如贝伐珠单抗；④以 TNF-α 为靶点的单克隆抗体，如英利昔单抗；⑤以程序性死亡受体 1（PD-1）为靶点的单克隆抗体，如纳武单抗和派姆单抗。在已上市的单抗药物中，排名前五位的是利妥昔单抗、曲妥珠单抗、贝伐珠单抗、纳武单抗和派姆单抗，在2017 年全球市场均达 30 亿美元以上。小分子靶向抗肿瘤药物主要是一些蛋白酪氨酸激酶抑制剂，可分为表皮生长因子受体（EGFR）酪氨酸激酶抑制剂，如吉非替尼、拉帕替尼、厄洛替尼、埃克替尼等；血管内皮生长因子酪氨酸激酶抑制剂，如卡博替尼；多靶点酪氨酸激酶抑制剂，如伊马替尼、舒尼替尼、达沙替尼等。此外，还有蛋白酶体抑制剂，如硼替佐米。

小分子靶向抗肿瘤药物近年来市场份额增长迅速。2017 年居全球小分子靶向抗肿瘤药物前五位的是伊马替尼、吉非替尼、埃克替尼、索拉非尼和阿帕替尼。2018 年国内重点省市公立医院临床使用的 25 个小分子靶向抗肿瘤制剂中，居前五位的是伊马替尼、吉非替尼、硼替佐米、埃克替尼和索拉非尼，占居了小分子靶向抗肿瘤药物总体市场的 72.67%。

一、典型靶向抗肿瘤药

曲妥珠单抗
（Trastuzumab）

【作用与适应证】本品是一种人源化单克隆 IgG1 抗体，选择性作用于人表皮生长因子受体 2（HER-2），可抑制 HER-2 过度表达的肿瘤细胞的增殖，还可提高肿瘤细胞对化疗的敏感性。适用于 HER-2 过度表达的转移性乳腺癌；作为单一药物治疗已接受过 1 个或多个化疗方案的转移性乳腺癌；与紫杉醇或者多西他赛联合，用于未接受化疗的转移性乳腺癌患者。

【制剂】曲妥珠单抗注射剂。

【不良反应】常见的不良反应有发热、恶心、呕吐、输注反应、腹泻、感染、咳嗽加重、头痛、乏力、呼吸困难、皮疹、中性粒细胞减少症、贫血和肌痛。本品有心脏毒性，可引起左心室功能不全、心律失常、高血压、症状性心衰、心肌病和心源性死亡等，与蒽醌类抗生素联用时发生率最高。

【用药指导】禁用于已知对曲妥珠单抗过敏或者对任何本品其他组分过敏的患者。

【商品信息】①本品 1998 年被美国 FDA 批准上市，是第一个用于治疗早期乳腺癌和转移性乳腺癌的单克隆抗体药物，无论单药还是与化疗药物合用治疗 HER-2 过度表达的乳腺癌均取得了明显疗效。2010 年 10 月，美国 FDA 批准了曲妥珠单抗联合化疗治疗 HER-2 过表达的胃癌。②本品由美国 Genentech 公司研发，与罗氏公司共同开发市场，2003 年进入中国市场。2018 年，本品在全球畅销抗肿瘤药物中排名第三，在抗肿瘤单克隆抗体中居第二位。

【贮藏】2~8℃下贮存。

贝伐珠单抗
（Bevacizumab）

【作用与适应证】 本品为人源化单克隆 IgG1 抗体，通过抑制 VEGF 的生物学活性而起作用。用于治疗肠癌、肺癌和肾癌等，适用于联合以氟尿嘧啶为基础的化疗方案一线治疗转移性结直肠癌。

【制剂】 贝伐单抗注射剂。

【不良反应】 最常见的严重不良反应为无力、疼痛、高血压、腹泻、白细胞减少。最严重的不良反应为胃肠穿孔、伤口并发症、出血、高血压危象、肾病综合征、充血性心力衰竭。

【用药指导】 本品影响手术切口愈合，最少应在术后 28 天才可使用。对本品中任意组分过敏者、妊娠和哺乳期妇女禁用。

【商品信息】 ①本品由 Genentech 公司研发，2004 年 2 月获得 FDA 的批准，是美国第一个获得批准上市的抑制肿瘤血管生成的药品。本品与伊立替康 + 氟尿嘧啶 + CF（亚叶酸钙）方案联合，作为转移性结直肠癌的一线治疗方案。2014 年 7 月先后两次获 FDA 优先审批通道批准用于联合化疗治疗宫颈癌和顺铂耐药的复发卵巢癌。2018 年，本品在全球畅销抗肿瘤药物中排名第四，在抗肿瘤单克隆抗体中居第三位。

【贮藏】 必须储存在原包装内，冷藏于 2~8℃，避光保存。不能冷冻，不能摇动。稀释后的药液应在 2~8℃环境中保存，最长可达 8 小时。

吉非替尼
（Gefitinib）

【作用与适应证】 本品是一种选择性表皮生长因子受体酪氨酸激酶抑制剂，适用于治疗接受过铂剂和多西紫杉醇化学治疗的局部晚期或转移性非小细胞性肺癌。

【制剂】 吉非替尼片。

【不良反应】 最常见的不良反应为腹泻、皮疹、瘙痒、皮肤干燥和痤疮，一般见于服药后的第 1 个月内，通常是可逆性的。大约 8% 的患者出现严重的药物不良反应，因不良反应停止治疗的患者仅有 1%。

【用药指导】 ①接受本品治疗的患者，偶尔观察到发生间质性肺病，处方医生应密切监测间质性肺病发生的迹象。②可引起无症状性肝转氨酶升高，建议定期检查肝功能，肝转氨酶轻中度升高的患者应慎用本品。

【商品信息】 本品是第一个用于治疗非小细胞肺癌的分子靶向药物，2003 年 5 月被 FDA 批准单药用于经含铂类或多西他赛方案化疗失败的晚期非小细胞肺癌。

【贮藏】 20~25℃保存。

二、其他靶向抗肿瘤药

1. **利妥昔单抗（Rituximab）** 本品是一种人鼠嵌合的单克隆抗体，适用于复发或化疗抵抗性 B 淋巴细胞型的非霍奇金淋巴瘤的患者。剂型为注射液。滴注本药 60 分钟前可给予止痛药（如对乙酰氨基酚）和抗过敏药（如盐酸苯海拉明）。瓶装制剂应保存于 2~8℃，

未稀释的药瓶应避光。配制好的药液，室温可存放 12 小时。如配制好的液体不能立即使用，在未受室温影响其稳定性时，将其存放于 2~8℃，可保存 24 小时。本品可发生滴注综合征，首先表现为发热和寒战，随后的症状包括恶心、荨麻疹（皮疹）、疲劳、头痛、瘙痒、支气管痉挛（呼吸困难）等；其次常见的是原有的心脏病，如心绞痛和充血性心力衰竭加重。2018 年，本品在全球畅销抗肿瘤药物中排名第二，在抗肿瘤单克隆抗体中居首位。

2. 拉帕替尼（Lapatinib） 本品为表皮细胞生长因子受体酪氨酸激酶抑制剂，与卡培他滨合并治疗晚期或是转移性乳腺癌时，乳腺癌患者必须已先经过其他第一线药物治疗且失败。剂型为片剂。本品由葛兰素史克公司研发制造，2007 年 3 月由 FDA 核准上市。2007 年 12 月，欧洲药品管理局有条件地批准治疗 HER－2 阳性晚期或转移性乳腺癌新药拉帕替尼在欧洲上市。其与卡培他滨联合治疗 HER－2 过表达的晚期或转移性乳腺癌，可延长疾病进展时间。常见消化道系统反应，还有皮肤红肿、瘙痒、疼痛以及疲倦等。

重点小结

　　恶性肿瘤已成为导致人类死亡的重要疾病之一，在我国癌症已成为死亡率居首位的疾病。化学治疗为临床治疗的重要方法。现有抗肿瘤药物大多选择性不强，在抑制或杀伤肿瘤细胞的同时，对正常细胞，尤其是增殖旺盛的细胞也有抑制杀伤作用。靶向药物可从根本上解决抗肿瘤药选择性差、不良反应严重的问题。

　　本章介绍了抗肿瘤烷化剂、抗代谢药、抗肿瘤抗生素、植物类抗肿瘤药、铂类抗肿瘤药、激素类抗肿瘤药物和靶向抗肿瘤药物。

　　抗肿瘤烷化剂主要介绍了氮芥类——环磷酰胺、美法仑；亚硝基脲类——卡莫司汀、福莫司汀；甲基磺酸酯类——白消安。

　　抗代谢药物主要介绍了嘧啶拮抗剂——氟尿嘧啶、吉西他滨；嘌呤拮抗剂——巯嘌呤；叶酸拮抗剂——甲氨蝶呤、培美曲塞。

　　抗肿瘤抗生素主要介绍了多肽类——放线菌素 D；蒽醌类——表柔比星、吡柔比星。

　　植物类抗肿瘤药主要介绍了长春碱类——长春瑞滨、长春新碱；喜树碱类——伊立替康；紫杉烷类——紫杉醇、多西他赛；高三尖杉酯碱。

　　铂类抗肿瘤药主要介绍了顺铂、奥沙利铂、卡铂。

　　激素类抗肿瘤药物主要介绍了雌激素受体调节剂——他莫昔芬；芳香化酶抑制剂——氨鲁米特；促黄体生成素释放激素类——戈舍瑞林。

　　靶向抗肿瘤药物主要介绍了单克隆抗体——曲妥珠单抗、贝伐单抗、利妥昔单抗；小分子靶向药物——吉非替尼、拉帕替尼。

　　每一分类下选取代表药品，重点掌握适应证、用药指导和相关的商品信息。

（甄宇红）

扫码"练一练"

第二十章　维生素类及矿物类药

📖 **学习目标**

1. **掌握**　重点掌握维生素C、葡萄糖酸钙的药品信息。掌握维生素A、维生素B_1、维生素B_6、葡萄糖酸锌的药品信息。

2. **熟悉**　维生素D、维生素E、维生素B_2的药品信息。

3. **了解**　葡萄糖酸亚铁、碳酸钙的药品信息。

维生素是维持人体健康所必需的一类营养素，在调节物质代谢、促进生长发育和维持生理功能等方面都发挥着重要作用。它的本质为低分子有机化合物，不能在体内合成，或者所合成的量难以满足机体的需要，所以必须由食物供给。人体每日对维生素的需要量甚微，但如果缺乏，则可引起一类特殊的疾病，称为"维生素缺乏症"。食物是维生素和矿物质的最好来源，已有充分平衡膳食的健康者，另行补充维生素并无益处。

维生素的种类很多，化学结构差异很大，通常按溶解性不同，将天然维生素分为脂溶性和水溶性两大类，脂溶性维生素包括维生素A、维生素D、维生素E、维生素K等，水溶性维生素包括B族维生素和维生素C等。

维生素现已成为国际医药与保健品市场的主要大宗产品之一。中国是最主要的维生素生产、出口大国，绝大部分维生素产品现已进入国际市场，其中，维生素C在全球具有举足轻重的地位。

矿物类药物主要指的是人体所需的各种微量元素，如钙、铁、锌等，人体内的微量元素虽然含量很少，但对人体健康却起着重要的作用。它们作为酶、激素、维生素、核酸的成分，参与生命的代谢过程。

第一节　脂溶性维生素

脂溶性维生素包括维生素A、维生素D、维生素E、维生素K四种，在食物中与脂类共同存在，在肠道吸收时也与脂类吸收有关，排泄效率低，故摄入过多时，可在体内蓄积，产生有害作用，甚至发生中毒。

扫码"学一学"

维生素 A
(Vitamin A)

【作用与适应证】本品为维持儿童生长发育必需的维生素，具有促进生长，维持上皮组织如皮肤、结膜、角膜等正常功能的作用，并参与视紫红质的合成。适用于维生素A缺乏症，如夜盲症、干眼病、角膜软化症和皮肤粗糙等。也可用于补充需要如妊娠、哺乳期妇女和婴儿等。

【制剂】维生素 A 胶丸：每丸含维生素 A 5000 单位；25000 单位。

【不良反应】长期应用大剂量可引起维生素 A 过多症，甚至发生急性或慢性中毒。成人一次剂量超过 100 万单位，小儿一次超过 30 万单位，即可致急性中毒；不论成人或小儿，如连续每日服 10 万单位超过 6 个月，可致慢性中毒，以 6 个月至 3 岁的婴儿发生率最高。表现为食欲减退、皮肤发痒、毛发干枯、脱发、口唇皲裂、易激动、骨痛、骨折、颅内压增高（头痛、呕吐、前囟宽而隆起）。停药 1~2 周后可消失。

【用药指导】①本品常用于儿童，膳食正常的健康人不需要另外补充。②老年人长期服用维生素 A 可能因视黄基醛清除延迟而致维生素 A 过量。③慢性肾功能衰竭时慎用。

【商品信息】①1931 年美国化学家台维斯从鳕鱼肝中分离出维生素 A 纯品并确定了化学结构，1937 年化学合成成功。②天然维生素 A 广泛存在于各种动物性食物中，特别是鱼肝油、蛋黄、肝脏、牛奶、淡水鱼中含量丰富，许多绿色植物如胡萝卜、番茄等含有 β – 胡萝卜素，β – 胡萝卜素是维生素 A 的前体，可在小肠和肝脏转化为维生素 A。

【贮藏】原料使用铝制或其他合适容器，充氮，密封，在凉暗处保存，制剂使用棕色瓶。

维 生 素 D
（Vitamin D）

【作用与适应证】本品对钙磷代谢和儿童骨骼生长发育有重要影响，用于治疗和预防小儿佝偻病，成人软骨病及因缺乏维生素 D 而引起的婴儿手足抽搐症、龋齿等。

【制剂】本品主要制剂有片剂、胶丸、注射剂等。

【不良反应】长期大量使用本品可引起高血钙、厌食、呕吐、腹泻、肾功能减退等症。

【用药指导】①高血钙、吸收不良、冠心病、肾功能不全、动脉硬化、老年患者慎用。②短期内服用大剂量或长期服用超剂量维生素 D_2，可导致严重中毒反应。③不宜与氢氯噻嗪类利尿药合用，以免引起高钙血症。④不宜与液状石蜡、新霉素或考来烯胺合用。

【商品信息】本品在动物的肝、乳汁、蛋黄及脂肪中含量丰富。动物和人的皮内贮存的 7 – 脱氢胆固醇，经日光或紫外线照射后可转变为维生素 D_3；植物油和酵母性食物中含有的麦角固醇，经紫外线照射后可转变为维生素 D_2，维生素 D_2、维生素 D_3 作用相同。

【贮藏】原料应遮光，充氮气、密封于冷处保存；各种制剂应遮光、密封保存。不宜久贮。发生酸败不可药用。

维 生 素 E
（Vitamin E）

【作用与适应证】本品属于抗氧化剂，能对抗自由基的过氧化作用。用于习惯性流产、先兆流产、不孕症及更年期障碍、进行性肌营养不良症、外阴萎缩症及外阴瘙痒症、早产儿溶血性贫血、小腿痉挛、间歇性跛行等。

【制剂】本品主要制剂有片剂、胶丸、注射剂等。

【不良反应】长期大量服用（每日量 400~800mg），可引起视物模糊、乳腺肿大、腹泻、头晕、流感样综合征、头痛、恶心及胃痉挛、乏力软弱。长期服用超量（一日量大于 800mg），对维生素 K 缺乏患者可引起出血倾向，改变内分泌代谢（甲状腺、垂体和肾上腺），

改变免疫机制，影响性功能，并有出现血栓性静脉炎或栓塞的危险。外用可引起接触性皮炎。

【用药指导】①食物中硒、维生素 A、含硫氨基酸不足时，或含有大量不饱和脂肪酸时，其需要量将大为增加，如不及时补充本品，则可能引起其缺乏症。②对维生素 K 缺乏而引起的低凝血酶原血症及缺铁性贫血患者慎用。③氢氧化铝、硫糖铝等药物影响维生素 E 的吸收。④香豆素及其衍生物可干扰本品的吸收。

【商品信息】维生素 E 为抗氧化剂，可清除体内自由基，可用于抗衰老、美容，在保健品市场竞争中脱颖而出，已成为国际市场上用途多、产销量大的主要维生素品种之一，与维生素 C、维生素 A 一起成为维生素系列的三大支柱产品。

【贮藏】遮光、密封，在干燥处保存。

第二节　水溶性维生素

扫码"学一学"

水溶性维生素是指能在水中溶解的一组维生素，常是辅酶或辅基的组成部分。包括 B 族维生素（维生素 B_1、维生素 B_2、维生素 B_6、维生素 B_{12}、维生素 PP 等）和维生素 C（抗坏血酸）。水溶性维生素的特点：易溶于水，不溶于脂肪及有机溶剂；容易从尿中排出体外，一般不会产生蓄积中毒，但当长期大量使用时，会产生不良反应，不能滥用。

维 生 素 B_1
（Vitamin B_1）

【作用与适应证】本品结合三磷酸腺苷形成维生素 B_1 焦磷酸盐（二磷酸硫胺，辅羧酶），是碳水化合物代谢时所必需的辅酶。适用于维生素 B_1 缺乏的预防和治疗，用于维生素 B_1 缺乏所致的脚气病及各种疾病的辅助治疗（如全身感染、高热、糖尿病、甲亢、妊娠期等）。

【制剂】本品主要制剂有片剂、注射剂等。

【不良反应】偶有头晕、眼花、焦虑不安、恶心等，注射时偶见过敏反应。

【用药指导】①维生素 B_1 一般可由正常食物中摄取，较少发生单一维生素 B_1 缺乏。如有缺乏症状表现，使用复合维生素 B 制剂较宜。②肌注前用 10 倍稀释液 0.1ml 皮试，以防止过敏反应。③维生素 B_1 在碱性溶液中易分解，与碱性药物如碳酸氢钠、枸橼酸钠配伍，易引起变质。

【商品信息】①维生素 B_1 是 19 世纪末荷兰医生艾克曼从米糠中提取制得的，是人们最早发现的一种维生素。②天然维生素 B_1 广泛存在于植物中。在谷类、豆类的种皮中含量丰富，尤其在酵母中含量更多。维生素 B_1 缺乏症国内已经少见，但随生活水平提高，长期食用精细谷物引发的脚气病依然存在。

【贮藏】遮光，密封保存。

维 生 素 B_2
（Vitamin B_2）

【作用与适应证】本品为黄酶类辅基的组成部分，可转化为核黄素单核苷酸和核黄素腺

嘌呤二核苷酸。用于防治口角炎、唇干裂、舌炎、阴囊炎、角膜血管化、结膜炎、脂溢性皮炎等维生素 B_2 缺乏症。也用于多种疾病的辅助治疗，全胃肠道外营养及因摄入不足所致营养不良，进行性体重下降时应补充维生素 B_2。

【制剂】 本品主要制剂有片剂、注射剂等。

【不良反应】 水溶性维生素 B_2 在正常肾功能状况下几乎不产生毒性。

【用药指导】 维生素 B_2 一般可由正常食物中摄取，较少发生单一维生素缺乏。如有缺乏症状表现，更宜使用复合维生素 B 制剂。空腹服用本品，吸收反不如进食时服用，故宜在食时或食后立即服。大量服用时尿呈黄色，不宜与甲氧氯普胺合用。

【商品信息】 天然维生素 B_2 广泛存在于动、植物中，米糠、酵母、肝、蛋黄中含量丰富。

【贮藏】 遮光，密封保存。

维 生 素 B_6
（Vitamin B_6）

【作用与适应证】 本品在体内与 ATP 经过酶催化生成磷酸吡哆醛和磷酸吡多胺，作为辅酶参与蛋白质、碳水化合物、脂类等代谢。还可参与色胺酸转化成烟酸或 5 - 羟色胺。适用于：①防治因大量或长期服用异烟肼、肼屈嗪等引起的周围神经炎、失眠、不安；减轻抗癌药和放射治疗引起的恶心、呕吐或妊娠呕吐等。②治疗婴儿惊厥或给孕妇服用以预防婴儿惊厥。③白细胞减少症。④局部涂搽治疗痤疮、酒糟鼻、脂溢性湿疹等。

【制剂】 本品主要制剂是片剂。

【不良反应】 本品在肾功能正常时几乎不产生毒性。长期大量应用可引起严重神经感觉异常，进行性步态不稳至足麻木、手不灵活，停药后可缓解，但仍软弱无力。孕妇接受大量维生素 B_6，可致新生儿产生维生素 B_6 依赖综合征。

【用药指导】 ①本品一般可由正常食物中摄取，较少发生单一维生素缺乏；如有缺乏症状表现，更宜使用复合维生素 B 制剂。②与左旋多巴合用时，可降低左旋多巴的药效。

【商品信息】 天然维生素 B_6 在动植物中分布很广，谷类外皮含量尤为丰富。

【贮藏】 遮光，密封（$10 \sim 30℃$）保存。

维 生 素 C
（Vitamin C）

【作用与适应证】 本品参与氨基酸代谢、神经递质的合成、胶原蛋白和组织细胞间质的合成。主要用于：①预防与治疗坏血病；②急慢性传染病时，消耗量增加，应适当补充，以增强机体抵抗力；病后恢复期，创伤愈合不良者，也应适当补充本品；③克山病患者在发生心源性休克时，可用本品大剂量治疗；④用于肝硬化，急性肝炎，砷、汞、铅、苯等慢性中毒时的肝脏损害；⑤也可用于各种贫血、过敏性皮肤病、口疮、促进伤口愈合等；还可以用于慢性肝炎及汞、砷、铅等慢性中毒的辅助治疗。

【制剂】 本品主要有片剂（包括泡腾片、含片）、注射剂等。

【不良反应】 长期服用每日 $2 \sim 3g$ 可引起停药后坏血病，偶可引起尿酸盐、半胱氨酸盐

或草酸盐结石，每日用量1g以上可引起腹泻、皮肤红而亮、头痛、尿频、恶心呕吐、胃痉挛。过多服用咀嚼片可导致牙釉质损坏，快速静脉注射可引起头晕、晕厥。

【用药指导】①不适合与碱性药物配伍使用，以免影响疗效。②半胱氨酸尿症、痛风、高草酸盐尿症、草酸盐沉积症、尿酸盐性肾结石、糖尿病、葡萄糖－6－磷酸脱氢酶缺乏症、血色病或地中海贫血、镰形红细胞贫血患者慎用。③大量长期服用突然停药，有可能出现坏血病症状，故宜逐渐减量停药。④与维生素 K_3 配伍，使两者疗效减弱或消失；与肝素或华法林并用，可引起凝血酶原时间缩短。⑤孕妇服用大量时，可产生婴儿坏血病。

【商品信息】①天然维生素 C 广泛存在于水果、蔬菜中，辣椒、柠檬、番茄中含量尤为丰富。②维生素 C 是世界卫生组织和联合国工业开发组织确定的26种基本药物之一，是世界上产销量最大，应用最广的维生素产品。广泛用于医药、食品饮料、饲料行业、化妆品行业等。③1928 年被成功分离得到纯品，1933 年发明的维生素 C 工业生产法成为此后 50 多年该品种工业生产的主要生产方法。我国于 1980 年发明维生素 C 两步发酵法，并于 20 世纪 90 年代初起大规模生产，目前已成为全球最大的维生素 C 生产国和出口国。

【贮藏】避光，密封保存。片剂及注射液色泽变黄后不可使用。

第三节　矿物类药

扫码"学一学"

　　矿物类药即无机盐类营养素，是人类所需营养要素之一。在人体中有数十种，根据含量高低分为常量元素（钙、磷、钾、钠、氯、镁等）和微量元素（铁、铜、锌、碘、硒等）。它们虽然含量不高，却起着极为重要的作用。如钙、磷、镁等是骨骼和牙齿的重要组成成分，并参与许多重要生理过程；而硫是某些蛋白质的组分；钾、钠、氯与蛋白质、水等共同维持体内各种组织的渗透压，并参与酸碱平衡，保持机体正常的、稳定的内环境；铁、锌、锰、铜等是许多酶和具有特殊生物活性的蛋白质的活性必需组分；钴是维生素 B_{12} 的主要组分等。矿物类药作为许多种酶、激素和维生素等重要生命物质的组成成分（并常与其生物活性密切相关），在新陈代谢反应及其调节过程中发挥重要作用。

　　人体必须保证一定的无机元素摄入量，但应注意各种元素间的合理比例和最好通过正常饮食渠道摄入，因为虽然各种无机元素缺乏会导致机体功能异常，但过量摄入（特别是以药物方式）也同样会带来不良的甚至严重的后果。如钙缺乏会引起佝偻病及骨软化症，并影响心血管系统功能等；但过量盲目服用钙剂会产生高钙血症，使机体组织产生异常钙化，甚至导致肾衰竭等。同样血钾过低可引起肌肉无力、食欲减退、肠麻痹和心肌损伤、精神异常等；但血钾过高，会导致心脏骤停等严重后果。又如儿童缺锌可出现生长缓慢、味觉减退、食欲减退、注意力不集中等症状，但锌的服用量过大会引起一系列严重的中毒症状。

葡萄糖酸钙
（Calcium Gluconate）

【作用与适应证】本品用于预防和治疗钙缺乏症，如骨质疏松、手足抽搐症、骨发育不全、佝偻病以及儿童、妊娠和哺乳期妇女、绝经期妇女、老年人钙的补充。

【制剂】本品主要制剂有片剂、注射剂、口服液等。

【不良反应】静脉注射可有全身发热，静注过快可产生心律失常甚至心跳停止、呕吐、恶心。可致高钙血症，可表现便秘、嗜睡、持续头痛、食欲减退、口中有金属味、异常口干、甚至精神错乱、高血压、眼和皮肤对光敏感等。

【用药指导】①同服维生素 A 和维生素 D 可促进钙的吸收。②本品宜在空腹（饭前一小时）时服用。③应尽量通过正常膳食保证钙的摄入。④本品不宜大量长期服用，使用时间超过 2 周时，应进行血钙血磷的监测。⑤肝肾功能不全时应在医嘱下使用。

【商品信息】本品在钙剂市场上占主导地位，口服液的占有率最高。

【贮藏】密闭保存。

复方碳酸钙
（Compound Calcium Carbonate）

【作用与适应证】钙是维持人体神经、肌肉、骨骼系统、细胞膜和毛细血管通透性正常功能所必需。维生素 D 能参与钙和磷的代谢，促进其吸收并对骨质形成有重要作用。适用于老年人、妊娠、更年期妇女，以及慢性病患者如高血压、糖尿病、肾病等的成人钙补充剂。

【制剂】本品主要制剂有片剂、咀嚼片、泡腾颗粒等。

【不良反应】偶有嗳气症状，大剂量长期服用可发生高钙血症。

【用药指导】①本品为钙剂和维生素 D 的复方制剂，可以促进钙的吸收，比单用钙剂效果要好，吸收也较为完全。②对本品过敏者禁用。高钙血症、高尿酸血症、含钙肾结石或有肾结石病史者禁用。③服用洋地黄类药物期间禁用。

【贮藏】密封、避光，置干燥处保存。

葡 萄 糖 酸 亚 铁
（Frrous Guconate）

【作用与适应证】本品参与血红蛋白的合成，在传递氧和参与人体代谢活动中起重要作用。用于预防和治疗各种原因引起的缺铁性贫血，如营养不良、慢性失血、月经过多、妊娠儿童生长期等所致的缺铁性贫血。

【制剂】本品主要有片剂、胶囊剂、糖浆剂等。

【不良反应】可见胃肠道不良反应，如恶心、呕吐、上腹疼痛、便秘。本品可减少肠蠕动，引起便秘并排黑便。

【用药指导】①偶有胃肠刺激症状，饭后服用可减轻胃肠刺激症状。②服药后两小时内，忌饮茶和进食含鞣酸的食物。③细菌感染患者不宜应用本品。④本品与制酸药及含鞣酸的药物或饮料同用，易产生沉淀而影响本品吸收；与西咪替丁、去铁胺、二巯丙醇、胰酶、胰脂肪酶等同用，可影响铁的吸收；铁可影响四环素类药物、氟喹诺酮类、青霉胺及锌制剂的吸收；与维生素 C 同服，可增加本品吸收。

【商品信息】抗缺铁性贫血的补铁剂主要有硫酸亚铁、葡萄糖酸亚铁、琥珀酸亚铁等制剂。

【贮藏】密封，避光。

葡萄糖酸锌

(Zinc Gluconate)

【作用与适应证】 锌具有促进生长发育、改善味觉的作用。锌缺乏时出现味觉、嗅觉差、厌食、生长与智力发育低于正常。主要用于治疗缺锌引起的营养不良、厌食症、异食癖、口腔溃疡、痤疮、儿童生长发育迟缓等。

【制剂】 本品主要有片剂、胶囊剂、口服液等。

【不良反应】 可见胃部不适、恶心或呕吐等消化道刺激症状。

【用药指导】 ①忌与四环素、青霉胺、多价磷酸盐同时服用。②用药过量可能影响铜、铁离子的代谢。③本品宜餐后服用以减少胃肠道刺激。④应在确诊为缺锌症时使用，如需长期服用，必须在医师指导下使用。⑤对本品过敏者禁用，过敏体质者慎用。

【商品信息】 本品为应用最多的补锌制剂。

【贮藏】 密封。

重点小结

参照国家基本药物目录的分类方式，将维生素类用药分为 2 个类别，分别是脂溶性维生素和水溶性维生素。矿物类药物主要包括含钙、铁、锌的矿物质。

脂溶性维生素主要介绍了维生素 A、维生素 D 和维生素 E。

水溶性维生素主要介绍了维生素 B_1、维生素 B_2、维生素 B_6 和维生素 C。

矿物质药物主要介绍了葡萄糖酸钙、葡萄糖酸亚铁、葡萄糖酸锌。

重点掌握各类代表药的适应证、用药指导和相关的商品信息。

扫码"练一练"

（张厚利）

第二十一章　解毒药

学习目标

1. **掌握**　重点掌握硫代硫酸钠、氯解磷定、碘解磷定、纳洛酮的药品信息。掌握亚甲蓝的药品信息。
2. **熟悉**　硫代硫酸钠、氯解磷定、碘解磷定、纳洛酮的不良反应与用药注意事项。
3. **了解**　常见中毒物质的中毒机制及体征等；亚甲蓝的不良反应与用药注意事项。

毒物是指在一定条件下以较小剂量进入生物体后，能与生物体之间发生物理、化学作用并导致生物体器官组织功能或形态结构损害性变化的化学物质。机体过量或大量接触毒物，引发组织结构和功能损害、代谢障碍而发生疾病或死亡，称为中毒。中毒的严重程度与剂量有关，多呈剂量–效应关系。中毒其发展过程分为急性中毒、亚急性中毒及慢性中毒。急性中毒指一次接触大量毒物所致的中毒；多次或长期接触少量毒物，经一定潜伏期而发生的中毒，称慢性中毒；亚急性中毒则介于急性中毒和慢性中毒之间。

解毒药是一类能直接对抗毒物或解除毒物对机体毒性作用的药物。根据其作用特点，分为非特异性解毒药和特异性解毒药。非特异性解毒药又称为一般救治药物，其适用广泛，但专一性低，疗效差，仅在毒物产生毒性作用之前，通过破坏毒物、促进毒物排除、稀释毒物浓度、保护胃肠黏膜、阻止毒物吸收等方式，保护机体免遭毒物的进一步损害；特异性解毒药又称特效解毒药，可特异性地对抗或阻断某些毒物中毒效应的解毒药，其作用具有高度专属性，解毒效果好。在临床中毒未确定毒物种类、性质之前，先采取一般处理措施和使用非特异性解毒药，一旦查明毒物，就应及时使用特异性解毒药。本章节主要介绍氰化物中毒、阿片类中毒、亚硝酸盐中毒及有机磷酸酯类的农药中毒的特异性解毒药。

第一节　氰化物中毒解救药

氰化物可分为无机氰化物和有机氰化物，无机氰化物包含氢氰酸、氰化钾（钠）、氯化氰等；有机氰化物有乙腈、丙烯腈、正丁腈等，两者均能在体内很快析出离子，均属高毒类。同时，凡能在加热或与酸作用后或在空气中与组织中释放出氰化氢或氰离子的都具有与氰化氢同样的剧毒作用。

氰化物进入人体内后析出氰离子，迅速与细胞线粒体内氧化型细胞色素氧化酶的三价铁结合，阻止了氧化酶中三价铁的还原，阻断了氧化过程中的电子传递，使组织细胞不能利用氧，形成细胞内窒息。

氰化物中毒初期的中毒症状为头晕、头痛、呼吸速率加快，后期为发绀和昏迷。吸入高浓度氰化氢气体或吞服致死剂量的氰化钠（钾）后可引起猝死。中毒患者呼吸时有些人可闻到氰化物特有的杏仁味道。暴露在高剂量氰化物下，在很短时间下可伤害脑及心脏，

扫码"学一学"

286

造成昏迷及死亡；如低剂量长期暴露，可能导致呼吸困难、心口痛、呕吐、头痛和甲状腺肿大。皮肤接触后会有溃烂、皮肤刺激及红斑；眼睛接触后会有刺激、烧伤、视物模糊，过量或延时性接触会造成眼睛永久性伤害。

氰离子在体内易与三价铁结合，在硫氰酸酶参与下再同硫结合成毒性很低的硫氰酸盐从尿排出。所以高铁血红蛋白形成剂和供硫剂的联合应用可达到解毒目的。

硫 代 硫 酸 钠
（Sodium Thiosulfate）

【作用与适应证】硫代硫酸钠所供给的硫，通过体内硫转移酶，将硫与体内游离的或已与高铁血红蛋白结合的 CN—相结合，使变为毒性很小的硫氰酸盐，随尿排出而解毒。主要用于氰化物中毒，也可用于砷、汞、铅、铋、碘等中毒。

【制剂】本品主要为注射剂。

【不良反应】静脉注射后除有暂时性渗透压改变外，尚未见其他不良反应。若药物过量可引起头晕、恶心、乏力等。

【用药指导】①若与亚硝酸钠一同治疗氰化物中毒，应分别先后静脉注射，不能混合后同时静脉注射。②可在亚硝酸钠静脉注射后，立即由原针头注射硫代硫酸钠。

【商品信息】目前国内的生产企业有上海上药新亚药业、重庆药友制药、天津金耀药业、华润紫竹药业等。

【贮藏】密闭，避光保存。

第二节　有机磷酸酯类中毒解毒药

有机磷酸酯类的农药有对硫磷、内吸磷、乐果、敌百虫、敌敌畏、马拉硫磷等。该类农药为脂溶性且多易挥发，可经呼吸道、消化道黏膜，甚至完整的皮肤吸收而中毒。在农业生产使用过程中，皮肤吸收是主要的中毒途径。有机磷酸酯类进入人体后，其亲电子性的磷原子与乙酰胆碱酯酶酯解部位丝氨酸羟基的亲核性氧原子形成共价键，生成难以水解的磷酰化胆碱酯酶，使乙酰胆碱酯酶失去水解乙酰胆碱的能力，造成乙酰胆碱在体内大量堆积，引起一系列中毒症状。本类药物毒性大，作用快，中毒后如急救不及时或不当，可在短时间内致死。

扫码"学一学"

氯 解 磷 定
（Pralidoxime Chloride）

【作用与适应证】本品是肟类化合物，对急性有机磷杀虫剂抑制的胆碱酯酶活力有不同程度的复活作用，用于解救多种有机磷酸酯类杀虫剂的中毒。但对马拉硫磷、美曲膦酯、敌敌畏、乐果、甲氟磷、丙胺氟磷和八甲磷等的中毒效果较差；对氨基甲酸酯杀虫剂所抑制的胆碱酯酶无复活作用。

【制剂】主要为注射液。

【不良反应】注射后可引起恶心、呕吐、心率增快、心电图出现暂时性 S－T 段压低和

Q－T 时间延长。注射速度过快可引起眩晕、视物模糊、复视、动作不协调。剂量过大可抑制胆碱酯酶、抑制呼吸和引起癫痫样发作。

【用药指导】①有机磷杀虫剂中毒患者越早应用氯解磷定越好。②皮肤吸收引起中毒的患者，应用氯解磷定的同时要脱去被污染的衣服，并用肥皂清洗头发和皮肤。眼部用 2.5% 碳酸氢钠溶液和生理氯化钠溶液冲洗。③口服中毒患者用 2.5% 碳酸氢钠溶液彻底洗胃。口服患者应用本品至少要维持 48～72 小时，以防引起延迟吸收后加重中毒，甚至致死。④氯解磷定在碱性溶液中易分解，禁与碱性药物配伍。

【商品信息】氯解磷定的作用与碘解磷定相似而略强，且毒性较低。国内主要的生产企业有北京华素制药、上海旭东海普药业、吉林省辉南辉发制药、开封制药（集团）、成都力思特制药及宁波大红鹰药业六家。复方制剂有北京华素制药的复方氯解磷定注射液。

【贮藏】遮光、密闭，在阴凉处保存（不超过 20℃）。

碘 解 磷 定

（Pralidoxime Iodide）

【作用与适应证】本品为肟类化合物，它的亲核性基团可直接与胆碱酯酶的磷酸化基团结合而后共同脱离胆碱酯酶，使胆碱酯酶恢复原态，重新呈现活力。适用于解救多种有机磷酸酯类杀虫剂的中毒。但对马拉硫磷、美曲膦酯、敌敌畏、乐果、甲氟磷、丙胺氟磷和八甲磷等的中毒效果较差；对氨基甲酸酯杀虫剂所抑制的胆碱酯酶无复活作用。

【制剂】主要为注射液。

【不良反应】注射后可引起恶心、呕吐、心率增快、心电图出现暂时性 S－T 段压低和 Q－T 时间延长。注射速度过快引起眩晕、视物模糊、复视、动作不协调。剂量过大可抑制胆碱酯酶、抑制呼吸和引起癫痫发作。

【用药指导】①对碘过敏患者，禁用本品，应改用氯解磷定。②首次剂量一般中毒患者用 0.8g，严重患者用 1.6g，以后按临床症状和血胆碱酯酶水平，每 2～6 小时重复注射 1 次，或静脉滴注每分钟 100～300mg，共 2～3 次。严重和口服中毒患者本品的治疗需要持续数天。③其他注意事项同"氯解磷定"。

【商品信息】目前国内生产碘解磷定注射液的企业有上海旭东海普药业、湖北科伦药业及远大医药等 7 家。

【贮藏】遮光，密闭保存。

第三节　亚硝酸盐中毒解毒药

亚硝酸盐多存在于腌制的咸菜、肉类、不洁井水和变质腐败蔬菜等。特别是腐烂的菜叶或煮熟的剩菜或新腌泡的蔬菜及咸菜，在腌后 1 周左右亚硝酸盐含量最高。长期饮用含亚硝酸盐的井水或腌制咸肉时加亚硝酸盐过多可引起亚硝酸盐中毒。另外，在一些特殊情况下，如肠道功能紊乱时，由于胃酸分泌减少，硝酸盐在肠道硝酸盐还原菌（沙门菌属和大肠杆菌）的作用下，可使大量硝酸盐还原为亚硝酸盐，从而引起亚硝酸盐中毒。一般来说，亚硝酸盐摄入 0.2～0.5g 即可引起中毒。亚硝酸盐可作用于血管平滑肌使血管扩张、血压下降，发生休克甚至死亡。

扫码"学一学"

亚硝酸盐中毒的潜伏期长短不等，视摄入亚硝酸盐的数量、浓度而定。长者有 1~2 天，短者仅 10 分钟左右。通常中毒的儿童最先出现症状，表现为发绀、胸闷、呼吸困难、呼吸急促、头晕、头痛、心悸等。中毒严重者还可出现恶心、呕吐、心率变慢、心律不齐、烦躁不安、血压降低、肺水肿、休克、惊厥或抽搐、昏迷，最后可因呼吸、循环衰竭而死亡。临床上主要通过血液中高铁血红蛋白的定量检验和剩余食物中亚硝酸盐的定量检验进行亚硝酸盐中毒判定。

亚甲蓝
（Methylthioninium Chloride）

【作用与适应证】亚甲蓝本身为氧化剂，对化学物亚硝酸盐、硝酸盐、苯胺、硝基苯、三硝基甲苯、苯醌、苯肼等和含有或产生芳香胺的药物引起的高铁血红蛋白血症有效。对先天性还原型二磷酸吡啶核苷高铁血红蛋白还原酶缺乏引起的高铁血红蛋白血症效果较差。对异常血红蛋白伴有高铁血红蛋白血症无效。对急性氰化物中毒，能暂时延迟其毒性。

【制剂】本品主要为注射剂。

【不良反应】亚甲蓝静脉注射过速，可引起头晕、恶心、呕吐、胸闷、腹痛。剂量过大，除上述症状加剧外，还出现头痛、血压降低、心率增快伴心律失常、大汗淋漓和意识障碍。用药后尿呈蓝色，排尿时可有尿道口刺痛。

【用药指导】①亚甲蓝不能皮下、肌内或鞘内注射，前者引起坏死，后者引起瘫痪。②6-磷酸-葡萄糖脱氢酶缺乏患者和小儿应用亚甲蓝剂量过大可引起溶血。③肾功能不全患者应慎用。

【商品信息】目前国内有西南药业济川药业及华润双鹤药业三家企业生产亚甲蓝注射液。

【贮藏】遮光，密闭保存。

第四节　阿片类中毒解毒药

扫码"学一学"

阿片类药物包括阿片、吗啡、可待因、复方樟脑酊和罂粟碱等，其中以吗啡为代表（阿片含 10% 的吗啡）。吗啡对中枢神经系统作用为先兴奋，后抑制。一次大量误用或频繁使用阿片类药物可致中毒，表现为欣快、头痛、头晕、恶心、呕吐、四肢无力、昏迷、尿潴留、便秘等。原有慢性病如肝病、肺气肿、支气管哮喘、贫血、甲状腺或慢性肾上腺皮质功能减退症等患者更易发生中毒。与乙醇饮料同服，即使治疗剂量，也有发生中毒的可能。

一、阿片类药中毒的治疗

（1）口服中毒者尽快给予催吐或洗胃（1：5000 高锰酸钾溶液）。由于阿片类可引起幽门痉挛、胃排空延缓，即使中毒较久的患者，仍应洗胃。

（2）保持呼吸道通畅，吸氧；酌情使用呼吸兴奋剂，维持呼吸功能；必要时应用呼吸机辅助呼吸。

（3）应用纳洛酮。

（4）输液、利尿，促进药物排泄。必要时行血液净化治疗。

（5）对症支持治疗。

二、典型阿片类药

纳 洛 酮

（Naloxone Hydrochloride）

【作用与适应证】本品为阿片类受体阻断药，不具有其他阿片受体阻断剂的"激动性"或吗啡样效应，不引起呼吸抑制、拟神经病反应或缩瞳反应。可用于：①阿片类药物复合麻醉药术后，拮抗该类药物所致的呼吸抑制，促使患者苏醒；②阿片类药物过量，完全或部分逆转阿片类药物引起的呼吸抑制；③解救急性乙醇中毒；④急性阿片类药物过量的诊断。

【制剂】本品主要为注射液、舌下片。

【不良反应】①使用纳洛酮时，偶见低血压、高血压、室性心动过速和纤颤、呼吸困难、肺水肿和心脏停搏。术后患者使用纳洛酮过量可能逆转痛觉缺失并引起患者激动。②对阿片类药物产生躯体依赖的患者突然逆转其阿片作用可能会引起急性戒断综合征，包括但不局限于下述症状和体征：躯体疼痛、发热、出汗、流鼻涕、喷嚏、竖毛、打哈欠、无力、痢疾、恶心或呕吐、腹部痛性痉挛、血压升高、心悸亢进等。③对新生儿，阿片戒断症状可能有：惊厥、过度哭泣、反射性活动过多。

【用药指导】①应慎用于已知或可疑的阿片类药物躯体依赖患者，包括其母亲为阿片类药物依赖者的新生儿。对这种病例，突然或完全逆转阿片作用可能会引起急性戒断综合征。②有心血管疾病史，或接受其他有严重的心血管不良反应的药物治疗的患者应慎重用本品。③由于此药作用持续时间短，用药起作用后，一旦其作用消失，可使患者再度陷入昏睡和呼吸抑制，因此用药需注意维持药效。④纳洛酮可透过胎盘，诱发母亲和胎儿出现戒断症状。尤其轻至中度高血压患者在临产时使用纳洛酮应密切监护，以免发生严重高血压。

【商品信息】本品是日本代市三共株式会社在20世纪60年代发明的一种类鸦片活性肽逆转激发剂。目前国内使用的纳洛酮原料药有进口（意大利、法国等）和国产两种。

【贮藏】密闭，在凉暗处（避光并不超过20℃）保存。

重点小结

本章根据我国临床用药习惯，参照《国家基本药物目录》（2012年版）的分类方式，主要介绍氰化物中毒的解毒药硫代硫酸钠、阿片类中毒的解毒药纳洛酮、亚硝酸盐中毒的解毒药亚甲蓝及有机磷酸酯类农药中毒的解毒药氯解磷定或碘解磷定等。

重点掌握各类代表药的适应证、用药指导和相关的商品信息。

（林津晶）

扫码"练一练"

第二十二章 皮肤科用药

> **学习目标**
>
> 1. **掌握** 重点掌握临床常用外用皮质激素及抗银屑病药物的商品信息。掌握临床常用外用皮质激素及抗银屑病药物的适应证、用药指导等。
> 2. **熟悉** 临床常用外用皮质激素及抗银屑病药物的剂型、不良反应等，临床常用角质溶解药及其商品信息。
> 3. **了解** 临床常用角质溶解药的用药指导及不良反应等。

皮肤病是有关皮肤的疾病，如真菌病、皮肤细菌感染等。皮肤病是皮肤（包括毛发和甲）受到内外因素的影响后，其形态、结构和功能均发生变化，产生病理过程，并产生各种临床症状。皮肤病的发病率很高，多比较轻，常不影响健康，但少数较重甚至可以危及生命。目前，皮肤科用药金额较多的大类有外用皮质激素制剂、外用抗真菌药、抗银屑病药、角质溶解药、消毒剂、抗痤疮药物及外用抗细菌药等。本章重点介绍外用皮质激素制剂、抗银屑病药和角质溶解药。

第一节　外用皮质激素制剂

扫码"学一学"

外用皮质激素多为糖皮质激素制成外用制剂，具有较强的抗炎、抗过敏、免疫抑制及抗增生作用。常用的药物中弱效类有氢化可的松；中效类有地塞米松；强效类有倍氯米松、倍他米松、氟轻松；最强效类有氯倍他索等。长期外用本类药物会产生许多副作用，如引起皮肤萎缩、毛细血管扩张、诱发或加重皮肤细菌或真菌感染，还可引起口周皮炎、痤疮及局部多毛等。故非处方药为安全起见，只收载了弱效及中效类皮质激素，个别强效类的则严格限制其浓度。

卤米松

（Halometasone）

【作用与适应证】 本品是一个强效含卤基的外用糖皮质类固醇药物，具有良好的抗炎、抗表皮增生、抗过敏、收缩血管及止痒等作用。用于对皮质类固醇治疗有效的非感染性炎症性皮肤病，如脂溢性皮炎、接触性皮炎、异位性皮炎、局限性神经性皮炎、钱币状皮炎和寻常型银屑病。

【制剂】 主要有乳膏剂。

【不良反应】 局部用药的不良反应包括：接触性过敏、皮肤色素沉着或继发性感染。若长期使用或用于大面积皮肤或使用密封性包扎，或用于例如面部、腋下等通透性高的皮肤部位，可能发生萎缩纹、萎缩性变化、出血、口周皮炎或玫瑰痤疮样皮炎、毛细血管扩张、

紫癜或激素性痤疮。

【用药指导】 ①细菌和病毒性皮肤病（如水痘、脓皮病、接种疫苗后、单纯疱疹、带状疱疹）、真菌性皮肤病、梅毒性皮肤病变、皮肤结核病、玫瑰痤疮、口周皮炎、寻常痤疮等患者禁用。②无论患者的年龄，均应避免长期连续使用，密封性包扎应限于短期和小面积皮肤。③应慎用于面部或擦烂的部位（例如腋间部位），且只能短期使用。④不能与眼结膜或黏膜接触。⑤服药期间忌食鱼、虾、酒、绿豆、西红柿等食物，以免影响疗效。

【商品信息】 卤米松是在地塞米松的基团上改进侧链而来，地塞米松在 20 世纪四五十年代广泛应用，但是抗炎效率欠佳，且长期使用不良反应发生率较多。通过侧链改造，卤米松的抗炎效率较地塞米松提高 120 倍以上，且不良反应亦较地塞米松低。近年来，卤米松在皮肤科用药的外用皮质激素制剂中均属于一类用药。

【贮藏】 阴凉密闭保存，置于儿童不易触及之处。

莫米松
（mometasone）

【作用与适应证】 本品为合成的糖皮质激素，具有抗炎、抗过敏、止痒及减少渗出等作用。用于对皮质激素治疗有效的皮肤病，如神经性皮炎、湿疹、异位性皮炎及银屑病等引起的皮肤炎症和皮肤瘙痒。

【制剂】 本品主要是乳膏剂。

【不良反应】 使用本品的局部不良反应极少见，如烧灼感、瘙痒刺痛和皮肤萎缩等。长期大量使用皮质激素类药物，可造成的不良反应有刺激反应、皮肤萎缩、多毛症、口周围皮炎、皮肤浸润、继发感染、皮肤条纹状色素沉着等。

【用药指导】 ①皮肤破损者禁用。②孕妇及哺乳期妇女慎用。婴幼儿、儿童和皮肤萎缩的老年人，对本品更敏感，故使用时应谨慎。③不宜长期或大面积使用，会增加药物的全身吸收，同时会增加肾上腺皮质受抑制的危险性，必须加以注意。儿科患者使用莫米松时，应尽可能减少药物的用量。④避免接触眼睛和其他黏膜（如口、鼻等）。

【商品信息】 莫米松为皮肤科外用皮质激素制剂的一线用药，原研企业为上海先灵葆雅制药，商品名"艾洛松"，糠酸莫米松乳膏生产厂家众多，其中，湖北恒安芙林药业为主要的仿制企业。

【贮藏】 密闭，在 25℃以下保存。

氢化可的松
（Hydrocortisone）

【作用与适应证】 氢化可的松为肾上腺皮质激素类药物。外用具有抗炎、抗过敏、抗增生、止痒及减少渗出作用，用于过敏性、非感染性皮肤病和一些增生性皮肤疾患。如皮炎、湿疹、神经性皮炎、脂溢性皮炎及瘙痒症等。

【制剂】 本品主要是乳膏剂。

【不良反应】 长期使用可引起局部皮肤萎缩，毛细血管扩张、色素沉着、毛囊炎、口周皮炎以及继发感染。

【用药指导】①禁用于感染性皮肤病，如脓疱病、体癣、股癣等。②不宜长期使用，并避免全身大面积使用。③涂布部位如有灼烧感、瘙痒、红肿等，应停止用药，洗净。④孕妇及儿童需慎用。

【商品信息】本品为第一个可局部外用的糖皮质激素。1927 年 Rogoff 和 stewart 用肾上腺匀浆提取物为切除肾上腺的狗进行静脉注射使之存活，证明了肾上腺皮质激素的存在，有人根据这个实验推测，提取物的生物活性是由单个物质引起的，后来人们从提取物中分离出来 47 种化合物，其中就包括内源性糖皮质激素氢化可的松和可的松。生产企业主要有重庆华邦制药等。

【贮藏】密闭，在凉暗处保存。

地 奈 德
（Desonide）

【作用与适应证】本品为弱效激素；适用于对皮质类固醇治疗有效的各种皮肤病，如接触性皮炎、神经性皮炎、脂溢性皮炎、湿疹、银屑病、扁平苔藓、单纯性苔藓、汗疱症等引起的皮肤炎症和皮肤瘙痒的治疗。

【制剂】本品剂型主要是乳膏剂。

【不良反应】局部使用偶可引起灼热、瘙痒、刺激、皮肤干燥、毛囊炎、多毛症、痤疮样皮疹、色素脱失、口周炎、继发感染以及皮肤萎缩等。

【用药指导】①对外用皮质激素过敏的患者禁用。②长期使用此类药品可导致儿童生长发育迟缓。

【商品信息】目前为重庆华邦制药的独家品种。

【贮藏】密闭，凉暗（避光并不超过 20℃）处保存。

第二节 抗银屑病药

银屑病俗称牛皮癣，是一种慢性、复发性、炎症性皮肤病，病程较长，有的病例几乎终生不愈。该病发病以青壮年为主，全球患病人数大约为 1.25 亿，我国有七百多万银屑病患者，其中大多数为轻、中度患者。皮肤损害以边界清楚的红色斑丘疹、斑块，表面覆以银白色鳞屑为主要特征；以头皮，四肢伸侧较为常见，多在冬季加重。目前对银屑病病因及发病机制尚未完全明确，一般认为是由遗传免疫、炎症介质、神经介质、细胞增殖与凋亡、微循环障碍等诸多因素引起的。

一、典型抗银屑病药物

扫码"学一学"

钙 泊 三 醇
（Calcipotriol Calcipotriene）

【作用与适应证】本品是维生素 D 的衍生物，能抑制皮肤细胞的过度增生和诱导其分化，从而使银屑病皮肤细胞的增生及分化异常得以纠正，用于寻常性银屑病。

【制剂】本品主要有搽剂、凝胶及软膏剂。

【不良反应】瘙痒症、皮肤刺激、灼烧感、刺痛感、皮肤干燥、红斑和皮疹较常见。接触性皮炎、湿疹、银屑病恶化少见。罕见代谢和营养紊乱，如高钙血症、高钙尿症。

【用药指导】①钙代谢失调者禁用。②钙泊三醇可能对面部皮肤有刺激作用，不应用于面部。③每次用药后必须小心洗去手上残留的药物。④有严重肾衰竭或严重肝脏功能不全的患者应避免使用。⑤用药期间，应尽量限制或避免过度暴露在自然光或人工光下。

【商品信息】本品在抗银屑病的用药市场中占据了近半壁江山。目前国内的生产企业仅一家，即重庆华邦制药的钙泊三醇软膏。进口的有爱尔兰利奥制药"达力士"钙泊三醇搽剂及钙泊三醇软膏、香港澳美制药厂的卡泊三醇软膏、利奥制药有限公司（丹麦）的钙泊三醇软膏、搽剂及钙泊三醇倍他米松凝胶。

【贮藏】室温下（15~25℃）。应置于儿童无法取到的地方。

吡硫翁锌
（Pyrithione Zinc Aerosol）

【作用与适应证】本品能有效抑制表皮角化细胞的过度增殖，并能抑制皮脂过度分泌，有抑菌作用，可减轻皮损处的炎性反应，缓解皮损处的瘙痒及疼痛。适用于银屑病、脂溢性皮炎、皮脂溢出及其他鳞屑性皮肤病。

【制剂】本品主要是气雾剂。

【不良反应】可能发生过敏反应。

【用药指导】①避免与眼睛接触，若发生此情况，应马上用大量冷水冲洗。②由于本品几乎不经皮吸收，故孕期及哺乳期妇女可以使用。

【商品信息】近年来，在抗银屑病的用药市场吡硫翁锌占据约15%的市场份额。2009年，我国批准西班牙国际新化学药厂的吡硫翁锌气雾剂在中国上市，商品名为适今可，国内尚无仿制药。

【贮藏】室温储存。应置于儿童无法取到的地方。

阿维 A
（Tretinoin）

【作用与适应证】本品具有调节表皮细胞分化和增殖等作用，但其对银屑病及其他角化性皮肤病的作用机制尚不清楚。适用于治疗严重的银屑病，其中包括红皮病型银屑病、脓疱型银屑病等及其他角化性皮肤病。

【制剂】本品主要有胶囊剂、片剂。

【不良反应】常见的不良反应为维生素 A 过多综合征样反应，主要表现为：瘙痒、红斑、干燥、鳞屑、甲沟炎；唇炎、鼻炎、口干；眼干燥、结膜炎；肌痛、背痛、关节痛、骨增生；头痛、颅内压升高、耳鸣、耳痛；疲劳、厌食、食欲改变、恶心、腹痛等。继续治疗或停止用药，改变可恢复。

【用药指导】①阿维 A 有生殖毒性，孕妇和哺乳期妇女禁用。②严重肝肾功能不全者、高脂血症者，维生素 A 过多症或对维生素 A 及其代谢物过敏者禁用。③在阿维 A 治疗期间

或治疗后 2 个月内，应避免饮用含乙醇的饮料，并忌酒。④在服用阿维 A 前和治疗期间，应定期检查肝功能。若出现肝功能异常，应每周检查。若肝功能未恢复正常或进一步恶化，必须停止治疗，并继续监测肝功能至少 3 个月。⑤对有脂代谢障碍、糖尿病、肥胖症、乙醇中毒的高危患者和长期服用阿维 A 的患者，必须定期检查血清胆固醇和三酰甘油。⑥对长期服用阿维 A 的患者，应定期检查有无骨异常。

【商品信息】20 世纪 40 年代的研究认为，维生素 A 是维持人体某些生理功能不可缺少的生命元素，并开始用于治疗某些角化性皮肤病。1968 年 Roche 实验室对维生素 A 的化学结构进行了改造，开发出了多种维 A 酸类药物用于临床，改变了皮肤科临床治疗的现状，是皮肤科治疗史上的一次革命。维 A 酸类药物是一组与天然维生素 A 结构类似的化合物，主要品种阿维 A 和阿维 A 酯是治疗银屑病口服药物。《中国银屑病治疗指南》指出阿维 A 药物安全性较高，可长期使用而无时间限制，有利于持续治疗提高疗效。目前国内生产企业为重庆华邦制药有限公司阿维 A 胶囊。

【贮藏】密封、阴凉（不超过 20℃）处保存。

二、其他抗银屑病药物

本维莫德 2019 年 5 月，我国 1 类创新药本维莫德乳膏获批上市。本维莫德是全球首创的非激素小分子化学药，能通过影响多种细胞因子和炎症介质发挥治疗作用，在银屑病、特异性皮炎（湿疹）等领域有明显疗效。用于局部治疗成人轻至中度稳定性寻常型银屑病。

第三节　角质溶解药

角质溶解药是用于皮肤角化症、手足皲裂、头足癣及局部角质增生的治疗药物。主要包括尿素（外用软膏剂型）、鱼石脂（外用软膏剂型），具有使角蛋白溶解变性、角质溶解、较弱的消炎及抗真菌作用。

扫码"学一学"

尿　素
（Urea）

【作用与适应证】本品可使角质蛋白溶解变性，增进角质层水合作用，从而使皮肤柔软，防止干裂。用于手足皲裂、角化型手足癣所引起的皲裂，也可用于指（趾）甲癣、胼胝和鸡眼的软化和剥离。

【制剂】主要有乳膏剂、贴膏剂、软膏剂。

【不良反应】偶见皮肤刺激如烧灼感或过敏反应如皮疹、瘙痒等。

【用药指导】①避免接触眼睛和其他黏膜（如口、鼻等）。②用药部位如有烧灼感、瘙痒、红肿等情况应停药，并将局部药物洗净。③病灶周围有炎症、化脓者禁用。④抗真菌药可增强尿素疗效。⑤孕妇应慎用本品且不可大面积使用。

【商品信息】1773 年，伊莱尔·罗埃尔发现尿素。人类历史上第一次合成尿素是在 19 世纪 20 年代，加热氰酸铵溶液得到的。德国化学家维勒自 1824 年起研究氰酸铵的合成，但是他发现在氰酸中加入氨水后蒸干得到的白色晶体并不是铵盐，到了 1828 年他终于证明出这个实验的产物是尿素。

【贮藏】密封，阴凉（不超过20℃）干燥处保存。

鱼石脂

（Ichthammol）

【作用与适应证】鱼石脂为消毒防腐药，具有温和刺激性和消炎、防腐及消肿作用。用于疖肿。

【制剂】本品主要是软膏剂。

【不良反应】偶见皮肤刺激和过敏反应。

【用药指导】①不得用于皮肤破溃处。②避免接触眼睛和其他黏膜（如口、鼻等）。③连续使用一般不超过7日，如症状不缓解，应咨询医师。④用药部位如有烧灼感、红肿等情况应停药，并将局部药物洗净。⑤鱼石脂遇酸生成树脂状团块，与碱性物质配伍可放出氨气，故忌与酸、碱性药物等配合使用。

【商品信息】鱼石脂是由沥青干馏所得的焦油，再经磺化和氨中和而得到。

【贮藏】密闭保存。

重点小结

外用糖皮质激素对接触性皮炎、神经性皮炎、湿疹、局限性瘙痒症、特异性皮炎、溢脂性皮炎、寻常性银屑病及虫咬性皮炎等皮肤病皆有良好的作用。常见的外用糖皮质激素有卤米松、莫米松、氢化可的松。

银屑病俗称牛皮癣，是一种慢性、复发性、炎症性皮肤病，病程较长。目前常用品种有卡泊三醇、吡硫翁锌、阿维A等。

皮肤角化症、手足皲裂、头足癣及局部角质增生的治疗可用角质溶解药，如尿素及鱼石脂的外用软膏制剂等。

重点掌握各类代表药的不良反应、用药指导和相关的商品信息。

（林津晶）

扫码"练一练"

参考文献

[1] 李俊. 临床药理学 [M]. 5 版. 北京：人民卫生出版社，2013.

[2] 钱之玉. 药理学 [M]. 3 版. 北京：中国医药科技出版社，2013.

[3] 陈新谦，金有豫，汤光. 新编药物学 [M]. 17 版. 北京：人民卫生出版社，2011.

[4] 周小江. 医药商品学 [M]. 北京：中国中医药出版社，2009.

[5] 袁强，宋捷民. 医药商品学 [M]. 杭州：浙江大学出版社，2003.

[6] 赵苏. 商品学 [M]. 北京：清华大学出版社，2006.

[7] 郭洪仙. 商品学 [M]. 上海：复旦大学出版社，2011.

[8] 王海刚，杨纬. 商品学 [M]. 北京：北京大学出版社，2013.

[9] 许彦彬，伊利. 医药市场营销学 [M]. 济南：山东人民出版社，2010.

[10] 夏鸿林. 药品储存与养护技术 [M]. 北京：化学工业出版社，2006.

[11] 杨世民. 药事管理学 [M]. 4 版. 北京：中国医药科技出版社，2010.

[12] 邵蓉. 中国药事法理论与实务 [M]. 北京：中国医药科技出版社，2010.

[13] 谢惠民. 合理用药 [M]. 5 版. 北京：人民卫生出版社，2008.

[14] 丁国华，高宏，孟松伟. 合理用药评价 [M]. 北京：化学工业出版社，2006.

[15] 王玉春，曹小惠，房大明. 呼吸系统合理用药 [M]. 北京：中国医药科技出版社，2008.

[16] 隋忠国，苏乐群，孙伟. 临床合理用药指导 [M]. 北京：人民卫生出版社，2010.

[17] 张丽英，苏喜改，董振咏. 消化系统合理用药 [M]. 北京：中国医药科技出版社，2009.

[18] 徐欣昌，鲁春燕. 临床药物治疗案例解析丛书 – 消化系统疾病 [M]. 北京：人民卫生出版社，2012.

[19] 李军. 消化系统临床药理学 [M]. 北京：化学工业出版社，2010.

[20] 崔福德. 药剂学 [M]. 北京：中国医药科技出版社，2011.

[21] 戴纪刚，等. 抗生素科学发展简史 [J]. 中华医史杂志，1999，（29）2：88 ~ 91.

[22] 魏默涵，杜一坤，胡廷熹. 美国市场 30 年（1980—2009）最热销的抗感染药品演变分析（Ⅰ）[J]. 抗感染药学，2011，（8）1：069 – 074.

[23] 杜一坤，魏默涵，胡廷熹. 美国市场 30 年（1980—2009）最热销的抗感染药品演变分析（Ⅱ）[J]. 抗感染药学，2011，（8）2：142 – 147.

[24] 段志浩，陈慧，胡廷熹. 美国市场（2010—2012 年）最热销抗感染药物的分析及其研究进展 [J]. 抗感染药学，2014，（11）5：397 – 403.

[25] 王明霞，钟振华. 国内外抗生素品牌，博弈更精彩 [J]. 中国处方药，2009，（2）：25 – 27.

[26] 干荣富. 我国抗感染药物市场现状与发展趋势简析 [J]. 上海医药，2010，（31）9：398 – 401.

[27] 郭春柳，王朝，彭向前. β – 内酰胺类抗生素的发展概述 [J]. 河北化工，2006，

（29）10：11～13.

[28] 王斌全，赵晓云．青霉素的发现及应用［J］．护理研究，2008，（22）7：1879.

[29] 张致平．抗生素与抗菌药发展史［J］．首都医药，2004，（1）：37；2004，（2）：14～16.

[30] 张正海，朱效衍．阿莫西林历久弥新［N］．医药经济报，2007－6－20，第004版.

[31] 干荣富．2010年，喹诺酮类赶超头孢［N］．医药经济报，2007－10－15，第003版.

[32] 郭文．头孢菌素：盘点优势、再战下回［N］．医药经济报，2006－6－28，第003版.

[33] 蔡德山．国内碳青霉烯类开发来势汹汹［N］．医药经济报，2007－1－17，第003版.

[34] 李定刚．氨基糖苷类抗生素的研究应用概述［N］．北方牧业报，2008年1月30日：27.

[35] 段宁．氨基糖苷类抗生素进展与临床应用：抗感染合理用药专家圆桌会议纪要［J］．中国医院用药评价与分析，2008，（8）2：81～84.

[36] 蔡冉，蔡德山．大环内酯类抗生素市场分析［J］．中国医药技术经济与管理，2008，（2）4：13－19

[37] 蔡德山．阿奇霉素进入缓冲区［N］．医药经济报，2007－5－11，第004版.

[38] 干荣富．喹诺酮类药物发展趋势之探讨［J］．世界临床药物，2007，（28）9：570～576.

[39] 张延召．抗真菌药进入快速发展期［N］．中国医药报，2008－6－9，第002版.

[40] 蔡德山，窦勇．抗疱疹病毒药物市场分析．中国医药技术经济与管理，2007，（1）8：23－32.

[41] 徐铮奎．国际青蒿素市场开始"回暖"［N］．中国医药报，2010－3－8，第002版

[42] 王满元．青蒿素类药物的发展历史［J］．自然杂志，2012，(34) 1：44－47，38.

[43] 蔡德山．艾滋病"清零"，新药抢跑［N］．医药经济报，2012－11－21，第010版.

[44] 蔡德山．抗高血压"三剑客"谁主沉浮［N］．医药经济报，2011－5－27，第006版.

[45] 蔡德山．中国心血管类药物市场探析［J］．中国医药技术经济与管理，2008，（2）1：15～30.

[46] 赵志刚，史卫忠，王孝蓉．抗心律失常药的分类、进展及安全应用［J］．临床药物治疗杂志，2007，（5）3：5～9.

[47] 白玉国，张爱琴，张石革．2002—2005年我国抗心律失常药市场状况及趋势分析［J］．中国药房，2007，（18）1：19～21.

[48] 蔡德山．抗心律失常药物市场分析［J］．中国医药技术经济与管理，2008，（2）5：9～17.

[49] 蔡德山．"他汀类"调血脂药物市场分析［J］．中国医药技术经济与管理，2008，（2）7：9～17.